小学教育学

高等院校小学教育专业方向课精品教材

XIAOXUE
JIAOYU XUE

郭　芳　高俊霞——主编
梁珊珊　李　琳——副主编

北京师范大学出版集团
BEIJING NORMAL UNIVERSITY PUBLISHING GROUP
北京师范大学出版社

图书在版编目(CIP)数据

小学教育学/郭芳，高俊霞主编. —北京：北京师范大学出版社，2022.7(2024.11 重印)
高等院校小学教育专业方向课精品教材
ISBN 978-7-303-27337-9

Ⅰ.①小… Ⅱ.①郭… ②高… Ⅲ.①小学教育—教育学—高等学校—教材 Ⅳ.①G620

中国版本图书馆 CIP 数据核字(2021)第 219063 号

图书意见反馈　gaozhifk@bnupg.com　010-58805079
营销中心电话　010-58802755　58800035
编 辑 部 电 话　010-58807068

出版发行：北京师范大学出版社　www.bnupg.com
　　　　　北京市西城区新街口外大街 12-3 号
　　　　　邮政编码：100088
印　　刷：北京溢漾印刷有限公司
经　　销：全国新华书店
开　　本：787 mm×1092 mm　1/16
印　　张：28
字　　数：550 千字
版　　次：2022 年 7 月第 1 版
印　　次：2024 年 11 月第 3 次印刷
定　　价：52.00 元

策划编辑：王建虹　　　　责任编辑：孟　浩
美术编辑：李向昕　　　　装帧设计：焦　丽
责任校对：康　悦　　　　责任印制：马　洁

丛书编委会

总序

当前，我国全面进入高质量教育体系建设新时代。如何培养造就一大批中小学卓越教师，是我国教师教育发展面临的重大课题。其中，卓越小学全科教师的培养更是重中之重。2018年，《教育部关于实施卓越教师培养计划2.0的意见》明确提出了"面向培养素养全面、专长发展的卓越小学教师，重点探索借鉴国际小学全科教师培养经验、继承我国养成教育传统的培养模式"的任务，指明了卓越小学教师培养改革的基本方向。

卓越小学全科教师的培养是一项系统工程，需要从目标、课程、教学、管理和评价等各方面开展改革探索。在明确了卓越小学全科教师培养规格的基础上，如何架构科学合理的课程体系？如何编写出高质量的小学教育专业教材？这是至关重要的问题。编写高质量的小学教育专业教材，需要努力处理好三重关系：一是理论学习与实践操作之间的关系；二是学习兴趣和学习效果之间的关系；三是知识储备与教学胜任力之间的关系。基于这种认识，河北师范大学和北京师范大学出版社组织众多高校、科研院所的专家学者和小学一线名师编写了一套"高等师范院校小学教育专业课程教材系列丛书"。整体来看，这套丛书具有以下几个特点。

一是编写人员构成具有广泛代表性。这套丛书的编写者有的来自高等院校，有的来自教研部门，有的来自小学一线；在编写过程中，理论专家与实践名家携手共进、优势互补、协同创新。这种编写团队的优化组合，使得整套教材既有理论品格，又具实用价值，较好地解决了教材中常见的理论与实践脱节的问题。

二是教材内容生动直观。这套教材以实际案例引出章节内容，将学习者带入真实情境中；正文部分引入大量一线教师生动而鲜活的教学案例，并围绕教学案例进行教学设计说明和案例分析；在阐述理论知识的同时，直观呈现实际教学操作思路和程序、教学策略与方法运用。这对于增强学习者学习兴趣、提升学习效果具有重要意义。

三是教材体系完整，覆盖学科全面。从小学全科教师培养的实际需求出发，编写团队编写了覆盖小学语文、数学、英语、科学、美术各学科的"课程标准解读和教材分析"教材和"教学设计和案例分析"教材，形成了较完整的关于课程标准解读与教学设计的教材系统。

这套教材是理论专家和一线教师共同探索建构卓越小学全科教师培养内容体系的新起点和新成果。我们期待更多的教育同仁携起手来，围绕小学教育专业教材进行理论探讨与实践研究，为小学全科教师的培养贡献力量。

王本陆

2022 年 1 月 6 日于北京师范大学

前　言

《小学教育学》的编写是为了满足高等院校小学教育专业建设、培养合格的小学教师的需要。学习本书可以了解小学教育概貌，理解小学教育特征及其基本规律，掌握小学教育教学的基本知识与能力。

本书试图在以往教材的基础上，突出新时期小学生的独特性，关注时代的变化，立足于21世纪鲜明的信息化和智能化特征，建构从小学教师角度出发的对小学教育理解的框架，打造具有中国本土特色的小学教育学教材。鉴于小学教育专业的本科生已经有了《教育学》学习的基础，那么我们假设他们已经形成了对于教育的一般性理解，因此本书更加突出对于小学教育特殊性的把握。本书主要的读者为师范生、未来的或在职的小学教师，他们所要进入的或已身处的是一个以学校为外在形式的社会场域。本书尝试为小学教师提供进入工作场域所需要了解与掌握的小学教育规律以及基本特征。本书的第一章介绍了小学教师教育的历史与发展、小学教育学的形成与完善、小学教育的历史与发展。本书的第二章介绍了小学教育认识、小学教育目标与小学教育性质三方面内容。小学教师进入小学教育的工作场域，先要对这个场域有一个基本认识，包括了解这个场域结构的基本要素、要素构成的小学教育活动系统的功能、功能要达成的目标，以及小学教育活动的性质等方面。接下来，围绕小学教育活动三要素展开讨论：教育者即小学教师，学习者即小学生，以及教育影响。第三章内容是小学生，突出把握小学生成长阶段的特殊性，包括小学生的生理、认知、人格方面的特殊性。第四章内容是小学教师，包括小学教师职业的历史与发展、性质与特点、角色变迁，小学教师专业发展内容、阶段与途径，以及小学师生关系。第五章内容是小学课程，包括小学课程设计与实施以及我国小学课程改革的基本情况等。第六章内容是小学教学，包括小学教学的本质与原则、方法与组织形式以及我国小学教学改革的基本情况。第七章内容是小学管理，具体包括小学管理的内涵与特征、小学教师管理、小学生管理、小学课程与教学管理等。第八章内容是小学校园环境，包括小学校园物质环境与文化环境等。第九章内容是小学教育研究，包括小学教育研究的意义、性质与方法等。本书力争依据教育学基本原理，借助儿童发展心理学等学科的研究成果，针对小学生的特殊性，以及小学教师专业的特殊性，致力于解决小学教育实践特有的问题。本书力争遵循历史性、思想性、跨学科与实践性相结合的原则，既有历史脉络的梳理，遵循思想发展的逻辑，也包含跨学科不同视角对于教育问题的理解，以及小学教育教学的案例分析与实际应用。

本书是高等院校小学教育专业精品系列教材，由郭芳副教授(河北师范大学教师教育学院)、高俊霞教授(唐山师范学院教育学院)担任主编，梁珊珊副教授(唐山师范学院教育学院)、李琳研修员(北京教育学院石景山分院)担任副主编。具体分工如下：郭芳副教授负责第一章、第二章和第九章，梁珊珊副教授负责第三章，郭芳副教授、李琳研修员负责第四章，高俊霞教授负责第五章和第六章，赵静老师(北京市京源学校)负责第七章，李爱霞研修员(北京教育学院石景山分院)负责第八章。全书的整体框架与统稿工作由主编郭芳负责。

在本书编写过程中，我们参考了国内外众多学者的大量研究成果，在此一并表示衷心感谢。本书的编写和出版，得到了编写组成员所在单位的大力支持和热情关心，谨此致谢。最后，要特别感谢北京师范大学出版社教师教育分社的王剑虹女士。作为本书的策划编辑，她为本书做了大量的精细工作。

本书编写组为写好本书做了各种力所能及的努力，但仍难免有不足之处，敬请大家多提宝贵意见，帮助我们改进工作。

编者

2020 年 11 月

目　录

第一章

绪　论

小学教育学是小学教育专业本科生的专业必修科目，是小学教师教育的基础。它引导未来的小学教师了解小学教育概貌，理解小学教育特征及其规律，掌握小学教育教学的基本知识与能力。小学教育学作为一门教师教育的学科是在小学教师培养与发展过程中逐步形成与完善的。

一、小学教师教育的历史与发展

从 1897 年盛宣怀设立南洋公学师范馆开始，我国就拉开了全国范围内兴办中等师范教育的帷幕。一些有识之士尝试建立了以培养小学教员为目标的师范学堂，如武昌师范学堂、通州师范学堂等。壬寅学制的公布与癸卯学制(《奏定学堂章程》)的颁行则意味着我国现代小学教师的培养被纳入最早建立的学制体系，极大地促进了中等师范教育的发展。1904 年实施的癸卯学制依据作为总纲的《学务纲要》以及 16 个学堂章程和 1 个通则，将整个学制规定为纵向和横向两大方面，师范教育即属于横向方面。该学制要求师范学校单独设立并上下相衔，构成一个完整的师范教育体系，并通过《优级师范学堂章程》《初级师范学堂章程》和《实业教员讲习所章程》等对师范教育制度做了较为全面、切合实际的规定。初级师范学堂是该师范教育制度的最低层次，属于中等师范教育性质，与纵向的中学堂平级。开设的课程在普通中学课程的基础上加教育学学科课程，修业年限为 5 年，包括教育史、教育原理、心理学、教育法令及学校管理法、实事授业等。

1922 年，民国时期进行学制改革，“新学制”表现出较深的美国实用主义教育倾向，其中“多留各地方伸缩余地”的标准，促成地方师范教育模式的多样化。当时全国范围内的中等师范教育机构主要有四种：六年一贯制的师范学校、单独设置的后期师范学校(2 年或 3 年)、高级中学内设置的师范科、相当年限的师范学校或师范讲习科。这些中等师范教育机构都加大了专业课即教育类课程的门类和分量，如六年一贯制师范学校的教育科分为教育入门、心理学入门、教育心理学、教学法、小学校行政、教育测验及统计、小学各科教材研究、职业教育概论、教育原理、教育实习。这样做的目的是力求注重和拓宽师范专业的知识和能力训练，克服旧课程重在学力培养的弊端。这是在扩大保持师范教育面的同时，注重师范专业教育的要求。①

新中国成立后，中等师范教育制度一直保留下来。其教育类课程主要包括各学科教学法、心理学与教育学等。1986 年 4 月，国家公布的《中华人民共和国义务教育法(草案)》强调建设一支数量足够、质量合格、结构合理并相对稳定的师资队伍。其中第十三条规定：国家采取措施加强和发展师范教育，加速培养、培训师资，有计划地实

① 崔运武：《中国师范教育史》，90 页，太原，山西教育出版社，2006。

现小学教师具有中等师范学校毕业以上水平，初级中等学校的教师具有高等师范专科学校毕业以上水平。1989 年，国家教育委员会颁布《三年制中等师范学校教学方案(试行)》，规定中等师范学校的培养目标是培养学生热爱社会主义祖国，热爱中国共产党，热爱小学教育事业，初步树立马克思主义的基本观点，具有良好的社会公德和教师的职业道德、艰苦奋斗和求实创新的精神；使学生掌握从事小学教育教学工作必备的文化知识、技能和基本能力，懂得小学教育教学的基本规律，具备一定的审美能力、初步的生产劳动知识和技能，养成良好的卫生习惯，具有健康的体魄，使他们成为合格的小学教师。①

1984 年，江苏南通师范学院(现南通大学)开始试办五年制师范学校，培养具有专科水平的小学教师。1991 年 7 月，国家教育委员会针对北京、上海、广州等经济发达地区在培养专科程度小学教师试验工作中所取得的成绩和存在的问题，颁发《国家教委关于进行培养专科程度小学教师试验工作的通知》。我国开始进一步扩大试验规模，加快培养专科程度小学教师工作的步伐。1998 年，教育部师范司正式启动“面向 21 世纪培养专、本科学历小学教师专业建设”项目，杭州师范学院(现杭州师范大学)和南京师范大学在全国率先招收小学教育本科毕业生。由此，本科层次小学教师的培养被正式纳入高等教育体系。20 余年来，全国已经有多所高等院校设置了小学教育本科或初等教育专科，还有一些综合性大学已开始招收并培养小学教育专业的教育硕士。至此，我国小学教师的学历水平历经了从中师、专科、本科到研究生的发展。纵观小学教师培养百余年的发展和变迁，小学教育专业无论是在中师学历层次还是后来进入本科层次的高等教育体系，其学科基础都是小学教育学。因此，小学教育学的建设成为现实要求，只有加强小学教育学学科建设，才能促进小学教育专业的健康发展，培养从事小学教育教学的优秀人才。

二、小学教育学的形成与完善

20 世纪 80 年代以来，关于小学教育学的教科书陆续出版。1982 年，人民教育出版社出版发行了顾明远、黄济主编的《教育学》教材。该教材为中等师范学校“教育学”课使用的教科书，是新时期小学师资培养的先声之作。该教材指出教育学就是研究教育现象，揭示其规律的一门科学。教育是培养人的一种社会活动。一个人出生以后需要经过教育才能成为一个真正的人、社会的人。教育学就是研究作为培养人的这种社会现象和它的规律的一门科学。② 该教材所讨论的教育学属于普通教育学，是以小学教

---

① 何东昌：《中华人民共和国重要教育文献(1976—1990)》，2868 页，海口，海南出版社，1998。

② 顾明远、黄济：《教育学》，1 页，北京，人民教育出版社，1982。

育为对象的普通教育学。1989年，国家教育委员会颁发《三年制中等师范学校小学教育学教程教学大纲(试行)》，对小学师资提出崭新的要求。该大纲的贯彻实施体现在1994年胡寅生主编的人民教育出版社出版发行的《小学教育学教程》中。这套教材围绕"爱当""会当"小学教师的要求对原教材做了重大调整与修改。① 2001年，黄济等主编的《小学教育学》由人民教育出版社出版发行，在认真总结继承以往教材的教学经验基础上，回应时代要求以及教育科学发展的新变化，尝试构建一种新的教育学理论体系和框架结构。该版《小学教育学》确立了使学生基本掌握教育学的基本原理，具备从事小学教育工作必备的教育理论的基本知识和把所学知识应用于小学教育实际的实践能力的目的。

以上三种不同年代的教材都依据其所处时代的特点，在以往基础上进行循序渐进的改革，呈现前后承续、钟摆摇荡的演进历程。② 从强调学科体系的完整性、系统性的"普通教育学"的老面孔，到面向小学，以精简实用的系列化课题冲破单从学科体系出发的藩篱，强调师范生的实际需要，再到将教材的系统性与针对性重新整合起来，即以小学教育为轴心，由教育向学校、学生、教师、教育目的、内容、过程、方式逐步深入。本书试图在以往教材的基础上，突出小学生的独特性，关注社会时代的变化，立足于21世纪信息化和智能化的时代特征，构建新的理解小学教育的框架，打造具有中国本土特色的小学教育学教材。

小学教育学亦称为初等教育学。从学科逻辑上说，小学教育学是教育学的二级学科，小学教育学的建立有助于教育学学科体系的完善。小学教育学以小学教育领域的现象、问题、规律为研究对象，并致力于通过运用不同类型知识来解决小学教育实践中的问题，建立起不同视角之间稳定的逻辑关联，成为具有核心理论的学科。建设小学教育学的直接原因是小学教师培养正式进入高等教育体系后的迫切需要，顺应教育学学科分化的发展趋势。同时面对急剧变化的新时代，我们也需要系统化地更新对于小学生的认识，以及对于小学教育的认识。

首先，小学教育学的建设符合社会时代发展以及国家建设的需要。从世界范围看，18世纪末19世纪初，以蒸汽机的广泛使用为标志的第一次工业革命使社会经济和社会生产的发展获得强有力的工业化基础，社会化大生产的有效进行需要劳动者具备相应的知识和技能。为适应生产力对劳动者素质的要求，小学教育得到发展，培养小学教师的师范学校也应运而生。20世纪以来，信息科技革命以及经济转型对劳动者的能力和素质提出更新、更高的要求，小学师资也开始由大学培养。世界教师教育发展的普遍倾向是所有教师都应具有高等教育的学历。因此，小学教育学从普通教育学中分化

---

① 胡寅生：《小学教育学教程教学指导书》，3页，北京，人民教育出版社，1997。

② 阮成武：《小学师资培养教育学教材建设回顾与前瞻》，载《课程·教材·教法》，2001(5)。

出来成为一门独立学科，小学教育的性质、职能和学制地位是人类社会不断演变的客观要求和必然结果。20世纪上半叶，世界各国逐渐建立起本国完整的国民教育体系，而小学教育是其中重要的基础阶段。小学教育在确立一个国家的民族特性、培养一个国家的国民素质上具有极其重要的价值。

其次，小学教育学的建设回应新时代重新认识儿童的呼声。进入21世纪以后，信息时代飞速发展，人工智能等数字技术逐渐成为主流。我们的小学生正在被技术哺育成人，他们认识这个世界、适应这个世界的思维方式已经发生了根本的转变。因此，我们的教育也要相应地随之改变，而不只是修修补补。我们要切实深入地了解当今的儿童世界，了解时代带给他们的变化。唯有如此，教育才能真正发生作用。2010年，《国家中长期教育改革和发展规划纲要(2010—2020年)》明确指出：信息技术对教育发展具有革命性影响，必须予以高度重视。这种革命性体现在儿童认识这个世界、适应这个世界的方式和未来社会的生存方式发生了根本的转变。这也就意味着我们要重新认识学习，重新认识教育。

最后，小学教育学的建设符合教育学学科分化的发展趋势。教育学是一门从整体上论述教育的原理和以学校教育为主要研究对象的学科。从20世纪起，教育学作为母学科不断分化出很多子学科。这种分化主要表现在两个方面：一是教育学内部根据组成内容分化出教育概论或教育原理、课程与教学论、德育论等；按照教育的阶段分化出学前教育学、小学教育学、中学教育学、高等教育学、成人教育学等；按照教育范围和性质分化出职业技术教育学、特殊教育学、师范教育学、家庭教育学等。二是教育学与其他学科交叉衍生出新学科，如教育哲学、教育历史学、教育人类学、教育心理学、教育社会学、教育经济学、教育统计学等学科。教育学学科的分化有利于对教育学中某个方面具体问题的分析。教育学的使命就是要使具体的分析综合起来，形成一个整体的认识。因此教育学既是一门综合的学科，又是多门教育学学科的总和。小学教育作为初等教育，与中等教育、高等教育相比，具有基础性、全民性、全面性、启蒙性等特征，提供了一种普遍的适合所有人的教育，是一种启蒙教育，也是必不可少的“走向社会的通行证”。随着20世纪末我国高校中小学教育专业的蓬勃发展，小学教育学迫切需要从普通教育学中分化出来，形成独立的学科和专业，建立具有自身独特价值的学科体系。

三、小学教育的历史与发展

广义的小学教育可以理解为学习简单的读、写、算基本技能和生活经验的教育。

狭义的小学教育指现代意义上的公共初等教育。①

(一)我国小学教育的历史变革

《礼记·王制》记载:“有虞氏养国老于上庠,养庶老于下庠。”汉代学者认为这里的“下庠”就是所谓“小学”。《礼记·王制》还指出:“天子命之教,然后为学。小学在公宫南之左,大学在郊。”郑玄注:“此小学大学,殷之制。”后来在甲骨卜辞中也发现了“大学”和“小学”的字样,可见殷商时期就已经开始了两个阶段的施教。到了周代,金文中有几则关于“小学”的记载。《大盂鼎》记载:“余惟即朕小学。”《师嫠》记载:“在昔先王小学,女敏可使。”也有文献指出国子“八岁入小学,十五入大学”。这时正规的小学教育多为官方垄断,贵族或官僚子弟有接受小学教育的优先权。

先秦时期的小学教育为以后的发展奠定基础,此时贯穿中国古代小学教育始终的三个特征已经初露端倪,并且在之后的历朝历代得到不同程度的发展。首先,从教育建置来说,小学校分为中央小学与地方小学。汉代中央小学主要包括四姓小侯学和宫邸学,招收宗室贵胄子弟。唐代的宫廷小学,宋明时期专为教育宗室子孙而设立的贵胄小学,清代建立的宗学与觉罗学等都是古代社会等级性与宗法性相结合的体现。地方小学包括庠和序,主要招收平民俊秀。汉代地方小学为照顾农村生产的特点,常依据季节来安排教学工作。《四民月令》记载:正月时,“农事未起,命成童以上入太学,学五经。砚冰释,命幼童入小学,学篇章”。八月暑退时,“命幼童入小学,如正月焉”。至冬十一月“砚冰冻,命幼童读《孝经》《论语》篇章,入小学”。在隋唐时期,乡村小学教育更为普及,得到更进一步的发展。明代地方建立的小学形式主要是社学,但是政府与社学之间只存在监督关系,并没有任何经费支持,因此社学更多的是官倡民办性质。清代沿用明制,设置社学与义学,但提供一定的经济待遇。如社师由官府选派,其生活费用由官府提供,归提学管理,并规定社学与府、州县学在学制的升降上相通,其官学性质相对突出。

其次,从办学主体来说,小学校分为官立小学和私立小学。从春秋战国时期开始,官学衰败,学术下移,私学就已经兴起。西汉初年,百废待兴,私人讲学再度盛行,且承担繁重的小学教育任务。汉代小学教育场所包括书馆、乡塾等。唐代作为早期教育形式的私学和家学得到较大的发展,成为唐代教育制度不可缺少的组成部分,相当大的比例是小学教育。宋代私学主要有师授和家传两种形式。师授蒙学包括私塾、义塾、家塾、舍馆等,常年开课,还有季节性的村学、村塾、乡学和冬学等形式。家传即由家长为子弟启蒙、传授基本知识。明清时期广泛存在的私立小学是义学、私塾与家塾。与官学沉浮不定、时兴时废的状况不同,私立小学的教学秩序较为稳定,办学

① 朱小蔓:《中国教师新百科·小学教育卷》,65页,北京,中国大百科全书出版社,2002。

形式也不拘一格，成为官学最重要的补充。

最后，从教育阶段来看，古代教育分为初等教育性质的“小学”与高等教育性质的“大学”。中国古代的小学教育与大学教育相对，同时也是大学教育的基础。宋代的朱熹相当深刻地论述了小学教育阶段的性质，论证了“小学”与“大学”两个教育阶段之间的关系。朱熹认为“小学”与“大学”两个阶段既有联系又有区别，既有共同的目标又分别具备不同的目的与任务，是一个完整的教育过程。二者的根本区别在于，“小学是直理会那事；大学是穷究那理”。也就是说“小学”以“教事”为主，要知其然；而“大学”要“教理”，要探究“事物之所以然”。所谓“事”，即“事君、事父、事兄、处友”的规矩原则；“理”则是这些“事”为何必须如此的根据。二者之间的联系在于，大学教育是在“小学已成之功”基础上的深化和发展。“小学者，学其事；大学者，学其小学所学之事之所以。”①小学教育是培养“圣贤坯璞”；大学教育则是在坯璞的基础上“加光饰”，再进一步精雕细刻，把他们培养成对国家有用的人。

古代社会的小学教育内容通常是在集中识字与经史教育之间过渡。《周礼·地官司徒》有言：“乃教之六艺：一曰五礼，二曰六乐，三曰五射，四曰五驭，五曰六书，六曰九数。”大学教育与小学教育在教育内容上有所差别。在大学以诗、书、礼、乐为重点，在小学以书、数为重点。因此，周、秦以降迄于隋，小学教育注重识字与习字。据《汉书·艺文志》记载，出现了许多识字课本，如《史籀篇》《仓颉篇》《凡将篇》《训纂篇》《急就篇》等。从汉代书馆开始，蒙学教材也开始体现儒家伦理道德的基本要求，《论语》《孝经》成为最通用的初级经学教材。唐代的小学除基本的识字教学、写字教学之外，还主要开展经学、文学的教学及训练。宋代小学的教学内容可以概括为三类：一是识字，二是诗赋，三是经术。一般是先集中识字，然后增大诗赋的分量，最后加入经术，由浅入深，循序渐进。②宋元时期基本形成了一套小学教材体系，按其教育教学需要的不同特点，可以分为六类：一是识字教育的教材，除沿用前代的识字课本以外，还出现了具有创新意义的《三字经》和《百家姓》，以及后来的《千字文》；二是伦理道德的教材，如吕本中的《童蒙训》、朱熹的《童蒙须知》与《小学》；三是历史教育的教材，当时最流行的历史课本是《蒙求》，还有许多续作和仿作《蒙求》的历史教材；四是诗歌教育的教材，主要有朱熹的《训蒙诗》、陈淳的《小学诗礼》和刘克庄编的《千家诗》等；五是名物制度和自然常识教育的教材，以方逢辰的《名物蒙求》为代表，内容涉及天文、地理、人事鸟兽、草木、衣服、建筑、器具等，还有王应麟编写的《小学绀珠》，类似于小百科的名物词典；六是家训范围内训诫类、综合类教材，如司马光的《家训》、

---

① (宋)黎靖德：《朱子语类》第一册，124页，北京，中华书局，1986。

② 吴洪成：《中国小学教育史》，64页，太原，山西教育出版社，2006。

赵鼎的《家训笔录》等。[①] 明清时期除沿用过去流传下来的小学教材以外，根据当时的社会需要还编选了一些启蒙读物，如知识内容丰富的《幼学琼林》，包含各种神话传说、历史寓言故事的《龙文鞭影》，学习韵文、掌握属对的《声律启蒙》和《笠翁对韵》，以及种类繁多的“杂字”教材等。

中国小学教育从传统走向近代变化的动因是以鸦片战争为肇端的“三千年未有之变局”，遵循外部移植和内部改革两条基本线索：一是西方传教士教会小学的创办与发展；二是中国近代内部自身对于传统小学教育的改革。1840 年，西方列强用坚船利炮打开了中国的大门，由此大量的西方传教士来到中国。他们将目光转向办学校，希望通过学校传播教义，吸引信徒。教会特别重视小学的创办。学校课程包括宗教课程、中国经书课程、自然科学课程、英语课程以及一些实用的手艺课程。教会小学是在中国出现的有别于传统封建小学教育的西方学校类型，给人们提供了可资参考的西方学校模式。1877 年在上海举行的基督教传教士全体大会上成立了“学校教科书委员会”，开展教科书编译活动，是中国近代教育史上正式开始使用“教科书”(text book)这一名词，标志着中国近代新式教材代替传统经史为特征的教材，对于近代教育历史发展有着积极的作用。

中国近代内部自身对于传统小学教育的改革，可以分为五个阶段：第一个阶段是洋务运动时期近代新式小学教育的萌生。以“中学为体，西学为用”为指导思想的洋务运动强调学生在学习传统经史之学的基础上，酌采西学以补不足。洋务派十分重视译介西学书籍，同时也在学校课程中引入西学内容。洋务派的改革带来人们思想认识和价值观念的一系列变化，拉开了中国近代小学教育改革的序幕。最典型的标志是 1878 年由张焕纶在上海创办的第一所近代新式小学——正蒙书院。张焕纶采用中西合璧之法，即一则“远师古小学教人之遗法”，模仿宋代胡瑗的“分斋教学法”，将教学内容分为经艺与治事两斋，以国文为经艺，以数学、格致、诗歌、英法文等为治事，并在课余兼习击球、投壶、习射等游戏之课，后又增加商业课程，兼施实业教练。二则“近采泰西小学校之成规”，教学采用多级教学制，以班为教学单位。这是正蒙书院首次采用班级授课制组织教学。1882 年，正蒙书院改名为梅溪书院，1902 年又改名为梅溪学堂，即今天的梅溪小学。后人称张焕纶先生为提倡中国新教育最早的人。[②]

第二个阶段是维新运动时期新式小学教育的发展。甲午战争惨败，民族危机加剧，形成资产阶级维新思潮，维新变法运动出现。维新派重视初等教育、女子教育、师范教育，倡导新学，极大地推动了小学教育的近代化。戊戌变法时期兴办了许多新式小学堂，如上海三等公学、上海育材书塾、经正女学、上海澄衷学堂等。与传统小学相

---

① 吴洪成：《中国小学教育史》，82～84 页，太原，山西教育出版社，2006。

② 朱有瓛：《中国近代学制史料》第一辑下册，572 页，上海，华东师范大学出版社，1986。

比，这些新式小学堂的共同特点为：其一，在办学指导思想上，以德育、智育、体育为三大纲，三者结合发展。其二，在教学组织形式上，逐步实行分班、分科授课。其三，在教学内容上，中西兼备，既有“中学”的国文，又有包含“西学”的算学、史地、舆地。其四，在教学方法上，采用新的教学方法。传统小学以记诵为主，而新式小学主张启发式教学，遵循由浅入深的原则，重视学生的理解。其五，在教育对象上，女童的教育开始得到关注。女子小学的诞生，反映了男女平等的要求，标志着女子地位的上升。[①]

随着近代新式小学教育的兴起，出现了对新式教材的迫切需求。这些新式教材的来源主要包括新式小学自编教材，如南洋公学编的《蒙学课本》、上海三等公学的《字义教科书》、上海澄衷学堂的《字课图说》。这些近代意义上的小学教材都具备两个条件：其一，必须适应小学学制的需要，内容编排应该体现由浅入深、逐级递升的原则；其二，应符合儿童心理，贴近儿童生活，为儿童易于接受。另外，新式教材的来源还包括具备改良思想的中国文人改编的传统小学教材，如1897年叶翰主编的《蒙学报》、陈荣衮编的《幼稚》等；商务印书馆等文化出版机构的编译教材，以张元济等主持编辑的《最新国文教科书》和《最新修身教科书》最为突出。

第三个阶段是清末新政时期小学教育的制度化。在清政府1904年颁行的癸卯学制中，初等教育成为完整学制体系的第一个阶段，分初等小学堂五年和高等小学堂四年两级。《奏定初等小学堂章程》与《奏定高等小学堂章程》包括立学总义、字课程度及编制、计年就学、教员管理员、屋场图书器具等内容。清末新学制的颁行改变了中国封建社会长期以来形成的官学、私学、书院的教育体系，适应了近代教育发展的要求，促进了新式学堂的发展，是中国教育史转折的关键一步。其特点包括：注意提高国民基本素质；有了义务教育的理念；教学中增加了科学的内容；保留了明显的封建教育宗旨与读经的教学内容，同时学制中并没有女子学堂的地位，男女教育机会不平等。

第四个阶段是民国初年小学教育改革。1912年9月至1913年，民国时期重新制定、颁布新的学制，即壬子癸丑学制。与清末学制相比，该学制体现了明显的反封建精神，反映了资产阶级的要求。首先，小学修业年限由九年缩短为七年，初等小学实行义务教育，有利于平民子弟接受正规的学校教育；其次，初等小学可以男女同校，从而使女子教育正式步入学制系统；最后，小学课程废止读经，注重实业学科和职业教育，加强自然科学课程和生产技能训练，教学方法上要求结合学生实际，适应儿童身心发展的特点。

第五个阶段是新文化运动及五四运动之后的小学教育改革与实验。“民主”与“科学”是新文化运动及五四运动时期教育改革的根本精神，也是小学教育改革的指导思想。在新文化运动和各种教育思潮的影响下，小学教育的观念与方法都发生了巨大改

① 吴洪成：《中国小学教育史》，135～136页，太原，山西教育出版社，2006。

变。1919年，教育部所属的教育调查会提出，以“养成健全人格，发展共和精神”为教育宗旨，规定“私德为立身之本，公德为服役社会国家之本”，养成“优美和乐之感情”，作为“健全人格”的必备条件。这反映了资产阶级的道德标准和公民资格的要求，也是实用主义“儿童本位”思想的体现，成为小学教育的指导思想。另外1922年“新学制”（又称壬戌学制）的颁行，对中国现代小学教育史产生了深刻的影响。壬戌学制缩短了修业年限，使小学的义务教育便于普及，同时对于地方办小学教育给予了很大的自主权，提高了地方办小学的灵活性。为了配合新学制的颁行，全国教育联合会组织“新学制课程标准起草委员会”。该委员会于1923年颁布的《新学制课程标准纲要》，明确规定各学科的教学主旨。这一阶段的小学课程改革特征包括：其一，小学课程体系趋于完备，增加和改设相关科目，如增设公民、卫生等科，课程之间的相互联系得到加强，促进知识的系统化。其二，课程设置遵循儿童本位的原则，充分考虑儿童的生活、兴趣、能力和需要。其三，课程设置遵循实用化原则，重视课程内容的实用性。在教学方面，采用白话文教学是20世纪20年代教学改革的一项重要成就。采用白话文编写的教材不仅代表着语言形式的变革，还成为传播新文化的载体。它的出现使教科书走向了大众，走向了时代，大力促进了文化教育事业的发展。白话文教科书是传播现代语言与思想的工具，同时也易于为儿童理解与接受。

早在清末，欧美各种新式教学方法就已经被引入中国，并进行广泛的改革与实验，如赫尔巴特教学法、单级教授法、二部教授法、蒙台梭利教授法及自学辅导教授法等。这些方法的改革与实验一直延续到民国时期。到新文化运动及五四运动时期，教育界思想活跃，国外教育思潮和教学方法更是不断涌现，使中国出现了前所未有的教育改革热潮。小学教育领域内兴起各种教育测验运动、教育实验活动，以及教学方法改革实践活动等，最主要的是设计教学法、道尔顿制的传播与实验。

新中国成立后，1951年颁布《政务院关于改革学制的决定》，保证劳动人民子女受教育的权利。1980年12月，《中共中央　国务院关于普及小学教育若干问题的决定》发布，要求全国在20世纪80年代内基本普及小学教育。1985年5月颁布《中共中央关于教育体制改革的决定》，明确规定在我国有步骤地实行九年义务教育。1986年4月，第六届全国人民代表大会第四次会议通过《中华人民共和国义务教育法》，开始依法普及九年义务教育。到2000年，我国已基本普及九年义务教育，全国小学在校生13013.25万人，适龄儿童入学率达到99.11％。① 进入21世纪以后，2006年6月，“均衡发展”作为义务教育发展的方向性要求被明确写入《中华人民共和国义务教育法（修订案）》。党和国家采取多种具体举措推动义务教育的均衡发展，提高义务教育质量。

① 卓晴君：《从儿童入学率20％到实现九年义务教育目标——建国60年教育发展辉煌的重要标志》，载《中国教育学刊》，2009(11)。

(二)西方小学教育的历史变革

西方古代小学教育可以追溯到古希伯来、古希腊和古罗马，以及中世纪时期。其基本特征可以概括如下：首先，西方古代小学教育具有宗教性。宗教的垄断在小学教育中日渐增强，特别是中世纪时期发展到极致。在这一时期，基督教成为统治整个欧洲大陆的重要力量，教士成为知识教育的垄断者，教育本身也渗透着浓重的神学色彩。其次，古希伯来、古希腊、古罗马以及基督教文化中往往认为儿童性恶，因此需要用皮鞭和棍棒不断训练才能使儿童学会服从。这种在教育方法上采用的体罚一直沿用到西方近代社会。

15 世纪末期文艺复兴和宗教改革运动的兴起使得欧洲人的思想观念、社会生活等发生极大变化，从而使得欧洲进入一个新的历史阶段。在这样一个新的历史阶段，在基督教文化以及宗教改革运动、民族意识与国家意识的崛起、市民阶层与本族语文化等诸多因素的推动下，西方近代小学教育得以产生与发展。本族语学校是西方近代小学教育产生的重要标志。在中世纪末期，随着商业的发展，欧洲一些地区逐渐形成市民阶层，大多数社会成员并不能掌握教会垄断的拉丁语。因此本族语逐渐成为人们日常生活交流的主要语言，特别是商业贸易大大促进了地方语言的发展，教授儿童记账的读写学校也应运而生。本族语文化是本族语学校产生过程中不可缺少的土壤。正是民族语言和民族文学的发展促进了民族意识、民族独立精神以及政治思想上国家意识的增强，教皇与教会的权威被否定，失去了绝对至上的地位。西方近代小学教育逐渐形成宗教性与慈善性、民族性与国民性、义务性与普及性，以及不断科学化的发展特性。在发展变化过程中，宗教性与慈善性逐渐减弱，民族性与国民性、义务性与普及性逐渐增强，并逐渐发展为现代初等教育特性的构成要素；初等教育理论逐渐得以确立，并朝着科学化的方向发展。①

十八九世纪，民族国家的建立与发展是西方近代社会政治生活中的一个重要主题。初等教育的民族性与国民性逐渐得到确立，主要表现在国民教育思想的形成与国民教育制度的确立。德国在普鲁士开明君主的统治下，在整个西方最早构建起国民教育制度。英国长期将小学教育看成家庭或教会组织的慈善事业，直到 19 世纪中期才逐渐开始由国家来干预初等教育的发展，往往通过拨款来实现对小学教育的控制。美国所构建起来的国民教育制度是公立学校制度。这种制度与欧洲大陆的国民教育制度最大的不同在于它面向社会所有阶层，招收所有儿童。而欧洲国家确立的国民教育制度是双轨制，初等教育学校只面向社会民众，招收普通民众的儿童，因此具有很大的不平

① 钟文芳：《西方近代初等教育史》，335 页，上海，上海科技教育出版社，2006。

等性。①

义务教育是一种通过法令来强迫实施的、免费的、普及的教育。这种借助于法律的强制性来普及和实施教育的做法在近代得到确立，并且近代义务教育的普及正是从初等教育开始的。从宗教改革起，教育普及的思想就已经出现，只不过后来逐渐从宗教性的价值取向转变为民族主义和国家主义的价值取向，逐渐强调初等教育对于巩固政治体制、增强社会稳定的作用，有利于社会财富的增加和个人财富的获得，还有利于民族文化的发展。德国最早提出并实施初等义务教育，英国和法国直到19世纪后半叶才在各种社会力量的推动下开始实施初等义务教育。美国各州义务教育发展的状况不同，最先颁布义务教育法的是马萨诸塞州。近代欧美国家实施初等义务教育的主要目的在于消除社会的不安定现象，减少犯罪现象等。

19世纪末到20世纪初，近代初等教育发展的总体方向是科学化。具体而言，就是不断心理学化的过程，主要体现在两个方面：一是逐渐确立和形成了以心理学为基础的初等教育理论。二是众多近代教育家在初等教育实践中纷纷尝试采用新的、符合儿童心理发展特点的教育教学方法。教育心理学化的任务最早由裴斯泰洛齐提出，由赫尔巴特完成。特别是裴斯泰洛齐创立的教学方法影响欧美许多地区初等教育的实践，同时也成为初等教育师资培养的重要内容之一。

20世纪上半叶，欧洲各国通过教育改革彻底改变了近代初等教育制度中的双轨制。英国颁布实施的《1944年教育法》使初等教育与中等教育相互衔接的公共教育体系得以确立。这时初等教育才真正成为一种基础性的教育阶段，真正摆脱了“终结性”的属性。

(三)20世纪80年代以来我国小学教育的发展

20世纪80年代以来，国内外教育领域都掀起了轰轰烈烈的改革浪潮，如素质教育、核心素养以及全纳教育等思潮，都从不同方面对小学教育产生了非常重要的影响。作为中国教育领域重要改革的素质教育是在基础教育领域针对“应试教育”被提出来的。素质教育是以培养人的素质为主要目的的教育。素质教育的实施以学生习得知识、训练与培养能力为前提和基础。素质教育的结果是教会学生如何做人、如何做事、如何思考。小学教育是义务教育的第一个阶段，是基础教育的基础。因此，充分理解素质教育理念在小学阶段的具体表现具有极为重要的意义。素质教育的提出源于对中小学教育的反思：教育领域开始出现了“应试教育”一词，对片面追求升学率现象等“应试教育”的弊端多做批评，并指出中小学必须由“升学教育”转到以提高素质为核心的全民基础教育的轨道上来。由此，中国基础教育涌现了“情境式教育”“愉快教育”“和谐教育”“主体性教育”等许多改革实验。这些实验探索为素质教育的提出奠定了实践基础。

---

① 钟文芳：《西方近代初等教育史》，225页，上海，上海科技教育出版社，2006。

核心素养的提出与素质教育建设遇到的困难密切相关。中国教育领域提出的关键概念素质教育是对“应试教育”的批判，但其自身的建设却一直面目模糊、观念混杂、内涵多样。中文的“素质”仅局限于对个人的生理学与心理学维度的理解，至多是教育的前提和条件，而非教育的结果。而“素养”一词可以理解为“素质”＋“养成”，凸显了先天素质与后天教养的融合作用。“素质是素养的上位概念，素养的特性，尤其它的可教、可学、可测的特点在素质层次结构中得到了科学的说明。”于是，“依据学生发展核心素养体系，建构可理解把握、可操作实施、可观察评估的培养目标”①。因此，我们可以说“素质教育”借助“核心素养”的形式，真正落实为培养的目标、教学的内容与评价的标准，“引导学校教育从知识教育走向能力教育，进而走向素养教育”。

另外，“核心素养”还意味着与国际接轨。各国际组织与经济体为应对时代变化与未来发展需要纷纷确定 21 世纪核心素养。② 经济合作与发展组织(OECD)于 1997—2005 年开展了大规模的跨国研究项目，即“素养的界定与遴选”(Definition and Selection of Competencies)，构建了一个核心素养的总体概念框架，在世界范围内引起了相关研究的响应。我国学者提出的核心素养既是对国际上核心素养研究趋势的回应，也是对其理论的吸收与超越。小学教育领域也纷纷开始探讨核心素养的课程体系，如清华大学附属小学的核心素养校本课程体系。

全纳教育是 1994 年联合国教科文组织在西班牙萨拉曼卡召开的世界特殊需要教育大会上发表的《萨拉曼卡宣言》中首次提出的。该宣言指出：“每个儿童都有其独特的特性、兴趣、能力和学习需要；教育制度的设计和教育计划的实施应该考虑到这些特性和需要的广泛差异；有特殊教育需要的儿童必须有机会进入普通学校，而这些学校应以一种能满足其特殊需要的儿童中心教育思想接纳他们；以全纳性为导向的普通学校是反对歧视态度，创造受人欢迎的社区，建立全纳性社会以及实现全民教育的最有效途径。”

英国全纳教育专家托尼·布恩(Tony Booth)对全纳教育做了进一步阐释：全纳教育是要加强学生参与的一种过程，主张要促进学生参与就近学校的文化、课程、社区的活动并减少学生被排斥的现象。托尼的概念将全纳教育引入更广阔、更深远的领域。

---

① 柳夕浪：《从“素质”到“核心素养”——关于“培养什么样的人”的进一步追问》，载《教育科学研究》，2014(3)。

② 关于 Key Competence 的翻译，无论是 OECD 的报告(通常的翻译是《素养的界定与遴选》)，还是八国集团(G8)、联合国教科文组织、欧盟(EU)等组织，以及新西兰、新加坡、日本等国家的官方文件或学者都将其翻译为“核心素养”。也就是说用 competence 来指称中文的“素养”，在国际上是有一定共识的。但是在《新英汉大辞典》中，competence 被解释为：一是能力，胜任，称职，对工作的胜任，足以过温饱生活的收入。二是 competent。即有能力的，能胜任的，合格的。中文语境中的“素养”却是既超越知识，又超越能力，用所涵养的态度重新融合生成的；既包含知识，又转换为能力，还指向态度与人格的培养目标。见刘云杉：《“核心素养”的局限：兼论教育目标的古今之变》，载《全球教育展望》，2017(1)。因此，本书认为中国的“核心素养”一词其实并不是完全对应国际上的 key competence，而是对它的吸收且超越。

全纳教育不再是仅仅将残疾人接纳到主流学校或普通学校的问题。

小学教育是义务教育，是全民教育的基础阶段，应该全面体现全纳教育的思想。实际上，我国小学早在20世纪80年代就开始了随班就读的尝试。1987年，国家教育委员会发布的相关文件就明确提到，大多数轻度智力障碍儿童已经进入当地小学随班就读。随班就读是基于我国实际情况而产生的本土性理论，可以说随班就读是通往全纳教育的桥梁和过程。随班就读说明我们依旧站在特殊教育的立场。促进特殊儿童平等融入社会、融入普通教育，是全纳教育的重要组成部分。国际全纳教育的新发展已经远远超出了特殊教育的范畴，它指向了整个教育领域，反对任何歧视与排斥，要求教育要满足所有有特殊教育需要的儿童的教育需求。在探索全纳教育的道路上，我们还有漫长的路要走。

第二章

小学教育概论

结构图

- 小学教育概论
  - 小学教育认识
    - 小学教育概念
      - 小学
      - 小学教育
    - 小学教育要素
      - 教育者：小学教师
      - 学习者：小学生
      - 教育影响
    - 小学教育功能
      - 小学教育对于小学生个体发展的功能
      - 小学教育对于社会发展的功能
  - 小学教育目标
    - 小学教育目标的内涵
    - 小学教育目标的确立原则
      - 符合并反映社会时代的需求
      - 遵循学习者的身心发展特点
      - 满足开展教育活动的需要
    - 小学教育目标的价值取向：小学生的全面发展
    - 小学全面发展教育的构成
      - 德育、智育、体育、美育与劳动教育的关系
      - 小学德育
      - 小学智育
      - 小学体育
      - 小学美育
      - 小学劳动教育
  - 小学教育性质
    - 基础性
    - 全民性
    - 义务性
    - 全面性
    - 启蒙性

本章概述

本章的学习任务是全面地理解与把握小学教育活动的本质。小学教育活动自身是一个系统，本章的讨论从作为系统的小学教育活动的概念、要素、功能、目标以及性质等方面展开，主要包括小学教育认识、小学教育目标与小学教育性质三个方面。首先从小学教育的基本概念、要素以及功能三方面进行分析，以帮助读者获得对小学教育的基本认识；其次从小学教育目标的内涵、确立原则、价值取向即小学生的全面发展，以及小学全面发展教育的构成等方面深入探讨小学教育目标；最后分析小学教育所具有的基本性质。

问题情境

多年来，关于小学教育学的讨论都被一般意义层面的教育学阐释遮蔽，或者在“中小学”的统一话语里不见踪影，或者仅仅在教育学洋洋洒洒的一般性讨论之后，加上几句冠以“小学”的表述。随着社会对小学师资水平要求的提高，小学教师到底如何进一步深入理解与把握小学教育活动的本质特征及其规律，是首先要解决的问题。到底什么是小学教育？小学教育具有哪些功能？小学教育的目标是什么？小学全面发展教育包括哪些内容？小学教育活动到底具有什么样的性质？带着这些问题我们来学习本章的内容。

第一节
小学教育认识

陈鹤琴认为：“小学教育是国民的教育，是造就人才的开端，是发扬文化的始基，所以比中学、大学教育更加重要。国家的发展，青年的前途，全在小学教育的改进。”①对小学教育的全面认识是进行小学教育实践的基础。

一、小学教育概念

（一）小学

现代教育学语言体系中，“小学”指专为学龄儿童接受初等教育而设的学校。小学教育指国民教育正规体系中的第一阶段教育，也称初等教育，教育对象一般为6～12岁的儿童。1904年，清政府颁布癸卯学制，第一次系统构建了以小学堂、中学堂、大学堂为主干的学校教育体系，开始出现相对应的初等教育、中等教育和高等教育三大阶段的划分。小学堂，以及后来1912年改称的小学校，在性质上与今天我们所讲的小学是一致的。② 在此之前，正如宋代朱熹所总结的，中国古代传统教育阶段可以划分为“小学”和“大学”两级。“大学”指“大人之学”，即以成人为教育对象，以培养“治国、平

---

① 陈鹤琴：《小学教育》，9页，南京，南京师范大学出版社，2012。
② 吴洪成：《中国小学教育史》，1页，太原，山西教育出版社，2006。

天下”的人才为教育目标；“小学”则是“小子之学”，以儿童为教育对象，着重于儿童认知与行为方式训练的教育，通过“学其事”等路径使儿童内化基本行为规范，以培养“圣贤坯璞”为教育目标。

作为对儿童进行初级教育的机构以及传授初等教育内容的“小学”至少在中国古代的商周时期就已出现。在清朝，1901 年实施新政之前，多称社学或义学，偶尔称小学。蒙学作为初等教育机构的名称，首见于清末新政后。《清史稿》记载：“家塾、党庠、州序即蒙学、小学、中学……儿童自六岁起，受蒙学四年。十岁入寻常小学，修业三年。此七年定为义务教育。十三岁入高等小学，三年卒业。”如果仅从入学年龄及学习年限来看，蒙学大概相当于清末之前的学前教育及部分小学教育。“蒙学”一词源远流长，《周易》有“童蒙”之语，《宋史・艺文志》亦录有吕本中的《童蒙训》三卷、洪迈的《次李翰蒙求》三卷等，但被明确提出并作为对童蒙的教育机构却是在清末新政以后。

《现代汉语词典(第 7 版)》中“小学”包括两个含义：第一，对儿童、少年实施初等教育的学校，给儿童、少年以全面的基础教育。第二，指研究文字、训诂、音韵的学问(古时小学先教六书，所以有这个名称)。这里的第二个含义是由第一个含义引申出来的，经历了漫长的历史发展过程。第一个含义，也就是最早用来指称对儿童进行初级教育的机构的“小学”一词至少在周代已出现。汉代学者认为周代保傅以“六艺”教国子，即礼、乐、射、御、书、数，其中以“书”即“六书”为主。六书即六种造字方法——象形、象事、象意、象声、转注、假借。正是在这个意义上，汉代“小学”引申出“文字学”的含义。颜师古注《汉书》有言：“小学，谓文字之学也。《周礼》‘八岁入小学，保氏教园子以六书’，故因名云。”直到唐代，“小学”的内容逐渐扩大，包括文字训诂、字体、音韵及书法、金石学等。到了宋代，“小学”的含义又有了新的突破，出现了以道德教育和幼仪为主的“小学”之教，相应又增加了另外一个含义，即朱熹编写的启蒙教材《小学》。至清代，“小学”的含义回缩，主要指文字学，包括训诂、字书、韵书和清文四类。①

资料链接： 朱熹的《小学》②

朱熹(1130—1200 年)，字元晦，世称朱文公。祖籍徽州婺源(今江西省婺源县)，出生于南剑州尤溪(今属福建省尤溪县)。宋朝思想家、理学家、儒学集大成者，世尊称为朱子。

《小学》是一部传统的启蒙教材，是朱熹与其弟子刘清之合编的。书的发凡起例出

---

① 李成燕：《中国古代“小学”含义的演变》，载《广西师范大学学报(哲学社会科学版)》，2011(1)。

② 徐梓：《从〈小学〉的命运评说当代儿童读经》，载《课程・教材・教法》，2007(2)。

于朱熹，而类次编订则出于弟子刘清之。《小学》完全是选录现成的文献编成的。全书共6卷，凡分内外篇。内篇包括《立教》《明伦》《敬身》和《稽古》，以选录儒家经书为主，“萃十三经之精华”。外篇则有《嘉言》和《善行》，辑录历代贤德之士的嘉言和善行，“采十七史之领要”。“朱子《小学》一书，理与事而已。”内篇的《立教》《明伦》和《敬身》说的是道理，《稽古》则举的是具体事例；外篇《嘉言》说的是道理，《善行》则讲的是具体事情。“然理，精也，本也；事，粗也，末也。本末精粗，一以贯之，其《小学》之书乎?”由此可见，“朱子《小学》一书，详于义理”。

《小学》在淳熙十四年(1187年)成书之后，对中国传统启蒙教育产生了深远的影响。当一些“磋过”小学教育的成人向朱熹请教时，他也建议读《小学》，以“补填前日欠缺”，从而“栽种后来根株”。

历代学者对于《小学》，“尊若六经”，推崇有加。元代学者许衡，在给自己儿子的信中这样说：“《小学》《四书》，吾敬信如神明。自汝孩提，便令讲习，望于此有得，他书虽不治，无憾也。我生平长处，在信此数书。汝当继我长处，笃信而好之也。”明代学者章懋，强调要将《小学》熟读玩味，字字句句，都要考究清楚，除了使其道理贯彻于胸中，还要身体而力行。即便已经考中了进士的人向他请教“为学之方”时，他的意见是依然要读《小学》。清代学者张伯行把《小学》和作为《四书》之一的《大学》等同看待：“孔子以前，大学未有书，自孔子作之，而入德之门在是矣。朱子以前，小学未有书，自朱子述之，而做人样子在是矣。”

元明清三代政府也十分推尊此书。明朝初年，“高后尝命女史诵而听之，既而奏曰：‘《小学》书，言易晓，事易行，于人道无所不备，真圣人之教法”。建议明太祖朱元璋推广此书。朱元璋如其所言，令亲王、驸马、太学生讲读。“由是内而京师，外而郡邑，莫不家藏人诵，而圣贤之教，复明于天下矣。”清朝政府在《十三经》和《四书》之外，对《小学》最为推重。“凡童生入学，复试论题，务用《小学》，著在律令。”明确规定童生入学考试要用《小学》。

(二)小学教育

就教育的内涵来说，教育至少有三义：第一义，为本义，指“善”的影响，使人善良；第二义，指使个人完善发展，为教育的转义；第三义，指使个人成为完善发展的社会人，为第二义的转义。① 从以上对教育内涵的梳理，我们可以看到教育过程具有向善的价值取向，如果是向恶，那就不是教育而是教唆。我们可以把善的表达放到社会要求之中，即符合社会要求就达成了完善发展。这样我们就可以简单地说，教育就是根据一定社会需要培养人的活动。另外，教育涉及个体和社会两个方面。教育既要重

---

① 陈桂生：《教育原理》，182页，上海，华东师范大学出版社，2000。

视教育过程中个体各种心理需要的满足及心理品质的发展，同时也要承担一定的社会功能，使个体的发展符合一定社会的需要。无论是忽视社会要求，还是忽略个体的内在需要和身心发展水平，都不是真正的教育。因此我们可以给教育下一个定义：教育是在一定社会背景下发生的促进个体的社会化和社会的个性化的实践活动。[①] 作为一种实践活动，教育是有明确目的的。同时，教育也是一个双向耦合的过程：一方面是个体的社会化，即根据一定的社会要求，把个体培养成符合社会发展需要的具有一定态度、情感、知识、技能和信仰结构的人；另一方面是社会的个性化，即把社会的各种观念、制度和行为模式内化到需要、兴趣和素质各不相同的个体身上，从而形成他们独特的个性心理结构。这两个过程互为前提、密不可分。

综上所述，我们可以给小学教育下一个定义：小学教育是小学教育机构根据一定社会要求，既要促进小学生的社会化，又要促进小学生的身心发展，培养小学生的实践活动。小学教育是作为教育对象的小学生所接受的正规教育。因此，一方面，小学教育要突出与家庭教育的不同，后者以抚养、养育为主要活动特征，而前者最主要的就是实现小学生的社会化，使其成长为一名合格的社会公民。生活在社会中的个体总是要接受并内化必要的社会规范，不能够随心所欲地发展。另一方面，小学教育也要遵循小学生身心发展的特点，不能机械地灌输，不能要求所有小学生成为千人一面的样子，那是工厂生产产品，而非学校培养人。

资料链接： 什么是教育[②]

所谓教育，不过是人与人的主体间精神的交流与对话，其中包括知识内容的传授、生命内涵的领悟、意志与行为的规范。因此教育的原则，是通过现存世界的全部文化，导向儿童的灵魂觉醒与完善，导向儿童精神的自由生成。教育的过程是让受教育者在实践中自我练习、自我学习和成长，而实践的特性是自由游戏和不断尝试。

资料链接： 关于初等教育

学校教育体系，一般包括学前教育、初等教育、中等教育、高等教育四大部分。其中初等教育和中等教育(包括中学教育、中等职业技校)都属于普通基础教育。

1985 年的《中国大百科全书·教育》规定：初等教育即小学教育，或称基础教育，是使受教育者打下文化知识基础和做好初步生活准备的教育。对象一般为 6～12 岁儿

① 全国十二所重点师范大学：《教育学基础》第 3 版，4 页，北京，教育科学出版社，2014。

② [德]雅斯贝尔斯：《什么是教育》，邹进译，3～4 页，北京，生活·读书·新知三联书店，1991。

童。这种教育对提高国家民族文化水平极为重要，因此各国在其经济文化发展的一定历史阶段都把它定为实施义务教育或普及教育的目标。①

在有些国家，初等教育并不只是指小学教育，同时还包括一部分的学前教育。如英国的初等教育包括两个阶段，由幼儿学校和初级小学来共同完成。在英国，“初等教育”概念的正式使用是 1926 年哈多咨询委员会所发表的《青年教育》报告。此报告提出，应将 11 岁以下儿童的教育统称为“初等教育”，而将 11 岁以上儿童的教育统称为“中等教育”。这是初等教育这一概念正式使用的标志。美国《大美百科全书》第九卷用 elementary school 表达初等教育，是入学至幼稚园或一年级至六年级、七年级或八年级的正式教育阶段。

因此，初等教育的含义可以分为广义和狭义两种。广义的初等教育，通常是指学校教育制度中与中等教育和高等教育相对而言的教育阶段。在一些国家中，初等教育包括幼儿教育和小学教育两部分。狭义的初等教育，一般是指在国民小学阶段所接受的教育。

二、小学教育要素

学校教育是一个系统，是由专职人员和专门机构承担的有目的、有系统、有组织的，以影响入学者的身心发展为直接目标的社会活动。② 当前小学教育分为低段、中段和高段，五个或六个年级的不同层次，包括学科教学、综合实践以及课内外等诸多活动。不同层次、不同教学与活动都有不同的承担者，不同的对象，不同的目标、内容与方式等，但所有这些小学教育活动的因素共同构成一个相对独立的社会子系统，目的就是促进小学生的身心发展。

要素指构成活动必不可少的、基本的因素。学校教育活动的基本要素包括教育者、学习者③、教育影响。教育活动是由“教”与“学”两类相互依存的活动复合构成的，教育者与学习者是教育活动中人的因素。教育影响则是教育者作用于学习者，用来实现教育目的的所有信息以及相应方式。在小学教育活动中，教育者最主要的就是小学教师；学习者是小学生；教育影响则是指小学教师作用于小学生，用来实现小学教育目标的

---

① 中国大百科全书出版社编辑部：《中国大百科全书·教育》，37 页，北京，中国大百科全书出版社，1985。

② 叶澜：《教育概论》，9 页，北京，人民教育出版社，1999。

③ 全国十二所重点师范大学联合编写的《教育学基础》指出：之所以用“学习者”，而不使用“受教育者”或“学生”，有两个原因。第一，“受教育者”是将教育对象看成比较被动的存在，看成纯粹“接受教育者教育”或“被教育者教育”的人。这就意味着“教育”是一种发生在教育对象身外，并由教育者施加于教育对象身心的某种事情。第二，“学生”这个概念尽管可以指称“学习者”，但是它所指称的“学习者”主要是那些在身心两方面还没有成熟的人。这是由构成“学生”这个词中的“生”字所决定的。随着终身学习时代的来临，教育的对象已经从青少年扩大到成人乃至所有的社会公民。所以，比起“学生”来说，“学习者”是一个更能概括多种教育对象类型的词汇。(见全国十二所重点大学：《教育学基础》第 3 版，6 页，北京，教育科学出版社，2014。)

所有信息以及相应方式。

(一)教育者：小学教师

在教育活动中，凡是对受教育者在身心发展方面起到教育影响的人，都可以称为教育者。在小学教育活动中，对小学生身心发展进行教育影响的主要承担者是小学教师。小学教师必须具有明确的教育目的，清楚地理解在小学教育实践活动中所肩负的促进小学生个体发展及社会发展的任务。小学教师要充分了解小学生个体身心发展的规律与特征，以及社会对于小学生个体发展提出的要求。同时小学教师还要具备将二者结合起来，将个体发展与社会发展辩证统一起来的能力，也就是说必须具有必要的能够完成促进小学生个体发展及社会发展的任务的知识与能力。这样看来，一个对个体社会化或社会个性化的过程、条件、影响因素等一无所知的人是没有资格被称为小学教育者的。因此，教育者意味着一种“资格”，而不是一种“实体”，是能够根据自己对于个体身心发展及社会发展状况或趋势的认识，来引导、促进、规范个体发展的人。① 教育者不仅是对从事教育职业的人的“总称”，更是对他们内在态度和外在行为的一种“规定”。

作为教育者的小学教师的根基是具有正确的专业理念和教育理想，包括对小学教育要完成的任务、小学教育目的的认同，对小学教育性质与价值的理解与把握等。小学教师只有具有正确的专业理念和教育理想，才能以教育为志业，形成坚定的专业认同与信念，才能体验到教师专业的幸福与快乐，追求专业发展的最高境界，实现自我生命的价值。

小学教育要完成促进小学生个体发展与社会发展的任务，最重要的就是要唤醒或塑造小学生的灵魂并使其达到卓越。因此，小学教师要做的是小学生心灵的守护者和引导者。守护和引导的前提是小学教师要具有丰富的“感受性”，要能够了解小学生的内心世界，与之沟通，把握小学生内心所发生的冲突与出现的问题，感受到小学生内心世界的变化。小学教师还要保护好小学生的心灵。在感受、了解、保护小学生心灵的基础上，小学教师要不断地引导他们经历生活中真正美好的事物，学习关于美好事物的知识，践行美、善的价值，让美好的事物引导心灵发展，即通过正确的教育活动引导小学生的心灵向美好、完善、优秀的状态发展。② 小学教师要做到守护和引导小学生的心灵，势必要观照、涵养自己的心灵，追求自身灵魂的完善。很难想象，一个灵魂贫乏的人，能够引导学生的灵魂达到丰满与完善。

教师追求卓越的心灵品质，前提就是要认识自我，因为认识自我是追寻美德的出

① 全国十二所重点师范大学：《教育学基础》第3版，6页，北京，教育科学出版社，2014。
② 金生鈜：《小学教育哲学》，153页，北京，高等教育出版社，2017。

发点。教师认识自我，需要在教育生活中不断审视自我，不断追问作为教师的“我是谁”，不断追问“一个理想的教师是什么样的？什么是一个教师应该去做的，值得去做的？”，倾听自己灵魂深处的声音。教师的内心有一个警卫，守护着自己的个性，把有损我们自身完整的任何东西拒之门外，把有益于我们自身完整的一切东西拥入怀中。① 教师认识自我，就是要使自己的心灵和谐与完整。在教育实践中，教师并不是一个已经完成自我塑造的人，而是与学生一起共同探索认识自我、共同完善自我的人。同时教师还要拥有教育理想。教育理想是经过实践与反思后获得的信念，是对美好的教育价值的追求，是教师教育实践的指南。当教师在教育实践过程中，使自己的心灵达到和谐与完整，使教育理想获得实现，那么他也就获得了幸福。如果教师追求教育价值实现的过程与他追求幸福的过程是合一的，他就是幸福的教师。

（二）学习者：小学生

在小学教育中，学习者是获得入学资格的小学生。小学生在小学教育中通过参与各种教育活动，接受并内化教育影响，从而获得个体自身的发展，同时打下社会化的基础。小学教育是小学生人生中的极重要的基础教育阶段，是他们一生发展的基础，因此小学教育对于小学生来说意义十分重大。小学教师必须了解并遵循小学生身心发展的独特性及规律，满足小学生的独特需要，把握小学生经验与理解的特殊性，将小学生的个体发展与社会发展辩证统一起来。

首先，小学生的童年具有独特性。童年是独特的一段生命存在，蕴含着无限丰富的可能性。在童年阶段，儿童处在成长和发展之中，身体、心理和精神世界都处于形成时期，都具有独特的需要。教师应该承认童年的独特性，尊重童年生活的独特价值，不能仅仅把它看成成人生活的预备，还应当为儿童提供与其身心发展相适应的生活环境和精神氛围，保护儿童的个人权利和尊严，让儿童享用童年，在健康丰富的童年境遇中幸福成长。②

其次，小学生的需要具有特殊性。③ 小学生的基本需要包括对工具性事物的需要和对优秀性(完善性)事物的需要。前者满足的是小学生生命健康的需要，后者满足的则是小学生品质(道德、理智、人格等方面)的发展和完善的需要。小学教育的任务就是要满足小学生的这些基本需要，可以包括以下五个方面：第一，小学生有学校生活的安全与秩序的需要。这里不仅指校园物质方面的安全与秩序，还包括要使小学生具有安全感和秩序感。第二，小学生有成长和发展的需要。每一位小学生都有获得成长和

---

① [美]帕克·帕尔默：《教学勇气：漫步教师心灵》，吴国珍、余巍等译，31页，上海，华东师范大学出版社，2005。

② 金生鈜：《小学教育哲学》，53页，北京，高等教育出版社，2017。

③ 金生鈜：《小学教育哲学》，79～83页，北京，高等教育出版社，2017。

发展的正当权利。学校是小学生重要的生活世界，应该为每一位小学生的健全发展提供公正、有效的教育机会、资源和条件。第三，小学生有获得知识经验的需要。学校教育所提供的知识经验不同于人们通过直接行动而获得的经验。这些知识经验可以培育小学生的理性能力，拓宽小学生的精神视野，让小学生从整体上把握世界，获得在世界中思想和实践的能力。第四，小学生有自主和自我认同的需要。小学生自主的需要是自由和独立的需要，即逐渐自我决定自己的行动与生活的主体性需要。学校一方面要通过让小学生自我组织、自我管理各种活动来发挥主体性，形成自我认同；另一方面可以让小学生参与体验学校中的岗位，这也是小学生自我确认、自我实现的重要方式。第五，小学生有友爱的需要。友爱的需要是积极的社会交往需要，主要有教师的关爱和同伴之间的友爱。教师是小学生心目中的重要他人，他们对小学生的情感接纳对于小学生的自我认同、自我形象塑造、自我意识的发展具有积极的意义。班级友爱的氛围是小学生形成积极的社会交往的条件，也是他们获得社会认同和个人认同的必要条件，同时还是他们获得自尊和社会价值感的源泉之一。

最后，小学生的经验与理解具有特殊性。儿童的学习需要经验。学习以经验为内容，以经验为基础，以经验为方式。学校教育就是创造一系列的活动过程，形成经验的联结，让学生形成经验，改造经验，提升经验，更新经验。如果教育只是立足于书本知识，以课堂为中心，以教师的经验为中心，忽视小学生的经验，忽视小学生直接参与的活动对经验发展的作用，小学生就难以真正实现个体发展与社会发展。小学生通过理解教育中的知识与文化的意义，理解自身和交往中的他人，理解人类的生活经验与智慧，从而使自己的精神世界不断丰富。教育实践就是要通过解释，通过各种活动与游戏来引导小学生进行理解，从而促使他们不断构建意义世界。

(三)教育影响

教育影响即教育活动中教育者作用于学习者的全部信息，既包括信息的内容，也包括信息选择、传递和反馈的形式，是内容与形式的统一。[①] 小学教育中，教育影响即教育活动中小学教师作用于小学生的全部信息。从内容上说，主要就是教育内容、教育材料或教科书；从形式上说，主要就是教育手段、教育方法、教育组织形式。教育内容、教育材料或教科书是教育活动的媒介，是小学教师和小学生互动的媒介，也是小学教师借以实现教育意图和小学生借以实现发展意图的媒介。这个媒介与社会生活中一般媒介的区别在于，它是根据一定的教育目的以及小学生身心发展的规律和需要，从人类历史文化中精心选择、组织和呈现的，具有丰富的发展价值。小学教育工作的全部要旨就在于充分和有效利用这个媒介来直接促使小学生得到最大程度的发展，并

① 全国十二所重点师范大学：《教育学基础》第 3 版，6～7 页，北京，教育科学出版社，2014。

间接满足社会的发展需要。教育手段、教育方法与教育组织形式要根据一定的教育内容、教育材料或教科书来设计和选择，因此受制于教育内容、教育材料或教科书。

首先，小学教育的影响具有道德性。教育是一项道德事业，教育是培养人的社会实践活动，因此教育应当以符合人性的方式进行，其内容、方式与过程在伦理上都是善的，是符合道德价值的。[①] 小学教育给小学生的人生、人格、人性打下宽厚的基础，要引导小学生追求善、实践善，其本身当然必须是一种善。这是小学教育的本质要求。因此，小学教育无论是教育内容还是形式都要符合道德向善的目的，所有的教育内容都必须有益于小学生的精神健全发展，所有的方式方法也都必须以小学生的健全发展为目的，必须符合“人的目的”的伦理原则。在小学教育过程中，要关爱小学生，采取民主、道德的方法，真正促进小学生的成长与发展。

其次，小学教育的影响必须观照小学生的精神世界。人是精神，人之作为人的状况乃是一种精神状况。[②] 教育是培养人的活动，那么人接受教育，就会发生精神的转变，获得发展与提升，向更高贵、更丰富、更卓越的精神状态发展。小学教育要观照小学生的精神世界，观照小学生的生命、情感和道德健全。小学教育要引导小学生通过对人生的初步体验和对文化的理解来陶冶人格，唤醒精神和生命活力，促进生命的和谐发展。小学教育要引导小学生体验人生的积极情感，关注他们的心灵与情绪，关注他们的情感健康。联合国教科文组织1972年发布的《学会生存——教育世界的今天和明天》指出：“教育的一个特定目的就是要培养情感方面的品质，特别是在人和人的关系中的感情品质。”[③]小学教育培养小学生的情感，需要做到：第一，在人与自然的关系中，关注小学生尊重生命、热爱自然、珍惜资源的美好情感；第二，在人与认识对象的关系中，关注小学生探索的兴趣、求真的愿望、执着的热情；第三，在人与他人的关系中，让小学生学会判断、体察他人的情绪、情感，关注小学生的尊重、仁爱、宽容、体谅、同情心等情感；第四，在人与社会的关系中，培养小学生对群体的归属感、荣誉感，对社会的责任感、义务感，在处理人际关系和社会事务时的正义感、正直感，对国家利益、民族命运、世界和平、人类发展的关切之心、忧虑之情等；第五，在人与自身的关系中，让小学生学会识别、体察自己的情绪感受，调控表达自己的情绪，学会热爱生命、享受生命，做到自尊、自爱、自强、自立等；第六，在时间、空间、环境上充分展开与拓展情感教育，关注学生美好的情感、真诚的情怀和高尚的情操。[④]

---

① 金生鈜：《小学教育哲学》，40页，北京，高等教育出版社，2017。

② [德]卡尔·雅斯贝斯：《时代的精神状况》，王德峰译，3页，上海，上海译文出版社，1997。

③ 联合国教科文组织国际教育发展委员会：《学会生存——教育世界的今天和明天》，华东师范大学比较教育研究所译，194页，北京，教育科学出版社，1996。

④ 金生鈜：《小学教育哲学》，43～44页，北京，高等教育出版社，2017。

三、小学教育功能

功能是指有特定结构的事物或系统在内部和外部的联系中所表现出来的作用。[①] 教育功能是教育活动和系统对个体发展和社会发展所产生的各种影响和作用。教育是影响个体身心发展的重要因素，也是影响国家经济和社会发展的重要力量。社会发展的根本是为了人的发展。小学教育作为个体接触的一种学校教育形式，作为国家教育体系的基础阶段，在个体发展与社会发展中都起着十分重要的作用。

(一)小学教育对于小学生个体发展的功能

个体发展是指个体生命从开始到结束的一生中身心诸方面及其整体性结构与特征所发生的一系列变化的过程。[②] 它是个体的潜在素质变成现实特征的过程。个体发展在内容上包括身体和心理两大方面：前者指有机体的自然形态和组织器官及其技能的发展与完善；后者指人的心理过程和个性心理的发展，包括认知、情感、意志和各种高级社会性的发展。教育就是通过其独特的形式和丰富的内容，促进个体身心和谐全面地发展。但是我们要看到，一个人既是个体的人，具有个体性，追求独特性，也是社会的人，具有社会性，追求共同性。因此，个体发展是个性与社会性两个方向的发展，同时也是两个发展矛盾的方向不断系统化的过程。可以说，人是个性与社会性的双重统一体。教育就是通过个体的个性化和社会化，促使一个生物体的自然人成为一个生活在现实社会中的具体的人。小学教育是个体接受正规教育的开端。小学阶段与小学生的童年期相吻合，即 6 岁到 12 岁。童年期是人生的奠基时期，既是培养社会各种人才所必经的基础阶段，也是为个人的一生发展奠定基础的时期。因此，小学教育对于小学生个体发展的功能包括促进小学生个体的个性化和促进小学生个体的社会化两个方面。

第一，小学教育促进小学生个体的个性化。个性化的核心是个体在社会实践活动中促进自主性、独特性和创造性的形成。首先，小学教育促进小学生自主性的形成，就是要培养小学生的主体意识。儿童从家庭、幼儿园进入小学，因角色、活动、他人评价的多样化而引起的对自我形象反思的初始时期，也可以看作整体性的自我意识的萌生时期。因此学校可以通过有目的地组织各种小学生自己参与、自己管理的教育活动，培养他们的主体意识与能力。其次，小学教育促进小学生独特性的形成，就是要促进小学生个体差异的充分发展。个体的遗传素质本身就蕴含着个体的差异性，更不

---

① 全国十二所重点师范大学：《教育学基础》第 3 版，30 页，北京，教育科学出版社，2014。

② 全国十二所重点师范大学：《教育学基础》第 3 版，36 页，北京，教育科学出版社，2014。

用说不同的后天生活环境以及不同的教育影响，每一个个体都会形成不同的发展结果。我们必须根据小学生的不同身心发展特征，选择适合他们的发展道路，设计适合他们的教育。小学教育要尊重个体的差异，因材施教，帮助不同的小学生充分开发其内在潜力，形成其独特的专长与优势。最后，小学教育促进小学生创造性的形成，就是要促进小学生个体价值的实现。创造性是人的个性的核心品质，是个性的自主性与独特性的综合体现。当然，人们在创造活动中所表现出来的创造性也要符合社会价值的追求，具有社会性。因此，小学教育既要帮助小学生实现个性发展，也要正确引导小学生的与众不同的心理倾向接受社会的制约。

第二，小学教育促进小学生个体的社会化。个体的社会化是个体学习所在社会的生活方式，将社会所期望的价值观、行为规范内化，获得社会生活必需的知识、技能，以适应社会需要的过程。小学教育要依据社会的基本行为准则和价值标准，有目的、有组织、有计划地来规范小学生，为他们进一步的社会化打下良好基础。个体进入小学，是他们超越家庭范围的社会化的初始阶段。小学教育可以帮助小学生从对家庭的眷恋中解放出来。在教师的指导下，小学生通过和同伴的集体生活，发展更高水平的自律性行为。另外，小学生可以凭借学校接受以追求成就为中心的社会化。在家庭中，个体与他的成就没有关系，而他在学校中的成就是受到成人社会承认并且必须在成人社会中起作用的。同时，学校的社会化带有普遍性，具有打下科学和学问基础的普遍性意义。

(二)小学教育对于社会发展的功能

小学教育对于社会发展的功能体现在以下三个方面：第一，小学教育是整个国家国民教育体系的基础阶段，对一个国家教育事业的发展具有奠基作用。国家教育体系一般包括初等教育、中等教育和高等教育三大阶段，其中初等教育——主要指小学教育——是提高国民素质最基础、最经济的一种方式。第二，小学教育是提高全民素质、建设社会主义现代化国家的重要基础。小学教育的普及程度和质量，对于一个民族的科学文化素质、思想道德素质具有决定性影响。小学教育相对于现代教育的其他层次、阶段和类型而言，它的特定功能在于提高全民身体、心理、道德等的基本素质，为各级各类人才培养和社会发展奠定坚实基础。第三，小学教育为人类文化的延续与发展奠定基础。人类文化有目的、有计划的保护与传承是从小学教育开始的，小学教育培养小学生具有什么样的世界观、文化观，具有什么样的胸怀与视野极为重要，因为他们是未来推动国家发展、推动世界前进的人。

第二节
小学教育目标

一、小学教育目标的内涵

教育目标是教育目的的具体化。小学教育是国家正规教育体系的基础阶段。小学教育目标是国家总体教育目的在小学阶段的具体化。所谓教育目的，是指把受教育者培养成一定社会需要的人的总要求。① 教育目的是根据一定社会的政治、经济、文化、科学技术发展的要求和受教育者身心发展的状况确定的。它反映了一定社会对受教育者的要求，是教育工作的出发点和最终归宿，也是确定教育内容、选择教育方法、评价教育效果的根据。从教育目的的结构看，它基本包括两个部分：一是关于受教育者身心发展、个性结构形成的规定；二是关于受教育者的社会价值的规定，即他应该符合什么样社会的需要。因此，教育目的必须从社会发展的客观需要出发，对受教育者身心发展的方向、内容和所要达到的水平做出明确规定，才能有效指导教育活动，形成受教育者合理的素质结构，发挥其自身的价值。因此，不同历史时期、不同社会性质下，教育目的各有不同。

教育目的的表述是开展教育活动的前提基础，也是制定各级各类教育目标的依据。相对于高度抽象概括的教育目的而言，教育目标是具体的、可测量的、行动的指标。具体到不同层面，教育目标会有不同的呈现形式。比如，具体到小学阶段，就成为“培养目标”；具体到学科，就成为“课程目标”；具体到教学，就成为“教学目标”。教育目标是教育目的指导下的具体化目标。也就是说，教育目的是总体教育目标，而教育目标是具体的、可操作实现的教育目的。小学教育目标是教育目的在小学教育领域的具体化，是指小学教育活动所要达到和实现的结果的具体的设想和规定。简言之，就是小学教育要培养什么样的小学生。本节要谈的小学教育目标是指小学阶段的培养目标。

二、小学教育目标的确立原则

小学教育目标是国家教育目的的具体化。因此，确立小学教育目标不能脱离教育

---

① 中国大百科全书出版社编辑部：《中国大百科全书·教育》，172 页，北京，中国大百科全书出版社，1985。

目的，确立原则包括符合并反映社会时代的需求、遵循学习者的身心发展特点、满足开展教育活动的需要。

(一)符合并反映社会时代的需求

不同历史时期、不同社会制度，对于教育所要培养什么样的人都有不同要求，体现了对于学习者的不同社会价值的规定。因此，教育目的及其具体到小学阶段的教育目标也就各有不同。学习者只能在现实的社会生活条件下获得发展，教育者也只能在现实的社会生活条件下促进学习者的发展。这就决定了无论是教育目的还是教育目标，都是其所处时代的产物，具有社会制约性。

例如，我国古代社会贯穿始终的是"明人伦"的教育目的。直到清末教育改革，张百熙、荣庆、张之洞在上奏《重订学堂章程折》中还依然明确表示："至于立学宗旨，无论何等学堂，均以忠孝为本，以中国经史之学为基。俾学生心术壹归于纯正，而后以西学沦其知识，练其艺能，务期他日成材，各适实用，以仰副国家造就通才、慎防流弊之意。"[①]具体化到小学堂的教育目标，《学务纲要》则这样规定："初等小学堂，意在使全国之民，无论贫富贵贱，皆能淑性知礼，化为良善。"[②]"启其人生应有之知识，立其明伦理爱国家之根基，并调护儿童身体，令其发育"。[③]高等小学堂的宗旨是"培养国民之善性，扩充国民之知识，强壮国民之身体"，"以童年皆知作人之正理，皆有谋生之计虑为成效"。[④] 从教育宗旨的"以忠孝为本"，到小学堂教育目标的"淑性知礼，化为良善""明伦理爱国家之根基"，以及高等小学堂的宗旨"作人之正理"，都充分体现了传统社会对于受教育者成为遵守伦理纲常的圣贤君子的社会价值要求。

当今我国正在全面建设社会主义现代化国家，教育目的是要"培养德智体美劳全面发展的社会主义建设者和接班人"。1992 年，国家教育委员会在《九年义务教育全日制小学、初级中学课程计划(试行)》中将上述教育目的具体化为小学教育目标。它反映的社会价值要求是符合社会主义现代化国家建设需要的，旨在培养有着积极健康、活泼向上的道德与情感的个体。

(二)遵循学习者的身心发展特点

小学教育中的学习者是小学生，是 6～13 岁的儿童。这一阶段的儿童具有身心发展的独特性，因此，小学教育目标的确立必须依据儿童的身心发展特点。可以说，对儿童独特性的认识是确立小学教育目标的必要条件。人们提出教育目标是希望学习者

---

① 舒新城：《中国近代教育史资料》上册，198 页，北京，人民教育出版社，1981。
② 璩鑫奎、唐良炎：《中国近代教育史资料汇编——学制演变》，489 页，上海，上海教育出版社，1991。
③ 舒新城：《中国近代教育史资料》中册，411 页，北京，人民教育出版社，1981。
④ 舒新城：《中国近代教育史资料》中册，435 页，北京，人民教育出版社，1981。

的身心能够发生预期的变化，使学习者成长为具有一定个性的社会个体，那么这就必须承认学习者具备接受教育、获得发展的潜能。同时，在教育活动中，学习者不仅是教育的对象，而且也是教育活动的主体。教育者如果不关注学习者作为教育活动主体的身心发展水平和经验储备，那么教育活动就不可能真正有效发生。因此，认识儿童，把握儿童身心发展的特征，是确立小学教育目标时要遵循的基本原则。

对于儿童的认识具有历史性特征。不同时代、不同文化对于儿童的认识不同，也就形成了不同的小学教育目标。

(三)满足开展教育活动的需要

小学教育目标是小学全部教育活动的灵魂，给学习者提供明确的发展方向和预定的发展结果，对小学教育活动具有支配和指导功能，促进教育过程科学、有秩序地进行。首先，小学教育目标为开展教育活动提供可依据的标准，具有标准功能。主要体现在课程研制、学习评估、教学评估三个方面。[①] 教育目标决定课程设置、教材与教学方法的选择。小学教育目标是衡量小学生学习成就的基本标准，是测量和评价小学生的学习是否达到所应该达到的成就和水平的依据。同时，小学教师要依据小学教育目标来判断自己的教学，做出评价和反省，不断调整教学目标、过程与方法。学校也要依据小学教育目标对小学教师的教学进行科学评价，以促进小学教师更好地改进教学，提升教学质量。其次，小学教育目标为开展教育活动进行活动定向，具有导向功能。目标一旦确定，小学教育活动就应该以最后的目标达成为导向，通过不断的信息反馈，调整教育教学活动进程中的偏差，提高教育效果。最后，小学教育目标能够激发小学生的学习动机和小学教师的教育动机，具有激励功能。小学教育目标的要求既不能太高，也不能太低；既是小学教师和小学生能够认同的理想目标，也是通过努力可以达到的目标。只有这样的目标才能够使小学教师和小学生通过教与学的活动不断达成，获得成就感，从而激发教与学的热情。

三、小学教育目标的价值取向：小学生的全面发展

教育目标是教育目的的具体化，因此教育目标与教育目的的价值取向是一致的。教育目的的价值取向指的是教育目的的提出者或从事教育活动的主体依据自身的需要对教育价值做出选择时所持的一种倾向。[②] 关于教育目的的价值取向争论最根本的问题是，教育活动究竟是注重个人的个性发展还是注重满足社会的需要。我国对于这个问

---

① 潘海燕：《小学教育概论》，122 页，北京，北京师范大学出版社，2013。

② 王道俊、王汉澜：《教育学》，101 页，北京，人民教育出版社，1989。

题的回答依据的是马克思主义关于人的全面发展的学说，认为社会发展和个人发展是对立统一的历史过程，教育目的的价值取向也为这种历史过程所制约。

新中国成立以来，在不同的历史时期，教育目的的具体提法有所不同。1957 年，毛泽东在《关于正确处理人民内部矛盾的问题》一文中提出："我们的教育方针，应该使受教育者在德育、智育、体育几方面都得到发展，成为有社会主义觉悟的有文化的劳动者。"①1982 年，《中华人民共和国宪法》第四十六条规定："国家培养青年、少年、儿童在品德、智力、体质等方面全面发展。"1999 年，全国第三次教育工作会议通过《中共中央　国务院关于深化教育改革，全面推进素质教育的决定》，提出"以培养学生的创新精神和实践能力为重点，造就'有理想、有道德、有文化、有纪律'的、德智体美等方面全面发展的社会主义事业的建设者和接班人"。2019 年，《中共中央　国务院关于深化教育教学改革全面提高义务教育质量的意见》进一步指出："围绕凝聚人心、完善人格、开发人力、培育人才、造福人民的工作目标，发展素质教育，培养德智体美劳全面发展的社会主义建设者和接班人。"通过以上教育目的的表述，我们可以看出它们都贯彻一种基本精神，即价值取向，就是教育应该培养全面发展的为社会主义服务的建设者和接班人。

马克思主义认为社会进步与个人发展是密切联系的，互为条件、互为因果。人既是社会历史的生成物，又是社会历史的创造者。社会的变化发展是通过人的实践活动实现的，没有人的实践活动，也就没有社会历史。人作为社会生活的主体，作为生产力和科学文化的承担者，对自身个性发展的追求以及这种追求的实现，对社会进步具有重要意义。从社会需要方面的价值来看，我国培养的是为社会主义服务的人；从个人个性的发展价值来看，我国培养的是全面发展的人。这两种价值取向要依据发展变化的现实，在教育实践过程中不同程度地实现和谐与统一。也就是说，这两种价值的结合在实现的过程中不应是僵化地以个人或社会的价值为基点，而是不可分割，是一体之两面、彼此依赖共生的关系。不过，从价值实现的承担者来说，教育无论是满足个体需要还是满足社会需要，都要通过个人的发展来实现。当然，这并不是要否定社会价值。一个人的发展不仅要有自身的依据，也要被其所处社会状况限定。据此，我国小学教育目标的价值取向，就是要促进作为社会主义现代化国家公民的小学生的全面发展。

1986 年 11 月，国家教育委员会制订《义务教育全日制小学、初级中学教学计划(初稿)》，规定小学阶段的培养目标："使学生具有爱祖国、爱人民、爱劳动、爱科学、爱社会主义等思想品德，具有良好的行为习惯，活泼开朗的性格和初步分辨是非的能力。要使学生具有阅读、表达、计算的基本能力，学到一些自然常识和社会常识，培养学

---

① 《毛泽东文集》第七卷，226 页，北京，人民出版社，1999。

生的学习兴趣，养成良好的学习习惯，培养观察、思考和动手的能力。要使学生具有健康的身体、爱美的情趣、良好的卫生习惯、劳动习惯和初步的生活自理能力。”

1992 年，国家教育委员会颁布《九年义务教育全日制小学、初级中学课程计划(试行)》，明确规定我国小学的培养目标：第一，初步具有爱祖国、爱人民、爱劳动、爱科学、爱社会主义的思想感情，初步养成关心他人、关心集体、认真负责、诚实、勤俭、勇敢、正直、合群、活泼向上等良好品德和个性品质，养成讲文明、讲礼貌、守纪律的行为习惯，初步具有自我管理以及分辨是非的能力。第二，具有阅读、书写、表达、计算的基本知识和基本技能，了解一些生活、自然和社会常识，初步具有基本的观察、思维、动手操作和自学的能力，养成良好的学习习惯。第三，初步养成锻炼身体和讲究卫生的习惯，具有健康的身体。具有较广泛的兴趣和健康的爱美的情趣。第四，初步学会生活自理，会使用简单的劳动工具，养成爱劳动的习惯。

从以上两个小学教育目标的表述中，我们可以看出小学生的全面发展包括生理与心理两方面的发展，每一方面还包括不同的要素，生理发展是基础。生理发展主要指小学生身体的发育、技能的成熟和体质的增强；心理发展主要指小学生的德智美劳方面的发展，德是基础也是首要目标，强调培养小学生对社会主义现代化国家、对人民以及主流价值观的积极情感。首先，小学生的全面发展是多层次、多因素的发展。也就是说小学生的各种最基本或最基础的素质与能力必须得到完整的发展，各个方面可以有发展程度上的差异，但缺一不可，否则就是片面发展。其次，小学生的全面发展过程中，这些多层次、多因素之间的关系是适当的和协调的。它们要达成充分完整的和谐发展，否则就是畸形发展。再次，小学生的发展是这些层次和因素的独特组合。也就是说小学生既要全面发展，也要具有独特的个性，即自由的发展，是全面发展的个性。所有小学生不可能是同一程度、同一标准的发展。全面发展和自由的发展二者的关系是辩证统一的。事实上，全面发展在不同的小学生个体身上必然会有不同的组合，呈现出不同的个人特点，而不会是千人一面。因此全面发展不能不是个人的全面发展；全面发展的过程，不能不是个人的个性形成过程。① 最后，小学生的个性化发展与社会化发展并不冲突。社会的确要对自己的成员提出质量规格的要求，但社会化不等于一律化、模式化，不等于排斥个性。我国先秦时期百家争鸣的思想学说中就已经提出了“和而不同”的观念。《国语・郑语》有言：“夫和实生物，同则不继。以他平他谓之和，故能丰长而物归之；若以同裨同，尽乃弃矣。”这里讨论的是一种多元统一的状态，多种不同成分和谐共处结成事物的统一体。如此，才能达到《中庸》里的境界，即“致中和，天地位焉，万物育焉”。

---

① 王道俊、王汉澜：《教育学》，115 页，北京，人民教育出版社，1989。

资料链接：儿童全面发展的“五维度十范畴”概念框架[①]

朱旭东等为我国儿童全面发展构建了“五维度十范畴”概念框架，如图2-1所示。每个发展维度包含一对内在关联、相辅相成的范畴，即身体发展包含健康与安全发展，心理发展包含认知与情感发展，伦理发展包含道德与公民性发展，社会发展包含个性与社会性发展，艺美发展包含艺术与审美发展。

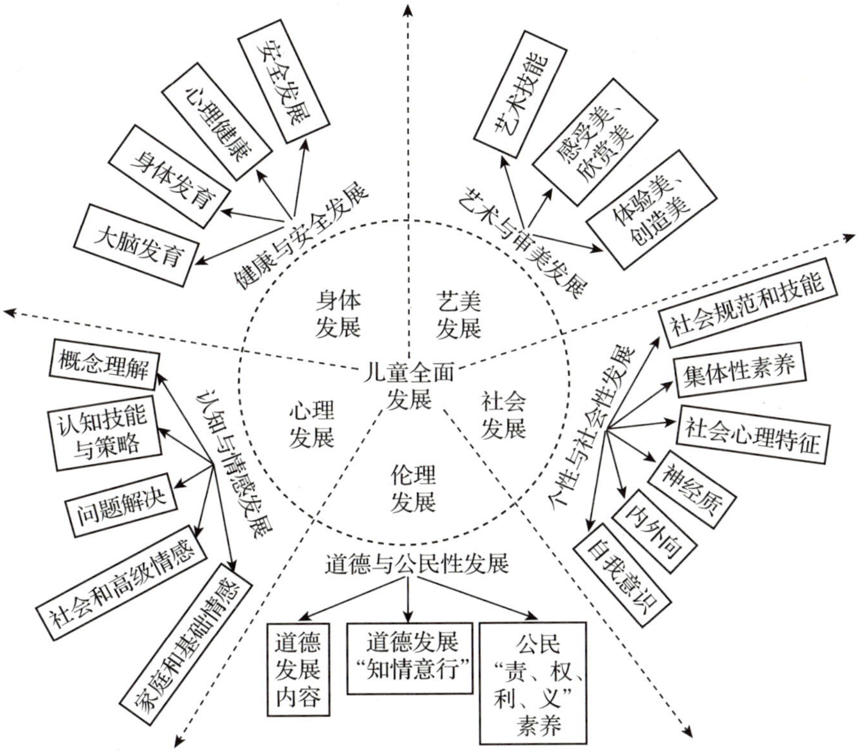

图2-1　儿童全面发展的“五维度十范畴”概念框架

四、小学全面发展教育的构成

小学教育目标的价值取向是促进作为社会主义现代化国家公民的小学生的全面发展。具体来说，小学全面发展教育由德育、智育、体育、美育、劳动教育构成，各方面紧密联系，和谐发展。

---

① 朱旭东、薄艳玲：《农村留守儿童全面发展及其综合支持系统的建构》，载《北京大学教育评论》，2020(3)。

(一)德育、智育、体育、美育与劳动教育的关系

德育、智育、体育、美育、劳动教育各育几乎是各个不同历史时代、不同社会形态中教育目的共有的构成要素。这说明从人的素质构成的形式和表现方面来说，古今中外人们的认识具有共性。在我国，五育提法的形成，特别是五育进入国家教育宏观目的表述之中，是一个历史的发展过程。西方社会于18世纪后半叶已经形成“德育(道德教育)”概念，使之广泛传播的是英国学者H. 斯宾塞(H. Spencer)。他在《教育论》一书中把教育明确划分为“智育”“德育”“体育”。斯宾塞关于教育划分的观念在19世纪末20世纪初传入我国。1895年，严复在《原强》一文中介绍斯宾塞的教育思想，并基于当时中国的现状，提出“鼓民力，开民智，新民德”的富国强民的基本条件。戊戌前后，德育、智育、体育的三分法作为日本重要的兴学经验在中国得以传播。1904年，王国维在《叔本华之哲学及其教育学说》一文中，提及“知育”“美育”“德育”。1906年，王国维又将“德育”“智育(知育)”“美育”合称为“心育”，与“体育”相提并论，论述教育的宗旨。1912年，蔡元培撰文阐述新教育思想，主张“军国民教育”“实利主义教育”“公民道德教育”“世界观教育”“美感教育”并举。蔡元培将实利主义毗于知识，实利主义教育即可以理解为智育。① 在其影响下，当年国民党政府颁布“注重道德教育，以实利主义、军国民教育辅之，更以美感教育完成其道德”的教育宗旨。蔡元培强调以上四育一样重要，不可放松一项，要一无偏枯，才可教练得儿童有健全的人格。

新中国成立后，教育与生产劳动相结合就是中央政府历来坚持的教育方针。在不同历史时期，虽然人们对劳动教育的具体理解有所不同，但在实现人的全面发展教育中劳动教育占有特殊地位这一点是毋庸置疑的。2015年，《教育部 共青团中央 全国少工委关于加强中小学劳动教育的意见》指出，要“以劳树德、以劳增智、以劳强体、以劳育美、以劳创新，促进学生德智体美劳全面发展”。这体现了劳动教育的综合育人功能，及其在全面发展中的特殊地位。此时，劳动教育已经成为全面发展教育的重要组成部分。劳动教育作为整个教育的基础，融合到德智体美的全过程。

关于德智体美劳五育的关系，桑新民提出教育目标分类的三层次说。② 第一层次是从促进受教育者心理发展的抽象层次上提出的目标和任务，这就是智育、德育和美育。从心理学角度来看，个体的心理结构可以分为认知结构、意志结构和情感结构三大领域。从哲学角度来看，社会意识形态可以分为科学、道德和艺术三大领域。这两方面共同构成智育、德育和美育三大领域培养目标的理论依据。不同时代、不同地域对于这三个领域有不同的理解，形成三种不同的价值尺度，即真、善、美。人们普遍认为，

① 蔡元培：《对于新教育之意见》，载《民立报》，1912年2月8、9、10日。

② 桑新民：《对“五育”地位作用及其相互关系的哲学思考》，载《中国社会科学》，1991(6)。

衡量科学理论和个人认识的尺度是真；衡量个体行为的尺度是善；衡量艺术作品和个人情感体验的尺度是美。哲学讨论的是宏观人类意识形态结构，心理学讨论的是微观个体心理结构，促进二者的双向构建是教育担负的使命与责任。这两方面本来就是相辅相成、缺一不可的。一方面，个体心理结构是社会意识形态的细胞，是社会意识形态反映社会存在的中介，而社会意识形态则是个体心理结构发生发展的环境、背景和对象化产物。个体在社会意识形态的影响和制约下不断经历着社会化的过程。另一方面，成熟个体在自身的创造性实践活动中又在不断突破着社会意识形态的局限性，由此推动整个社会意识形态的发展与进步。因此，教育不仅应该培养社会化的个体，而且应该培养能够克服与超越时代局限性的创造性人才。德智美三育中，德育是其他各育的灵魂和方向，是教育的根本目的，自然排在首位。智育最抽象、最普遍，不只三育，五育中的其他各育也都内在地包含了智育，并要以智育为前提和基础。德育要遵循智育的规律，而且还要探索道德认识是如何向道德行为转化的。美育的实质是情感教育，情感融化在知识与道德之中。美育中内在地包含着智育与德育，是联系二者的桥梁。总之，德育、智育、美育三者互相渗透。德育是其他各育的灵魂与方向，智育是其他各育的前提与基础，美育是前两者的桥梁及其他各育的内在动力。

第二层次是从促进受教育者身心和谐发展的层次上提出的目标和任务，比前一层次具体化了。从对心理发展的抽象分析进入对身心发展的综合研究，这时体育就出现了。生理发展是心理发展的前提和物质基础。在现实教育中，我们必须把受教育者身心和谐发展作为一个整体来把握。因此，现代学校体育的内涵指促进受教育者身心和谐发展。体育不仅内在地包含德智美三育，而且也是营养、保健、身体技能技巧和身心健康发育这四方面的有机统一。体育与德智美三育既是有机联系、不可分割的统一整体，又分属不同层次。

第三层次是从促进受教育者创造性实践能力发展的层次上提出的目标和任务，比前两个层次更为现实和具体。因此，劳动教育是其他四育的综合，能够体现其他四育中所获得的各种知识和能力在个体实践活动中的创造性运用。德育不仅要发展小学生的道德认识能力，还要实现由道德认识向道德行为与道德习惯的转化。这种转化当然只有在实践过程中才能实现。更重要的是，只有在劳动教育过程中，小学生才能真正理解和领略到合规律与合目的之间的内在联系，从而在真与善的统一中获得自由创造的美感体验。劳动教育不仅是深层的德育和美育，而且是教育过程中真正实现真、善、美内在统一的现实途径。只有在培养创造性实践能力的第三层次中，我们才能将前两层次的目标与要素结合起来，实现德智体美劳的内在统一，转化为个体的创造性实践能力，这正是劳动教育的实质所在。劳动教育内在地包含了前两层次的四育，但却又是这四育所绝对不能取代的。

总之，德智体美劳五育之间相互渗透、相互联系与依存、相互促进与转化，不能割裂与分离，既独立，又统一。我们划分五育是为了便于在理论形态上讨论人的全面发展。当五育落实到学校教育活动中时，我们的确会开设侧重某一育的具体课程，但绝不能忘记所有课程都应该是五育并举融合的体现。因此，任何课堂教学都应该促进小学生的全面发展，都应确立相应的德智体美劳各育目标。只是由于五育教学内容的特点不同，在构建以学生的心理结构方面可以有所侧重，但绝不应偏废。小学教师应该注重教育活动的整体性与系统性，在教育过程中促进小学生的全面发展。

（二）小学德育

我国古代社会贯穿始终的教育目的就是“明人伦”，现代社会亦是如此，只不过对于德行内容的理解由于不同的社会性质而发生了变化。2017 年，教育部颁布的《中小学德育工作指南》（简称《工作指南》）强调：始终坚持育人为本、德育为先，大力培育和践行社会主义核心价值观，以培养学生良好思想品德和健全人格为根本，以促进学生形成良好行为习惯为重点，以落实《中小学生守则（2015 年修订）》为抓手，坚持教育与生产劳动、社会实践相结合，坚持学校教育与家庭教育、社会教育相结合，不断完善中小学德育工作长效机制，全面提高中小学德育工作水平，为中国特色社会主义事业培养合格建设者和可靠接班人。立德树人成为检验学校一切工作的根本标准。

1. 小学德育的内涵

今天的德育概念有狭义与广义之分。狭义的德育即道德教育。道德是调整人与人、人与社会、人与国家之间关系的一种特殊的意识形态和行为规范。调节人的行为的规范，除道德规范之外，尚有政治规范、法律规范、礼仪规范等。道德规范与其他行为规范的区别在于它包含善恶评价标准。① 广义的德育指道德、思想、政治等方面的教育。道德教育是指要形成人们一定道德意识与道德行为的教育；思想教育是形成一定世界观、人生观的教育；政治教育是有目的地形成人们一定的政治观点、信念和政治信仰的教育。② 我国小学教育中的德育从教育实践出发，采取广义的德育理解，即包括道德教育、思想教育、政治教育以及心理健康教育的内容。1998 年，《中小学德育工作规程》规定：“德育即对学生进行政治、思想、道德和心理品质教育。”

2. 小学德育的目标

1993 年，国家教育委员会颁发的《小学德育纲要》规定：培养学生初步具有爱祖国、爱人民、爱劳动、爱科学、爱社会主义的思想感情和良好品德；遵守社会公德的意识和文明行为习惯；良好的意志、品格和活泼开朗的性格；自己管理自己、帮助别人、为集体服务和辨别是非的能力，为使他们成为德、智、体全面发展的社会主义事业的

---

① 黄向阳：《德育原理》，10 页，上海，华东师范大学出版社，2000。

② 顾明远：《教育大辞典》增订合编本，236、1463、2013 页，上海，上海教育出版社，1998。

建设者和接班人，打下初步的良好的思想品德基础。

2017年，《工作指南》规定德育总体目标：培养学生爱党爱国爱人民，增强国家意识和社会责任意识，教育学生理解、认同和拥护国家政治制度，了解中华优秀传统文化和革命文化、社会主义先进文化，增强中国特色社会主义道路自信、理论自信、制度自信、文化自信，引导学生准确理解和把握社会主义核心价值观的深刻内涵和实践要求，养成良好政治素质、道德品质、法治意识和行为习惯，形成积极健康的人格和良好心理品质，促进学生核心素养提升和全面发展，为学生一生成长奠定坚实的思想基础。

《工作指南》还在总体日标下，专门针对小学低年级和高年级不同学段确立了学段目标。为实现以上目标，《工作指南》明确指出德育内容应该包括：理想信念教育、社会主义核心价值观教育、中华优秀传统文化教育、生态文明教育与心理健康教育。

3. 小学德育过程与小学生的品德形成

学校的道德教育旨在形成学生的良好品德。道德与品德是两个既有联系，又有区别的概念。[①] 道德是一种社会现象，指社会生活中人们调节人与人之间以及个人与社会、群体之间的利益而形成的行为准则与规范。这些行为准则与规范依靠社会舆论和人的内心力量来实施。这种凭借社会舆论力量和人的内心法庭为支撑点的行为准则和规范的总和就是道德。品德是一种个体现象，是社会道德在个体身上的体现，是将社会道德内化为个人特质，是个人依据一定社会的道德准则行动时表现的稳固的个性特征。个体出生时处于一种无品德的状态之中。但在之后的成长过程中，在家庭、社会舆论以及学校教育有系统的引导下，个体的品德才逐渐形成和发展起来。德育就是要把道德内化为个人的品德。

小学德育过程是教育者按一定社会的要求，有目的、有计划地对受教育者施加教育影响，并通过受教育者的活动，把一定社会的思想准则和道德规范转化为受教育者个体的思想品德的过程。小学德育过程要依赖小学生品德心理发展的特点，遵循小学生品德形成和发展的客观规律。品德形成和发展过程则是指受教育者思想品德的知、情、意、行等方面，在家庭、社会和学校教育影响下逐渐发展的过程。因此，品德也是知、情、意、行的和谐结合。正如杜威所言，通过教育培养出来的性格，不仅要有善意，更要有坚决实现善意的性格力量或践行力量。单纯的性格力量可能毫无理性可言，这种力量可能会践踏别人的利益，甚至在指向正确目标时可能以侵犯别人权利的方式去达到目的。这就意味着需要理智上和情感上两方面的教育。在理智方面，性格需要的是良好的判断力，即对各种价值的辨别能力。一个有判断力的人，是能审时度势的人，是能把握当前环境和形势，是能把握需要注意的因素，并根据各自的要求分清主次的人。在情感方面，性格需要的是精细的个人敏感性。没有这种敏感性，就不可能有良

① 朱作仁：《小学教育学》，96页，南昌，江西教育出版社，1993。

好的判断力。对周围环境以及他人的目的及兴趣，如果缺乏快速得几乎出自本能的敏感性，判断的理智方面就不会有适当的运用材料。① 杜威强调性格力量、判断力、敏感性对于个人品德来说缺一不可。学校德育既要培养学生坚决执行自己的善意的性格力量，又要提高学生对各种价值的判断力，增强学生对他人及社会的利益和目的的敏感性。

一般而言，品德是道德认知、道德情感、道德行为等构成的综合体。道德意志与道德信念通常可以还原为情感和行动问题，信念问题也可以还原为认知和情感问题。根据简约原则，品德由道德认知、道德情感、道德行为三个因素构成，缺少其中任何一个因素都不构成品德。② 与品德构成相对应，学校德育应该有三方面内容：促进学生道德认知的发展，陶冶学生的道德情感，培养学生的道德行为习惯。

4. 小学德育的实施原则

小学阶段是学生逐步熟悉和理解社会生活的重要时期，也是形成道德情感、道德认识和判断能力，养成行为习惯的重要阶段。小学德育的实施原则包括以下三方面：第一，小学德育要重视小学生的经验，结合他们的认知水平，要与他们的日常生活相联系，不仅要注重说理，更要注重实践与体验。小学生的道德情感处于不断的发展和变化之中，特别是低年级小学生主要以周围人和社会的反应为自己情感体验的根据。因此，小学教师要依据小学生的生活有意识地创设道德情境，在具体的充满感情色彩的情境中，唤起小学生的道德情感。小学生也需要通过移情、换位思考、自我反省等进一步认识道德规范与原则，并能内化为自身的道德信念。第二，小学德育要从培养小学生的道德行为习惯开始。也就是说，小学生要在道德活动中持续不断地重复某种道德行为，使之沉淀成自动化的行为方式。道德行为习惯能够巩固和强化道德认知，并将其转化为人的内心需要，促使小学生道德行为的出现，使小学生在新情境中产生道德行为迁移。宋代朱熹在《小学书题》中说道："古者小学，教人以洒扫、应对、进退之节，爱亲、敬长、隆师、亲友之道。"他就是在强调让儿童在日常生活中，通过具体行事，养成一定的行为习惯，懂得基本的伦理道德规范。小学德育要从日常行为习惯出发，逐步引导小学生参加各种实践活动，在活动和交往中完成道德内化。第三，小学德育要培养小学生道德自主选择的能力，而不是越俎代庖，代替他们做出选择。小学生作为道德主体，必须具有选择的自由意志，必须具有相对独立的地位和人格，能根据自己的意愿，自主选择生活方式和行为方式。自由地选择了对象也就意味着自由地选择了责任，人只能对自由的行为后果负责。小学生必须能够在几种可能性中学会思考、权衡、取舍，他的选择就表明了他的价值，他必然同意自己选择的那种可能性，

---

① ［美］约翰·杜威：《学校与社会·明日之学校》，赵祥麟、任钟印、吴志宏译，142～164页，北京，人民教育出版社，1994。

② 黄向阳：《德育原理》，108页，上海，华东师范大学出版社，2000。

必然也愿意为之负责。小学教师应该指导小学生对各种规范与价值进行分析、比较、鉴别和选择，做好小学生道德成长过程中的顾问，宽容、鼓励小学生怀疑、反思、澄清他们所面临的各种价值，使他们真正做自己道德的主人。

资料链接：清华大学附属小学的成志教育探索①

成志教育中的“志”，根植于中华优秀文化，依据百年成志学校的文化品格及立德树人根本任务，含义有三：理想与抱负、意志与品质、实践与行动。“成”，遵循儿童小学六年身心发展规律，从呵护兴趣到培养乐趣、再到激励志趣的过程和结果，体现方向性、动态性、教育性。

成志教育聚焦立德树人，结合学校百年办学传统，确立“让儿童站立在学校正中央”的教育哲学、“为聪慧与高尚的人生奠基”的教育使命，引导儿童将个人的命运与祖国、人民的命运紧密相连，实现个人价值与社会、国家价值的有机统一，培养有理想、有本领、有担当的时代新人。即以成志为纲，尊重儿童天资与性情，培育其理想与抱负，砥砺其意志与行动，构建横向优化科学与人的“1＋X 课程”、纵向遵循儿童身心发展规律的年段三进阶，横纵联合形成主题课程群、儿童内生机制、自我激励评价的系统育人模式。

成志教育将立德树人落实、落细、落小，关键的一环需要具化的教育目标，具体如图 2-2 所示。

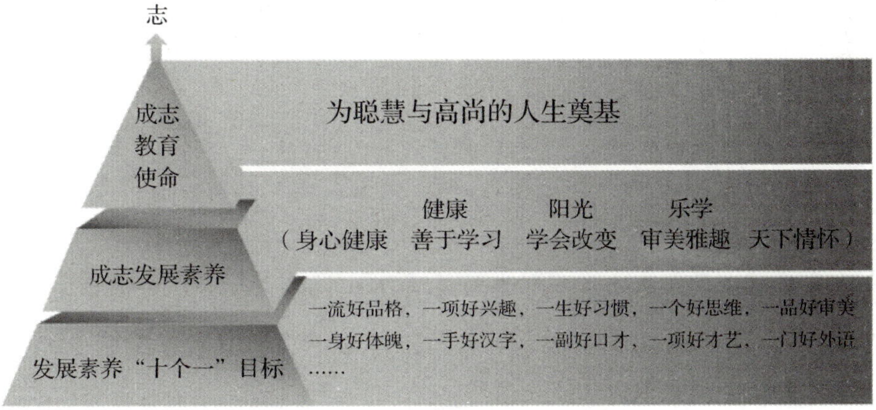

图 2-2 成志教育目标

细化的育人目标，形成“一说一歌一口诀”的系统化儿童话语表达。如师生创作的“成志少年说”《我爱运动歌》《成志养成三字口诀歌》等。

……

① 清华大学附属小学：《成志教育：小学立德树人的模式构建与实践探索》，载《人民教育》，2018(8)。

成志教育的系统实施

1. 横向联动：优质落实学科育人的“1＋X课程”

“1＋X课程”的“1”是优质落实的国家基础课程；“X”是由“1”创生的儿童个性课程（含学校、年段、个体个性课程）；“＋”指两者互动结构。“1＋X课程”作为一个整体，更高效优质地落实国家课程。

“1＋X课程”学科内知识有机联系，学科与生活、学科与科技联通，充分挖掘各学科育人独特价值，发挥合力育人的功能。从学习动力系统到打通儿童实践活动的学习场域，激活儿童的内动力，培养学习意志，形成关键能力。

(1)触发儿童学习的四个动力系统

四个动力系统为问题驱动、情境调动、工具撬动和平台互动。

(2)涵育实践活动的四种类型

用生动活泼、儿童喜闻乐见的形式，按照年段三进阶实施，提升价值体认、责任担当、问题解决、创意物化的意识和能力。开发系列配套的“成志少年实践活动目标指南”《成志少年实践活动目标指南》以及《主题实践活动课程手册》。

文化考察，启程年段以“百年童心，百年成志”为主题的参观学习，侧重了解百年校史、清华风物、清华成志榜样，感悟刚毅坚卓的精神；知行年段以“知国史、育志向”为主题的清华园、圆明园、颐和园的三园实践体验，侧重学习中国历史，树立报效祖国的远大志向；修远年段以“寻红色记忆、探改革之路”为主题的研学探究，侧重了解革命文化、社会主义先进文化，为学生一生成长树立正确价值观。

公益服务，启程年段以奉献爱心为主，用捐助等形式初步体验助人为乐；知行年段以社区服务为主，用手拉手等形式将善心转化为善行；修远年段以关注社会为主，用小课题研究等形式尝试解决简单社会生活问题。

创意与制作，启程年段通过“模型搭建”“中华传统游戏”激发学生的创造兴趣；知行年段通过“振宁童创头脑风暴”“振宁实践坊”培养解决问题的能力；修远年段通过“创客微论坛”“智能编程秀”，增强社会参与的责任意识。

情境体验，分为仪式情境体验和生涯情境体验两大类。仪式情境体验主要有传统节日吟诵、每周“4＋1”升国旗、开学典礼等。如开学典礼：击鼓明志—走成志大路—成志榜样演讲—共写成志目标卡—校长开学第一课—师生集体宣誓，体认“为中华之崛起而读书”。生涯情境体验，通过启程年段课本剧、知行年段校园剧、修远年段校史剧，让学生体会生活中的各种角色，感受历史人物的伟大人格。

2. 纵向贯通，搭建符合儿童身心发展规律的“启程—知行—修远”年段三进阶

把成志教育目标整体浸润在小学六年，低、中、高三个学段循序渐进、螺旋上升，形成《学段衔接实用手册》。启程年段基础牢，呵护兴趣。依据儿童处于不稳定活跃期、兴趣多样、随意等特点，尊重其天资与性情，发现禀赋，适性扬才，实现言行得体、

协商互动的年段进阶目标。利用“入队课程”播种红色梦想，整合情境下学科综合实践活动“乐学嘉年华”，激发兴趣。知行年段腰杆硬，培养乐趣。针对儿童生理差异的优势渐渐持平，能力差异开始显现，身心处于“U”型底部发展期的特点，强调知行合一，砥砺其意志与行动，实现诚实守信、自律自强年段进阶目标。利用“升段典礼”“十岁天空集体生日仪式”，认识自我与集体、社会的基本关系，初步培养坚持不懈的精神。修远年段起点高，激励志趣。依据儿童身心处于第二发展期的情况，培育理想与抱负，实现勇于担当、尊重感恩的进阶目标。利用“中华文化与清华历史宣讲”“毕业成长六年报告仪式”，推动其带着成志梦想继续出发。

3. 横纵联合，形成以经典阅读与成志人物为轴线的主题课程群

以儿童成志的精神价值为引领，把学习内容与实施路径横纵打通。横向打通学科壁垒，形成整合，让儿童学习有多维选择；纵向打通学段，形成衔接，使儿童成志过程逐步攀升。例如，2017 年走进成志榜样苏东坡，以“逆境中的坚持”为主题，以苏东坡经典作品为轴线，由学科内年段进阶深度打底，各学段跨学科整合，主题实践活动、儿童个性课程，共同形成持续的、链条式的学习。横向联动、纵向贯通及横纵联合，改变了学习生态，提供全方位、结构化学习场域，完成了学习空间的三个改造。连通物理空间：利用项目学习、小课题研究，打破教室的壁垒，使学生跨年级、跨学科走班学习，发挥教与学空间功能的最优化；丰富学习关系：利用学段互助课程等，把兴趣相同、年龄与性别不同的学生混龄编班组合，同伴互育；搭建虚拟学习空间：自创互联网学校、智慧主题阅读平台、爱学堂等个性化学习供给。

资料链接：　价值澄清的理论与实践①

（一）

价值澄清理论在 20 世纪 60 年代逐渐形成一个德育学派，代表人物主要是纽约大学教育学院教授路易斯·拉思斯(Louise Raths)、南伊利诺斯大学教育学教授梅里尔·哈明(Merrill Harmin)、马萨诸塞州大学教育学教授悉米·B. 西蒙(Sidmey B. Simon)和美国人本主义教育中心主任基尔申·鲍姆(Kirschen Baum)。其中，拉思斯是这一学派的创建者，西蒙在这一领域建树颇丰，鲍姆则进一步完善发展了这一学说。三人合著《价值与教学》(*Values and Teaching*)。

价值澄清是一种工具性方法，它所追求的目标是帮助人们发现自己所向往的真正价值，并根据这些价值富有意义地积极生活。作为检验充分价值的方法，价值澄清包括三个层次、七个标准。第一个层次“选择”包括三个标准。①自由地选择。只有人们

---

① 陆伟英：《价值澄清方法的应用及局限》，载《教育理论与实践》，2009(S1)。

自由选择价值，才会加以内化，并将其作为生活的指导。②从多种可能性中选择。如果不存在多种机会，也就谈不上自由选择。③价值必须是对后果经过思考后的选择。每一种选择都会带来随之而来的正面或负面后果。一个人如果没有经过仔细思考便贸然做出选择，没有理解随后将发生什么、将承担怎样的后果，他的选择也说不上是自由选择。第二个层次"珍视"包括两个标准。①对自己的选择珍爱。一个人对自己选择的价值珍爱，感到愉悦和自豪，并从中得到极大的满足和成就感，是真正拥有价值的标志。②愿意公开承认这一选择。当我们拥有一种价值，那么我们也愿意告知他人，就如同有好事时我们总愿意与朋友分享。第三个层次"行动"包括两个标准。①价值必须被实行。价值是行动指南，影响一个人的行为。反之，一个人的行为也反映他的价值。②价值应成为生活方式。价值越是强烈，对一个人的影响也就越大，经由反复实践，久而久之就可能成为一个人的生活方式。

综上所述，第一个层次的三个标准依靠的是个人认知能力；第二个层次的两个标准强调个人情绪情感水平；第三个层次的两个标准将价值与个人的外部行为联系起来。三个层次分别包含知、情、行三种成分，充分价值必须综合思想、愿望、情感和行动多种成分才得以形成。三个层次、七个标准呈先后次序排列，是一个变化发展的动态过程。一个人的充分价值只有经过这一过程才能真正形成。为此，拉思斯等人又另外增加了第八条标准：价值能促进人的全面成长。如果一种价值满足了前面七个标准，这种价值就将有助于一个人的全面成长，并促进他努力趋向于自己选择的目标和理想。价值澄清是一种具有操作性的道德教育、价值教育的方法，可帮助我们检验和确定自己所拥有的价值是不是充分价值，是不是真正的价值。

（二）

价值澄清理论的基本出发点就在于为学校教育在价值多元的社会中提供一种有效的、具有现实操作性的教育模式，澄清学生的价值观，从而使学生的价值观变得稳定、清晰，能够为他们的各种选择提供指导。在实践应用上，价值澄清强调教师从事教育工作的任务在于帮助学生澄清他们自己的价值观，而非将教师认可的价值观传授给学生。教师要帮助学生利用理性思维和情绪体验来检查自己的行为模式，辨析和实现其价值观；同时开展交流，鼓励学生辨认自己的价值观与其他价值观的关系，揭露并应对价值冲突，根据自己的价值选择行事。为此，教师应设计各种活动，采取多样方式和技术(阅读短文、看图绘画、讨论两难问题、排序、自我分析等)，以诱发学生暴露或陈述其价值观；要无评判地对待与接受学生所表露的思想、感情或信念；教师的观点只作为范例而不作为正确答案，可通过提问题帮助学生思考和选择自己的价值观。总之，不论采取何种策略，都必须让学生经历三个层次、七个标准的过程来完成整个价值观形成的过程。

例如，某位班主任老师想解决班级学生使用手机的管理问题。若采用传统德育模式，则相对简单，宣布相应的管束规则并找人监督执行即可。若采用价值澄清模式，则需设计一系列的问题。比如，通过给手机下定义的方式，引导学生澄清内心深处对于手机功能的定位——使用工具还是娱乐工具；通过讲述自己和手机之间的故事来了解不同的使用带来的不同后果，澄清私人物品带入公共空间的基本界限及相应的行为后果，明确工具和人之间的基本关系等。经过这样一系列的问答，学生就能够更清楚地和理性地做出选择。

5. 小学德育的实施途径

德育在小学的开展有两个途径：一是直接的德育课教学，即在小学开设“道德与法治”课程。该课程的基本理念包括引导小学生热爱生活、学会关心、积极探究；珍视童年生活的价值，尊重小学生的权利；道德存在于小学生的生活中，德育离不开小学生的生活；让教与学植根于小学生的生活。开设单独的道德课，可以使学校德育的实施在课程和时间上得到最低限度的保证，也有利于系统全面地向小学生传授道德知识和道德理论，提高小学生的道德认识。二是在其他教学过程中渗透德育。教学是实施德育的一种基本途径，教学过程是小学生智慧与德性共同发展的过程。正如赫尔巴特“教育性教学”的主张，即他将道德性格的形成作为教育的最高的、普遍的目的。因此，知识传授和智慧启发的过程也一定是对小学生的情感和意志进行陶冶和训练的过程。雅思贝尔斯也认为，“以正确的方式传授知识和技能，其本身就已经是一种对整个人的精神教育”①。所有任课教师共同承担教育责任，每一位教师都无时无刻不在给予小学生积极或消极的影响。科尔伯格指出，“教师有时并没有意识到他们所从事的这些日常工作就是道德教育活动”②。彼得斯也强调，“不管你是不是愿意，每一位教师都是道德教师”③。因此，我们必须改变将教学等同于智育的认识误区，不能认为教学过程就仅仅是一个认识过程，课堂仅仅是传授和灌输知识的空间。雅思贝尔斯这样批评道，“把传授知识的机构与教育机构分开来，就大错而特错了”“把教育从教学中抽离出来，已经不是教育本身了”④。杜威也指出，“每一门学科，每一种教学方法，学校中的每一偶发事件都孕育着培养道德的可能性”⑤。因此，教师应该坚持道德作为教育教学的最高目的。就小学德育工作而言，就是要把立德树人作为教育的根本任务，把立德树人的成效作为检验学校一切工作的根本标准，实现全员育人、全程育人、全方位育人的工作格局。

---

① ［德］雅思贝尔斯：《什么是教育》，邹进译，149页，北京，生活·读书·新知三联书店，1991。

② 瞿葆奎：《教育学文集·德育》，437页，北京，人民教育出版社，1989。

③ ［英］彼得斯：《道德发展与道德教育》，邬冬星译，154～155页，杭州，浙江教育出版社，2000。

④ ［德］雅思贝尔斯：《什么是教育》，邹进译，149页，北京，生活·读书·新知三联书店，1991。

⑤ ［美］约翰·杜威：《学校与社会·明日之学校》，赵祥麟、任钟印、吴志宏译，164页，北京，人民教育出版社，1994。

资料链接：全方位德育①

学校集体生活和课堂教学是学校德育实施的重要途径。由于学生大部分时间是在课堂生活中度过的，可以说，教学是学校德育的基本途径。这里的教学包括道德教学和学科教学，它们相辅相成，构成学校德育的主渠道。此外，学校尚有思想工作、管理工作、辅助性服务等，这些工作也是学校德育不容忽视的渠道，如图 2-3 所示。所以我国学校不但强调“教书育人”，还提倡“管理育人”“服务育人”。

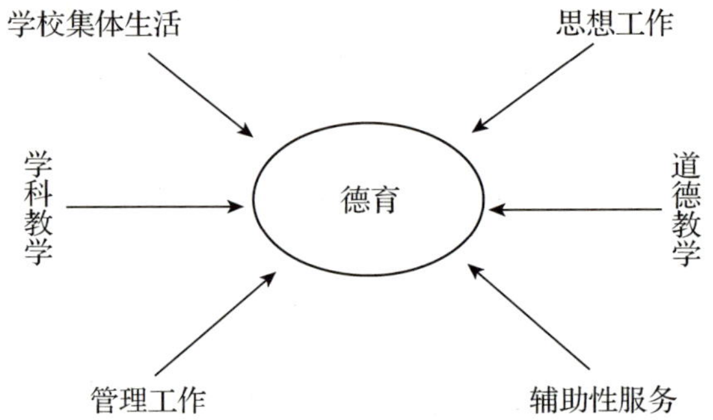

图 2-3　全方位德育示意图

(三)小学智育

智育与教学的关系问题成为我国教育学界理解智育的转折点。20 世纪 80 年代以前，我国深受苏联教育学、心理学理论的影响，将智育归到教学中，主要从知识的传授与学习方面进行论述。20 世纪 80 年代以后，我国学者开始认识到智育和教学的区别，并尝试对智育的任务、过程、原则与方法做了专门的讨论。

智育与教学不是同一范畴的概念。智育是整体教育的组成部分，与德育、体育、美育及劳动教育共同构成完整的教育集合，构成全面发展的目标系统。教育是种概念，智育是属概念。各育之间是并列关系，教学则是促进全面发展、实现各育的主要途径。教学与智育不是同等并列的关系，更不能在“教学”和“智育”之间画上等号。② 各育在教学过程中，在原则与方法上也具有各自的特殊性。智育以教学为主要途径，但教学并不是智育的唯一途径，如各种课外校外活动也是发展智育的途径；教学既要实现智育目标，同时也要实现德育、体育、美育和劳动教育的目标。因此，智育和教学既非同一的，又不是对等的。同时，它们在过程、原则、方法等方面也都有各自的特殊性。

---

① 黄向阳：《德育原理》，204 页，上海，华东师范大学出版社，2000。

② 南京师范大学教育系：《教育学》，189～190 页，北京，人民教育出版社，2005。

1. 小学智育任务

首先，我们从教育学角度理解小学智育任务。1984 年，由南京师范大学教育系编著、人民教育出版社出版的《教育学》，在原有教材体系的基础上加入“智育”一章。其中明确指出，智育的任务包括授予学生系统的科学知识，形成学生的基本技能，发展学生的智力。从此，教育学界形成对智育三项基本任务的一致观点，即掌握知识、形成技能与发展智力。黄济等 2000 年主编的《小学教育学》在南京师范大学教育系编著的《教育学》提出的智育三项基本任务的基础上，给出智育的定义，即智育是教育者创设一定的情境以提升教育对象的智慧水平为目标的教育。① 智慧包括内容和形式两个方面：内容方面指人对知识的掌握，对事物的敏捷而正确的理解、辨析、判断，以及具体的发明创造等；形式方面则包括理解、辨析、判断和发明创造等方面的心智和实际能力(智力)。

对于知识的理解，南京师范大学教育系编著的《教育学》认为，教给学生的知识必须是经过实践证明了的、确凿可靠的知识。相对感性知识而言，智育应教给学生理性知识，使学生获得对事物本质的、内在规律的认识。相对直接知识而言，智育主要通过教学途径教给学生间接知识。从科学知识反映的客观内容来说，知识包括自然的知识、社会的知识和思维本身的知识。小学教育是基础教育，应该根据小学生的身体特别是脑生理的发展特点，教给小学生有关自然、社会、人类思维的最基本的知识。黄济等主编的《小学教育学》则从现代认知心理学的角度分析知识的含义，指出知识可分为陈述性知识和程序性知识。陈述性知识是指个人有意识地提取线索，能够直接陈述出来的知识。程序性知识则是指个人无意识地提取线索，只能借助某种作业形式间接推论的知识。比如，一位小学生如果仅仅能够识记四则运算的规则，他掌握的可能仅仅是某种陈述性知识。如果他能够熟练地运用四则运算的规则进行应用题的心算，那么他就已经获得了关于四则运算的智慧技能。这就是程序性知识。程序性知识包括应用规则对外、对内调控的能力。一般人与专家在处理问题时的主要差异是专家的知识结构中有较多的程序性知识。因此，教师要特别注意程序性知识的教与学。

对于基本技能的理解，南京师范大学教育系编著的《教育学》认为，技能是通过练习而形成的、控制动作执行的合乎法则要求的行动方式。人们在头脑中借助内部语言表示的事物映象，以极简约的形式进行智力活动的方式叫作智力技能，如默读、构思、心算等。由一系列外部动作构成的，通过人脑外部集体运动所完成的合乎法则要求的随意行动方式叫作操作技能，如唱歌、跳舞、做操、演奏乐器、书写、绘画、球类运动等技能。任何操作技能都离不开大脑的控制与调节，因而也离不开智力活动的技能。技能经过反复的、系统的练习，成为自动化的动作。技能以一定的知识为基础，技能

① 黄济、劳凯声、檀传宝：《小学教育学》，149～157 页，北京，人民教育出版社，2008。

的掌握又为进一步获得知识提供有利条件。相对于南京师范大学教育系编著的《教育学》提出的智力技能和操作技能两种分类，黄济等主编的《小学教育学》指出存在三种技能类型：第一是对身体活动的协调能力。外部身体动作技能必然伴随一定的认知、判断、推理和协调的心智活动，与动作相关的心智发展是智育的目标。第二是进行智力活动的智慧能力。它是人们借助于内部语言以极简约的形式所进行的智力活动表现出的能力。从知识的形态上看，它相当于程序性知识运用的智慧。默读、构思、心算等都属于智慧技能。第三是对认识活动本身的反省认知能力。我们要了解小学生的智力水平，要了解小学生的认知水平，并提供反思和改进小学生认知策略的途径。

对于智力的理解，南京师范大学教育系编著的《教育学》认为，智育的一项重要任务是要在学生掌握知识、技能的同时，有计划地指导学生发展智力。所谓智力是人们认识、适应和改变外界环境的心理能力。能力是完成某种活动的一种力量，智力是能力的一部分。能力是更广泛的概念，包括完成实际操作方面的能力。因此智育的任务也包括发展学生一般的能力。我国学者一般这样来理解智力的概念：智力是指认识方面的各种能力，即观察力、记忆力、思维能力、想象能力的综合，其核心成分是抽象思维能力。①

其次，我们从心理学角度理解小学智育任务。皮连生对知识、技能与智力三个概念给出新的阐释。他指出知识概念包括广义与狭义两种：广义的知识包括三类，即陈述性知识、对外办事的程序性知识和对内调控的程序性知识；狭义的知识仅指陈述性知识。从广义的知识观来看，技能实质上是个人习得的一套程序性知识并按这套程序去办事。因此技能是在练习的基础上形成的，按某种规则或程序顺利完成智慧任务或身体协调任务的能力。从广义的技能观来看，技能应该分为三类。第一类是动作技能，指肌肉协调能力。第二类是应用规则对外办事的技能，如应用公式计算长方形的面积，也可称为狭义的智慧技能或狭义的认知技能。第三类是应用规则对内调控的技能，是特殊的认知技能，被称为认知策略。在皮连生看来，智力是个体后天习得的认知能力。那么通过教育所习得的认知能力就是习得的智力。这种习得的智力包括结构化的陈述性知识，经练习达到熟练的技能即狭义的智慧技能，在遇到新问题时适当应用认知策略的能力三种成分。② 因此，小学智育就可以定义为以发展小学生的认知能力为目标的教育。皮连生认为，教育学角度“把传授知识、形成技能和发展智力看成三项并列的任务。尽管这种理论也强调它们三者的辩证关系，但总使人感到，在传授知识、形成技能之外，还有第三项任务。从广义的知识观来看，这第三项任务是不存在的”③。另外，把第三项任务发展智力理解为各种能力培养，这样脱离知识来谈发展智力，实质上仍

---

① 朱智贤：《心理学大词典》，953页，北京，北京师范大学出版社，1989。

② 皮连生：《智育概论——一种新的智育理论的探索》，载《华东师范大学学报(教育科学版)》，1994(4)。

③ 皮连生：《智育概论——一种新的智育理论的探索》，载《华东师范大学学报(教育科学版)》，1994(4)。

未跳出形式训练说的窠臼。

根据皮连生的观点，教育发展智力可以归结为帮助学生掌握广义的知识，即掌握丰富的、已编成网络结构的陈述性知识；掌握应用规则办事的技能，有些基本技能的掌握要达到自动化程度，以减轻工作记忆的负担；在掌握知识、技能的同时，掌握调节与控制自己认知过程的策略性知识。当学习者的策略性知识掌握到能知道何时、何处和如何适当应用的水平时，策略性知识的掌握就达到反省水平。这种认知也称元认知，我们称为反省认知。每个人都要适应社会的需要，必须有丰富的陈述性知识、在专门领域的熟练的技能以及一般的策略性知识。这三者构成习得的智力。

2. 小学智育过程

小学智育过程是指在学校教育影响下小学生认知能力的发展过程。小学智育过程要揭示小学生习得不同类型的知识的心理过程和条件；要具体阐明小学生怎样能把习得的知识转化为技能；还要阐明掌握知识、技能与发展能力或智力的关系。《教育大辞典》增订合编本在“智育过程”条目中指出，由于对其任务认识有差异，对其过程性质的认识亦不同。大致有三种不同看法。第一种包括三个方面。教师指导学生掌握知识的过程，包括帮助学生领会、巩固和应用知识；教师指导学生在掌握知识基础上形成技能的过程，包括形成操作与智力技能；教师指导学生以掌握知识、技能为中介发展智力的过程，包括形成一定智力结构和智慧品质。在实施过程中三者不能分开，技能发展须以知识发展为基础，智力发展须以领会知识、形成技能为基础。第二种包含两个方面。将知识结构转化为认知结构和智能结构的过程，知识结构是外在的，认知、智能结构是内在的，这一过程包括感知、理解、巩固、运用四阶段；认识与态度相互作用、转化的过程，认识可变客观为主观，态度是主观见诸客观，认识与态度在智育过程中相互作用、相互制约。第三种认为，它不仅是掌握知识、形成技能、发展智力的过程，还包括培养情感、意志和形成自学能力等。①

3. 小学智育原则

智育是教育的一个独立的组成部分，有自己特殊的目标和达到这些目标的特殊过程。因此，智育也应该有与一般教学原则不同的特殊原则。比如，有教育学者提出，智育原则包括直接经验和间接经验相结合的原则、记忆和思考相结合的原则、教会学生学习的原则。② 还有人提出，智育原则包括传授知识和培养智能相结合的原则，使学生熟练精思的原则，指导学生博专结合的原则，精讲多练、使学生手脑并用的原则。③

根据皮连生的智育定义，智育的主要内容应该包括使学生掌握结构性的陈述性知

① 顾明远：《教育大辞典》增订合编本，2048页，上海，上海教育出版社，1998。

② 南京师范大学教育系：《教育学》，225～229页，北京，人民教育出版社，2005。

③ 罗正华：《教育学》，189～203页，长春，东北师范大学出版社，1986。

识，掌握应用规则办事的智慧技能，以及调节与控制自己认知过程的策略性知识，也就是提高学生的元认知水平。相应的智育的实施也包括三方面原则。[①] 首先是关于陈述性知识学习的教学原则。第一，利用学生的原有知识经验促进陈述性知识的学习。第二，引发与促进学生陈述性知识学习的内部过程，其中最基本、最常用的是提问。好的问题要能引发、促进学生学习时的选择、整合、组织、精加工等内部过程。第三，让学生自己学会引发陈述性知识学习的内部过程。当教师使用的教学方法的执行主体由教师转变为学生，即学生采用教师的教学方法来促进自己的内部学习过程时，学生就成了学习的主人。其次是关于智慧技能学习的教学原则。第一，运用合适的例证促进学生的学习，既要选择和呈现合适的正例，也要设计和寻找合适的反例。第二，提供学习指导，包括引导学生正确认识例证与概念、规则的关系，还要引导学生对例证进行分析，关注例证中蕴含的关键特征。第三，设计并提供有效的练习，包括情境变化的变式练习、分散安排的间隔练习、多种形式的程序练习。第四，为学生的练习提供反馈。提供反馈不是简单地告诉学生对错，而是要有针对性地分析错误的原因。最后关于认知策略学习的教学原则。第一，要让学生学会学习，交给他们自己获取知识的能力，让他们在信息时代学会思考、学习。第二，应结合具体的内容教授认知策略。第三，教师的教学策略逐渐转化为学生的认知策略。维果茨基的社会文化理论指出，高级心理机能是由个体间的过程内化为个体内的过程的结果。那么认知策略的教学就是教师所采用的支持、促进、调节学生内部学习过程的一套程序被学生自己用来调控其学习过程，教学策略也就变成了认知策略。这也就达到了“教是为了不需要教”的境界。

(四)小学体育

我国现代学校意义上的小学体育从清末才开始出现。1901 年，清政府取消武科考试，1905 年进而废除科举考试，我国传统体育失去了制度支撑。取而代之的是近代新式学堂开设的体育课。最早得以实施的《奏定学堂章程》关于体育的目标规定：初等小学堂要以“调护儿童身体，令其发育为宗旨”，高等小学堂则需以“强壮国民之气体为宗旨”。两级小学堂均设体操课：初等小学堂的体操课，“要义在使儿童身体活动，发育均齐，矫正其恶习，流动其气血，鼓舞其精神，兼养成其群居不乱、行立有礼之习；并当导以有益之游戏及运动，以舒展其心思”[②]；高等小学堂的体操课，“其要义在使身体各部均齐发展……动作敏捷，精神畅快，志气勇壮；兼养成其乐群和众动遵纪律之习。宜以兵式体操为主”[③]。1912 年，民国时期教育部各级学校令规定，“小学校教育

---

① 皮连生：《教育心理学》第四版，95～139 页，上海，上海教育出版社，2011。

② 璩鑫奎、唐良炎：《中国近代教育史资料汇编——学制演变》，296 页，上海，上海教育出版社，1991。

③ 璩鑫奎、唐良炎：《中国近代教育史资料汇编——学制演变》，310 页，上海，上海教育出版社，1991。

以留意儿童身心之发育，培养国民道德之基础，并授以生活所必需之知识技能为宗旨”①。体操课“使儿童身体各部平均发育，强健体质，活泼精神，兼养成守规律、尚协同之习惯”②。1923 年，壬戌学制颁行后的第二年，全国教育联合会公布《新学制课程标准纲要》，把“体操科”改为“体育科”，并扩大体育课程的内容，废除兵式体操。新中国成立后，1951 年《政务院关于改善各级学校学生健康状况的决定》指出：“增进学生身体健康，乃是……培养出有强健体魄的现代青年的重大任务之一。”学校体育改革被纳入议事日程。1953 年，教育部根据苏联十年制学校体育教学大纲，编写了《小学体育教学参考书》。1979 年，扬州会议召开，确立了新时期学校体育卫生工作的方向，从此学校体育的研究与实践都取得了丰硕成果。

1. 小学体育的内涵与性质

黄济等主编的《小学教育学》认为，学校体育指有意识地增强学生体质、发展体能、锻炼体魄的教育活动。学校体育的基本特性包括教育性、技能性和娱乐性。③ 教育性有两方面含义：首先，教育性指体育是全面发展教育的一部分，是通过身体活动提高身体的素质和健康水平，从而促进教育对象的全面发展。其次，教育性指通过体育的体格培育来完成人格的培养。体育本身有其“体育精神”，影响教育对象的道德、审美和智能的发展。技能性指体育活动要向学生传授一定的锻炼身体和提高体能的知识和技能。娱乐性指体育具有在活动或锻炼中使人的身心得到放松、愉悦的性质。

教育部颁布的《义务教育体育与健康课程标准(2011 年版)》指出体育与健康课程具有以下特性：第一，基础性。它强调让学生掌握必要的体育与健康知识、技能和方法，养成体育锻炼习惯和健康的生活习惯，为学生终身体育学习和健康生活奠定良好的基础。第二，实践性。它强调以身体练习为主要手段，通过体育与健康学习、体育锻炼以及行为养成，提高学生的体育与健康实践能力。第三，健身性。它强调在学习体育与健康知识、技能和方法的过程中，通过适宜负荷的身体练习，提高体能和运动技能水平，促进学生健康成长。第四，综合性。它强调充分发挥体育的育人功能，强调以体育与健康学习为主，渗透德育，同时融合部分健康行为与生活方式、生长发育与青春期保健、心理健康与社会适应、疾病预防、安全应急与避险等方面的知识和技能，整合并体现课程目标、课程内容、过程与方法等多种价值。

《义务教育体育与健康课程标准(2022 年版)》认同并保留以上体育与健康课程的基础性、健身性、实践性和综合性等特点。同时指出，体育与健康课程以身体练习为主要手段，以体育与健康知识、技能和方法为主要学习内容，以发展学生核心素养和增

① 璩鑫奎、唐良炎：《中国近代教育史资料汇编——学制演变》，653 页，上海，上海教育出版社，1991。
② 璩鑫奎、唐良炎：《中国近代教育史资料汇编——学制演变》，694 页，上海，上海教育出版社，1991。
③ 黄济、劳凯声、檀传宝：《小学教育学》，158 页，北京，人民教育出版社，2008。

进学生身心健康为主要目的，是学校教育的重要组成部分，对促进学生德智体美劳全面发展具有非常重要的价值。

2. 小学体育的理念与核心素养

《义务教育体育与健康课程标准(2022 年版)》指出体育与健康课程理念包括如下六个方面。①

第一，坚持“健康第一”。体育与健康课程要落实立德树人根本任务，坚持“健康第一”，以中国学生发展核心素养为引领，重视育体与育心、体育与健康教育相融合，充分体现健身育人本质特征，引导学生形成健康与安全的意识及良好的生活方式，促进学生身心健康、体魄强健、全面发展。

第二，落实“教会、勤练、常赛”。体育与健康课程依据学生的学习需求和兴趣爱好，面向全体学生，落实“教会、勤练、常赛”要求，注重“学、练、赛”一体化教学。坚持课内外有机结合，指导学生学会基本运动技能、体能和专项运动技能，提供更多时间让学生进行充分练习，巩固和运用所学运动知识与技能，参与形式多样的展示或比赛。

第三，加强课程内容整体设计。体育与健康课程根据学生运动技能形成规律和身心发展规律，整体设计课程内容，体现保证基础、重视多样、关注融合、强调运用等理念。保证学生学习和掌握结构化的基本运动技能、体能、专项运动技能和健康技能等，为学生参与运动和养成健康的生活方式奠定基础；重视系统安排多种运动项目的学练，促进学生形成丰富的运动体验，协调发展运动能力；关注体育与健康课程内容、体能与技能、学练与比赛、体育与其他相关学科等方面的有机融合，提高学生举一反三、融会贯通的能力；强调引导学生将体育与健康知识、技能和方法运用到体育学习、体育锻炼、运动竞赛和日常生活中，增强学生的理解能力和实践能力。

第四，注重教学方式改革。体育与健康课程根据体育学习实践性和健康教育实用性的特点，强调从“以知识与技能为本”向“以学生发展为本”转变。创设丰富多彩、生动有趣的教学情境，倡导将教师的动作示范、重点讲解与学生的自主学习、合作学习、探究学习有机结合，将集体学练、小组学练与个人学练有机结合，注重将健康教育教学理论讲授、交流互动与实践应用相结合，激发学生的学习热情，帮助学生理解和掌握知识与技能，提高解决体育与健康实际问题的综合能力。

第五，重视综合性学习评价。体育与健康课程重视学习评价的激励和反馈功能，注重构建评价内容多维、评价方法多样、评价主体多元的评价体系。评价内容围绕核心素养，既关注基本运动技能、体能与专项运动技能，又关注学习态度、进步情况及体育品德；既关注健康基本知识与技能，又关注健康意识和行为养成。评价方法要重视过程性

---

① 中华人民共和国教育部：《义务教育体育与健康课程标准(2022 年版)》，2～7 页，北京，北京师范大学出版社，2022。

评价与终结性评价结合、定性评价与定量评价结合、相对性评价与绝对性评价结合。评价主体以体育教师为主，鼓励学生、其他学科教师、家长等参与到评价中。同时，重视制定明确、具体、可操作的学业质量合格标准，为教师有效教学、学生积极学习及学习评价指明方向。通过综合性学习评价，促进学生达成学习目标，形成核心素养。

第六，关注学生个体差异。体育与健康课程在高度关注对所有学生进行激励与指导的基础上，针对不同身体条件、运动基础和兴趣爱好的学生因材施教；提出不同的学习目标，选择适宜的教学内容，采用多样的教学方法与学习评价方式，为学生创造公平的学习机会，促进每一位学生产生良好的学练体验，增强学习的自信心，在原有的基础上获得更好发展。

体育与健康课程要反映以上课程理念，通过课程学习培养学生的核心素养。体育与健康课程要培养的核心素养，主要是指学生通过体育与健康课程学习而逐步形成的正确价值观、必备品格和关键能力，包括运动能力、健康行为和体育品德等方面。

第一，运动能力。运动能力指学生在参与体育运动过程中所表现出来的综合能力。运动能力包括体能状况、运动认知与技战术运用、体育展示或比赛三个维度，主要体现在基本运动技能、体能、专项运动技能的掌握与运用。

第二，健康行为。健康行为是指学生增进身心健康和积极适应外部环境的综合表现。健康行为包括体育锻炼意识与习惯、健康知识与技能的掌握和运用、情绪调控、环境适应四个维度，主要体现在养成良好的锻炼、饮食、用眼、作息和卫生习惯，树立安全意识，控制体重，远离不良嗜好，预防运动和疾病，消除运动疲劳，保持良好心态，适应自然和社会环境等。

第三，体育品德。体育品德是指学生在体育运动中应当遵循的行为规范和体育伦理，以及形成的价值追求和精神风貌。体育品德包括体育精神、体育道德和体育品格三个维度。体育精神主要体现在积极进取、勇敢顽强、不怕困难、坚持到底、团队精神等；体育道德主要体现在遵守规则、尊重裁判、尊重对手、诚信自律、公平竞争等；体育品格主要体现在自尊自信、文明礼貌、责任意识、正确的胜负观等。

3. 小学体育与健康课程目标

我国小学在体育方面开设体育与健康课程。《义务教育体育与健康课程标准(2022年版)》明确指出体育与健康课程围绕核心素养，体现课程性质，反映课程理念，确立课程目标。①

总体目标包括：掌握与运动体能和运动技能，提高运动能力；学会运用健康与安全的知识和技能，形成健康的生活方式；积极参与体育活动，养成良好的体育品德。

---

① 中华人民共和国教育部：《义务教育体育与健康课程标准(2022年版)》，10～11、13、19、26、101页，北京，北京师范大学出版社，2022。

课程内容包括如下五个方面。基本运动技能包括移动性技能、非移动性技能和操控性技能，主要发展学生的身体活动能力，为学生发展体能和学练专项运动技能奠定良好基础。

体能主要针对改善身体成分，发展心肺耐力、肌肉力量、肌肉耐力、柔韧性、反应能力、位移速度、协调性、灵敏性、爆发力、平衡能力等，为学生增进体质健康和学练专项运动技能奠定良好基础。

健康教育包括健康行为与生活方式、生长发育与青春期保健、心理健康、疾病预防与突发公共卫生事件应对、安全应急与避险五个领域，主要帮助学生逐步养成健康与安全的行为习惯和生活态度。

专项运动技能包括球类运动、田径类运动、体操类运动、水上或冰雪类运动、中华传统体育类运动、新兴体育类运动六类，每类包含若干运动项目。

跨学科主题学习主要立足于核心素养，结合课程的目标体系，设置有助于实现体育与德育、智育、美育、劳动教育和国防教育相结合的多学科交叉融合的教学内容。

（五）小学美育

我国关于美育的思想源远流长，自古以来就有重视“乐教”“诗教”，以及通过游历自然环境来陶冶性情的传统，但是现代意义的“美育”一词却来自西方。最早将美育作为一种系统理论来阐述的是18世纪德国的席勒。他在《美育书简》中说道：“有促进认识的教育，有促进道德的教育，还有促进鉴赏力和美的教育。这最后一种教育的目的就在于，培养我们感性和精神力量的整体达到尽可能和谐。”①蔡元培在《二十五年来中国之美育》一文中说：“美育的名词，是民国元年我从德文 A sthetische Erzie hung 译出，为从前所未有。在古代说音乐的、说文学的、说书画的，都说他们有陶冶性情的作用，就是美育的意义，不过范围较小，教育家亦未曾作普及的计划。”这里的“民国元年”其实是蔡元培记忆有误，因为他早在1901年撰写的《哲学总论》里就已经谈道：“各种之应用者，为论理、伦理、审美之三学。伦理学说心象中意志之应用；论理学示智力之应用；审美学论情感之应用。故此三学者，为适合心理学之理论于实地，而称应用学也。其他有教育学之一科，则亦心理之应用，即教育学中，智育者教智力之应用，德育者教意志之应用，美育者教情感之应用是也。”新中国成立后，1986年国家“七五”计划正式把美育列入教育方针：“各级各类学校都要加强思想政治工作，贯彻德育、智育、体育、美育全面发展的方针。”由此，美育得到了国家层面的推动而在中小学教育中逐步发展起来。到了2013年，党的十八届三中全会通过的《中共中央关于全面深化改革若干重大问题的决定》指出：“改进美育教学，提高学生审美与人文素养。”2020年，

---

① ［德］席勒：《美育书简》，徐恒醇译，108页，北京，中国文联出版公司，1984。

《中共中央 国务院关于全面加强和改进新时代学校美育工作的意见》指出："美是纯洁道德、丰富精神的重要源泉。美育是审美教育、情操教育、心灵教育，也是丰富想象力和培养创新意识的教育，能提升审美素养、陶冶情操、温润心灵、激发创新创造活力。"其总体要求强调："以立德树人为根本，以社会主义核心价值观为引领，以提高学生审美和人文素养为目标，弘扬中华美育精神，以美育人、以美化人、以美培元，把美育纳入各级各类学校人才培养全过程，贯穿学校教育各学段，培养德智体美劳全面发展的社会主义建设者和接班人。"

1. 小学美育的内涵

根据席勒的美学理论，我们可以看到美育的本质具有双重规定性：第一层规定性指美育是感性教育，要发展学生的感性。美育以发展感性为目的，而德育和智育以发展理性为目的，因此美育可以作为一种独立的教育成分，与德育、智育和体育等相并列。第二层规定性是指美育通过发展人的感性，来促进感性与理性的协调发展，以此来塑造完美的人性。① 也就是席勒所说的"在尽可能的和谐之中培养我们的感性力和精神力的整体"。美与人性的理想是一致的，即感性与理性、内容与形式、肉体与精神的完善与和谐。因此我们可以给小学美育下定义：小学美育是有目的、有计划、有组织地，通过各种美的事物，培养小学生的审美素养，包括审美欣赏(感受美、鉴赏美、欣赏美等)，审美表现和审美创造等能力，同时促进小学生德智体等的全面发展，促使小学生追求积极向上的人生趣味以及理想境界的教育活动。

2. 小学美育的任务

依此定义，我们可以提出如下的小学美育任务：首先，培养和提高小学生的审美欣赏能力，具体包括感受美、鉴赏美、欣赏美的能力。感受美是鉴赏美、欣赏美的基础，也是一切审美活动的基础。每一位学生都具有某种原初或简单的天然的审美感受能力。学校教育要以此为基础，充分爱护、发展学生的审美感受力，使之更加敏感、细腻。为此，学校教育应当充分展示自然、艺术、社会和教育本身所蕴含的美的因素，从而养成学生热爱美、欣赏美进而创造美的动机。鉴赏美是对美与丑及美的质量层次的判定，欣赏美是对审美对象进行审美活动的心理过程。② 鉴赏美的能力培养要求学校美育培养学生正确的审美观和健康而有个性的审美能力。欣赏美则需要学生具有有关美的基本知识，具有理解美的形式的能力。因此，学校美育应该传授必要的审美知识，提高学生的艺术修养水平。其次，培养和提高小学生的审美表现和创造能力。学生将自己对美的感悟和把握用不同的形式表现出来，就会自然形成审美创造活动。表现美是创造美的初级形式，学校美育应当鼓励学生大胆地表现美，同时才能创造美。创造美的基础是想象力的培养，

① 冉祥华：《美育本质的双重规定性》，载《郑州大学学报(哲学社会科学版)》，2009(2)。

② 黄济、劳凯声、檀传宝：《小学教育学》，169页，北京，人民教育出版社，2008。

只有想象力得到充分的释放，学生才会自由地创造美。面对同一片树丛，不同个性的孩子却能看出不同的东西。苏霍姆林斯基曾说道："这个男孩子就能从傍晚的昏暗所笼罩的树丛中看出一头暴怒的公牛来。这不单纯是小孩的幻想游戏，它同时也是思维的艺术因素，诗的因素。同是这些树丛，另一个孩子则从中看到另一种东西，属于他自己的东西——他在形象中加进他个人感知、想象和思维的特点。每个孩子不光在感知，而且也在描绘，在制造，在创作。"①最后，培养和提高小学生追求人生趣味和理想境界的能力。美具有超越性，审美主体在审美过程中可以超越日常生活和经验，超越有限的现象世界进入无限的精神之境。现象世界中人们所感受到的各种感情，结合绘画、诗歌、音乐成为美的材料。但当审美者欣赏美时，他们却能够不卷入现实的情感矛盾之中。可见美感是可以超越利害关系和人我之分界的。美育就是利用美感这种超越利害关系、人我之分界的特性去破除现象世界的意识，来陶冶、净化人的心灵，使学生具有发现和创造美好生活的基本能力，从而努力追求高品位的生活、高境界的人生。

3. 小学美育的实施途径

小学美育的实施途径包括两类：一是以艺术类课程形式呈现的学校艺术教育，如音乐、美术课程等；二是学校教育生活的整体美育渗透。首先，以艺术类课程形式呈现的学校艺术教育是小学美育实施的核心内容和主要途径。但开展学校艺术教育需要注意如下两个问题。第一，学校艺术教育与社会专业艺术教育不同。社会层面的专业艺术教育强调艺术作为一种专门知识及能力的系统性传达与技术性接受，更着重于使学生获得关于艺术的专业知识与培养学生的专业技术能力。学校艺术教育虽然以音乐、美术等专业课程的形式呈现，但通过专业课程的学习，培养的是学生的审美能力。特别是小学的艺术类课程，不但要综合发展学生多方面的艺术能力，同时还培养学生的整合创新、开拓贯通和跨域转换的多种能力，目的是要促进学生的人格成长、情感陶冶以及智能的提高，促进学生的全面发展。为此，小学阶段的艺术课程日益走向综合，不仅音乐和美术开始交叉融合，戏剧、舞蹈、影视等也进入艺术课堂。第二，学校美育并不等同于学校艺术教育。艺术教育重在将人引向具体艺术活动中的艺术分析能力与作品分析技能的把握，使人"知道如何做某些事情，并且知道如何合理利用所学到的技巧和知识来体验艺术作品"②。美育的意义不仅体现在可见的技能上，更体现在内在的修养上。正如席勒所说，教养的重要任务之一就是使人在其纯粹自然状态的生活中也受形式的支配，使他在美的王国所及的领域中成为审美的人。③ 也就是说，美育以艺术教育为基本途径，但又不限于艺术教育。整个学校生活应该有意识地融入美育。

---

① [苏联]苏霍姆林斯基：《育人三部曲》，毕淑芝等译，47 页，北京，人民教育出版社，2015。

② [美]列维、[美]史密斯：《艺术教育：批评的必要性》，王柯平译，245～246 页，成都，四川人民出版社，1998。

③ [德]席勒：《美育书简》，徐恒醇译，118 页，北京，中国文联出版公司，1984。

其次，学校教育生活的整体美育渗透，最终指向立德树人，为小学生打下“成人”的基础。具体包括以下五个层面的融合：第一，小学课程、教材、教学的融合，强调学生的审美体验，培育学生审美的精神境界。第二，家庭、学校、社会的融合，三者合力促进美的体验生成。第三，直接美育、间接美育以及隐性美育的融合。直接美育即学校精心开设的各级各类艺术教育，如音乐、美术、书法等。间接美育指各学科的美育，如数学的黄金比例、线段的优美等都融合着美育的精神，融合着对心灵的滋润。隐性美育指学校文化环境、学校生活中的美。学校的每一面墙都要会说话，都要浸润、传递、引导心灵的审美精神。第四，德智体美劳五育的融合，美育渗透在其他各育之中。第五，教师和学生的“共育”。[①] 在学校美育的过程中，教师一定要和学生共在于美的价值共生体之中，而不能只在形式的层面开展所谓艺术教育。另外，学校里的任何一个教职工，不管是不是专任教师，都可能在某些场域下直接对学生产生隐性而深刻的影响。只有强调教师与学生共育、共在，形成实质意义上的美善共生体，学校的美育才能产生深层次的效果。总之，围绕“成人”的目标与核心，我们要在学校教育生活的各个领域、各个方面、各个层次中渗透不同形式、不同形态的美育要素，使学生能够在现实之中积极地养成一种不断超越功利的精神，在不断超越不完满生活的过程中寻找人生意义与自由精神。

（六）小学劳动教育

中国古代蒙养教育就强调对于劳动的重视。宋代理学家程颢在《二程集》中指出：“自洒扫应对上，便可到圣人事。”程颐也在《二程集》中指出：“圣人之道，更无精粗。从洒扫应对至精义入神，通贯只一理。”二程把最简单的劳动与道德的最高境界联系起来。朱熹也把洒扫写进了《童蒙须知》中，专辟有“洒扫涓洁”章，要求“凡为人子弟，当洒扫居处之地，拂拭几案，当令洁净”。到了清末，近代小学堂始设手工科。进入民国时期，小学的劳动教育经历了注重生产生活性的工用艺术教育、工作教育以及劳作教育的发展。新中国成立后，劳动教育在学校教育中的地位几经沉浮，受重视程度不一。但各级各类学校还是对劳动教育进行了大量富有成效的探索，积累了许多宝贵经验。直到 2015 年《教育部 共青团中央 全国少工委关于加强中小学劳动教育的意见》，指出要“以劳树德、以劳增智、以劳强体、以劳育美、以劳创新，促进学生德智体美劳全面发展”。此时的劳动教育才真正进入国家层面的教育目的，成为“五育”的重要组成部分。2020 年 3 月，《中共中央 国务院关于全面加强新时代大中小学劳动教育的意见》（简称《意见》），站在新时代培养社会主义建设者和接班人的高度部署学校劳动教育。

---

① 参见李西顺：《美育不能强调“考”而忽视了孩子对“美”本身的体验》。（21 世纪教育研究院于 2020 年 11 月 25 日举行线上研讨会，会议主题为“新时代学校体育和美育：如何教，如何评？”此文为李西顺的发言整理。）

《意见》指出，“劳动教育是中国特色社会主义教育制度的重要内容，直接决定社会主义建设者和接班人的劳动精神面貌、劳动价值取向和劳动技能水平”。《意见》的指导思想指出：“坚持立德树人，坚持培育和践行社会主义核心价值观，把劳动教育纳入人才培养全过程，贯通大中小学各学段，贯穿家庭、学校、社会各方面，与德育、智育、体育、美育相融合……促进学生形成正确的世界观、人生观、价值观。”

1. 小学劳动教育的内涵

马克思主义将劳动视为人的存在的类本质，劳动是“一切人类生活的第一个基本条件”，“劳动创造了人本身”。劳动是作为人才具有的自由创造性活动，正是劳动创造与推动了人类社会的历史发展，人正是在劳动的过程中走向全面发展的。因此，我们可以说劳动教育促进人的全面发展与社会进步。

据此，我们可以认为小学劳动教育是以促进小学生形成劳动价值观(确立正确的劳动观点、积极的劳动态度，热爱劳动和劳动人民等)和养成劳动素养(有一定劳动知识与技能，形成良好的劳动习惯等)为目的的教育活动。首先，劳动教育不等于一般性的活动、实践等，劳动教育的要义在于通过劳动培养受教育者全面发展的人格；其次，劳动教育不等于具体劳动技术的学习，劳动教育当然包括劳动技术的学习，但劳动教育的核心目标应当是劳动价值观的培育；再次，劳动教育的核心目标应当是劳动价值观的培育；最后，劳动教育包括但不等于体力劳动锻炼。①

2. 小学劳动教育的目标与任务

《意见》指出劳动教育的总体目标：通过劳动教育，学生能够理解和形成马克思主义劳动观，牢固树立劳动最光荣、劳动最崇高、劳动最伟大、劳动最美丽的观念；体会劳动创造美好生活，体认劳动不分贵贱，热爱劳动，尊重普通劳动者，培养勤俭、奋斗、创新、奉献的劳动精神；具备满足生存发展需要的基本劳动能力，形成良好劳动习惯。

具体任务包括：首先，劳动教育要培养学生的劳动价值观。在教育情境中，劳动价值主要包含“劳动的价值”和“劳动对教育的价值”两个维度。前者指向劳动对于人类生活的有用性及劳动的社会意义，后者则指劳动对于促进人的全面发展的教育意义。劳动价值观是指人们对劳动价值的主观认识。培养学生的劳动价值观就是要确立正确的劳动观点、积极的劳动态度，热爱劳动和劳动人民等。

其次，劳动教育要培养学生的劳动素养。素养主要指后天养成的人格品质。劳动素养指经过生活和教育活动形成的与劳动有关的人的素养，包括劳动的价值观(态度)、劳动的知识与能力等维度。培养学生良好的劳动素养就是要促进学生具备一定的劳动知识与技能，使其成为全面发展的人；要发展学生创造性劳动的潜质，使其成为新时

---

① 檀传宝：《劳动教育的概念理解——如何认识劳动教育概念的基本内涵与基本特征》，载《中国教育学刊》，2019(2)。

代需要的创造性劳动者；要使学生形成良好的劳动习惯。

3. 小学劳动教育遵循的原则

新时代小学劳动教育必须反映并符合时代的需要。新时代是建设中国特色社会主义现代化国家的时代，是中华民族实现伟大复兴的时代，是以人工智能科技为代表的科学技术革命的时代。《意见》强调劳动教育的基本原则之一是“把准劳动教育价值取向，引导学生树立正确的劳动观，崇尚劳动、尊重劳动，增强对劳动人民的感情，报效国家，奉献社会”。在这样的新时代特征下，小学劳动教育需要遵循以下原则。

首先，小学劳动教育要遵循小学生的身心发展特点。劳动教育的使命是育人。我们要把小学生当成完整的人，促进他们的全面发展，而不是把他们直接当作劳动力市场的人才或人力的储备。因此，劳动教育应该以锻炼和发展学生的体力为优先，而不是以损耗身体来追求成果或产出。劳动教育要依据小学生的身心发展特点，从一般劳动中选择对小学生身体有益的劳动。同时，劳动教育也不是简单的体力锻炼，而是一种正确劳动价值观的积极引导。劳动教育要立足于对小学生的认识与理解，顺应他们的天性，更直接地与他们的生活世界相联系，让他们在以真实情境为支撑的劳动实践中，感受劳动的意义，培养他们正确的劳动价值观和劳动品德。

其次，小学劳动教育遵循整合性原则。单一形态的劳动教育实践难以促进新时期劳动教育功能的实现，当代劳动教育必须走向整合性的实践路径，以实现劳动教育在课程、活动等方面资源的有机整合。① 具体而言，劳动教育要把直接劳动教育和间接劳动教育、学科劳动教育和活动劳动教育、个人劳动教育和集体劳动教育、校内劳动教育和校外劳动教育等多形态劳动教育充分融合，重视将劳动教育与其他学科课程知识有机结合，构建起整合性的劳动教育实践体系。

最后，小学劳动教育要遵循开放性原则。当今信息科技飞速发展，劳动形态的不断更迭成为当下社会的常态。因此劳动教育必须保持开放的姿态，高度关注劳动形态的变化，并根据变化发展了的劳动形态及时更新教育内容。具体而言，开放性的劳动教育，一方面体现为根据劳动形态的不断更新换代，自觉扩充其教育内容。当下教育内容的不断更新主要体现为对信息和知识生产的高度重视，以及自觉将消费教育、闲暇教育、劳动审美教育等内容纳入劳动教育的范畴。另一方面根据教育内容的转变及时调整相应的教育方式方法，也就是要重视现代化、知识化、信息化和智能化的劳动教育。

资料链接：劳动教育的时代转型——以富春七小新劳动教育探索为例②

浙江杭州市富阳区富春第七小学（简称富春七小）汲取传统劳动教育的精华并进行

---

① 班建武：《“新”劳动教育的内涵特征与实践路径》，载《教育研究》，2019(1)。

② 章振乐：《劳动教育的时代转型——以富春七小新劳动教育探索为例》，载《人民教育》，2019(22)。

拓展创新，从回归自然的视角切入，将走进田野、体验劳作、分享爱心、快乐成长作为劳动教育的内涵，引导学生在真实生活、生产、生态中体验、学习、实践，实现了新时代劳动教育的转型。

一、明确劳动教育的时代使命与内涵

……

我们认为：新劳动教育的基本原则是，立足于“人的全面发展”的教育形态；在教育目的和内容上突破传统劳动教育的局限，让学生回归生活，在生活中发现真实问题，在实践中创新，学会合作分享；在教育功能上，实现从工具性到存在性的转型；在实践形式上，从单一走向多元、整合。

富春七小以课程建设为核心，对新劳动教育进行系统化架构：一是基于“开心农场”平台和家校资料，开发了农事劳作课程和劳动创意课程以及家校联动与融合的快乐生活课程；二是创新亲近自然的学习方式，让儿童在真实情境中开展课题研究式、项目整合式、主题探究式、综合展示式学习；三是以制度规约和多元评价搭建支持系统，如图 2-4 所示。

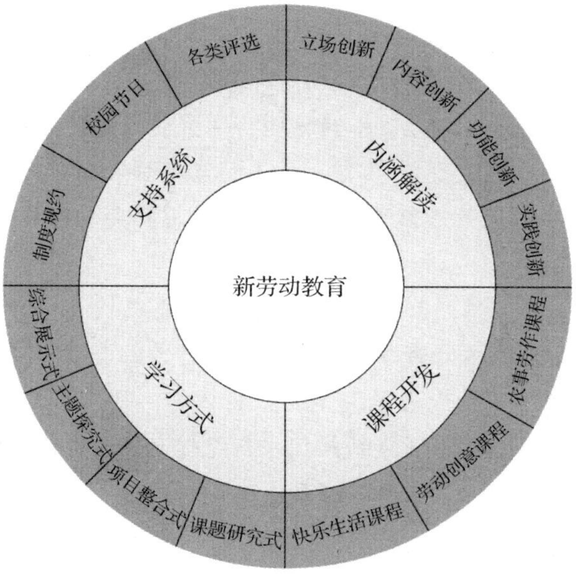

图 2-4　新劳动教育整体架构图

二、体系化开发新劳动教育实践课程

富春七小的新劳动教育课程群以尊重兴趣、基于经验、联系生活、多元选择、着眼发展为理念，依托“开心农场”开发了“农事劳作”课程、“劳动创意”课程和“快乐生活”课程三个课程群，如图 2-5 所示。从结构上看，每一个课程群由若干具体子课程组成，并以若干项目组块的形式予以实施。

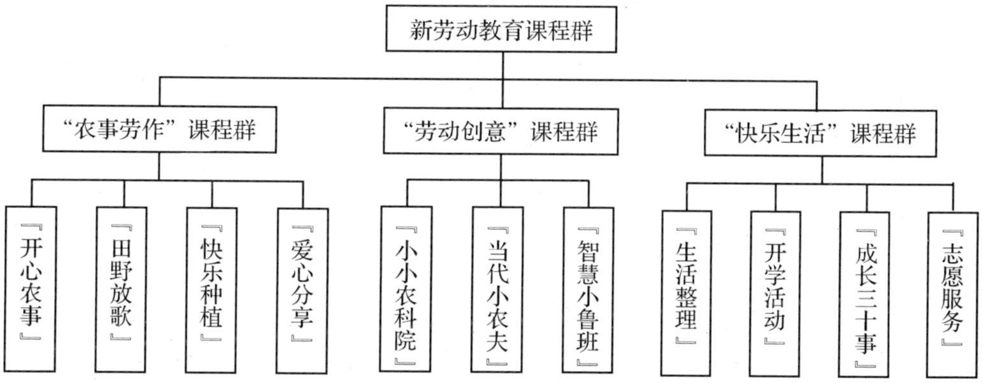

图 2-5　新劳动教育实践课程架构图

课程群涉及人文、科学、艺术、语言、道德五大领域。“农事劳作”课程群是其中最具特色的课程群，下设“开心农事”“田野放歌”“快乐种植”“爱心分享”4 个子课程模块，在 4 个子课程模块之下又开发了节气课程等课程，如图 2-6 所示。

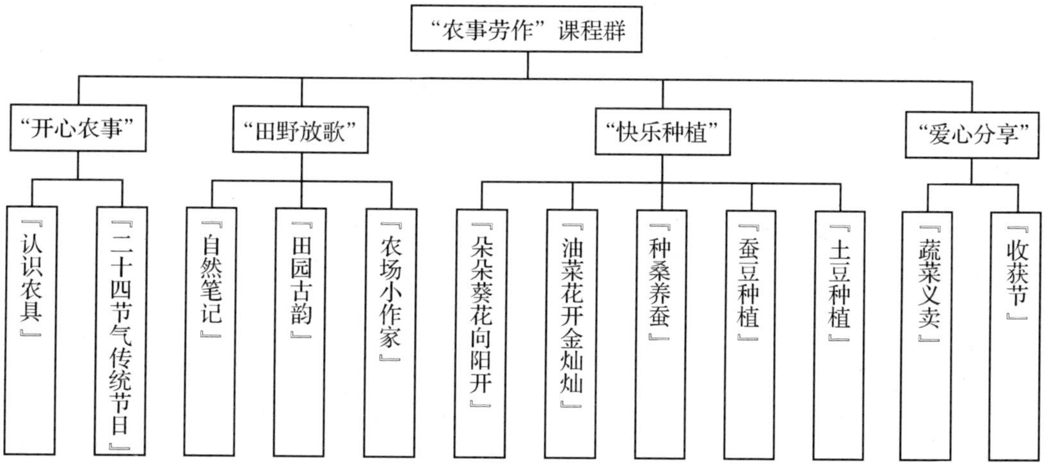

图 2-6　农事劳作课程群架构图

劳动创意课程群包括“小小农科院”“当代小农夫”“智慧小鲁班”3 个子课程；快乐生活课程群设有“生活整理”“开学活动”“成长三十事”“志愿服务”4 个子课程。丰富、多元、体系化的新劳动教育课程建设，为发展学生核心素养、达成育人目标提供了丰富的载体和有力的依托。

三、创新劳动教育学习方式

新劳动教育实践课程学习方式变革的核心在于以项目或项目组块的方式推进，打破课程界限。

（一）跨学科的项目整合式学习

“开心农事”模块的学习以跨学科的项目整合式学习为主，包括“二十四节气”“农场小作家”“田园古韵”等。

“二十四节气”课程通过“开心农场”与农历节气相结合，让学生经历学科整合的项目学习，通过观察、访问、调查，倾听自然声音，绘写自然笔记，参加与街道联办的节气风俗活动，亲近优秀传统文化，感知节气之美。在不断实践中，编撰出版了《大地上的劳作》。

“农场小作家”则是基于“开心农场”的习作项目，为学生搭建了一个观察发现、实践锻炼、总结提炼、分享交流的习作载体，激发儿童视角的文字表达，引导学生以快乐、积极的心态去参与劳动、关注生活，产生体验、迁移感受，培养想象力，提高习作水平。

“田园古韵”是具有人文特色和文化创意的整合项目。它将劳作与别具风味的小古文吟诵和创作相结合，通过传授历史人物、史实、风俗、典故等文化知识，让学生在劳动教育中知礼、明理，丰富学生对中华文化的了解、自信与热爱。

（二）基于年段的主题探究式学习

围绕“快乐种植”模块，每一个年级都有种植主题，按主题开展劳动学习。这样的学习主题明确、知行合一，把走向自然、回归生活、感悟人生融为一体。

“蚕豆种植”是基于“开心农场”的主题式学习项目。在项目中，学生自选蚕豆种，并亲历播种、长叶、开花和结果的劳作过程，感受劳动之美。

“种桑养蚕”项目的学习流程包括桑苗选取、扦插、管理、桑叶采摘和养蚕等，引导学生在实践中体会劳动成果来之不易。

“朵朵葵花向阳开”项目中，学生可以学习向日葵名称由来、生长环境、向阳之谜等相关知识，并在教师的指导下进行向日葵种植活动，围绕播种、移植、养护、加工等开展小课题研究，从中获得最直接的感知和技能。此外，还有“油菜花开金灿灿”“豆蔻年华”等主题活动，让每一位学生亲历播种、开花、结果等植物生长的全过程，感受生命的成长历程。

（三）基于社团的课题研究式学习

以“小小农科院”为主的劳动创意模块，主要有“小小农博士”“探秘土壤”“农具博物馆”。这些学习活动最大的特点是研究性强。学生组成社团，确定研究课题，开展研究活动，不但丰富了学习方式，还培养了探究精神和研究意识。

“小小农博士”主要围绕各年段种植蔬菜活动设计出若干探究性学习项目和小课题，让学生在小课题研究中学着探究，成为农场探秘的“博士”，培养学生自主学习的能力。

“探秘土壤”以土壤、植物的研究为切入点，在种植活动开展之前，组织学生到“开心农场”采集土壤样本开展调查研究，并在教师和专业技术人员的指导下，对土壤的 pH 值、有机质、水分、光照、气温等指标进行化验或测量，学做土壤分析师。

“农具博物馆”的成立借助了学校独特的地理位置，引导学生分析研究不同农具的用途，加深对我国悠久农耕历史和丰厚农耕文化的了解，感受劳动人民的智慧和创造力。

（四）基于社会公益的综合展示式学习

开展劳动教育，我们怀着一个朴素的目的——引导学生形成正确的劳动价值观。爱心义卖、垃圾分类和志愿者服务等课程就重在通过参与、体验，让学生形成正确的劳动观、金钱观、价值观。

在收获节期间，学生写倡议书，开展义卖活动。学生通过合作完成割菜、清理、销售、理财等工作，将义卖收入存入基金，用于公益爱心捐助。学生从中感悟劳动创造一切、财富源于劳动的价值观，养成“劳动从我开始”的社会自觉。

我们组织学生在校园和公共场所开展垃圾分类宣传引导，劝导市民、同伴自觉对垃圾进行分类。回收可再生垃圾，既变废为宝，又清洁环境。学生实实在在地感受到了用自己的劳动可以创造美丽乡村，体验到了劳动带来的环境变化。

学校少先队在全校层面成立志愿者服务总队，在班级成立志愿者服务中队，到车站、公园等场所开展志愿者服务，或为失明者引路，或清洁环境，或劝导行人自觉遵守交规。四年级学生还定期维护设立在公交车站的共享书吧，用稚嫩的小手撑起社会的大责任，用力所能及的劳动奉献社会、服务社会、感恩社会。

此外，学校还在“智慧小鲁班”课程模块中开设“小小匠作坊”项目，开展创意学习；在快乐生活课程中开设“亲子劳作”和“果实分享”项目，传递劳动祝福与希望；在“成长三十事”课程模块中开展猎奇类学习、“十周岁成长礼”等活动，丰富新劳动教育学习方式。

四、以制度规约和多元评价搭建支持系统

校园节日、班级承包制和“最美农场”“小小农博士”评选是支持系统，保障了新劳动教育的有序推进。

（一）以制度规约新劳动教育的实施

“开心农场”实行承包责任制，分片划出责任区，分到各班管理，四季轮种农作物。全体学生互相协作，在共同承担劳动职责、共同分享劳动果实中体现劳动的价值，体会劳动的伟大和劳动成果的来之不易。

（二）以校园节日支持新劳动教育的推进

“采摘节”是蔬菜成熟时节举行的校园节日活动，是各年级劳动成果的大展示。结合义卖，所得款项直接捐赠省内结对学校。

“农事运动会”是收获节举办的运动会，学生、家长均可参加。它包括推独轮车比赛、农事知识比赛等项目，将劳动成果展示、劳动知识与技能比武等融为一体，让学生感受劳动的价值与丰收的快乐，让学生在参与中强化社会责任。

（三）以评价助推新劳动教育的实施

为了给学生提供展示劳动成果与技能的机会，围绕富阳区“最美行动”的倡议，学校定期开展“最美农场”评选活动。评选标准包括农场里的知识、作物、布置等，将学生引入农耕文化和农业知识的探究，评选出蔬菜、农具、农事等各类“小小农博士”和“劳动小能手”。评选出的“农博士”“小能手”还会带领同学参加“开心农场”的学习实践活动，进一步促进新劳动教育的良性互动。

资料链接：德国中小学劳动教育如何迈向4.0？①

一、德国中小学劳动教育4.0：数字时代应用

金融危机后，多数国家陆续出现因金融市场萧条、失业率上升等引发的社会问题。在此背景下，德国联邦教育部于2012年资助并成立了由戴斯博士(Dr. Dais)和卡格曼教授(Prof. Dr. Kagermann)主持的“工业4.0工作小组”(I40 Working Group)。该工作小组2013年4月提交了《工业4.0未来项目实施建议——工业4.0小组总结报告》，描绘了实现德国工业4.0的战略活动，旨在推动制造领域的数字化进程。数字技术的出现加快了德国行业结构的转变，并带动劳动市场的变化，即掌握信息技术和工程技术的专业人才备受青睐，对数字技术的运用能力和终身学习能力成为劳动者适应不断变化的行业结构和社会生活的必备技能。基于此，德国文教部长联席会于2016年提出“基于数字世界的教育”战略草案。基于该草案，数字技术成为当前德国中小学劳动教育改革的重点，涌现了如“校园公司”和“工厂实验室”等众多校内外数字生产实践基地。其中，“校园公司”是由学校创建并服务于在校学生的数字生产实践基地，而“工厂实验室”则是面向全社会开放的数字科技手工坊。两者均试图为学生创设多种接触数字设备和生产工艺的机会，如3D打印机、数控机床等数字生产设备。

二、构建面向数字世界的劳动能力框架

为了使学生具有参与数字世界生活和工作的能力，德国中小学劳动教育以实践为导向，以增强学生的科技发明、创新创业、使用信息技术能力为目的，基于“21世纪技能”着手构建面向数字世界的中小学劳动能力框架。面向数字世界的中小学劳动能力框架涉及专业能力、方法论能力、沟通能力、判断和决策能力四个方面，并以行动能力

① 任平、贺阳：《连通学校与现代社会生活的桥梁——德国中小学劳动教育实施路径及启示》，载《外国中小学教育》，2019(8)。

为各项能力的核心——在数字知识和个人能力的基础上通过反思做出判断或选择(见图2-7)。专业能力是指恰当运用专业知识的能力，包括了解各类工作、生活和生产中数字产品的基本功能、应用范围、使用方法、优势及发展趋势等内容。方法论能力是指有针对性地运用数字技术的能力。这不仅要求学生具备使用数字设备的能力和在数字化的环境中进行观察与反思的能力，还要求学生具备团队合作、项目管理等综合能力。沟通能力是指在数字技术和专业背景下进行交流、互动、反思、评价、理解及应对各种冲突的能力。判断和决策能力旨在培养学生从多个角度(历史、生态、经济等)对数字产品的使用进行反思的能力，要求学生有能力对具体的事件进行理性判断，并形成相应的价值观。

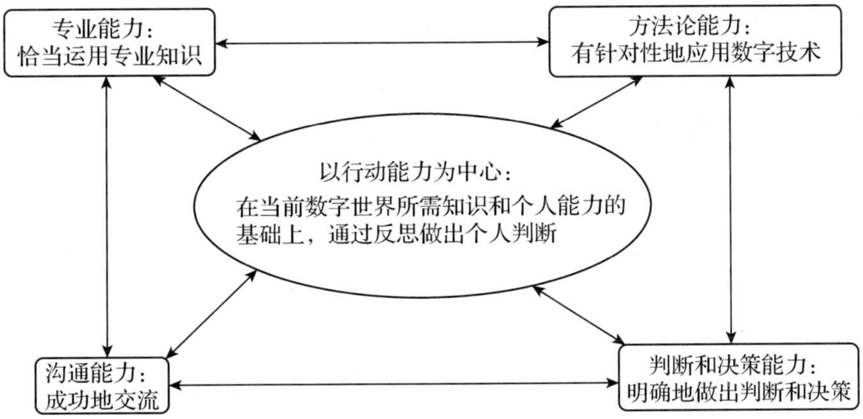

图 2-7　面向数字世界的中小学劳动能力框架

三、启示

(一)增强中小学劳动课程的时代性，更新劳动课程内容

在梳理德国中小学劳动教育演进的过程中，我们可以发现德国中小学劳动课程设置始终秉承与时俱进的课程开发理念。其课程内容涉及科技、职业、家政、经济等多个领域，并紧跟社会发展的步伐，不断更新，以与工业变革、职业变革、生活变革相互协调，且在一定程度上对社会和工业的发展起着引领作用。随着科学技术的不断更新，工业4.0对我国劳动者同样提出了更高的要求。为了帮助学生成功步入社会生活，我国劳动教育不仅应扩充如园艺、缝纫、烹饪、理财、生产工艺与流程、建筑设计等方面的内容，还应与时俱进地关注数字社会生活和生产过程中的热门问题，促进学生数字能力的发展和数字知识的积累。

(二)增加中小学劳动课程的实践性，发挥中小学劳动教育的社会化功能

德国劳动教育课程实施的形式丰富，涵盖了多种校外实践形式，如社会实践、企业实习和手工工厂实习。丰富多样的实习经历为学生参与社会生活和工作奠定了良好的实践基础。为此，我国劳动教育同样应为学生提供多种参与社会实践的机会，即增

加实践课的比例，以拉近劳动课程与现实社会生活和工作的距离，从而使学生在实践中获得参与21世纪社会生活和工作所需的能力。

（三）激发学生的劳动兴趣，培养学生积极的劳动观念和数字技能

德国中小学劳动教育以教化思想为基础，面向每位学生，旨在促进个体的全面和谐发展。因此，它凭借基础性和普遍性的特点区别于以专业劳动技能为导向的大学或职业技术学校中的职业教育，即德国中小学劳动教育以激发每位学生的劳动兴趣和培育每位学生的劳动观念以及基本的劳动技能为目的。为此，我国中小学劳动教育同样应以培养学生的劳动兴趣和劳动观念为重点，并在此基础上循序渐进地塑造学生基础的数字劳动技能。具体而言，由于不同年龄阶段的学生在生理、心理发展等方面具有不同特点，因此需在中小学中设置相对应的劳动教育课程目标。如小学应以培养劳动兴趣、树立劳动观念为主要内容。而对中学生来说，因其面临着升学和就业的双重选择，基本的数字劳动素养和全面的职业观念就成为劳动教育的重点。德国在工业4.0背景下提出的MINT教育战略就较好地把握了中小学信息技术教育与大学或职业技术学校信息技术教育的差异，以培养学生对信息技术的兴趣和职业观为中小学劳动教育的主要内容。

（四）有效融合中小学劳动课程与其他学科课程

中小学劳动课程作为一门学科课程有其存在的价值与意义。然而随着社会的发展，社会问题的复杂性不断增加，个体往往需要综合多门学科的知识和技能才能解决生活和工作中的问题。因此，德国中小学通过设置多种与社会生活和工作相关的主题，将多门学科内容与劳动课程的相关内容串联了起来。借鉴德国劳动教育课程编制经验，我国中小学同样可以尝试将劳动教育的课程内容与其他课程内容进行融合，通过合理的课程安排和设置可以实现不同学科知识内容的整合，以鼓励学生在劳动课程中主动地进行知识关联与迁移，帮助学生形成综合性、系统性、实践性的知识体系。

（五）创新打造校内外劳动教育实践基地

位于德国柏林的一所高中在校内专门创设了“施密特数字制造者”车间和卡尔罗斯环保纸制品商店，并与多家数字企业就劳动教育基地签订了相关合作协议，旨在为学生在校内和校外提供便捷的劳动教育实践基地。我国有能力的中小学同样可以在校内创设劳动教育工作室或劳动教育实践基地，为学生获得直接劳动经验提供便捷途径，还可以借助社会力量搭建劳动实习基地，整合校内和校外的劳动教育资源，以弥补校内资源的不足。

第三节
小学教育性质

小学教育作为初等教育，与中等教育、高等教育相比，具有基础性、全民性、义务性、全面性、启蒙性等特征。小学教育是基础教育，其根本性质就是基础性。小学教育之于社会，犹如墙基之于百丈高楼，枕木之于千里铁路，钢材之于万吨巨轮。发展国民经济、培养各类人才、提高民族素质，基础在教育，而小学教育则是基础的基础。一个国家、一个民族如果不能普及具有一定质量的小学教育，将永远处于愚昧、落后状态，永远不能走向现代化，所谓文明、进步、繁荣、富强就只是一种空想。①

一、基础性

小学教育的基础性包括宏观与微观两层含义。从宏观的社会层面意义来讲，小学教育的基础性具体表现在以下方面。首先，基础性指小学教育是国家学校教育制度的基础阶段。我国的教育体系一般包括学前教育、初等教育、中等教育和高等教育四个连贯而又相对独立的阶段，小学教育是一个孩子成长为一个社会公民的奠基工程，为提高国民素质奠定基础，为各级各类人才培养奠定基础，是培养人才、提高全民族科学文化水平的重要阶段。这一方面的基础性表现我们可以称为全民性。其次，小学教育是义务教育的基础。这一方面的基础性表现我们可以称为义务性。再次，小学教育是整个教育事业的基础。“九层之台，始于累土”，小学教育必须促进小学生的全面发展，才能使小学生有能力接受高一级的教育。因此高一级教育的发展，都有赖于小学教育的普及和提高。这一方面的基础性表现我们称为全面性。最后，小学教育为个体一生的发展奠定基础。这一方面的基础性表现我们称为启蒙性。因此，我们可以说基础性是小学教育的根本性质，全民性、义务性、全面性、启蒙性都是基础性在不同方面的演绎。

从微观的个体发展来讲，小学教育的基础性具体表现在以下方面。② 第一，它是道德品质教育的基础。进入小学，随着生活范围的不断扩大，个体会遇到越来越多的道德问题。小学教育工作者应引导学生认识、了解与他们的生活经验相联系的道德观念，

① 柳斌：《〈小学教师之友〉丛书序言》，载《课程·教材·教法》，1989(12)。

② 朱小蔓：《中国教师新百科·小学教育卷》，66页，北京，中国大百科全书出版社，2002。

并养成相应的道德习惯。第二，它是智慧品质发展的基础。小学阶段正是个体智慧潜力逐步显现并迅速发展的阶段。小学教育的一个重要任务应当放在启迪个体的智慧发展上：知识教学应为智慧发展服务，智慧发展应促进知识教学。第三，它是个性品质形成的基础。小学阶段是个体的个性倾向开始显露的阶段。小学教育应当维护、尊重、发现并培养小学生的个性，使他们养成良好的个性品质。第四，它是身体发展的基础。小学阶段是个体身体迅速发展的阶段，应当使个体养成良好的锻炼身体的习惯，掌握锻炼的基本技能、技巧，以保证个体的健康发展。

二、全民性

从广义上说，全民性是指小学教育必须面向全体国民。这样才能从根本上彻底扫除文盲，从整体上提高全民族的素质。从狭义上说，全民性是指小学教育必须面向全体适龄儿童。即任何未成年的公民，不论其种族、民族、性别、肤色、语言、社会经济地位等的差异(智能及身体状况不允许的例外)，只要达到一定的年龄，都必须进入小学接受初等教育。

小学教育的全民性是世界各国教育改革的共同趋势，几乎所有国家的教育都在努力创造条件，确保每个人享有接受初等教育的权利。究其根本原因在于各国有一个基本共识，即康德所提出的观点，人唯有凭借教育才能成为人，人绝非人所创造的教育以外的产物。现代社会进步的一个重要标志就是每一个社会成员都接受一定程度的教育。儿童出生后，作为一个人，作为一个未成年的公民，拥有许多权利。其中接受教育是较为重要、根本的权利之一。每一个儿童都有权利受到最初步、最起码的教育。联合国《世界人权宣言》和《儿童权利宣言》都把“儿童享有教育”或“人人都受教育”作为基本的人权加以确认。人人都接受教育不只是关乎个人的权利问题，更是为了社会的生存和进步。美国公立学校运动的推动者贺拉斯·曼(Horace Mann)指出：“估量科学或文化造福于一个社会，不应过多地着眼于这个社会拥有少数掌握高深知识的人，而在于广大人民掌握足够的知识。”①

1989年11月，联合国教科文组织第25届大会确定的“争取全民基础教育”计划，要求最大限度地扫除文盲和普及初等教育。1990年3月，在泰国宗迪恩举行的世界全民教育大会，其主题是“使人人都享有受教育的机会”，通过《世界全民教育宣言——满足基本学习需要》的报告，反复强调使人人享有受教育的权利，向所有的人提供接受教育的机会。我国的小学教育是全民教育，为了保证这一全民性质，国家特别对女童教

① 转引自[美]理查德·D. 范斯科德、[美]理查德·J. 克拉夫特、[美]约翰·D. 哈斯：《美国教育基础——社会展望》，北京师范大学外国教育研究所译，12页，北京，教育科学出版社，1984。

育、经济欠发达地区和少数民族地区儿童的教育给予特殊关注，专门加以保障。另外，国际上的全纳教育，以及我国的培智学校、随班就读等关注具有特殊教育需求的儿童，也是落实全民性的具体体现。2018年，我国重新修订了《中华人民共和国义务教育法》，也是对实现基础教育的全民性的有力保证。

三、义务性

义务性是指小学教育在整个教育中具有义务教育的性质。义务教育也称“强迫教育”，是当今世界各国普遍实施的一项教育制度。其实质就是国家依照法律规定，要求适龄儿童必须接受，国家、社会、学校和家庭必须予以保障的，一定年限的国民基础教育。义务教育的基本特征是强制性和公共性。强制性指义务教育有国家的法律强制执行，不仅儿童有接受教育的义务，而且国家、社会、学校和家庭有提供教育的责任。所谓公共性指义务教育面向全社会范围内的适龄儿童。我国的小学教育属于义务教育的一部分，是义务教育的开端，也就相应地具有强制性与公共性特征。也就是说，每一个公民，不论其种族、民族、性别、肤色、语言、社会经济地位的差异，只要达到一定的年龄，都必须接受小学教育。

小学教育的义务性早在18—19世纪就在欧美等国家得以确立。1619年，德意志魏玛邦公布的学校法令规定：父母应送6～12岁的子女入学，否则政府就强迫其履行义务。这可以看作从法律层面实施义务教育的开端。我国清末新政时期也已经有了关于义务教育的相关法规，民国时期也曾颁布过《短期义务教育实施办法大纲》等，但都并未取得多少成效。1949年，全国初等教育适龄儿童入学率只有20%左右。新中国成立后，初等教育入学率迅速提高，1965年达到80%以上。1982年12月，第五届全国人民代表大会第五次会议通过《中华人民共和国宪法》，以法律形式确定了在我国普及初等义务教育。1985年，《中共中央关于教育体制改革的决定》提出在我国实施九年制义务教育的重大决策。1986年，第六届全国人民代表大会第四次会议通过《中华人民共和国义务教育法》。2018年修订的《中华人民共和国义务教育法》规定：义务教育是国家统一实施的所有适龄儿童、少年必须接受的教育，是国家必须予以保障的公益性事业。

四、全面性

全面性是指教育目的都是促进学生德智体美劳全面发展，具有普遍性，是要让全体小学生都普遍具有一般素养。五育彼此独立，但并不是割裂的，而是具有关联性和渗透性，是统一协调、互相促进的关系。小学教育要促进学生的整体全面发展，促进他们身心的和谐发展，使他们成为一个合格的公民，同时为他们进一步学习，以及持续发展打下基础、创造条件。

在21世纪信息化的时代，科技更新的速度日新月异。面对这种变化，基础教育如何应对？美国永恒主义教育代表人物阿德勒·M. J.（Adler M. J.）1982年发表一份改革报告《儿童一般教养建议书：教育宣言》（简称《宣言》），强调基础教育应为全体儿童提供“一般学识”的重要性。基础教育须以相同的质量面向全体儿童，且应把重点放在儿童的一般教养上。《宣言》还指出：“面临一个不断变革和进步的社会，在基础教育水平上对儿童进行任何专门化或为特定工作的训练都是无效的。一旦儿童进入社会职业领域，这种训练不得不重新进行，因为技术在你接受训练时已经向前推进了。”①

五、启蒙性

启蒙的目的是发展，小学教育为个体一生的发展奠定基础，因此具有启蒙性。小学教育是个体接受学校教育的开端。在这个阶段，个体将发生三个方面的具有人生启蒙意义的转化。② 一是由随意游戏活动向有目的、有计划的学习活动转化；二是由个体和松散的群体活动向有组织、有规律的集体活动转化；三是由口头言语向书面言语转化。这些转化可以使个体突破时间和空间的限制，拓宽认识范围，从而对于促进全面发展产生重大影响。个体思想品德的形成、知识能力的发展和身体素质的增强，都在小学阶段正式起步。

我国古代对启蒙教育就非常重视，许多教育家主张“养正于蒙”。《周易》就有“蒙以养正，圣功也”的记载。宋代朱熹也基于对于小学阶段儿童“人之幼也，知思未有所主”的认识，指出他们很容易受各种思想的影响，因此要先入为主，及早施教。世界上许多教育家也都重视在基础教育阶段发展能力的必要性。第斯多惠曾说：“在教青少年学习时，特别是在小学教学中，显然应当是形式的目的。小学生不需要大量的知识。但是训练好的和尽可能发展好的思维和语言的能力，随意的注意，借助理性的领会和研究新教材的能力以及其它形式的能力，将会在他的一生中带来极大的好处。”“学生年龄愈小，愈不成熟，必须对他的能力加以发展的意义也愈大。”③苏霍姆林斯基也反复强调过这样的观点：小学应首先教会儿童学习。他指出，“学会学习”包含着一系列与掌握知识有关的能力，如阅读能力、书写能力、观察周围世界现象的能力、思考能力、用语言表达自己的思想的能力。这些能力好比是工具，没有它们，要掌握知识是不可能的。④

---

① 盛群力：《基础教育：赢得质量之战的胜利——〈儿童一般教养建议书〉述要》，载《上海教育科研》，1989(3)。

② 黄济、劳凯声、檀传宝：《小学教育学》，25页，北京，人民教育出版社，2008。

③ 转引自张焕庭：《西方资产阶级教育论著选》，368页，北京，人民教育出版社，1979。

④ ［苏联］瓦·阿·苏霍姆林斯基：《给教师的建议》下册，杜殿坤编译，132～133页，北京，教育科学出版社，1981。

本章小结

本章的讨论主要包括三方面内容：首先，小学教育是小学教育机构根据一定社会要求，既要促进小学生的社会化，又要促进小学生的身心发展，培养小学生的实践活动。小学教育包含三个基本要素，即小学教师、小学生以及小学教师作用于小学生的教育影响。小学教育具有促进小学生个体发展与社会发展的双重功能。其次，小学教育目标是国家宏观教育目的在小学教育领域的具体化，是指小学教育活动所要达到和实现的结果的具体的设想和规定，回答的是培养什么样的小学生的问题。具体来说，小学教育目标的价值取向是培养全面发展的小学生。小学全面发展教育包括德育、智育、体育、美育和劳动教育。最后，小学教育作为初等教育，与中等教育、高等教育相比，具有不同的性质，如基础性、全民性、义务性、全面性和启蒙性等。

关键术语

小学教育；小学教育目标；全面发展；德育；智育；体育；美育；劳动教育；基础性；全民性；义务性；全面性；启蒙性

拓展阅读

1.[美]约翰·杜威：《民主主义与教育》，王承绪译，北京，人民教育出版社，2001。

杜威在该书中把民主社会的意义、生物进化论的观点、产业革命带来的变化以及科学实验的方法贯串在一起，来阐述自己的实用主义教育理论，就教育的本质、目的、内容、方法、教材等问题提出了独特的见解。

2.[美]约翰·杜威：《学校与社会·明日之学校》，赵祥麟、任钟印、吴志宏译，北京，人民教育出版社，2005。

该书选译的是杜威在芝加哥大学和哥伦比亚大学期间1915年以前的教育著作中较为重要的、有代表性的著作。他的这些早期著作是在旧的传统教育和当时社会的急剧变化远远不相适应以及在哲学、心理学、社会学等领域里各种思潮的相互激荡下出现的，显得更富有时代感和吸引力。同时这些早期著作也是杜威后期实用主义教育理论的预示。

3.[英]怀特海：《教育的目的》，徐汝舟译，北京，生活·读书·新知三联书店，2002。

该书比较全面地反映了怀特海的教育观念。他主张教育应该充满生活与活力，反对对学生灌输知识，应引导他们自我发展；他强调古典文学艺术在学生智力发展和人格培养中的重要性，倡导使学生在科学和人文方面得到全面发展；他还重视审美在道德教育中的意义，认为学生如果不能经常目睹伟大崇高，道德教育便无从谈起。怀特海的教育思想对今天提倡的素质教育有较大的参考价值。

4. 黄向阳：《德育原理》，上海，华东师范大学出版社，2000。

该书不仅从澄清德育的概念入手，而且把德育诸概念的辨析与整合贯穿于全书。该书考察了道德教育的必要性与可能性，讨论了道德教育的内容、手段与方法，以及现代德育的思路与模式等。

5. [德]席勒：《美育书简》，徐恒醇译，北京，中国文联出版公司，1984。

该书是席勒写给丹麦王子克里斯谦公爵的 27 封信，于 1795 年经整理出版。该书集中阐释了席勒的美学思想。美育的目标在于培养人的感性和精神力量，以尽可能达到和谐。在这里，美育不仅是培养具有道德和理性的人的一种手段，也是教育所要达到的目标。同时，追求人类本性的完善，提倡理性的自由是席勒美育思想的核心。

体验练习

1. 如何理解小学教育？
2. 小学教育包含哪些基本要素？
3. 小学教育的功能有哪些？
4. 什么是小学教育目标？
5. 如何理解全面发展？
6. 如何理解小学教育的性质？
7. 访谈一位小学校长，了解他对小学教育目标及小学教育性质的理解，并请他阐释自己的教育理念。
8. 选择一种小学教育活动，可以是一节课，可以是升旗仪式、运动会等课外活动、校外活动，分析该活动是如何体现德智体美劳五育内容的。

第三章

小学生

结构图

- 小学生
  - 小学儿童概述
    - 小学儿童本性观
      - 我国的儿童本性观
      - 西方的儿童本性观
    - 小学儿童地位观
      - 成人本位观
      - 儿童本位观
    - 小学儿童发展观
      - 先天与后天
      - 连续性与阶段性
  - 小学生的生理特征与健康
    - 小学生身体发育的特点
      - 身高体重平稳增加，身体比例发生变化
      - 骨骼逐渐骨化，肌肉力量尚弱
      - 脑和神经系统的结构与功能进一步复杂化
    - 小学生动作发展的特点
    - 小学生常见的健康问题与教育
      - 视力问题
      - 肥胖问题
      - 小学生的健康教育
  - 小学生的认知特征与培养
    - 小学生思维的特征
    - 小学生信息加工能力的特征
      - 小学生感知觉能力的特征
      - 小学生注意力的特征
      - 小学生记忆力的特征
      - 小学生元认知能力的特征
    - 小学生语言运用能力的特征
      - 词汇运用能力的发展特征
      - 语句和语法运用能力的发展特征
      - 书面语言运用能力的发展特征
  - 小学生的人格特征与培养
    - 小学生个性的特征
      - 人格的特征
      - 情绪的特征
      - 自我意识的特征
    - 小学生社会交往的特征
      - 亲子关系
      - 师生关系
      - 同伴关系
    - 小学生道德品质的发展
      - 小学生道德品质的特点
      - 道德教育观

本章概述

6～12 岁的儿童是小学教育的基本对象，也是小学教育的主体。促进小学生充分全面发展是小学教师的伟大使命。陈鹤琴先生指出："只有了解儿童，才能教好儿童。"因此，小学教师的有效工作一定是基于对小学生的理解的，否则不仅不能促进其发展，反而会贻害其成长。对于小学生的理解是不同教育观念和教育实践的基本出发点，也是有效教育的重要基础。小学生作为发展中的个体有其特定的心理特征和发展规律，同时作为社会主体也具有特殊的社会属性。本章从儿童观以及小学生的生理特征、认知特征和人格特征几方面对小学教育的对象——小学生进行全面审视。

问题情境

一年级开学第一天，李老师打算教给学生课堂上的一项基本规则——举手发言。她说："当老师提问时，你们应该举起你们的右手。等老师叫你们，你们再起立回答问题。你们能和我一样举起右手吗?"随后，李老师举起自己的右手进行了示范。全班学生都举起手来，但他们几乎举的都是左手。

教授三年级的刘老师为了激励班上的学生认真完成作业，在布置作业时提出："本周及时上交所有作业的同学才能够参加下一周的春游活动。"但是，班上的一位女生因为妈妈生病住院，需要帮忙照顾弟弟，于是有一份作业没有按时上交。刘老师觉得这种情况情有可原，所以向全班同学解释：这位同学没交作业是因为家中有事，而且主动分担照顾弟弟的责任，所以可以作为例外参加下周的春游。可班上的很多学生认为，规则就是这样定的，她没有及时交上作业，就是不应该参加春游。

上面两位教师遇到的"意外"情况为什么会发生？教师应该如何更有效地和学生互动？这些问题其实都可以通过了解学生的认知、人格等的发展来深入理解和有效解决。

第一节
小学儿童概述

鲁迅先生在《我们现在怎么做父亲》一文中曾经说道："孩子的世界，与成人截然不同；倘不先行理解，一味蛮做，便大碍于孩子的发达。"可见，教育要充分促进儿童的发展，就是先要理解儿童。有效教育儿童的首要出发点是形成关于儿童及其发展本质和特性的基本观点，即儿童观。不同时代、不同社会背景、不同的理论角度会形成不同的儿童观，而不同的儿童观会生成不同的教育态度和行为。小学教师每天要面对有着不同个性特点的儿童，所以教育的要务就被概括为“一切为了孩子，为了孩子的一切”，而落实这个口号的基础就是正确理解孩子。儿童观是理解儿童的根基和灵魂。

小学儿童观是特定社会文化背景的产物，从古至今对于小学生的基本认知和态度也在不断演进。目前，我国学术界虽尚未形成关于小学儿童观完全一致的界定，但基本观点趋于统一。阮成武认为，小学儿童观是人们对于小学生的基本认识和根本态度，直接影响教育活动的目的、方式和结果。① 陈永明提出，儿童观是成人对儿童的认识、看法以及与儿童有关的一系列观念的总和，具体涉及儿童的特性、儿童期的意义、儿童的权利和地位、儿童与成人的关系等。② 陆克俭提出，儿童观是成人社会关于儿童的系统的认识和看法的凝练，是成人对儿童自然与社会本质属性的认知，以及在此基础上形成的相关观念。他从不同维度对儿童观进行了分类。③ 在时代性上，儿童观可划分为传统儿童观与现代儿童观；在性质特点上，儿童观可划分为保守儿童观和进步儿童观；在社会立足点上，儿童观可划分为以家庭、家族为认知视角的儿女观、儿孙观，也有以社会、民族为视角的国民观、公民观；在具体结构内容上，儿童观可划分为儿童的权力观、儿童的天性观、儿童的地位观和儿童的成长观。综上所述，儿童观是指对于儿童生物性和社会性本质属性的认识和态度的总和，即在本质上回答儿童是什么，该如何对待等问题。本章将从儿童天性观、儿童地位观和儿童发展观三个方面来对小学儿童观的历史演进展开梳理。

一、小学儿童本性观

人类对儿童本质的探究起源很早，东西方哲学中都有针对儿童本性(天性)的不同论述，比较有代表性的就是“性善论”“性恶论”和“性无善恶”等观点。

(一)我国的儿童本性观

在我国哲学史和教育史中，最早针对儿童观的探讨往往蕴含在从先秦就开始的“人性论”的论争之中。古代先贤对于人的本性或儿童本性的探讨主要集中在与生俱来的本性的善恶上面。

第一，对儿童本性的最早讨论是孔子的“性相近也，习相远也”④。即人与人的先

---

① 阮成武：《小学教育概论》，177 页，上海，华东师范大学出版社，2011。

② 陈永明：《儿童学概论》，49 页，北京，北京大学出版社，2013。

③ 陆克俭：《发现与解放——中国近代进步儿童观研究》，14～15 页，武汉，华中科技大学出版社，2015。

④ 《论语·阳货》。

天本性本来是相近的，因为后天习染的不同而出现了差距。该观点认为，儿童在本性上是十分相近的，无所谓善恶，强调后天教化的作用。孔子就儿童本性或人的本性的论述甚少，只给出“性相近”的观点，并未对其善恶进行评判。其后的理论家就此议题进行了进一步的拓展，并明确提出儿童天性并无善恶，强调教化的观点。告子提出性无善恶：“性犹湍水也，决诸东方则东流，决诸西方则西流。人性之无分于善不善也，犹水之无分于东西也。”①告子以水不分东西而流，说明儿童的天性既不是善，也不是恶，关键在于如何引导。类似的观点还有墨子的“素丝论”。墨子认为儿童的天性就像没有颜色的丝一样：“染于苍则苍，染于黄则黄。所入者变，其色亦变。”②墨子的观点与西方洛克的白板说十分类似，但早了近 2000 年。孔子的“性近习远”、告子的“性无善恶”及墨子的“素丝论”都认为儿童生来的本性没有太大差异，强调教育在其中的重要作用。

第二，孟子的“性善论”认为儿童先天固有四种善良的天性。这些是人区别于动物的重要本性，是义理道德的开端。孟子提出儿童的天性是四种“善端”：“恻隐之心，仁之端也；羞恶之心，义之端也；辞让之心，礼之端也；是非之心，智之端也。人之有是四端也，犹其有四体也。”③可见，孟子认为儿童本性上具有了仁义礼智的美德的基础，这些就像人类的四肢一样与生俱来。教育就是要“求其放心”，即努力存养这些发源于儿童内心的良善，恢复人的先天本性。

第三，荀子的“性恶论”认为儿童的本性是邪恶的。如果放纵人性而没有外部约束，儿童就会变成唯利是图的人，因此荀子强调主动学习的重要性。荀子提出“人之性恶，其善者伪也”④。也就是说人生来是邪恶的，那些善良的行为是人为的。因此，荀子提出“化性起伪”，就是强调天性只有在后天的努力学习修为下才会成为善的，最终才能“积善成德”。

(二)西方的儿童本性观

西方关于儿童本性的讨论同样围绕善恶议题展开。第一，原罪说是儿童性恶观的典型代表。原罪说来源于基督教。英国政治哲学家霍布斯提出了“原罪说”的儿童观。他认为，儿童生来就有不良习性，必须由社会加以管制，才能把他们引向能被社会接纳的方向。原罪说在西方教育中影响深远，19 世纪被誉为“科学教育学奠基人”的赫尔巴特沿袭了这一观点。他认为，儿童天性中存在“盲目冲动的种子”和“处处驱使他不驯服的烈性”，这种原始欲望必须从小加以约束。因此，赫尔巴特将儿童管理作为实施教

① 《孟子·告子上》。
② 《墨子·所染》。
③ 《孟子·公孙丑上》。
④ 《荀子·性恶》。

育的前提，管理的主要方法有威胁、监督、命令和禁止等。当然，他也反对将儿童管理思想推向极端，提出只管不教是对儿童心理的压迫。

第二，西方哲学与教育学中同样存在提倡儿童生性善良的性善论。西方性善论的直接倡导者是启蒙主义思想家卢梭。他认为婴儿天生就有区分对错的直觉，但他们常被社会的要求和约束误导。儿童是高尚的未开化者，应该给予他们更多的自由，尊重他们与生俱来的积极倾向。

第三，“白板说”是西方儿童本性观中另外一个较有影响力的观点。它认为儿童的心灵是一块白板，他们所有的知识、能力、行动与动机都来自后天的经验。洛克在《教育漫话》中指出儿童生来没有什么先天倾向，既不好，也不坏。他们的心灵就像白板或白纸，没有任何标记或观念，而人的大多数观念都是通过后天感知经验得来的。因此，“白板说”特别重视教育的作用，并提出人类之所以千差万别，是因为教育之故。洛克和霍布斯一样，赞成惩戒性的儿童养育方式，以确保儿童养成良好的习惯而避免形成坏习惯。

二、小学儿童地位观

儿童是父母的私有物和附属品吗？儿童是小大人吗？儿童是家中的“小太阳”吗？抑或儿童就是儿童。以上问题都是关于儿童处于怎样的地位，进而决定儿童经历怎样的待遇，以及儿童被赋予怎样的尊严和权利。所谓儿童地位观是社会赋予儿童的价值判定，是其对于儿童内在价值和独特性的认同程度。然而，对于儿童独特性的认识在中外历史中都经历了一个漫长的发展过程，即关于儿童地位和权利的认识经历了由无视儿童的“成人本位”到发现儿童的“儿童本位”的发展过程。

(一)成人本位观

人类早期的儿童观否认儿童的独特性和内在价值，是从成人的角度来衡量儿童的。早期的儿童地位观是成人本位观，主要表现为：一方面将儿童作为成人的附属品，否认儿童的独立价值和基本权利；另一方面将儿童作为成人的雏形，否认儿童的独特性。

从人类早期历史中可以发现，儿童所获权利较少，成人不承认他们的价值，而是把他们视为父母或家族的私有物随意处置。研究者们将儿童的历史描述成苦难史，越是追溯历史，就能发现儿童受到的关爱越少。古代西方社会中儿童的基本权利得不到保障。

中国奴隶社会和封建宗法制度下的儿童同样被视为父母或家族的附属品，同样被剥夺了独立的存在价值。儿童成为家庭的劳力、父母的私产以及家庭传宗接代、光耀门楣的工具等。儿童处于被支配的地位，没有独立自主性可言。另外，中国封建家庭中一直盛行着以“报恩”“保本返始”为要求的“子女观”，在很大程度上剥夺了儿童作为独立个体在家庭和社会中的权利和地位。

成人本位观还体现为将儿童看作成人雏形的“小大人”观念。该观念否认儿童的独特性，认为儿童与成人没有根本的差别，甚至无视儿童的存在。菲力浦·阿利埃斯有一个非常著名的论断——“中世纪的欧洲不存在儿童”。这个论断当然不是指中世纪及以前不存在处于0～18岁的人，而是指那个时代并不将儿童作为区别于成人的独特群体来看待，不存在“儿童的观念”。阿利埃斯在阐述中列举了12世纪前后绘画中缺少儿童的形象。阿利埃斯认为，儿童形象在艺术上的缺失是儿童在这个世界上没有地位的表现。[①] 另外，西方中世纪“原罪说”盛行的同时还流传着“预成论”。预成论是胚胎发育的学说之一，认为新生婴儿是作为已经制造好了的小型成年人降生到世界的；从幼儿开始，儿童的身心和个性已经成年化了，儿童与成年人不应有重要的区别。以希波克拉底为代表人物的预成论认为，生物由预先存在于性细胞中的雏形发展而成。西方有一些人相信一个极小的、完全成形的“小矮人”在受孕时就被植入精子或卵子中，诞生及以后的成长只不过是身体长大了而已。基于这一观点，当时儿童的着装和从事的活动都被要求和成人一样。

(二)儿童本位观

儿童本位观的根本在于发现儿童与成人之间存在质的差异，承认儿童的独立尊严与权利，承认童年的独立价值。简言之，儿童本位观真正承认儿童就是儿童。

在西方，直到18世纪“儿童被发现”之后，儿童独特的存在价值才逐渐为人们所意识到，其中西方儿童本位观的主要先驱是启蒙运动思想家卢梭。卢梭在《爱弥儿》原序中提出他的教育研究的起点在于理解儿童，指出“我们对儿童是一点也不理解的：对他们的观念错了，所以愈走就愈入歧途。最明智的人致力于研究成年人应该知道些什么，可是却不考虑孩子们按其能力可以学到些什么，他们总是把小孩子当大人看待……”卢梭反复强调“把儿童当作儿童看待”，这就革命性地重建了人们对儿童的看法：儿童是有他特有的看法、想法和感情的。可见，卢梭的自然主义教育的根基在于承认儿童独特性的儿童本位观。卢梭的教育强调朝向“自然目标”，旨在促进儿童自身的“自在自然”的发展。他认为教育必须遵循和保护儿童的天性，才能使其身心得到充分、自由的发展；反对压制儿童个性的强制灌输、呆读死记与严酷的纪律和体罚。杜威将卢梭的教育概括为“教育即自然发展”。

---

① ［法］菲力浦·阿利埃斯：《儿童的世纪：旧制度下的儿童和家庭生活》，沈坚、朱晓罕译，51页，北京，北京大学出版社，2013。

19 世纪的教育心理学化运动进一步促进了儿童本位观的发展。该运动主张儿童的教学(包括教学内容、教学方法和教学程序)必须心理学化，即强调教育的前提是对儿童心理特征的科学认知。从提出者裴斯泰洛齐到赫尔巴特和福禄培尔，都从经验的思辨角度对儿童心理的独特性提出许多可贵的思想。例如，裴斯泰洛齐的直观性教学原则强调儿童通过感官去获得实际知识，强调循序渐进；其要素教育论是从儿童心理的独特性角度提出的。福禄培尔则更深入地揭示了儿童的心理特征，提出了适合于幼儿的独特教育方法和建议。最终在 19 世纪末期以普莱尔(Preyer)为奠基人的科学儿童心理学产生，开启了对于儿童特征的科学系统化研究。他的《儿童心理》一书对儿童的身体和心理发展分别加以专门化、系统化的研究，将对儿童主体的认知引领到科学范畴之内。

19 世纪末 20 世纪初，欧美乃至拉美、日本都掀起了儿童研究的热潮，开启了儿童研究运动。在该运动期间，各国创办了儿童研究相关刊物 20 种，成立了 25 个全国性的研究协会。这使得人们对于儿童特性的认识越来越丰富和深刻。瑞典教育家爱伦·凯(Ellen Key)在其《儿童的世纪》一书中宣称 20 世纪是儿童的世纪。历史上，人们从未像 20 世纪这样对儿童问题给予如此这般的重视。同时，教育领域也相继掀起了声势浩大的教育革新运动，包括欧洲的新教育运动和美国的进步主义教育运动等。这些使得“儿童本位”的儿童观在世界范围内盛行起来。意大利教育家蒙台梭利赋予儿童极高的甚至凌驾于成人的地位价值，提出“儿童是人类的创造者”。蒙台梭利提出，儿童“不再是一个被看作弱幼无依的生命，像一个需要我们的智慧去填充的容器；而是一个具有崇高的尊严而被看作是我们自己的心灵塑造者的人……”①她提出儿童自身担负着促进自身发展的重要任务；教育应当以儿童为起点，认识和遵循儿童的天性。另外，她针对儿童的天性进行了大量的探究，提出了心理胚胎期、敏感期、阶段性等儿童心理发展观点。杜威的进步主义教育提出“儿童中心论”，指出：“儿童变成了太阳，而教育的一切措施则围绕他们转动，儿童是中心，教育的措施便围绕着他们而组织起来。”②杜威在充分肯定儿童主体价值的同时，倡导改造环境以满足儿童的发展需求：“在学校里，儿童的生活成为决定一切的目的，凡促进儿童成长的必要措施都集中在这个方面。”

---

① [意]蒙台梭利：《蒙台梭利幼儿教育科学方法》，任代文主译校，340 页，北京，人民教育出版社，2001。

② [美]杜威：《杜威教育论著选》，赵祥麟、王承绪编译，32 页，上海，华东师范大学出版社，1981。

资料链接：儿童的基本权利

20世纪，儿童的权利事业有了巨大发展。1989年，第44届联合国大会一致通过《儿童权利公约》，这是历史上保障儿童权利的里程碑式事件。《儿童权利公约》共54条，实质性条款41条，其中被提到的儿童权利多达几十种，如姓名权、国籍权、受教育权、健康权、医疗保健权、受父母照料权、娱乐权、闲暇权、隐私权、表达权等。其基本的权利可以概括为如下四种。

①生存权。每个儿童都有其固有的生命权和健康权。具体包括有权接受可达到的最高标准的医疗保健服务。

②受保护权。每个儿童都有自身发展不受危害的、被保护的权利。具体包括保护儿童免受歧视、剥削、酷刑、虐待或疏忽照料，以及对失去家庭的儿童和难民儿童的基本保护。

③发展权。每个儿童都有充分发展其全部体能和智能的权利。儿童有权接受正规和非正规的教育，有权享有促进其身体、心理、精神、道德和社会发展的生活条件。

④参与权。每个儿童都有参与家庭、文化和社会生活的权利。儿童有参与社会生活的权利，有权对影响他们的一切事项发表自己的意见。

我国的儿童本位观肇始于明代王守仁的自然主义儿童观。王守仁作为陆王心学的集大成者，从其“良知说”出发，提出“儿童本位”的自然主义儿童观。他认为人本身具有“良知”，儿童期的“良知”保存最多。因此，教育要从儿童时期开始。另外，他认为教育不是灌输，而是顺应性情。他在《训蒙大意示教读刘伯颂等》中指出：“大抵童子之情，乐嬉戏而惮拘检。如草木之始萌芽，舒畅之则条达，摧挠之则衰痿。今教童子，必使其趋向鼓舞，中心喜悦，则其进自不能已。譬之时雨春风，沾被卉木，莫不萌动发越，自然日长月化；若冰霜剥落，则生意萧索，日就枯槁矣。”换言之，儿童的性情是喜欢嬉闹游戏，而害怕拘束责罚，就好像草木刚刚开始萌芽，使其舒畅则枝条粗壮，而摧残、阻挠他就会使其衰弱枯萎。教育儿童，一定要使他们感到欢欣鼓舞、心中喜悦，这样他们的进步将势不可当。就如同在及时的雨水与和暖的春风滋润下，花木就会萌发生长；但在冰霜摧残之下，花木就会枯槁、萧索。因此，教育要遵循儿童的本性，因势利导。中国的自然主义儿童观虽然出现较早，但淹没在了当时盛行的理学之中，并未改变整体的儿童观念。

我国儿童本位观的萌发与盛行主要发生于20世纪初，新文化运动在力争解放人的过程中关注到儿童的问题，在摆脱旧制度对人的桎梏中发出“救救孩子”的呐喊。我国20世纪初的儿童本位观也受到西方教育运动的影响，杜威来华的游历演讲，深化了儿童本位观念的影响。鲁迅先生在《狂人日记》《朝花夕拾·二十四孝图》等文章中都对封建礼教下的成人本位观进行批判，并充分肯定儿童的价值。他在《我们现在怎么做父亲》中写道："后起的生命，总比以前的更有意义，更近完全，因此也更有价值，更可宝贵。"与此同时，儿童本位观在教育领域也逐渐成为指导实践的重要方针。蔡元培提出的"受教于儿童"就颠覆了千百年来单向强调"师道尊严"的观念，而将儿童的地位和价值凸显出来。陶行知和陈鹤琴等教育家都在重新审视了儿童的地位和价值之后，着力于探讨儿童的特性，并顺应儿童的特性实施教育。陶行知的"六大解放"和陈鹤琴的"活教育"都是儿童中心理论的教育践行。

三、小学儿童发展观

科学的儿童观产生之后，越来越多的儿童研究聚焦于儿童的发展性特征，从多个方面对儿童的发展进行描述、概括和解释。儿童发展观是关于儿童发展的基本观点和看法，主要包括儿童发展动力和发展特征等方面。

（一）先天与后天

儿童发展观中争议最久的问题是先天与后天之争，主要探讨儿童发展的内部动力到底是先天的遗传因素还是后天的环境作用。哲学中的"自然与使然"探究的就是该问题，这场争论主要包括如下三个方面。

1. 绝对决定论

绝对决定论者把遗传和环境完全对立起来，或者认为遗传因素决定了发展，完全否认后天的作用；或者认为外部环境决定了发展，完全否认先天的作用。

遗传决定论的代表人物是高尔顿(Galton)。他在《遗传的天才》中写道："一个人的能力乃由遗传得来，其受遗传决定的程度如同机体的形态和组织之受遗传决定一样。"高尔顿认为遗传是形成个体差异的原因，即个体的发展早在生殖细胞的基因中就已经决定了，环境和教育仅是引发作用。他曾用家谱法研究天才遗传问题，通过调查英国的 977 名成功人士（包括首相、将军、文学家和科学家）的家谱发现，其中有 89 个父亲、129 个儿子、114 个兄弟，共 332 名杰出人士。而在一般老百姓中 4000 人才产生一名杰出人士。因此，他断言"普通能力"是遗传的。另外，高尔顿又调查了 30 个有艺术能力的家庭。他发现这些家庭中的子女也有艺术能力的占 64%；而 150 家无艺术能力的家庭的子女中只有 21% 有艺术能力，因此断言艺术能力——"特殊能力"也是遗传的。

环境决定论的典型代表是华生。他认为环境决定儿童的发展，完全否认遗传的因素。他的名言是环境决定论的极佳写照：给我一打健康的婴儿，在我自己所设定的特定环境中教养他们，那么我愿意担保，任意挑选其中一个婴儿，不论其才能、爱好、倾向、能力、天资或种族如何，我都可以将他培养成我所选定的任一领域的专家——医生、律师、艺术家、商人，甚至乞丐和小偷。①

2. 共同决定论

极端的环境决定论与遗传决定论在不断争论中都在一定程度上放弃了激进的观点，于是越来越多地出现了一种中间立场的折中主义发展观。共同决定论就是一种既承认遗传影响，又承认环境影响的观点。例如，提出辐合论的 W. 斯特恩(W. Stern)曾指出，“心理的发展并非单纯是天赋本能的渐次显现，也非单纯由于受外界影响，而是内在本性和外在条件辐合的结果”，“两种因素同为发展的不可缺少的成分，虽然其所占比重可因事而异”。另外，格塞尔(Gesell)的成熟学习原则强调支配发展的因素既有成熟，又有学习。他认为在发展中，只有达到生理上的“准备状态”，学习才会生效。格塞尔的观点强调了先天与后天两种因素的作用，同时又提出成熟优势论，即认为先天发挥了更根本性的作用。

共同决定论者承认遗传和环境在儿童发展中的作用，但是这种认识是比较笼统、机械的折中主义观点。共同决定论仍然将遗传和环境放在此消彼长的对立关系中，认为对发展的某方面或者遗传发挥更多作用，或者环境发挥更多作用。事实上，遗传和环境并非对立的，它们的交互作用是十分复杂的。

3. 相互作用论

一些学者在进一步探讨发展的内部动力的问题上发现不仅遗传和环境共同作用于发展，而且两个因素之间也存在相互作用，这种观点即相互作用论。代表人物有皮亚杰、维果茨基等。皮亚杰在发生认识论中提出认知的发展来源于主体对客观环境实施“动作”，即主体通过自己的动作与外部环境发生作用，强调主体的主动构建作用。维果茨基的社会文化历史论在讨论儿童的发展时，一方面强调环境特别是社会文化历史环境在个体发展中的作用；另一方面强调儿童是一个主动的构建者，他们要在适合自己的发展区域内掌握和内化外部信息来完成学习。

相互作用论的基本观点包括三方面：第一，遗传与环境的作用是相互制约、相互依存的，即一个因素作用的大小、性质依赖于另一个因素。环境对于某种特性或行为的发生发展能否起作用、起多大作用，往往依赖于这种特性或行为的遗传基础。同理，遗传作用的大小也依赖于客观环境的各种变量。例如，难度较高、要求严格的教学对于一个智力水平较高的儿童可能起到促进潜能充分发挥的作用；但是同样的环境对于一个智力水平较低的儿童就可能起到完全相反的作用。第二，遗传与环境的作用是相互渗透、相互转化的。例如，法国的野孩子、印度的狼孩等，他们在遗传上都是健康正常的孩子，但因为长期远离人类文明与社会生活，在被发现后因为错过了

① [美]约翰·B. 华生：《行为主义》，潘威、郭本禹译，109～110页，北京，商务印书馆，2019。

关键期，即使接受教育也不可能完全恢复语言功能。第三，遗传与环境对发展的影响是动态的。年龄越小的个体受到遗传的影响就越大；年龄越大的个体往往越会受到环境的塑造。

（二）连续性与阶段性

“现在的我还是4岁时的我吗？”不同的人在回答这个问题时可能给出完全不同的答案。这个问题的实质是对于发展本质特性的争论。第一，我们认为现在的自己还是4岁时的自己，也就是说我们认为自己并未发生质变。发展是一个逐渐量变的过程，即从小到大的发展就是一个渐渐地长高、变成熟、增长智慧的连续性过程。第二，我们认为现在的自己不是4岁时的自己，也就是说我们认为自己已经发生了质变。即发展是一个新特性不断产生的阶段性过程。图3-1为发展的连续性与阶段性示例。

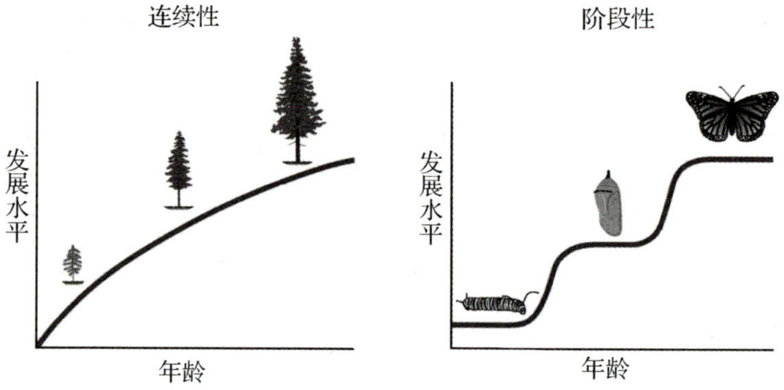

图3-1　发展的连续性与阶段性示例

连续性观点认为发展是分小步发生的一个累加过程，而不是突然变化的。一定时期的发展总是在前一时期积累的基础上逐渐发生的，后一阶段的发展也总是以前一阶段的发展为基础的。例如，图3-1中的松树逐渐变粗长高。阶段性观点又被称为不连续性观点，认为会出现一系列突然发生的变化，每次变化就把发展推向一个全新的机能水平。例如，图3-1中的蝴蝶经历了从毛毛虫到结茧化蛹，再到破茧成蝶的不同发展阶段。阶段性观点认为儿童的心理发展在不同阶段发生了质变。这使得儿童在不同的阶段表现出与其他阶段不同的心理特点，于是心理发展过程中表现出明显的阶段性。

事实上，儿童发展中既存在量变，也存在质变。首先，儿童发展过程中存在程度上的变化，即量变。例如，儿童的身高、体重逐渐增加；他们奔跑的速度一点点加快；他们学习到越来越多的关于周围世界的知识。其次，儿童发展过程中也存在类型变化，即质变。例如，从不会说话的婴儿到言语流利的幼儿；从只能直观理解事物的儿童到能进行抽象演绎的少年。在发展的特性上，多数学者认为人的发展既是连续的，又是分阶段的；前一阶段是后一阶段出现的基础，后一阶段又是前一阶段的延伸，但是每个阶段都有占优势的特质主导该阶段的本质特征。

第二节 小学生的生理特征与健康

小学阶段是处于两个身体发展高峰期中间的发展平缓期。小学阶段与 5 岁以前的快速发育和青春期的迅速发展相比，发展速度明显缓慢，但身体各个系统的发展并未停止，而处于较稳定、平缓的发展状态，而且 6～12 岁的身体变化还是十分显著的。一年级的小学生还像个孩子，而到六年级时他们开始接近成人了。同时他们在这个阶段的身体动作方面也掌握了大量的新技能。

一、小学生身体发育的特点

（一）身高体重平稳增加，身体比例发生变化

身高和体重是身体发展的重要标志，是衡量个体体质的重要指标。小学生的身高体重增加比较平稳：身高每年增加 5～6 厘米，体重每年约增加 3 千克。2007 年，教育部等相关部门的调查显示：6 岁时，我国男童的身高约为 119.27 厘米，女童的身高约为 117.84 厘米；男童的体重约为 22.18 千克，女童约为 20.89 千克。12 岁时，男童的身高约为 150.56 厘米，女童的身高约为 150.83 厘米；男童的体重增为 41.68 千克，女童的体重约为 40.62 千克。① 2014 年，中国学生体质与健康研究组调查的数据有所变化，但总体趋势一致。平均来看，男孩比女孩稍高一些、重一些。但 10 岁以后，大部分女孩开始进入快速发育阶段，而男孩的该过程要比女孩晚两年左右。因此，一些十一二岁的女孩反而比男孩要高一些。②

小学生的身体比例表现出腿长身短的特征。在学龄阶段，儿童的四肢开始快速生长，其生长速度远快于躯干的生长，并且下肢的生长速度快于上肢。因此，该阶段身

① 雷雳：《发展心理学》第 2 版，138 页，北京，中国人民大学出版社，2013。

② 中国学生体质与健康研究组：《2014 年中国学生体质与健康调研报告》，73～74 页，北京，高等教育出版社，2016。

高的增加主要来源于腿部。另外，小学高年级阶段在身体比例上会表现出大手大脚的特征。学龄阶段后期是手和脚的快速生长期。因此该阶段的儿童手脚相对身体其他部位会显得比较大，他们在动作上会显得笨手笨脚，反应缓慢。

(二)骨骼逐渐骨化，肌肉力量尚弱

小学阶段是骨骼的快速发育阶段。该阶段儿童的骨骼数量不断增多，更多的软骨在这个阶段转化为骨头，骨架越来越完善，但骨化过程尚未完成。虽然该阶段的骨骼不断变长、变宽，但直到儿童中期韧带还没有牢固地附着在骨骼上。这使得儿童身体的柔韧性和灵活性特别好，他们能够更容易地完成一些难度较高的肢体动作，如劈叉、下腰等。另外，该阶段儿童骨骼中的有机物和水分较多，钙、磷等无机成分少。所以儿童骨骼的弹性大但硬度小，不易发生骨折，但更容易变形。不正确的坐、立、行走姿势可引起脊柱侧弯(表现为一肩高、一肩低)和后凸(表现为驼背)等骨骼变形。因此，小学阶段纠正儿童的身体姿态对其发展十分重要。

这一阶段儿童的肌肉在不断生长，因此他们需要大量的锻炼。这是他们不能长时间安静待着的原因之一。相对于跑跳、骑车来说，长时间久坐会让他们感到更加疲劳。虽然肌肉在逐渐发育，但主要是纵向生长，肌肉纤维比较细，肌肉的力量和耐力都较成人差。小学生虽然好动，但他们在劳动或锻炼时更容易出现疲劳现象。因此在劳动和体育锻炼时，不应该让他们承担与成人相同的负荷，以免造成肌肉与骨骼的损伤。此外，中低年级儿童的大肌肉控制明显优于精细动作协调，因此该阶段的一些儿童(特别是男孩)在握笔、控笔等精细动作方面存在一定的困难。因此，中低年级儿童的作业安排中尽量避免一次性安排过长的书写、画画时间。在小学阶段，男孩比女孩有更多的肌肉，女孩比男孩有更多的脂肪，所以男孩比女孩强壮一些。

骨骼和肌肉的发展是不均衡的。肌肉的发展速度总是落后于骨骼。小学生在夜间出现的“发育性疼痛”，就是骨骼的发展超前于肌肉和韧带的发展所导致的。

(三)脑和神经系统的结构与功能进一步复杂化

脑和神经系统是小学生心理发展的物质基础，小学生的神经系统也在不断发展。

第一，小学生的脑重仍在缓慢增加。6～7 岁儿童的脑重约为 1280 克，达到成人脑重的 90%；9 岁时脑重约为 1350 克；12 岁时脑重约为 1400 克，达到成人脑重的平均水平。①

第二，小学生的大脑皮层结构在这一阶段继续复杂化。小学生大脑的髓鞘化过程仍然在进行。髓鞘的形成对于儿童许多能力的发展非常重要。接近 7 岁时，儿童神经

---

① 雷雳：《发展心理学》第 2 版，138 页，北京，中国人民大学出版社，2013。

系统的髓鞘化过程基本完成，这极大提高了神经传导的准确性。但与集中注意有关的脑区的髓鞘化要到儿童中后期才能完成。另外，小学生大脑的局部区域发展迅速。儿童的大脑在3～15岁经历了快速的、爆发式的生长。脑的整个大小变化不是很明显，但局部变化却非常惊人。个体从6岁到整个青春期，大脑生长最快的区域在颞叶和顶叶，尤其是对语言和空间关系起着重要作用的区域。

第三，小学生大脑的兴奋与抑制机能进一步增强，且两种机能存在不平衡性。小学生大脑的兴奋机能增强，使得他们觉醒的时间较学前期更长。从睡眠时间来看，3岁儿童每日平均为14小时，7岁儿童每日平均为11小时，12岁时每日平均只需9～10小时就够了。抑制机能同样得到了提升，这使得他们能够更加细致地分析外部事物，并且更善于控制自己的行为。但是，小学生大脑的两种机能存在不平衡性，通常兴奋更加占优势。由于髓鞘化的不完善，兴奋状态很难扩散。具体表现为小学生进行某项学习活动时开始非常兴奋，但过分兴奋容易导致疲劳，所以兴奋持续的时间比较短。

需要注意的是，要求小学生过于兴奋或过于抑制都会产生不良后果。例如，课业负担过重或者过长时间使用电子产品都会导致大脑超负荷兴奋，容易诱发疲劳，且会导致兴奋与抑制过程的正常关系遭到破坏。而过分要求小学生进行抑制，一方面让小学生感到难以忍受，另一方面也容易使之产生情绪问题。

二、小学生动作发展的特点

小学生的大肌肉动作变得更加流畅和协调。随着身体更高大、强壮，小学生较学前儿童跑得更快，跳得更高，扔得更远。另外，他们动作的技巧性也得到了提升。年幼的儿童在投掷时只用到胳膊的力量，而小学生扔东西时可以协调肩膀、胳膊、躯干和腿等多部位的力量。通常男孩的大肌肉运动技能优于女孩。对于这个阶段的儿童来说，发展运动技能是十分必要的。运动不仅对于儿童的生理发展很有必要，也对于促进儿童的认知发展有重要作用。但目前世界上一些国家的教育者都面临小学生室外时间和运动时间不足的问题。例如，在美国，有些学校每天参加体育课程的儿童数量由1969年的80%下降为1999年的20%。有些儿童存在运动量不足的问题，这对儿童的健康造成了很多隐患。

随着中枢神经的髓鞘化过程，小学生的精细运动技能水平也有所提升，他们能够越来越灵活地运用双手。儿童在6岁时可以敲打、粘贴、系鞋带、扣扣子。7岁时他们手部的稳定性进一步提升，他们更喜欢使用铅笔而不是蜡笔来画画，而且他们所画的画变得越来越小了。8～10岁时，儿童可以灵活自如地运用双手。精细动作能力的提升，使得他们写字的能力进一步提升，而且也使他们可以写比较小的字。10～12岁时，儿童的手部技术可以达到成人水平。他们能够用复杂、快速的动作完成一些精细手工活动，如弹奏高难度的曲子。通常女孩的小肌肉精细动作能力优于男孩。

小学生精细动作的发展落后于大肌肉动作的发展。6 岁时，上臂和前臂的大肌肉群已经能够运用自如了，但小肌肉还不能做准确动作。8～12 岁时，动作开始逐渐准确、灵巧和多样化。15 岁左右，小肌肉群才开始迅速发达起来。

三、小学生常见的健康问题与教育

近年来，小学生的健康问题引发了教育领域的广泛关注。随着生活水平的提高，我国儿童体质的总体状况不断改善，健康水平不断提高。小学阶段在很多方面是一生中较为健康的一个阶段。这很大程度上源于小学生自身免疫系统的强大。10 岁左右儿童的免疫水平达到成人水平的 200%。因此，总体上，小学生的健康状况良好。然而，生活方式的变化，如室外活动时间的减少、电子产品的使用、饮食结构的变化等，使得小学生的健康面临着一些新挑战，出现了一些新问题。

(一)视力问题

我国小学生的视力问题检出率居高不下，且呈现低龄化发展倾向。全国学生体质健康监测结果显示：2002 年小学生的视力不良检出率为 26.96%，2004 年小学生的视力不良检出率上升到 32.5%。2014 年，中国学生体质与健康研究组的调查发现：7～12 岁的小学生的视力不良比例为 45.71%，比 2010 年上升了 4.57 个百分点，比 10 年前增长了 13.21 个百分点。① 其中 7 岁男孩和女孩的检出率分别为 28.95%和 32.15%，比 2010 年分别增长了 0.81 和 0.46 个百分点。可见，小学生的视力问题检出率总体上逐年升高，且低龄儿童的检出率也不断升高。近视问题已经成为影响儿童生长发育和国民健康的重大公共卫生问题之一。

导致儿童近视的主要危险因素包括：长时间近距离用眼；缺乏日间户外活动；读写姿势不正确；过度使用电子产品等。因此，预防近视的有效手段包括：养成良好的用眼习惯；坚持充足的日间户外活动；避免长时间近距离用眼和控制电子产品的使用。教育部等八部门联合印发的《综合防控儿童青少年近视实施方案》明确了在近视防控工作中学校应采取的措施：减轻学生学业负担；严格按照“零起点”正常教学；教室照明卫生标准达标率为 100%；每月调整学生座位；每学期对学生课桌椅高度进行个性化调整；严格组织全体学生每天上、下午各做 1 次眼保健操；监督并随时纠正学生不良读写姿势；确保中小学生在校时每天 1 小时以上体育活动时间；指导学生科学规范使用

① 中国学生体质与健康研究组：《2014 年中国学生体质与健康监测报告》，491 页，北京，高等教育出版社，2016。

电子产品。按标准配备校医和必要的药械设备，每学期开展 2 次视力监测，提高学生主动保护视力的意识和能力。

(二)肥胖问题

肥胖是指由各种原因引起的构成人体成分中脂肪组织超出正常标准的状态。肥胖不利于儿童的身心发展。肥胖在生理方面会影响儿童的健康状况，是高血压、糖尿病、高脂血症、冠心病等成年疾病的危险因素；在心理方面会增加儿童被社交排斥和被同伴嘲笑的可能性。因此，肥胖问题是需要教育者关注的儿童健康领域的重要问题之一。

我国小学生的肥胖问题日益凸显。1985 年，我国大城市中小学生的肥胖检出率只有 0.2%(男生)和 0.1%(女生)；2000 年，全国城市中小学生的肥胖检出率上升到 6%～8%(男生)和 4%～6%(女生)。在北京、上海等大城市，中小学生的肥胖检出率已超过 10%，如 2000 年北京市中小学生的肥胖检出率分别为 16.09%(市区)和 9.51%(郊区)。① 中国学生体质与健康研究组 2014 年的调查发现：我国 7～12 岁年龄组的城市男生、城市女生、乡村男生和乡村女生的肥胖检出率分别为 18.17%、9.71%、14.48%和 8.28%，比 2010 年分别上升了 2.52、2.17、4.74 和 3.07 个百分点。② 2017 年由北京大学公共卫生学院和联合国儿童基金会联合发布的《中国儿童肥胖报告》指出：如果不采取有效的干预措施，至 2030 年，0 到 7 岁儿童的肥胖检出率将达到 6%，肥胖儿童数将增至约 664 万人；7 岁及以上学龄儿童超重及肥胖检出率将达到 28%，超重肥胖的儿童数将增至约 4948 万人。③

肥胖的成因比较复杂，而小学生的肥胖多数属于单纯性肥胖。即其成因并非内分泌异常或代谢障碍，而是由于热能摄入大于消耗而聚集过多脂肪导致的营养紊乱综合征。导致单纯性肥胖的环境因素主要有：营养过剩、运动不足、不良饮食习惯等。解决小学生的肥胖问题主要可通过两种途径：第一，合理膳食。小学生应多吃蔬菜、水果和薯类，常吃奶类和豆类制品，提倡平衡膳食，摒弃挑食、偏食、盲目节食等不良习惯。另外，注意保障小学生充足的营养摄入也是十分关键的。营养良好的小学生精力更加充沛，较少焦虑，会表现出更多的积极情绪，并且在一些认知测量中得分更高。营养失调会通过抑制小学生的好奇心、反应性和学习动机来影响其认知发展。第二，加强锻炼。每天进行 45 分钟适度的体力活动和 15 分钟的剧烈运动会降低小学生超重的可能性。可见，肥胖与运动不足密切相关。通过教育、家长积极配合、学生主动参与，努力达成中小学生每天参加体育锻炼时间不少于 1 小时的目标是解决小学生肥胖

① 汪玲：《我国中小学生常见病的防治及其疾病谱的变化》，载《中国学校卫生》，2006(4)。

② 中国学生体质与健康研究组：《2014 年中国学生体质与健康监测报告》，153 页，北京，高等教育出版社，2016。

③ 马冠生：《中国儿童肥胖报告》，14 页，北京，人民卫生出版社，2017。

问题的重要途径。

(三)小学生的健康教育

学生体质健康面临的严峻问题引起国家的高度重视，据此国家制定的相关政策和教育方针等均针对学生的身体健康问题和相关教育进行了专门的规定。这为提升学生的体质健康水平、强化学生的体质健康教育提供了坚实的政策保障。2010 年颁布的《国家中长期教育改革和发展规划纲要(2010—2020 年)》指出，“增强学生体质。科学安排学习、生活、锻炼，保证学生睡眠时间。大力开展‘阳光体育’运动，保证学生每天锻炼一小时，不断提高学生体质健康水平。提倡合理膳食，改善学生营养状况”，“保护学生视力”。2016 年颁布的《健康中国“2030”规划纲要》提出，“将健康教育纳入国民教育体系，把健康教育作为所有教育阶段素质教育的重要内容”。随着社会对学生身体健康关注度的提升，学生体质健康的教育内容越来越综合化，形式也越来越多样化。2022 年，教育部颁布了《义务教育体育与健康课程标准(2022 年版)》，指出体育与健康课程是一门具有基础性、健身性、实践性、综合性等特点的课程。学习体育与健康课程可以使学生获得体育技能和生长发育与青春期保健、疾病预防、心理健康、社会适应等方面的知识，使学生能够熟练掌握几个体育项目，了解其他体育项目的基本知识，发展学生的体能，培养学生爱运动的生活习惯和健康的生活方式，促进学生身心协调、全面地发展。可见当前学生健康教育除了强调体育锻炼和体育技能的传统体育内容外，还增加了提升学生的健康认知水平和促进健康生活习惯养成的健康教育内容。

第一，体育在当前教育中的地位明显提升。2019 年的《中共中央　国务院关于深化教育教学改革全面提高义务教育质量的意见》规定：“除体育免修学生外，未达体质健康合格标准的，不得发放毕业证书。开齐开足体育课，将体育科目纳入高中阶段学校考试招生录取计分科目。”在政策的保障下，学生体育锻炼的开展得到了保障，同时体育的科学性也逐渐增强。当前的体育更强调年龄的针对性、发展的全面性和内容设置的丰富性。

第二，健康教育迅速发展。小学健康教育是向学生传授健康知识与技能、培养学生的健康意识、减少或消除影响健康的因素、预防疾病、养成健康生活习惯的一类教育的总称。小学健康教育是以“健康第一”为基本指导思想的。健康教育和体育相辅相成、互为补充才能切实提升小学生的身体素质。小学健康教育的内容主要包括：良好生活方式教育、社会适应教育、道德健康教育、体育卫生知识教育、医疗常识教育、生理解剖知识教育和心理卫生常识教育等。

资料链接："食育"在基础教育中引发关注①

2018 年 3 月，《中国教育报》发表了一篇《吃喝非小事 食育要跟上》的文章。该文章指出：我国儿童正在变得越来越肥胖。在层出不穷的食品安全事件中，儿童是受到危害最严重的一个群体。以饮食安全、卫生、习惯、营养、生产、制作、传统与文化等多方面内容为主题的教育亟待跟上。食育要从学校开始，逐渐普及到社区与家庭中。其中家庭教育应该回归到烹调教育、饮食传统与饮食文化教育上，父母应该主动把健康饮食纳入家庭教育。全方位的饮食教育不仅能让孩子吃得安全健康，而且能让孩子学会生存、学会做人，重新构建人与自然之间的良性联结。

2018 年 4 月，为进一步推动上海市中小学学生营养午餐及食育工作，《上海市教育委员会和上海市食品药品监督管理局关于进一步加强本市中小学校学生营养午餐及食育工作的通知》指出，自 9 月 1 日起要求上海市所有中小学组织开展食育工作。该通知要求根据学生的年龄和特征确定符合其年龄层的教案，力图通过活泼易懂的形式让学生在"玩乐"中"学习"，加强他们对营养知识的接受和理解。

"食育"一词最早出现于 1896 年日本养生学家石冢左玄的著作《食物养生法》中。石冢左玄认为，体育、智育、才育即食育。日本《食育基本法》在总则的第二条中指出：所谓食育是通过养成有关食的正确判断能力、在生涯中实现健康的饮食生活，以增进国民的身心健康和形成丰富的人性为目的的必须进行的活动。我国学者对日本食育的定义进行了扩充，提出食育是以食物为载体的各种教育方式，让学生能够获得与饮食有关的知识，从而正确选择食物并形成良好的饮食习惯。

第三节 小学生的认知特征与培养

6～12 岁被称为学龄儿童期或儿童中期。在心理学历史中，这个时期曾被认为是个体发展过程中不太重要的时期。例如，弗洛伊德把这个时期称为潜伏期，即他认为这个时期对于人格的形成并没有起到很大作用。因此在一段时间内，心理学家并不关注儿童中期的心理发展情况。但埃里克森和皮亚杰的理论促进了对于这个年龄段儿童的研究。他们认为 6～12 岁是儿童的智力、控制力和能力发展的重要时期，儿童需要学

① 参考沈立：《吃喝非小事 食育要跟上》，载《中国教育报》，2018-03-01。

习基本的技能和文化知识。林崇德提出小学阶段是儿童心理发展的重要转折阶段。低年级小学生还具有明显的学前儿童心理特点，而高年级小学生则处于逐渐步入青春期的前青春发育期。本节将针对小学生认知发展的不同方面展开探讨。

一、小学生思维的特征

皮亚杰认为儿童的认知发展经历了四个阶段，其中的第三个阶段——具体运算阶段正是针对年龄在6～12岁的小学生。这个阶段的儿童在思维上开始使用心理运算图式来解决具体的实际问题。

首先，小学生思维的显著特征是获得了运算图式。运算图式是用于转换信息的基本认知结构，这使得小学生的思维具备了可逆性、去中心化和传递性等特征。第一，所谓可逆性思维是指在心理上按相反方向执行某个动作的能力。例如，学前儿童在连续计算“4＋5”和“5＋4”时，需要重复进行两次计算，并不能认识到这两个算式在实质上是一致的。小学生在解决该类问题时，就已经可以通过可逆性思维判定两个算式实质上是相同的问题。同时，他们也能应用这种思维来解决守恒问题，如想象水倒回原来的烧杯。第二，所谓去中心化(去单维化)思维是指思维上摆脱了只关注集中于某一情境的某一方面的能力。例如，小学生在解决液体守恒问题时，不仅能看到水面的高度，还能看到其宽度。去中心化思维使小学生能够真正了解他人具有和自己不同的感知。第三，所谓传递性思维是指思维上能对具体例子进行推理的能力。小学生掌握了按照某一维度(如重量或长短)有序排列客体的能力，即序列化能力，以及理解构成层级系统的上位—下位关系的能力，即类包含能力。这些能力是理解数量间关系的关键，在算术学习中起着重要作用。

其次，小学生的思维还存在完全植根于客观现实、难以进行抽象性思维的特点。弗拉维尔(Flavell)将小学生的认知特征描述为：一种常规的、具体的以及实用的问题解决方法，这种方法一直固化在他们眼前的可觉察、可推理的现实世界中。小学生不是一个理论家。① 例如，当一位三年级的教师让学生画一张长有三只眼睛的人物画时，有的学生会问：“怎么画呀？没有人长三只眼睛呀。”这位学生的回答并非学生缺乏想象力的表现，而正是这个阶段学生的思维离不开具体事物支持的体现。

综上所述，小学生已经能理解原则和规则，但在实际生活中只能刻板地遵守规则，缺少灵活性。他们在形成概念、发现问题、解决问题时都必须与他们熟悉的物体或场景相联系，还不能进行抽象思维。皮亚杰认为对这一年龄阶段的儿童应多进行事实性

---

① ［美］罗伯特·斯莱文：《教育心理学：理论与实践》第7版，姚梅林等译，29页，北京，人民邮电出版社，2004。

或技能性的训练。因此，针对小学生的教学活动应该特别注意将知识与小学生的现实实践相联系，并为他们提供更多在做中学和在现实情境中学的机会。

二、小学生信息加工能力的特征

(一)小学生感知觉能力的特征

感知觉属于心理活动中比较低级的形式，它的突出特点就是出现得早、发展得快。儿童的许多感知觉在婴幼儿时期就已接近成人水平。小学阶段虽然不是儿童感知觉发展的关键阶段，但也是儿童感知觉发展的重要阶段。小学生感知觉的发展主要表现为以下几方面。

首先，小学生各种感觉的感受性随着年龄的增加不断发展。在视觉方面，小学生视力的调节能力逐渐增强，10 岁是视力发展的峰值。有些低年级小学生的眼球是扁形的，即他们是远视的。这会造成他们的眼睛更容易疲劳，所以要非常注意小学生的阅读姿势纠正和用眼时间的控制。另外，针对低年级小学生的阅读材料等应该使用尽量大一些的字来适应他们的视觉需求。《中小学教科书卫生要求》对学生教科书的字号进行了专门规定，要求：“小学一、二年级应使用 2 号～3 号字；小学三、四年级应使用 3 号～4 号字；其他各年级应使用小 4 号字。”但一些针对小学生的日常读物并未达到国家规定的字号标准。小学生也表现出明显的发展特点。在颜色感受性上，入学前儿童只能辨别红、黄、蓝、绿等基本颜色，而对同一颜色的深浅色度却难以辨认。但一年级小学生能对红色辨别三种色度，对黄色辨别二种色度。如果以一年级小学生颜色差别的感受性为 100%，三年级颜色差别的感受性平均提高 45%，而五年级则平均提高 60%。小学生的听觉感受性也明显增强。通过学习活动，小学生语音听觉的细微性和正确性，远高于幼儿，并逐步接近成人。表 3-1 为儿童视敏度的发展情况。

表 3-1 儿童视敏度的发展情况

年龄	1～2 岁	3 岁	4～5 岁	5～7 岁	8～9 岁
视力	0.5～0.6	0.6～0.8	趋于稳定	1.0	视力发育基本完成

其次，小学生的知觉能力在学习活动的促进下不断发展。以空间知觉为例，低年级小学生的空间知觉能力尚不成熟，到了中、高年级阶段能力逐渐增强。低年级小学生形状知觉方面的不成熟，使得他们在识字和写字时经常出现上下、左右混淆的情况，如 b 和 d，6 和 9 的混淆，或把 3 或 6 写反。在左右知觉上，低年级小学生同样存在不成熟的情况。调查表明：刚上学的儿童有 30%会把左右转弯弄混，7～9 岁儿童能初步

掌握左右方向的相对性；而 9～11 岁儿童能在抽象概括水平上掌握左右概念的相对性。①

（二）小学生注意力的特征

注意力是人的心理活动或意识对一定对象的指向和集中的能力。教育家乌申斯基指出：注意是我们心灵唯一的门户。注意力直接影响着人的智力发展和对知识的吸收程度，因此注意力问题一直受到教师和家长的广泛关注。儿童入学以后，学校教育对于他们注意的广度、稳定、分配、转移等品质都提出了新的要求。这就成为小学生注意力发展的主要动力。同时，由于计算机、手机等电子产品的使用年龄趋于低龄化，小学生注意力品质的提升受到较大的影响。由于学龄期的中枢神经系统是逐渐发展完善的，如大脑中调节注意的网状结构直到青春期才完全髓鞘化，所以小学生的注意力处于不断的发展提高之中。小学生的注意力主要表现出以下特征。

1. 小学生从无意注意占优势，逐渐发展到有意注意占主导地位

低年级小学生由于神经系统的内抑制能力尚未充分发展，他们的注意更多的是没有明确目的、不需意志努力的无意注意。由于无意注意是由刺激物的特性引导的，小学生特别是低年级小学生容易被新奇刺激吸引，因此他们在课堂教学中的注意维持特别依赖教学内容的直观性、形象性等。教师可以通过多样的课堂形式、生动有趣的课程内容来充分调动小学生的无意注意。有意注意是有明确目的、需要意志控制的注意。换言之，有意注意是受到意识控制的，主动排除干扰，努力集中与维持的注意。一般要到小学五年级左右，有意注意才在小学生的认知活动中取代无意注意。②

2. 小学生的注意力品质逐渐提升

注意力品质主要包括：注意的广度、稳定性、分配性和转移四个方面。第一，小学生的注意广度逐渐增加。小学生在同一时间能够觉察的客体数量为 2～3 个，而成人能同时注意的客体数量为 4～6 个。一年级学生在阅读时常是逐字读出的，注意范围较小。四年级以后，他们会逐渐学会一次看到整句，并逐渐能够注意到句与句之间的联系。第二，小学生的注意维持时间逐渐延长。研究表明，7～10 岁儿童连续集中注意的时间为 20 分钟左右，10～12 岁儿童在 25 分钟左右，12 岁以上儿童在 30 分钟左右。李洪曾等人的研究发现：小学中年级到高年级是儿童的注意稳定性迅速发展的高峰期；而到了八年级以后，青少年的注意稳定性逐渐趋于稳定。③ 第三，小学生的注意分配性发展平缓。调查显示，在同时进行两项任务的情况下，12 岁儿童的注意分配性明显好

---

① 林崇德：《发展心理学》，319 页，杭州，浙江教育出版社，2002。

② 桑标：《儿童发展》，164 页，上海，华东师范大学出版社，2014。

③ 李洪曾、王耀明、陈大彦等：《中小学学生注意稳定性的研究》，载《心理科学通讯》，1987(6)。

于8岁儿童，但比20岁的青年要略差一点儿。[1] 总体上讲，小学生不善于分配自己的注意力。当他们的注意力集中在某一事件上时，常会出现顾此失彼的现象。所以在课堂中，小学生很难完成一边听讲、一边抄写等任务。第四，小学生的注意转移能力迅速提高。低年级小学生不善于自觉地转移自己的注意，四年级以后注意转移能力才作为一种心理品质稳定下来。[2] 林镜秋对250位学生进行注意转移实验研究得出类似的结论：年级越低，注意转移的速度越慢；随着年龄的增加，注意转移的速度大大缩短。[3] 其中，二年级至五年级为第一个上升期，五年级到八年级是第二个发展上升期。此后，八年级至高中二年级为发展的停滞期，从高中二年级到大学二年级为注意转移发展的第三个缓慢上升期。

3. 小学生开始通过选择性和计划性策略提升自身的注意水平

小学生能够更好地把注意集中在与任务相关的事务上，过滤掉无关信息。这种能力在6～10岁有非常大的改善。[4] 另外，学龄儿童的信息收集更具计划性和系统性。例如，研究者让4～10岁的儿童比较两张房屋图片中窗内物品的异同时，四五岁的儿童只无序地比较部分；6.5岁以上的儿童则一一对应地把两个房子的所有窗子按照一定顺序进行比较。

(三)小学生记忆力的特征

小学生的记忆力随着生理基础发展和外部学校环境的培养在量和质的方面都得到了显著提高。

首先，小学生的记忆力在量上的发展，主要体现为短时记忆广度的提升和长时记忆中知识储备的增加。

小学阶段是记忆广度发展的重要阶段。李丹和潘佳在对学龄儿童记忆广度的研究中发现，儿童的数字记忆广度在10岁以前发展较快，10岁后发展变慢且基本保持平稳趋势。[5] 程灶火等的研究也得到类似的结论：随着年龄的增加，数字记忆广度发展最快期是在7～8岁，11～14岁发展速度趋缓，但仍呈上升趋势，到14岁时达到顶峰。[6] 因此，小学生的记忆广度较学前阶段有了明显的提升，并已接近成人水平。布伦纳(Brener)在数字表记忆的测试中发现：5岁儿童平均能记住4个数字，12岁儿童能记住6～7个，大学生能记住8个。工作记忆的广度上也表现出同样的特征：2.5岁儿

---

① [美]约翰·W. 桑特洛克：《儿童发展》第11版，桑标、王荣、邓欣媚等译，211页，上海，上海人民出版社，2009。

② 朱小蔓：《中国教师新百科·小学教育卷》，103页，北京，中国大百科全书出版社，2002。

③ 林镜秋：《大中小学生注意转移的实验研究》，载《天津师大学报(社会科学版)》，1996(6)。

④ 雷雳：《发展心理学》第2版，141页，北京，中国人民大学出版社，2013。

⑤ 李丹、潘佳：《学龄儿童记忆广度测验分析》，载《心理科学通讯》，1987(2)。

⑥ 程灶火、耿铭、郑虹：《儿童记忆发展的横断面研究》，载《中国临床心理学杂志》，2001(4)。

童的工作记忆容量是 2 个，7 岁儿童能记到 5 个，成人的工作记忆容量大概是 7 个。①

学校教育使得小学生长时记忆中的知识储备大量增加，为他们认知能力的提升提供了重要的基础。但小学生相对青少年和成人来说知识储备仍然有限，他们将已有知识和当前任务联系在一起的能力比较弱。因此，小学教学中要为小学生提供更具结构化的学习任务，即提供清楚完整的指导语和学习材料，并帮助他们梳理知识与知识之间，以及当前学习内容与已有知识之间的关系。例如，小学教学中应用思维导图可以帮助小学生了解所学知识点之间的内在关联，并对此产生图像化的直观印象，进而提高学习效果。

其次，小学生记忆的目的、方法和内容等都出现了质的提高。主要表现为以下三个方面。

第一，有意记忆逐渐占主导地位。在记忆目的上，3 岁以前儿童的记忆基本都是无意识的，整个学前期无意记忆的效果都优于有意记忆。学校教育需要服务于特定目的，儿童要用有意记忆来完成学习任务。这样儿童在小学阶段的有意记忆得到了充分的发展。一般到三年级时，有意记忆就占据了主导地位。但这并不意味着无意记忆在小学生的学习中不发挥作用，小学生还需要大量的无意记忆来积累知识。

第二，理解记忆逐渐占主导地位，机械记忆逐渐接近成人水平。在记忆方法上，学前儿童常常运用机械记忆，他们会背诵一些自己并不理解其意义的材料。机械记忆在保持时间等方面的记忆效果不如理解记忆。在小学低年级，儿童仍然更多地使用机械记忆的方法。这主要是他们的抽象逻辑思维和知识经验都比较缺乏导致的。三、四年级时，儿童的理解水平出现了质的提高，自此儿童记忆中的理解记忆逐渐增多，而机械记忆相对减少。这并不意味着机械记忆在小学高年级儿童的记忆中不再发挥作用。相反，机械记忆仍然在他们的记忆中发挥重要作用。小学高年级儿童在需要机械记忆的简单记忆任务等方面的水平已经接近发展的最高水平，而需要理解和精细加工的高级记忆还有待充分发展。②

第三，在形象记忆的基础上抽象记忆力迅速发展。从记忆的内容上说，小学生在形象记忆的基础上，对词的抽象记忆力迅速发展。在低年级，由于第一信号系统活动占优势，小学生对头脑中和第一信号系统相联系的事物的具体形象容易记住。随着智力的发展和学校教育的影响，小学生的抽象记忆力得到不断的发展，并逐渐占据优势。这为小学生在中、高年级学习记忆抽象的公式、法则、规律等提供了基础。

---

① 苏彦捷：《发展心理学》，103 页，北京，高等教育出版社，2012。

② [美]Jack Snowman、[美]Rick McCown：《教学中的心理学》第 14 版，庞维国等译，122 页，上海，华东师范大学出版社，2019。

最后，小学生开始使用记忆策略来提高记忆力。儿童使用记忆策略的能力随年龄的增加而不断发展。学前儿童基本不会自发使用记忆策略，8 岁左右的儿童处于记忆策略使用的过渡期，10 岁以上的儿童基本能够自发地运用一定的记忆策略来帮助记忆。小学生使用的记忆策略主要包括：外在帮助、复述、组织、精细加工等。随着年龄的增加，记忆策略的使用数量和有效性不断增加。另外，小学生记忆策略的发展存在明显的个体差异，这一方面源于小学生间知识、经验的差异，另一方面源于记忆策略本身的学习。专门训练可以有效提高小学生运用记忆策略的能力，因此在小学教育中专门进行记忆策略的训练是十分必要的。表 3-2 为四种常见的记忆策略。

表 3-2　四种常见的记忆策略①

策略	定义	小学阶段的发展	事例
外部帮助	借助外界事物来提示	5～6 岁的儿童能够做到，8 岁以后能更多地使用此策略	为自己今天要做的事情列一张清单，或记笔记等
复述	有意识地重复	6 岁儿童可以学会使用，7 岁儿童能够自发使用此策略	一遍又一遍地重复单词中的字母直到记住
组织	根据类别分组	10 岁以前的大多数儿童不会使用，但他们可以通过学习掌握此策略	在回忆自己在动物园见到的动物时，先回忆哺乳动物，然后回忆爬行动物、两栖动物、鱼类、鸟类等
精细加工	把记忆对象和其他事物联系在一起，赋予记忆对象一定的意义	儿童不会自发使用此策略，在引导下能够在记忆任务中使用，但不会在后继任务中迁移使用此策略；此策略在青少年期才能发展出来	利用数字谐音或想象一个情境、故事来记忆没有意义的电话号码

（四）小学生元认知能力的特征

元认知是个体所具有的关于自身认知过程的知识和调节这些过程的能力，是对思维和学习活动的认知和监控。小学生的元认知能力较学前阶段有所提高，他们能有意识地监督和控制自己的思维过程。小学生在低年级就开始对认知过程形成了意识，而这是学前儿童不具备的。小学生知道学习和记忆是特定的认知过程带来的，而且这些认知过程是可以控制的；他们也开始能够较准确地评估自己的认知水平。弗拉维尔等在实验中给不同年龄的儿童看了一组卡片后，要求他们先预计自己的记忆情况，之后再测查他们的实际记忆情况。研究发现，四五岁的儿童估计自己能够记住 8 张卡片，

① ［美］黛安娜・帕帕拉、［美］萨莉・奥尔兹、［美］露丝・费尔德曼：《发展心理学：从生命早期到青春期》上册，李西营等译，365 页，北京，人民邮电出版社，2013。

但实际只能回忆出三四张。而 9 岁以上的儿童就能比较准确地预知自己能够记住的卡片数量。① 另外，小学生的元认知监控能力也开始出现，但在小学阶段发展较缓慢。董奇等运用自编的自我监控学习能力量表研究儿童到青年的元认知监控能力的发展特点。研究结果表明，儿童的元认知监控能力在 10～13 岁(小学四年级至七年级)变化较小，在 13～16 岁(七年级至高一年级)变化则较大，呈现出先慢后快的发展趋势。②

三、小学生语言运用能力的特征

语言是人类沟通和思维的重要工具，是人类认知能力发展的重要基础。小学生语言方面的进步虽没有婴、幼儿期那么显著，但在词汇、语法、书面语言等方面都获得了较大的进步。小学生相比婴、幼儿能更好地理解口头和书面语言，并且能够更好地表达自己。

(一)词汇运用能力的发展特征

儿童在入学前已经具备了一定的口头语言理解和表达能力。研究表明，我国 6 岁儿童已经掌握了 2500～3500 个词语。③ 这为他们随后的入学学习奠定了基础。儿童进入学校并开始阅读以后，词汇量会持续快速增加。每个儿童每年大概能习得几千个新的词语。④ 对于小学生来说，词汇运用能力的发展不仅涉及“有”与“无”的数量问题，而且还涉及词汇的内涵及多义词丰富性的质量问题，即词汇的广度和深度问题。学前儿童对词义的理解基本没有达到准确的概念水平。而小学生随着思维能力的发展与知识的积累，他们对于词义的理解逐渐确切和加深。

资料链接： 词汇的相关教学建议⑤

李立平和伍新春的研究表明，词汇的广度和深度对于儿童的朗读、默读和阅读理解均有不同程度的影响。可见，词汇量的增加和词义理解能力的增强在儿童的语言发展中具有重要作用。他们基于研究结果，给出促进儿童词汇运用能力发展的具体教学建议。

---

① Flavell, J. H., Friedrichs, A. G., & Hoyt, J. D., “Developmental Changes in Memorization Processes,” *Cognitive Psychology*, 1970(4), pp. 324-340.

② 董奇、周勇：《10—16 岁儿童自我监控学习能力的成分、发展及作用的研究》，载《心理科学》，1995(2)。

③ 朱小蔓：《中国教师新百科·小学教育卷》，106 页，北京，中国大百科全书出版社，2002。

④ Nagy, W. E. & Anderson, R. C., “How Many Words Are There in Printed School English?”*Reading Research Quarterly*, 1984(3), pp. 304-330.

⑤ 李利平、伍新春：《小学低年级儿童词汇对其阅读能力的影响》，载《南京师大学报(社会科学版)》，2020(5)。

第一，绘本的运用。单个词汇的记忆容易遗忘，因此小学低年级儿童可以通过绘本的方式丰富词汇的背景知识，进而积累词汇、扩大词汇量，在阅读中遇到这些词汇时能够回忆并提取出来，促进阅读技能的发展。

第二，高频词的教学与应用。在阅读中高频词提取的速度若相对较快，会有利于阅读速度的增加。尤其是汉语中双字词和多字词占多数，是句子的主要构成成分，对双字词和多字词的接触和学习对于阅读技能的提升尤为重要。儿童对各词汇类型的掌握和发展速度并不一致，名词增加最快、最明显，其次为动词和形容词，且实词的输出频率高于虚词。因此词汇教学中要注意加强高频词的学习和使用，提高阅读理解的效率。

第三，词汇学习中可以进行语素教学。语素的学习可以提高儿童对词语结构和词语组合规则的感知能力，促进儿童推知新词的意义，帮助儿童扩大词汇的数量和广度，从而促进阅读技能的发展。语素作为最小的语义单元，按一定规则组合成了词。例如，“牛”和“奶”两个语素可以组成“奶牛”和“牛奶”两个具有不同含义的词汇。儿童通过语素这一最小的语义单元的学习，进而掌握词汇的含义。

第四，发挥教育者的主导作用。教师有了丰富的词汇，在教学中语言表达得更丰富，进而使得儿童接触到更多的词汇。教师引导儿童在阅读中有意识地关注词汇，有意识地运用已学词汇，潜移默化地把词汇运用到阅读中，提升阅读速度和阅读理解的质量。教师也要充分重视自己的口语表达和词汇的使用，最大限度地为儿童提供丰富的词汇语言环境，使儿童在潜移默化中增加词汇量、扩大词汇的内涵。此外，儿童的书面语言处于快速发展阶段，教师可以根据不同的发展阶段为儿童确定合理的词汇学习目标，制订切实可行的学习计划，充分发挥学习活动设计者的角色，辅导儿童的词汇学习过程。如进行高效的教学环节的指导，充分发挥儿童的主动性和教师的指导性，提高儿童学习词汇的兴趣。同时，注重阅读技能策略的训练，因为有效的阅读技能策略可以极大地促进儿童语言技能的发展。

（二）语句和语法运用能力的发展特征

小学生语言运用能力的发展还体现在语句运用能力的发展方面。这使得他们表达的意思更加完整、准确。小学生使用的句子更长，表意更准确。例如，学前儿童在描述呈现的八件相似物品中最喜欢的一件时，通常对自己选择的物品进行简单、模糊的表述，如“我要那件红色的”。而低年级的小学生在进行表述时则可以用更详细、明确的表述，如“我要那件红的、圆的、上面带条纹的”。

小学生运用语法的能力在进一步提高。在小学低年级，相比使用被动句（如苹果被小明吃了），儿童更多地使用主动句（如小明吃苹果）。此外，6～7 岁儿童很少使用条件句(如小明收拾玩具的话，我就打扫房间)。然而，到了中年级以后，儿童使用被动句和复句的次数明显增多，他们对于句法的理解也进一步增强。

这些语言运用能力的发展使得小学生在语言表达行为上出现明显的变化。一年级新生以对话语言占主导地位，二、三年级的独白语言开始发展起来，四、五年级的口头语言表达能力初步完善。在复述这项综合性语言能力上，小学生也出现明显变化。研究表明，小学生复述课文能力发展的总趋势是字数长度逐年增加，内容逐步完善。内容的完整度分为四个等级：第一级，善于概括性地复述材料内容；第二级，基本上能复述材料内容；第三级，表面形象地复述，抓不住中心，缺乏概括性；第四级，仅能复述片段。小学一、二年级缺乏复述能力，分别只能复述22个字和135个字，都处于四级水平；三年级才形成了初步复述能力；四、五年级基本能够复述，但还没达到一级水平。① 语言能力是可以通过培养和训练提高的。《义务教育语文课程标准(2011年版)》也提出相关能力的培养要求：一至二年级"能复述大意和自己感兴趣的情节"；三至四年级"能复述叙事性作品的大意"；五至六年级"听人说话认真、耐心，能抓住要点"。

(三)书面语言运用能力的发展特征

阅读和写作能力越来越成为儿童发展过程中的关键指标。书面语言运用能力的发展是一个不断学习和练习的过程，因此教育在其中发挥着重要作用。小学阶段是书面语言习得的开始，也是书面语言运用能力发展的关键期。

1. 阅读能力的发展特征

根据阅读发展阶段论，小学低年级处于"学会阅读"(learning to read)阶段，儿童的主要任务是掌握字词、学会阅读的基本技巧；小学低年级是从口语习得到学会书面阅读的关键转换阶段，儿童的各项语言运用能力只有在低年级得到充分发展以后才能发展出后继的能力。小学中年级逐渐转向"在阅读中学习知识"(reading to learn)的阶段。高年级则是阅读成为儿童学习新知识的主要途径的阶段，之后儿童就可以通过阅读来实现全面发展。②

阅读能力是一种综合性能力。阅读能力发展的重要基础包括字词识别能力和言语理解能力两个方面。所谓字词识别能力即获取书面字词的读音和意义的能力，即识字能力。言语理解能力是对口头语言的理解能力。已有研究表明，从学前阶段开始，儿童的汉字识别能力、口语词汇量和阅读理解能力随年龄的增加均有明显的提高，小学

---

① 朱小蔓：《中国教师新百科·小学教育卷》，106页，北京，中国大百科全书出版社，2002。

② Chall, J. S., "American Reading Achievement: Should We Worry?" *Research in the Teaching of English*, 1996(3).

阶段是儿童阅读能力发展的关键期。①

随着研究的深入，研究者发现虽然语言运用能力的发展总体呈上升趋势，但其发展轨迹存在着个体差异。回懿等的研究发现，阅读需要的汉字识别能力、口语词汇量和阅读理解能力呈现出不同的发展轨迹。② 第一，汉字识别能力在小学低年级呈现明显发展趋势，学生之间的入学差距逐渐缩小。识字教学作为低年级语文教学的重点，效果明显，可在短时间内减少学生之间的个体差异。在教学实践中，识字教学贯穿整个小学阶段，一直延续到中学。识字教学中应突出字形学习和理解字义两个方面。第二，口语词汇量更多受到早期积累的影响。学生与父母的口语交流、童书阅读等情况构成了学生家庭语料环境的丰富度，丰富度的差异形成了学生入学词汇量的差异起点。在学校教育中，学生面对的阅读材料是统一的教材，接受的是相同教师的指导，因而学生词汇量的差异较难得到弥补。就教育实践而言，家长应在儿童入学前就予以高度重视，通过提供丰富的家庭语言环境，增加儿童的口语词汇输入，为今后的阅读学习奠定良好的基础。第三，阅读理解能力的个体差异不断扩大。换言之，阅读理解能力起点低的学生体会到的阅读乐趣少，更不愿意参与阅读活动，导致在该方面的能力发展上出现恶性循环。针对这一问题，教师在教学实践中应特别重视对起点低的学生的辅导与帮助，为他们提供适宜而有趣的阅读材料，培养他们的阅读兴趣和效能感，帮助他们在练习中提高阅读理解能力。

2. 写作能力的发展特征

写作能力是语文素养的综合体现。小学生的写作能力包括以下 6 个方面：①能流利地、相当迅速地、正确地把教师口授的内容写出来；②会思考，能把几个对象、几种事物和现象进行对比；③会观察周围世界的现象；④会用词语表达自己的思想；⑤能一边听教师讲课，一边把讲授的内容简要地记下来；⑥会写作文，能把自己所见、所闻、所想的事情叙述清楚。朱作仁等认为写作能力是一种综合性最强的学习能力，它既是观察、想象、思维等智力的综合训练成果，也是识字、说话、听话和阅读能力的综合训练成果。③ 他们提出写作能力应该包含审题能力、立意能力、收集材料的能力、系统理解材料的能力、语言表达能力、修改能力六项。

《义务教育语文课程标准(2011 年版)》指出：小学低年级的写作任务主要是写话；而中、高年级以后则提升为习作。这充分体现了儿童写作能力的发展表达特征。小学低年级儿童开始经历从口述向笔述的过渡。对于一年级儿童，应训练其语句表达的完

---

① 董琼、李虹、伍新春等：《语素意识、语音意识和快速命名在学前儿童言语能力发展中的预测作用：来自追踪研究的证据》，载《心理与行为研究》，2014(2)。

② 回懿、周雪莲、李宜逊等：《小学低年级汉语儿童语言能力的发展轨迹：认知能力的预测作用》，载《心理发展与教育》，2018(1)。

③ 朱作仁、李志强：《论学生写作能力的结构要素及其发展阶段》，载《教育评论》，1987(4)。

整性。主要的训练方式有：组织观察课文插图进行看图说话，加强造句练习和看图写话等；可以让基础较好的儿童进行模仿写作训练。对于二年级儿童，可以训练其看图写话。小学低年级主要完成了实物—表象—书面语言的复述过程。从小学中年级开始，作文课正式进入语文教学。这个阶段可以通过范文进行教学。我们可以通过学习范文引导儿童对主题、选材、作文结构布局等进行探索，并逐步让他们进行独立构思写作。

第四节
小学生的人格特征与培养

小学生入学后，周围的环境和社会生活发生了巨大的变化，他们的个性和社会性发展呈现了独有的特征。本节从个性、社会交往、道德品质发展等方面探讨小学生的人格特征与培养。

一、小学生个性的特征

（一）人格的特征

人格指一个人稳定的行为方式以及在人际交往过程中表现出来的独特风格。每个儿童都有其独特的人格特征，而要形成稳定的人格需要经历一个发展过程。

首先，人格的形成要基于遗传素质。人格发展的基础是与生俱来的气质特点。小学生具有不同的气质特点。在学校中人们经常发现：有些学生总是活泼好动，兴趣广泛，反应灵敏；有些学生则安静稳重，兴趣单一，反应迟钝；有些学生性情十分急躁，情绪溢于言表；有些学生又总是内心敏感，情绪内敛。气质特点不仅影响他们的情绪反应、人际情况，也影响他们的认知特征和学业表现。因此，一方面，教师要认识到气质差异并无好坏之分，应充分尊重学生间的差异；另一方面，教师应当运用有关气质的知识，针对不同学生的气质特征采取不同的教育策略，来真正实现因材施教。第一，对胆汁质的学生要采取迂回策略，避免在其激动时与其针锋相对，避免在种种场合批评他们。必要时，教师可以对其进行严厉批评，但必须有说服力。教师应努力引导他们学会稳定情绪和冷静应对事务。第二，对多血质的学生应着重培养他们的扎实、专一的精神和勇于克服困难的韧性。对多血质学生平时也应严格要求，发现其缺点要及时进行严肃的批评指正。第三，对黏液质的学生应培养其热情、爽朗和生气勃勃的精神。对学生的批评和教育，教师要有耐心，要允许他们有足够的时间考虑与做出反应。第四，对抑郁质的学生应通过鼓励其多参加集体活动，多与人交往，增进与同学之间的互相了解，着重培养他们的勇敢、自信；对其弱点要多关心、爱护，不要在公共场合指责或对其进行过于严厉的批评。

其次，人格既有稳定的一面，又有在经验塑造下不断发展完善的一面。埃里克森的心理社会发展阶段论认为儿童的人格发展面临着勤奋与自卑的危机，而个体未来对于工作的态度就是在克服这个矛盾的过程中发展起来的。儿童进入学校，意味着开启了真正的社会生活。学校向儿童提出了更高的要求，为了努力完成学习任务、学会与周围其他人共处，儿童必须勤奋努力。如果儿童在学习上不断取得成就，在其他活动中经常受到奖励，他们就会获得勤奋的做事态度；如果儿童在家庭、学校或者与同伴共处的过程中有着大量的消极经历，他们就会产生无能感，进而感到自卑。瓦利恩特(Vaillant)等对450名男性进行了长达35年的追踪研究。[①] 研究发现，在儿童期最勤奋、最努力学习的被试，成年后的职业成就和个人生活更加成功。可见，儿童期勤奋感的获得对于个体未来的影响较显著。埃里克森的理论十分强调教师在培养学生的勤奋感方面的作用。教师应当鼓励学生进行创造和完成任务，鼓励他们尝试，帮助他们坚持，并且平等而公正地对待每一位学生。这样就能更好地帮助他们形成勤奋感。

针对失败导致自卑的问题，塞利格曼(Seligman)提出了习得性无助的概念。塞利格曼指出儿童的抑郁、绝望来自习得性无助。“习得性无助”是他在1967年的动物研究中发现的。随后的研究证明，习得性无助同样会发生在人的身上。这种习得性无助指有机体经历了某种学习后，在情感、认知和行为上表现出消极的特殊的心理状态。例如，一个反复经历学业失败和人际关系问题的小学生，就有形成习得性无助状态的风险。悲观者更容易向无助感屈服，他们患上抑郁症的风险比较高。另外，乐观者会对抗无助感，并在面临无法解决的问题上也不会放弃。因此，塞利格曼在儿童人格发展中特别强调乐观特质的培养。乐观是一种稳定的人格特质，表现为积极的解释风格。塞利格曼在研究中发现乐观是可以习得的，尤其要重视激发儿童的内在潜能，培养儿童的积极思维，鼓励儿童从乐观的角度看问题。

(二)情绪的特征

情绪是心理生活的重要方面，了解儿童的情绪发展特征，有利于进一步走进儿童的内心。小学阶段是个体情绪发展的重要阶段，小学生的情绪在内容、深刻性和控制性方面都有进一步发展。

第一，小学生情绪的内容更加丰富，且以积极情绪为主。开始了学校生活之后，

---

① Vaillant G. E. & Vaillant C. O., “Natural History of Male Psychological Health, X: Work as a Predictor of Positive Mental Health,” *American Journal of Psychiatry*, 1981(11), pp. 1433-1440.

小学生与社会的接触开始变多，获得了大量新的情绪体验。小学生的各种社会性情感也不断发展起来，进一步充实了自身的情感世界。总体上，小学阶段是情绪发展的黄金阶段，该阶段的幸福感高、波动性低。小学生在情绪上总体以积极情绪为主，消极情绪较人生的其他阶段更少。如有研究中的小学生感到“非常快乐”的时间占到28%，该比例远高于研究中青少年和成人的情况。另外，希普曼(Shipman)等的研究发现，哭泣和愤怒在人生早期出现的频率较高，但是到了儿童中期这类消极情绪出现的频率会大幅下降，而在青少年期会再次上升。① 总体来讲，小学生的情绪更多地处于一种无忧无虑的快乐状态。虽然他们会出现伤心、生气等消极情绪，但消极情绪的影响一般不持久。

第二，小学生情绪的深刻性不断增加。一般来说，小学生的情绪比较外露，但其情绪体验逐渐深刻。小学生开始能够更好地理解自己和他人的情绪，对情绪的理解不断深化。他们逐渐发展出理解复杂情绪的能力，如理解骄傲、羞耻等复杂情感的能力。这些情绪更多的是自我生成并整合才能出现的。另外，小学生已经能够意识到面对同一事件可以同时体验到两种或更多种情绪，这些情绪之间可能完全不同甚至相反。例如，独自在家可以同时带来恐惧和骄傲两种情绪；竞赛类的挑战可以同时带来紧张和兴奋两种情绪。

第三，小学生情绪的控制性增强。虽然小学生具有情绪的冲动性特点，但他们已经开始学会将情绪进行内化，控制调节情绪的能力增强。一方面，小学生逐渐学会故意隐藏自己的情绪，可以展现更被社会接纳的情绪。例如，在收到不想要的礼物时能表示感激。另一方面，他们还发展出压抑或掩饰负面情感反应的能力。例如，在面对同学的挑衅时，他们已经学会根据情况来压制自己的愤怒。另外，小学生能更多地反思他们的情感生活，并开始越来越多地使用策略来控制情绪。他们能在认知上更有成效地管理情绪，如难过之后会进行自我安慰。

(三)自我意识的特征

自我意识是人对自己的身心状态以及自己同客观世界关系的认识，是衡量个性成熟水平的重要标志。自我意识的发展作为个性发展的重要部分，对个体的学习和生活等都具有深远的影响。小学生开始探究“我是谁”这一问题，尽管他们的探究没有青春期那么急切，但小学生已经开始尝试寻找自己在社会中的位置。进入学校以后，小学生的自我意识出现了加速发展的现象。一方面是小学生已能利用语言符号调节和指导自己的行动；另一方面是客观环境向小学生提出了一系列的要求，迫使他们要经常按照这些

---

① [美]杰弗瑞·简森·阿内特：《发展心理学：人类文化与人的毕生发展》第2版，高雯译，279页，北京，电子工业出版社，2018。

要求来对照检查自己的行为，同时成人和同伴也经常以这些要求来评定他们的行为。

一般认为自我意识的发展经历了三个阶段：第一个阶段是自我中心阶段，个体主要从生理状态方面来认识自己；第二个阶段是客观化阶段，个体开始从自己与外界客观事物之间的关系来认识自己，包括对自己社会地位、责任、作用的认识和体验等；第三个阶段是主观自我阶段，个体主要从自身的心理状况来认识自己，包括对自身思维、情感、能力、性格、价值观等的认识和体验。三个阶段的发展不是替代关系，而是包含关系，成熟的自我意识应该使个体从各个层面来认识和体验自我。小学生自我意识的内容上，经历了从外部特征到内部心理特质的转变。7～8 岁的大多数儿童主要根据表面的、具体的、身体上的特征来描述自己。他们在自我描述中可能会提及具体的拥有物，以及他们喜爱的活动。例如，我长得很高，我有一个弟弟，我最喜欢骑车等。在接下来的整个儿童中期，他们的自我描述会加入更多内在的、心理特征的描述。例如，我很聪明，我非常乐于助人等。另外，小学生的自我认识开始越来越多地来自社会比较，即通过比较自己与他人来对自己的能力、外貌、行为等加以判断。例如，我比其他多数人更擅长数学等。

小学生自我意识的特点包括：①从受外部条件的制约过渡到受内部道德认识的制约。大约从四年级起，可以明显地看到儿童开始依据道德原则来评价自己或别人的行为。②从注重行为的效果过渡到注重行为的动机。转折年龄在九岁左右。③从注重行为的直接后果过渡到注重行为或后果的性质。在这个过程中，儿童逐步形成“人比物重要”的概念。④自我评价的独立性日渐发展，并且自我评价有了一定的批判性。⑤从对具体的评价到有了一定概括程度的、涉及某些个性品质的评价。总之，小学生的自我评价还处于较低水平，他们的自我评价处在从具体的、个别的评价向抽象的、概括的评价过渡的阶段。

二、小学生社会交往的特征

小学阶段是儿童心理发展的一个重要转折阶段。这一阶段儿童生理和心理的发展特点必然会在他们的人际交往中表现出来。儿童的人际关系发生了明显的变化，小学阶段是儿童人际关系形成的最初阶段，也是重要阶段。对于小学生来说，亲子关系、师生关系，以及同伴关系所构成的社会交往体系对他们的发展产生着巨大的影响。

(一)亲子关系

小学生与父母的关系发生了很多变化，主要表现在如下几方面。第一，儿童和父母在一起的时间大量减少。希尔(Hill)等的研究表明，父母用在 5～12 岁子女身上的时间还不到之前的一半。[①] 第二，父母对儿童的控制方式发生了变化。尽管父母在子女身上花的时间少于学前阶段，但父母在子女生活中仍然发挥很重要的作用。父母在子女的成长中继续掌控他们发展的方向，并在他们的日常生活中起到监督和管理的作用。随着小学生年龄的增加和自我管理能力的增强，小学生的亲子关系从父母控制逐渐转为亲子共治。所谓亲子共治即父母提供宽泛的行为指南和一般性的监督，而儿童开始更多地对自己的具体言行负责。亲子共治源于亲子之间互惠和互相尊重基础上的合作关系。在亲子共治中，父母主要有三个方面的职责：在一定距离里监督和引导儿童的行为；有效地利用与儿童直接交流的时间；加强儿童的自我监督行为和教儿童知道何时需寻求父母的指导。儿童的主要职责包括必须告诉父母他们去哪儿，做什么，有什么问题，以便父母能够在必要时介入。儿童在为自己做决定的过程中，亲子共治对于他们有支持和保护的作用。到了 12 岁，儿童就开始进入独立做出重要决定的控制阶段。

(二)师生关系

师生关系是学生和教师在教育教学活动中形成的相互关系，是学生人际关系中的重要成分。在师生关系中，起主导作用的是教师，教师对学生的态度、采用的教育方式会对学生的学习、道德品质、性格和心理健康产生重要作用。小学师生关系主要表现出以下特征。

第一，小学生对教师的态度表现出从单向地绝对服从转向要求相互平等的共同商定的趋势，并且在中、高年级出现师生互动水平下降。小学低年级儿童体现出明显的“向师性”，他们对教师的权威无条件地服从，有一种遵从权威的使命感和义务感。这源于他们道德认知发展处于他律的发展水平。到了中年级以后，随着他们认知水平的提高，他们对规则的认识出现了变化。这时，儿童对于教师的无条件信赖和服从的程度有所下降。他们开始对教师做出独立的评价，并逐渐表现出对不同教师的不同喜好程度。教师的权威地位开始受到挑战。面对权威受到挑战，教师应清楚地认识到虽然教师是知识经验更为丰富的传授者，但学生在人格上与教师处于平等地位。因此，现代师生关系应以学生为中心，以平等和爱为基础，通过加强与学生间的交往，来建立亲密的师生关系，而不单纯强调权威的控制和约束性。教师权威的作用只有在学生承认和接受时才能发挥；教师如果误用或滥用权威则会引起学生的消极态度，不利于教学目的的达成。新型师生关系强调师生相互尊重、相互学习、相互促进与提高。在新型师生关系中，教师是知识传递者，更是智慧的激发者；教师是社会经验的提供者，更是多元价值的分享者；教师是人生道路的指引者，更是奋斗目标的助跑者。

---

① [美]约翰·W. 桑特洛克：《发展心理学：桑特洛克带你游历人的一生》第二版，田媛、吴娜等译，175页，北京，机械工业出版社，2014。

第二，教师的期望和态度会对小学生产生较大影响。一方面，教师的期望和态度会影响小学生的学业情况。美国心理学家罗森塔尔和雅各布森曾针对一至六年级学生进行过一个著名的实验。他们针对被试进行了一个智力测验，随机从中选取了20%的学生，并告诉这些学生的老师，这些学生在将来可能表现出非同寻常的智力水平。8个月后，他们再次实施了智力测验。结果发现，那些随机抽取的学生在第二次测验中都出现了出乎意料的进步，这种变化在一、二年级学生中表现得更为明显。这个结果被称为皮格马利翁效应。该效应证明了教师的期望和态度对于学生的学业和认知发展情况存在明显的影响。另一方面，教师的期望与态度也对小学生在学校中的同伴关系有一定影响。教师可以通过对学生良好行为的称赞和不良行为的责备而影响学生在同伴中的形象。因此，教师在评价学生时应在充分尊重学生个性特征的前提下，多对学生进行积极评价，来避免对学生的同伴关系发展产生不良影响。

(三)同伴关系

同伴关系是指年龄相同或相近的儿童之间的一种共同活动并相互协调的关系，或者指同龄人或心理发展水平相当的个体在相互交往过程中建立和发展起来的一种人际关系。心理学家卡根(Kagan)认为，儿童从出生到5岁，其心理发展以父母的影响最为重要；下一个5年期间，对儿童的个性形成起决定作用的则是同伴和兄弟姐妹间的交往。可见，同伴关系对于小学生有着极为重要的意义。

进入小学后，同伴对儿童的影响越来越突出。同伴群体有了共同目标，对同伴更有选择性，同伴友谊变得更有意义，同伴关系变得复杂和更具有社会性。

在整个儿童期，同伴关系发展的基本趋势有三个方面。第一，随着年龄的增加，与同伴的互动成为儿童社会化发展中越来越重要的因素。研究发现，2岁儿童与同伴互动的时间约占全部互动时间的10%，4岁儿童达到20%，而7～11岁儿童竟然达到40%。① 第二，建立亲密同伴关系的方式发生了变化。儿童早期主要是通过游戏来和他人建立种种伙伴关系的；入学以后，共同学习使得儿童的同伴关系进一步发展起来。学校为儿童提供了更为丰富的社会活动，使得他们有更多同伴交往的机会，并且活动形式更为多样。第三，同伴关系从简单、零散的相互作用逐步发展为复杂的、互惠性的相互作用。随着年龄的增加，儿童对同伴关系的认识与理解发生了一些变化，其中互惠性关系在同伴关系中的作用不断凸显。小学低年级儿童往往只根据一些表面的行为和关系来定义朋友。他们认为朋友就是家离得较近，或和自己一起玩的同伴。到小学四、五年级，儿童慢慢将友谊视为更抽象的互相安慰等内在关系，认为朋友就是互相支持、互相合作，彼此不打架的人。高年级儿童则将友谊看成可以进行自我表露和

① 桑标：《儿童发展》，398页，上海，华东师范大学出版社，2014。

倾吐彼此秘密的特殊同伴关系。

三、小学生道德品质的发展

(一)小学生道德品质的特点

根据皮亚杰的道德发展阶段论，小学生由他律道德阶段逐渐向自律道德阶段发展。小学低年级儿童处于他律道德阶段。因此，他们在道德判定上更多地受到外部的价值标准的支配和制约。他们对外在的权威表现出绝对的尊敬和顺从；把一切规则绝对化，认为是固定不变的；判断行为的标准完全依据后果而非动机，如这个阶段的儿童不能认同“好心做错事”是值得原谅的。比较典型的现象是，小学低年级儿童对于教师的要求有绝对的认同和服从感，并且不反对严厉的惩罚。但是到了中年级以后，儿童开始发展到自律道德阶段。此阶段的儿童在思维上开始摆脱单维化和表面化。因此，他们开始不再盲目服从权威，认识到道德规范的相对性和可协商性，开始依据自己的内在标准进行道德判断。另外，小学中年级以后，除了看结果以外，儿童开始同时考虑当事人的动机，故而称为道德相对主义。依据皮亚杰的道德发展阶段论，道德教育的主要目标就是使儿童获得自律道德。

科尔伯格的道德发展阶段论指出，小学生的道德判断从道德的前习俗水平向习俗水平发展，大多数儿童在 9 岁时完成这个转变。前习俗水平中，儿童能够区分文化中的规则和好坏，懂得是非名称，但他们的道德判定更多地遵从于个人利益(惩罚、奖励、获得喜爱的东西)。在第一阶段，儿童的道德判定是基于避免惩罚来保障个人利益。例如，处于该阶段的儿童判定自己是不是要把哥哥犯的错误告诉爸爸时，他考虑的是如果不告诉爸爸，那么自己会因知情不报受到爸爸的惩罚；如果告诉爸爸，自己又会因告密被哥哥揍；从而比较出爸爸比哥哥更强壮，所以爸爸的惩罚更严重。最终，他选择告诉爸爸哥哥犯的错误。该例子中的儿童就是基于避免惩罚或避免更严重的惩罚而做出的道德判定。在第二阶段，儿童在道德判断中引入了公正原则，他们理解的公正是基于实用和对等的，他们认为任何能够满足自己需要或偶尔满足他人需要的行为是正确的。例如，处于该阶段的儿童会因为某同学以前帮助了自己，而选择让他抄作业；但当对方以前没有帮自己时，就不让他抄作业，或者把他抄自己的作业这件事告诉老师。黄向阳提出，小学生的道德判断大多数处于第二个阶段的发展水平。[①] 习俗水平中，儿童开始从全社会的观点出发做出道德判断，站在社会成员的角度来思考和处理道德问题。在第三阶段，儿童是基于取悦他人或有助于他人的好孩子取向来判定

① 黄向阳：《德育原理》，220 页，上海，华东师范大学出版社，2000。

是非的。例如，处于该阶段的儿童会为了达到好孩子或三好生的标准而努力完成作业或帮助他人。或者该阶段的儿童不揭发朋友作弊的事情是源于好朋友相互维护和对对方忠诚的。在第四阶段，儿童的道德判定是以法律、社会道德秩序为中心，他们忠于集体道德，维护社会秩序。这一阶段的儿童为了维护考试的公平公正会选择揭发朋友的作弊行为。

资料链接：科尔伯格的道德发展阶段论[①]

道德发展阶段论是20世纪30年代由皮亚杰提出的。科尔伯格在皮亚杰研究的基础上运用“两难”故事做了长期的、大量的实验研究，使皮亚杰的理论更具体、更系统。他编制了9个道德上难以判断是非的故事让儿童对其中人物的行为用回答问题的方式进行评论，并据此来划分儿童道德发展的水平。他利用这类故事进行调查，发现儿童的道德判断能力有三个水平、六个阶段。

一是低常态水平。这一水平的主要特征是着眼于人物活动的具体结果并关心自身的利益。这个水平有两个阶段：①惩罚与服从的道德定向阶段；②天真的利己主义道德定向阶段。

二是常态水平。这一水平的主要特征是满足社会的期望，较全面地考虑别人的需求。它有两个阶段：①好孩子道德定向阶段；②维护权威或秩序的道德定向阶段。

三是超常态水平。这一水平的主要特征是履行自己选择的道德标准。它包含两个阶段：①社会契约性道德定向阶段；②良心和原则的道德定向阶段。

总体来讲，小学生的道德品质表现出以下特征：在道德认知方面，小学低年级儿童初步掌握了一些抽象的道德概念，但其理解往往是肤浅的、表面的，概括水平较低。儿童9岁以后，道德表象逐渐丰富完善，能够概括出什么是道德的，什么是不道德的，懂得善与恶、是与非、公正与偏私、诚实与虚伪等。在道德情感方面，小学生在教育的影响下开始能用道德标准对各种行为做出评价，他们的责任感、义务感、爱国主义情感、集体主义情感等都有了进一步的发展。但这些道德情感常常是与具体的事件和人物联系在一起的，具有直接性、具体性、模糊性，并且在他们理解别人的道德品质方面还带有片面性和狭隘性。在道德意志方面，学龄儿童的道德主动性、独立性、果断性有了新发展。小学三年级以后，小学生道德意志的坚持性和自制力出现显著发展。在道德行为方面，小学生开始使用道德意识来自觉地调节支配自己的行为。这与相关教育经验密切相关。小学生的道德意识和道德行为之间发展不平衡，道德行为尚不稳定。

① 陈录生：《“道德发展阶段论”与我国儿童道德认识发展规律》，载《心理学探新》，1989(3)。

(二)道德教育观

基于道德发展阶段论，科尔伯格提出了道德教育的基本设想。

首先，科尔伯格强调道德教育的目的在于促进道德判断的发展与道德行为的一致性。科尔伯格等的研究发现，儿童普遍存在道德判断与道德行为不一致的现象。但是，儿童道德判断力的发展水平和阶段越高，道德行为与道德判断的一致性越强。由此可见，道德教育的重中之重在于促进学生道德判断力的逐步提高。

其次，科尔伯格强调个体道德判断的发展并非一蹴而就的，而是一个循序渐进的发展过程。因此，道德教育应基于儿童已有的发展水平来确定教育内容，创造机会来让儿童接触和思考高于当前阶段的道德判断标准和推理方式，以引导他们提高自身的道德判断发展水平。根据发展性原则，促进道德判断发展的德育策略主要包括：第一，了解学生当前的道德判断发展水平；第二，运用道德两难的问题引起学生的意见分歧与道德认知失衡；第三，向学生揭示比他们高一阶段的道德推理方式；第四，鼓励学生把自己的道德判断付诸行动。

资料链接： 成人言行一致对儿童影响的实验①

米斯切尔(Mischel)设计并进行了一个实验。该实验让参与的儿童玩一个滚木球的游戏。游戏内容是让儿童按一定规则将木球投入球门，投中者得分，得到 20 分以上的可以获得奖励。实际上，如果严格按照规则进行投球，得分的机会很少；如果不按规则或偷偷犯规，则可以投中。在实验的第一阶段，成人和儿童一起玩。该实验将被试分成两组：第一组中，成人的言行一致，他们要求儿童守规则，自己也严格遵守规则。第二组中，成人的言行不一，他们要求儿童遵守规则，但自己违反规则投球。观察发现，当成人在场时，第二组的儿童仍然按照规则去做。在实验的第二阶段，两组儿童在没有成人监督的情况下分别游戏。当没有成人在场时，第一组得奖的儿童仅占 1%左右；而第二组得奖的儿童达 50%以上。可见，第一组儿童在没有成人监督的情况下继续遵守规则；而第二组儿童没有了成人监督就更倾向于不遵守规则。在实验的第三阶段，两组儿童在没有成人监督的情况下一起游戏。结果第一组儿童也开始效仿不遵守规则。

这个实验充分说明身教重于言传。因此教育者一定要言行一致，这有助于学生形成道德规范。

---

① 刘国权：《小学教育心理学》，228 页，北京，人民教育出版社，2004。

本章小结

小学生是小学教育的对象和主体。了解小学生是顺利开展小学教育活动的基础。本章主要从小学儿童观、小学生的生理特征、小学生的认知特征和小学生的人格特征等方面对小学生进行全面审视。

小学儿童观是对小学儿童本质和特征的基本认识。第一，就儿童性善与性恶的争论进行了本性观的探讨；第二，就成人本位与儿童本位的争论进行了儿童地位观的探讨；第三，就小学儿童的发展特性进行了探究。

小学生处于身体快速生长变化的重要阶段，生理发展是小学生成长的基础。小学生的一般身体系统、骨骼、肌肉和神经系统都具有独有的发展性特征。掌握儿童生理发展的具体特征，有利于教育实践的顺利开展。了解小学生的生理发展特征，关注小学生的健康问题才能保障其健康成长，提升他们的体质水平。

小学阶段是儿童智力和能力发展的重要阶段，儿童需要学习基本的技能和文化知识。小学生的思维体现出明显的具体运算阶段的特征，其注意、记忆、元认知等信息加工能力都表现出明显的发展性特点。小学生在词汇、语句、书面语言等方面的运用能力也表现出明显的阶段性特点。

小学阶段是个体作为社会人独立接触社会关系的起点。小学生的个性和社会性发展进入了崭新的阶段。小学生在该阶段基于先天气质，通过校园生活的经验，逐渐形成人格和情绪特征，并进一步形成道德认知、道德情感和道德行为等。小学生的社会性体现出协调性、开放性和可塑性等特征。

关键术语

小学儿童观；小学生的生理特征；小学生的认知特征；小学生的人格特征

拓展阅读

1. 朱小蔓：《中国教师新百科·小学教育卷》，北京，中国大百科全书出版社，2002。

该书是小学教师专用的百科知识工具书。其中的小学儿童部分，对于小学生生理、心理特征及科学教育方式进行了比较全面的阐述，能够帮助小学教师正确认识儿童的发展规律及发展需求。

2. 林崇德:《发展心理学》第三版，北京，人民教育出版社，2018。

该书是国内发展心理学领域使用较为广泛的一部教材。该书从生命全程的视角，分别阐述心理发生、发展的规律和毕生各个发展阶段的具体发展特征。其中的小学儿童心理发展部分，对小学儿童的学习、思维、个性和社会性、品德发展均展开翔实而全面的阐述，对于我们全方位理解和把握小学生的心理特征具有重要的参考价值。

3. 沈德立:《小学儿童发展与教育心理学》，上海，华东师范大学出版社，2003。

该书是师范院校小学教育专业使用的心理学教材。该书从心理的角度对小学儿童发展与教育的规律进行了阐述，并客观介绍了小学生心理发展和学习的理论。这对于全面深刻地理解和把握小学生的本质和特征具有重要指导意义。该书内容丰富，结构合理，理论性、针对性和实用性强。

4.[美]黛安娜·帕帕拉、[美]萨莉·奥尔兹、[美]露丝·费尔德曼等:《发展心理学:从生命早期到青春期》，李西营等译，北京，人民邮电出版社，2013。

该书是发展心理学领域的经典著作。其中的第四编介绍了童年中期(学龄期)的个体在生理、认知、心理社会等方面的发展状况。该书强调文化和历史对个体发展的影响，注重将理论、研究和实践相结合，集科学性、知识性和通俗性于一体，非常适合师范院校师生和从事儿童研究和教育工作的人员阅读和使用。

5. 余雪莲、张登山:《儿童学概论》，北京，北京师范大学出版社，2013。

该书在探讨儿童发展的一般性问题的基础上，着重探讨信息时代背景下影响儿童发展的相关因素和新问题。书中编入了贴近时代的阅读材料和相关案例，注重理论与实践的结合，贴近教育工作者的具体教育实践。

体验练习

1. 结合儿童观的理论发展与教育实际，谈谈对于小学儿童的本质和特征的基本认识。

2. 谈谈小学生身体发育的特点。

3. 谈谈小学生注意力的主要特征及其对教育实践的启发。

4. 谈谈小学生记忆力的主要特征及其对教育实践的启发。

5. 结合教育实践，谈谈如何对不同气质类型的学生实施因材施教。

6. 简述小学生情绪发展的主要特点。

7. 简述小学生自我意识发展的主要特点。

8. 结合科尔伯格的道德发展阶段论，谈一谈小学生道德发展的特征及其培养策略。

第四章

小学教师

结构图

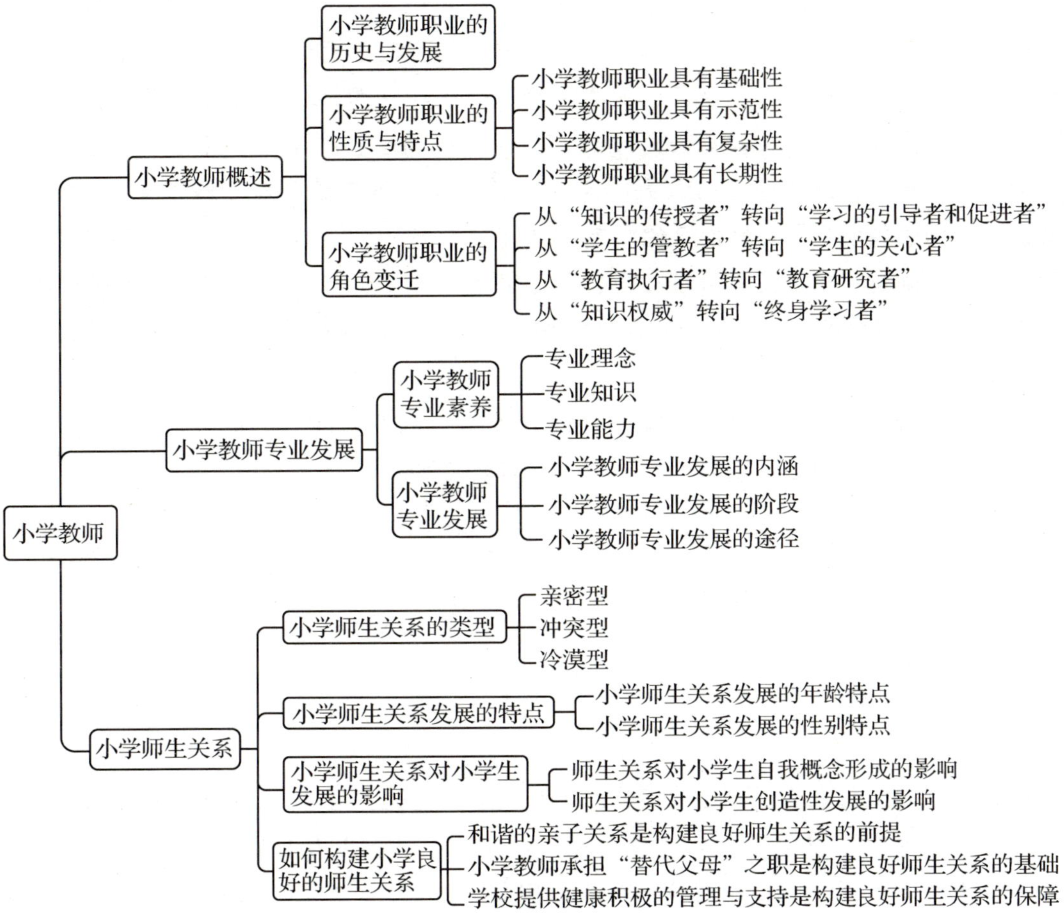

本章概述

小学教师是对小学生身心发展进行教育影响的主要的承担者。本章的讨论包括三个部分：小学教师概述、小学教师专业发展与小学师生关系。小学教师概述部分介绍了小学教师职业的历史与发展、小学教师职业的性质与特点，以及小学教师职业的角色变迁。小学教师专业发展部分则回答了两个问题：一是小学教师专业发展什么，即小学教师专业素养；二是小学教师专业如何发展，包括发展的内涵、阶段与途径。小学师生关系部分则围绕师生关系类型、师生关系发展的特点、师生关系对小学生发展的影响，以及如何构建小学良好的师生关系四个问题展开讨论。

问题情境

小张是一名刚入职的新教师。入职后，学校安排她当一年级班主任，同时教两个班级的数学课。刚开始小张信心满满，充满激情，可过了两个月就感到有压力。作为班主任，她每天要完成许多任务，从收饭费到孩子学习习惯的养成。要想每一件事都追求最好，她发现有点难。下班回家后，她还会接到家长的电话，晚上还要备课，感到有点力不从心。她发现自己读大学时对教师应具备的知识和能力缺乏系统的认识。例如，在师生关系方面，她刚开始希望和孩子们打成一片，以朋友的身份和孩子们相处。可她渐渐发现孩子们不听她指挥，行动力不佳，一件事需要提醒好几遍他们才能做好。同办公室的老教师说："你得树立起权威。"小张不知道自己该如何妥善处理和孩子们的关系。

小张作为一名新入职教师，她的疑问是师范生以及新教师共同面临的一些问题。如何正确看待这些问题，在本章的学习中我们会找到答案。

第一节 小学教师概述

小学作为学龄儿童接受正规教育的初始阶段，是一个人成长发展的关键阶段。小学教师作为学生的启蒙者，对学生人生观、价值观，以及良好学习习惯的养成都有十分重要的作用。联合国教科文组织的报告《教育——财富蕴藏其中》指出："学生的学习态度以及对自己的想象，在基础教育的早期阶段即基本形成。在此阶段，教师起着决定性作用……如果一个儿童或成年人遇到的第一位教师是位未经过充分培训并且缺乏积极性的老师，那么他们未来进行学习的基础本身就缺少坚固性。委员会认为各国政府应努力重新确认基础教育师资的重要性并提高他们的资格。"①从某种意义上讲，小学教师队伍决定着一个国家教育的发展水平，影响着整个国家的发展进程。

---

① 联合国教科文组织国际21世纪委员会：《教育——财富蕴藏其中》，联合国教科文组织总部中文科译，139页，北京，教育科学出版社，1996。

一、小学教师职业的历史与发展

教师职业伴随着人类社会的产生而产生，是人类社会古老而永恒的职业之一。关于“师”的字源考证，一般认为最初的“师”指军队，引申为人数众多。到了西周时期，“师”逐渐含有对官长的通称之意，所以师不仅承担着训诫教诲属众之责，进而又成为教人者之称。宋代朱熹将古代学校教育划分为“大学”与“小学”两个阶段，完成“小学”阶段教育任务的教育者与我们今天承担基础教育的教师大致相当。宋代以后基础教育(包括散馆、义塾、社学)的从业者，均可统称为“塾师”。塾师队伍大致可分为：一是家境贫寒，读书力学，没有获得科举功名的读书人。他们占据了塾师队伍的大部分。二是那些取得科举功名(如秀才、举人)而未能入仕的读书人，或已做官而被革黜，或自行退出官场，告老赋闲在家者。他们在社会上有一定的名望和地位。19 世纪晚期，洋务运动和维新变法在全国倡设新学，使塾师们真正感觉到了一个新时代的来临。随着一系列发展新教育的政策法规的出台，中国教育开始了制度层面的现代转型，塾师队伍所依附的政治体制、科举制度和传统教育均遭到解构，他们的职业活动从根本上发生了变化。1949 年，随着私塾的彻底消亡，塾师队伍也就消失了。

对于古代社会的塾师来说，私塾仅仅是他们的暂且栖身之地。他们心心念念的还是科举中第、读书做官的理想。但到了近代，情况有所不同。1905 年，作为读书人读书做官的主要途径——科举制度被废除，教师成为很多新、旧式知识分子正式的、可能终身从事的职业。由此，一支复杂多元、新旧交杂的小学教师队伍出现在中国的教育舞台上。师范学堂的毕业生逐渐成为新式小学堂师资的主要来源，另外还包括欧美和日本留学回来的留学生，以及传统塾师等。相对来说，新式教育产生之前的传统私塾的塾师有着极大的教育教学自主权。而癸卯学制颁行之后，新式学堂的课程、教学内容、教学时间都有了明确的规定，教师自主安排、自由发挥的时代渐去渐远。① 同时，癸卯学制划分了初等教育、中等教育和高等教育三个学段。由此，近代新式小学教师群体正式登上了历史舞台。小学教师的身份也由官、绅转换成从事教学职业的职业人。由于经济待遇低，生活难以维持，小学教师队伍很不稳定。造成的另外一个结果是一些素质较低的人进入教育界，以为暂时栖身之所，从而形成小学教师队伍的人才逆淘汰现象。② 这种恶性循环导致近代小学教师的社会声望比较低下。

新中国成立后恢复了晚清以来独立的师范教育制度，并在社会上形成一种观

---

① 胡艳：《规制与解放：百年来中国中小学教师专业化进程研究》，72 页，北京，北京师范大学出版社，2020。

② 胡艳：《规制与解放：百年来中国中小学教师专业化进程研究》，167 页，北京，北京师范大学出版社，2020。

念——教师必须由师范院校培养，师范教育必须为基础教育服务。这样的观念对于提升社会对现代教师职业专业性的认识，提升教师的地位是有利的。即使是今天，教师的专业水平也不能与医师、律师等专业相提并论，不能够得到广泛认同。皮亚杰曾指出：中小学教师缺乏可资比较的学术声誉，一般的理由是别人认为，尤其坏的是，他自己也认为学校教师无论从技术或是科学的创造性上来说，都不是一个专家，而只是一个知识的传递者，这是任何人都能做到的事情。[①] 皮亚杰认为，这是以传递知识为轴心的传统教育制度给整个教育带来的后果，它已经使小学教师成了一群单独的具有内向性的知识群体，受不到社会公正的承认。小学教师因此事实上脱离了学科倾向，缺乏研究试验的气氛而使他们所遭遇的情境变得更坏。

正是基于以上认识，20世纪60年代，世界各国轰轰烈烈开展教师专业化运动，目的就是提升教师的素养，提高教育的质量。1966年，联合国教科文组织与国际劳工组织在《关于教师地位的建议》首次提出：教师的职业是一种“专业”，“应把教育工作视为专门的职业。这种职业要求教师经过严格的、持续的学习，获得并保持专门的知识和特别的技术”。1988年，国际劳工组织编写的《国际标准职业分类》将教师列为“专家、技术人员和有关工作者”，这是教师首次被列入“专家、技术人员和有关工作者”类别。我国在1993年颁布的《中华人民共和国教师法》(简称《教师法》)第一章第三条中对教师的概念进行了全面科学的界定：教师是履行教育教学职责的专业人员，承担教书育人、培养社会主义事业建设者和接班人、提高民族素质的使命。《教师法》第一次从法律意义上确认了教师职业的专业性特征。

我国推进小学教师专业发展方面有许多举措。1986年4月，国家公布的《中华人民共和国义务教育法》强调建设一支数量足够、质量合格、结构合理并相对稳定的师资队伍。其中第十三条规定：国家采取措施加强和发展师范教育，加速培养、培训师资，有计划地实现小学教师具有中等师范学校毕业以上水平，初级中等学校的教师具有高等师范专科学校毕业以上水平。1998年，杭州师范学院和南京师范大学在全国率先招收小学教育本科毕业生。由此，本科层次小学教师的培养被正式纳入高等教育体系。20余年来，全国已经有多所高等院校设置了小学教育本科或初等教育专科，还有一些综合性大学已开始招收并培养小学教育专业的教育硕士。至此，我国小学教师的学历水平历经了从中师、专科、本科到研究生的发展。这意味着未来高等院校将是培养小学教师的主力。2009年，我国启动中小学教师职称制度改革。这项改革的重点是将原来独立的中学教师职务系列与小学教师职务系列统一并入新设置的中小学教师职称(职务)系列，统一了自1986年以来一直实施的中、小学两大职称系列，并首次设置了正高级职称。此次职称改革对于小学教师的专业发展意义深远。2012年，教育部颁布了

---

① [瑞士]让·皮亚杰：《教育科学与儿童心理学》，傅统先译，12页，北京，文化教育出版社，1981。

《小学教师专业标准(试行)》，明确了小学教师的专业标准，凸显了小学教师职业的专业性，推进了小学教师的专业化进程。小学教师学历水平的提高，将有助于提升教师的专业地位。

二、小学教师职业的性质与特点

小学教师是一种具有创造性的、无边界性的职业。首先，小学教师职业具有专业性。小学教师需要接受专门的教师教育，掌握专门的知识与技能，同时应具有较高的职业道德和社会责任感，通过培养小学生来为社会服务，促进社会发展。其次，小学教师职业具有创造性。小学教师的专业责任是教书育人，而教书育人的教育实践活动过程本身是十分复杂、充满不确定性的。这种十分复杂的、充满不确定性的专业实践本身就决定了小学教师工作的创造性。小学教师必须将已有知识、文化素养、人格魅力与具体的教育情境创造性地结合起来，展现某种具体情境中特有的意识与行动。小学教师应根据不同的对象、不同的教育内容，以及不同的教育条件，运用自己的知识、经验和才能，进行科学创造，设计各种各样的教育教学方案，机智处理各种偶发事件，形成与众不同的教育教学风格和特色。[①] 最后，小学教师职业具有无边界性，体现在时间和空间都具有连续不断地扩张的性质。[②] 医生的工作可以通过治愈一种疾病而告终结，律师的工作是随着一个案件的结案而终结，而小学教师的工作却不会因完成一个单元的教学而宣告结束。这种无边界性带来教师职责领域的无限制的扩大和教师工作时间的无限制延长。但凡牵涉儿童生活的一切问题都有可能成为教师的责任，教师日常生活的繁杂与琐碎正在日渐蚕食教师职业的专业性。

具体来说，小学教师职业具有以下特点。

(一)小学教师职业具有基础性

小学教育作为启蒙教育，小学教师职业具有基础性特征。首先，小学教师职业的基础性是指小学教师的工作是中学教师、大学教师，乃至整个国家教育事业的基础。苏霍姆林斯基的《给教师的建议》一书中有一段专门写给小学教师的话："这里想给小学教师提出几点建议。亲爱的同事，请你记住：所有中年级和高年级教师的时间预算表都取决于你，你在教学和教育工作中是创造精神的缔造者。"[③]其次，小学阶段是促进小学儿童智力发展、形成和谐个性、培养良好心理品质与行为习惯的最佳阶段，是小学

---

① 全国十二所重点师范大学：《教育学基础》第3版，129页，北京，教育科学出版社，2014。

② [日]佐滕学：《课程与教师》，钟启泉译，213页，北京，教育科学出版社，2003。

③ [苏联]瓦·阿·苏霍姆林斯基：《给教师的建议》，杜殿坤编译，10页，北京，教育科学出版社，1984。

儿童成长的关键阶段。这也决定了小学教师的工作具有基础性的特点。小学教师不仅要向小学儿童传授基础知识和基本技能，而且还要激发儿童的学习情感和态度，以促使他们终身保持热爱学习的欲望。另外，小学儿童的可塑性极强，因此小学教师要通过各类课程以及与儿童打交道的互动过程引导儿童向真、善、美和谐的方向发展。

(二)小学教师职业具有示范性

小学教师职业具有强烈的示范性。首先，小学教师职业的示范性是由其社会地位决定的。小学教师作为成人社会的代表出现在学生面前，自然具有制度赋予的权威，也是学生最直接的榜样，起着“以身立教”的作用。其次，小学教师职业的示范性是由小学儿童的心理特征决定的。小学儿童富于模仿性，且易受暗示，具有依赖性与向师性。教师的示范作用不仅表现在课堂教学中，还体现在日常的集体生活中。教师的言谈举止、情绪情感都会潜移默化地影响小学儿童。教师的示范性是教师威信的基础，教师的威信是小学儿童主动接受教诲的基础和前提，有威信的教师能引起小学儿童积极的情感体验。教师的表扬能引起小学儿童的愉悦感和自豪感；教师的批评能引起小学儿童的内疚和反省，促进其主动改正缺点。教师职业的示范性要求教师的行为具有规范性与自律性。

(三)小学教师职业具有复杂性

首先，小学教师职业的复杂性是由教育对象的复杂性决定的。教育对象是人，是正在成长中的小学儿童。面对这些学龄初段的孩子，小学教师需要给予他们更多身体和心理上的关注。例如，由于小学儿童的风险意识差，自我保护能力低，小学教师在组织活动时需要特别考虑到小学儿童的生命安全。另外，小学阶段是各种生活习惯和学习习惯培养的关键阶段。在教学工作中如何培养小学儿童的这些习惯，是一项重要而艰巨的工作任务。完成这项任务，需要小学教师付出更多的努力。其次，小学教师职业的复杂性是由教育任务的复杂性决定的。教育目的和任务是促进小学儿童德智体美劳的全面发展。五育各自的结构和任务就十分复杂，何况还要协调五育全面发展，其复杂性不言而喻。最后，小学教师职业的复杂性是由教育过程、教育方法和教育手段的复杂性决定的。教育过程中充满不确定性，在有限的时间里多种因素交织在一起，彼此相互作用，构成极为复杂的教育情境。另外，信息时代如何把数字技术与具体教育情境相结合达成教育目的，也是需要多方面思考的复杂问题。

(四)小学教师职业具有长期性

小学阶段是学生世界观、人生观、价值观以及各种习惯形成的初始阶段，也是关键阶段。小学教师对儿童的影响有时并不会即刻显现，更不会随着小学学业的结束而消失。端正的思想品德和良好的习惯会为小学儿童后续阶段的学习打下基础，甚至会影响他们的一生。正所谓“十年树木，百年树人”。

三、小学教师职业的角色变迁

角色原是戏剧的术语，指舞台上演员依据剧本所扮演的某一特定人物。在社会学中，角色是与人们的某种社会地位、身份相一致的一整套权利、义务的规范，它是人们对具有特定身份的人的行为期望，它构成社会群体或组织的基础。[①] 每种社会身份都伴随特定的行为规范和行为模式，当个体产生由自己的社会身份所规定的行为时便充当了角色。教师角色就是教师在特定情境中，特别是在教育教学情境中，所具有的地位、身份以及与之相适应的社会行为规范。[②] 教师角色既是一种客观的社会地位身份，同时也是承担该角色的有个性的具体个人，二者在一定程度上是统一的。因此教师角色会让角色担任者的个性带上该角色相应的特点。

汉代学者杨雄在《法言》中指出，“师者，人之模范也”。模，指规范、楷模；范指榜样。同时，教师的基本职责是“传道、授业、解惑”，就是教书育人。在不同社会文化的教育情境中，作为“人之模范”的教师角色具有不同的行为规范和模式，教书育人也具有不同的内涵和方式，小学教师亦是如此。也就是说，社会变迁会引起小学教师角色行为规范和模式的变化。

(一)从“知识的传授者”转向“学习的引导者和促进者”

小学教师角色应从单向的“知识的传授者”向“学习的引导者和促进者”转变。在传统教育中，教师历来都是将前人所积累的知识、经验和方法单向传授给年青一代。小学儿童是被动的知识接受者。随着信息时代的到来，在信息获取渠道多元化的今天，教师传授知识的内涵与方式发生了明显的变化。同时，人们对于小学生的理解也有了根本性的改变：小学生是独立的、有血肉感情和思维的、独特的生命个体，是学习的主体，是教与学活动的参与者、合作者、主动构建者；真正有意义的学习最终来自学习者本身。[③] 因此，小学教师要把教学过程理解为引导过程，通过在学生经验的基础上组织设计教学活动，设置丰富的教学情境，灵活调控管理教学进程，以及促进师生充分有效的互动，教学生学会学习，学会探究。学习不再是由教师向学生进行知识传递的过程，而是学生基于自己原有知识经验的主动构建过程。

---

① 郑杭生：《社会学概论新修》，140 页，北京，中国人民大学出版社，1994。
② 潘海燕：《小学教育概论》，70 页，北京，北京师范大学出版社，2013。
③ 朱小蔓：《认识小学儿童　认识小学教育》，载《中国教育学刊》，2003(8)。

(二)从"学生的管教者"转向"学生的关心者"

小学教师要从"学生的管教者"转变为"学生的关心者"。在传统教育中，教师作为成人社会的代表，相对于学生有着强势地位，具有绝对的权威；师生等级地位森严；学生被看作"小大人"而成为被管教的对象。现在，人们对儿童有了更深层次的了解，发现儿童有自己的内在世界与情感。教师与学生要从"管教者"与"被管教者"的关系转变为"关心者"与"被关心者"。首先，作为"关心者"的教师要对学生包容。当学生到学校来跟随教师学习，教师与学生的角色之间有本质的不同。学生来向教师求助，而教师对学生却毫无所求；教师有能力帮助学生，而学生可能无法帮到教师。正如国外学者曾经所说的："你有能力帮助他。他可以给你做很多事情，但是他无法帮助你。而且，你真的可以洞察他。你也可能犯错误，但是你知道他的内心。他呢，却不懂你的内心。"①其次，教师与学生进行开放性的对话，要尊重学生，允许学生表达自己的心声，充分了解学生，对学生行为的优点进行确认和鼓励。小学教师不仅要关心小学生的学习，更要关心他们的情绪感受、情感体验，关注其知识的"安置"方式。正是小学教师的关心呵护，促进了小学儿童的生命成长。

(三)从"教育执行者"转向"教育研究者"

小学教师要从被动工具性的"教育执行者"转变为有自主专业发展意识的"教育研究者"。小学教师面对的是一个飞速变化、越来越复杂的世界，小学儿童的个性越来越丰富多样，教育情境的不确定性因素越来越多元，许多崭新的、未知的领域不断出现。这就要求小学教师不仅要执行已有的课程和教学任务，而且要成为教育的研究者，通过研究发现问题、解决问题，促进自身的专业成长。成为研究者需要教师在个人实践中产生困惑和问题，学会观察、记录、访谈、收集资料并用量化或质化的方式处理资料，进行反思、实验，以达到对教育情境的透视和理解，更新教学观念，改进教学行为，获得教学专业发展的自主性，最终促进学生的发展。教师通过做研究可以改进自身的思维水平，对实践中问题的认识能够超越经验的层次，获得对问题更为深入、系统、全面的认识，从而在实践中提高自身的教学水平。②

(四)从"知识权威"转向"终身学习者"

小学教师要从"知识权威"转变为"终身学习者"。在传统教育中，教师是知识占有者，往往按照长期沿用的教材宣讲固定内容，无须经常更新、扩充自己的知识储备。

---

① Maurice Friedman, *The Worlds of Existentialism*, Chicago, University of Chicago Press, 1964, p. 487.

② 张华军：《论教师作为研究者的内涵：教师研究性思维的运用》，载《教育学报》，2014(1)。

但是在21世纪信息技术飞速变革的时代，知识迅猛增加并不断更新换代，互联网数字技术使得获取知识愈加方便快捷，教师早就不再是知识的化身。教师必须随时了解社会的变化，及时更新、掌握与之相适应的新的教育理论、专业知识和技能，在不断的学习中获得积极的情感体验，并善于把各种新的知识、手段和方法运用到教育教学工作中。也就是说，小学教师必须成为一名终身学习者，通过各种方式和途径，不断更新自己的知识结构，以便使教育教学实践活动建立在更宽广的知识背景之上，适应学生的个性发展、自身的专业发展和教育教学改革的需要。

第二节
小学教师专业发展

小学教师专业发展是指小学教师作为一个从事教育教学的专业人员要经历一个由不成熟到相对成熟的专业人员的发展历程。这里的专业发展主要指小学教师个体的、内在的专业化提升。小学教师的专业发展是不断提高专业素养，并使其不断更新、演进、提升和完善的过程。同时该过程可分为不同的发展阶段，以及多种发展途径。因此，本节分为两个部分：首先从横向角度出发，讨论小学教师专业发展主要发展什么的问题，即小学教师专业素养；其次从纵向角度展开，讨论小学教师专业发展如何发展的问题，即经历哪些不同阶段，都可以采取哪些途径。

一、小学教师专业素养

所谓专业素养是专门职业对从业人员的整体要求，是教师拥有的知识、能力和信念的集合，是在教师具有优良的先存特性的基础上经过正确而严格的教师教育所获得的。① 本节关于小学教师专业素养的划分依据叶澜在《新世纪教师专业素养培养初探》一文中的观点，即教师专业素养包括专业理念、专业知识和专业能力。② 但具体展开时则吸收更多不同研究者的观点。

(一)专业理念

所谓理念是指人们对于某一事物或现象的理性认识、理想追求及所形成的观念体

① 转引自郑燕祥：《教育的功能与效能》，122～123页，香港，广角镜出版社有限公司，1991。
② 叶澜：《新世纪教师专业素养培养初探》，载《教育研究与实验》，1998(1)。

系。教育理念则指人们对于教育现象(活动)的理性认识、理想追求及所形成的教育思想观念和教育哲学观点，是教育主体在教育实践、思维活动及文化积淀和交流中所形成的教育价值取向与追求，是一种具有相对稳定性、延续性和指向性的教育认识、理想的观念体系。①

小学教师专业理念的体系包括小学教育观、小学儿童观、小学教育活动观和专业伦理观等。小学教育观指小学教师对于小学教育的根本认识。小学教育最重要的任务是开发每个儿童的潜能和发展其健康个性(个体独特性与社会规范性的有机统一)。小学儿童观指小学教师对于教育对象的认识。小学儿童虽然幼稚、不成熟，但却是具有旺盛的生命力、具有多方面发展需要和发展可能的人；是具有主观能动性，有可能积极、主动参与教育活动的人。我们要把他们看作学习活动中不可替代的主体。② 同时，小学教师还要尊重小学儿童的差异性和个别性。小学教育活动是小学师生学校活动的核心。小学教师作为教育活动的策划者、承担者、指导者和评价者，必须围绕活动的目的与任务为学生积极主动地学习、在学习中培养和发展能力、学会学习与创造等提供可能、创设条件，使学生在活动中得到多方面的满足和发展，增强独立发现问题、解决问题的综合能力。③ 总之，小学教育要恰当地、有分寸地运用奖惩手段使儿童接受物质环境和社会环境的挑战，在心智和德性两个方面发展成熟起来；小学教育特别需要提供宽松、自由、丰富的支持性环境，以促进儿童的学习。小学教师要引导学生自主学习，养成良好的学习习惯，培养独立意志，学会规划自己与管理自己；小学教师不仅要有能力关怀学生认知方面的发展，而且要有兴趣和能力关怀学生的精神生活。④

所谓教师专业伦理，是指教师在从事教育教学这一专业工作时应该遵守的基本伦理规范和行为准则。⑤ 由于教师专业发展的不断深化，传统的师德规范逐渐向教师专业伦理过渡。从一般意义上讲，伦理侧重于社会，强调客观方面；道德侧重于个体，强调主观内在操守方面。小学教师专业伦理具有“向善性”“示范性”“发展性”三种特质。⑥ 首先，小学教育对象的童蒙性决定了小学教师专业伦理起始于“向善”。我国古代启蒙教育中的行为习惯养成和正面教化都表现出“向善”的特质，这为小学教育的重要伦理价值奠定了基础。现代小学教育实践同样尊重小学儿童对积极环境和安全感的本能需要。小学教师在向小学生传递“向善”这一伦理影响时，并非单向地给予教导。交往中的小学教师和小学生更多的时候是在经历共同向善的过程。其次，小学教师角色的应

---

① 韩延明：《理念、教育理念及大学理念探析》，载《教育研究》，2003(9)。
② 叶澜：《新世纪教师专业素养培养初探》，载《教育研究与实验》，1998(1)。
③ 叶澜：《新世纪教师专业素养培养初探》，载《教育研究与实验》，1998(1)。
④ 朱小蔓：《认识小学儿童　认识小学教育》，载《中国教育学刊》，2003(8)。
⑤ 徐廷福：《论我国教师专业伦理的建构》，载《教育研究》，2006(7)。
⑥ 李敏：《优良道德的推导：小学教师专业伦理的特质分析》，载《教育研究》，2020(12)。

验性决定了小学教师专业伦理尊崇“示范”。小学教师是儿童的重要他人，同时又是儿童初级社会化的引路人。他们会在许多方面充当替代父母的角色，在很多时候是学生“形影不离”的榜样。因此，小学教师在传道、授业、解惑时，需要做到以身示范，甚至“身教”比“言传”更为重要。换言之，小学儿童会从小学教师身上获得由教师应验的知识、能力、价值观。最后，小学阶段的养成性决定了小学教师专业伦理重视“发展”。小学阶段是养成小学儿童良好的习惯和品德的重要阶段。同时社会性发展，如小学儿童参与社会生活、活动时所需要的能力、道德和智慧的发展，也是现代小学教育特别关注的教育目标与内容。习惯、品德和社会性的形成和发展都需要一个漫长的过程。因此，小学阶段要关照儿童完整的生活，养护天性、发展潜能、健全人格，还要促进小学儿童连续的发展。这种养成教育带来的“发展性”会广泛影响教师对待小学教育和小学生的态度，同时也会深刻影响他们具体的教育教学方式，如从急功近利的干预和评价转向张弛有道的教育陪伴和等待。

小学教师的专业伦理规范内容涉及以下四个方面：小学教师与教育事业的关系，即小学教师如何对待其职业；小学教师与受教育者（小学儿童）的关系，即小学教师如何对待小学儿童；小学教师与其他教师及教师集体的关系，即小学教师如何对待同事、领导；小学教师与家长及其他相关人员的关系，即小学教师如何对待小学儿童的家长及其他相关人员等。

资料链接：教师职业行为准则

我国于 1984 年、1991 年、1997 年、2008 年先后四次颁布和修订《中小学教师职业道德规范》。2008 年修订的《中小学教师职业道德规范》提出了教师职业道德的基本要求，包括爱国守法、爱岗敬业、关爱学生、教书育人、为人师表、终身学习六个方面的内容。2018 年，教育部出台《新时代中小学教师职业行为十项准则》；2018 年 11 月，教育部印发《中小学教师违反职业道德行为处理办法（2018 年修订）》；2019 年 11 月，教育部出台《关于加强和改进新时代师德师风建设的意见》。师德系列文件的出台，充分反映了新形势下经济、社会、教育发展对中小学教师应有的道德品质和职业行为的基本要求。

新时代中小学教师职业行为十项准则

教师是人类灵魂的工程师，是人类文明的传承者。长期以来，广大教师贯彻党的教育方针，教书育人，呕心沥血，默默奉献，为国家发展和民族振兴做出了重大贡献。新时代对广大教师落实立德树人根本任务提出新的更高要求，为进一步增强教师的责任感、使命感、荣誉感，规范职业行为，明确师德底线，引导广大教师努力成为有理想信念、有道德情操、有扎实学识、有仁爱之心的好老师，着力培养德智体美劳全面发展的社会主义建设者和接班人，特制定以下准则。

一、坚定政治方向。坚持以习近平新时代中国特色社会主义思想为指导，拥护中国共产党的领导，贯彻党的教育方针；不得在教育教学活动中及其他场合有损害党中央权威、违背党的路线方针政策的言行。

二、自觉爱国守法。忠于祖国，忠于人民，恪守宪法原则，遵守法律法规，依法履行教师职责；不得损害国家利益、社会公共利益，或违背社会公序良俗。

三、传播优秀文化。带头践行社会主义核心价值观，弘扬真善美，传递正能量；不得通过课堂、论坛、讲座、信息网络及其他渠道发表、转发错误观点，或编造散布虚假信息、不良信息。

四、潜心教书育人。落实立德树人根本任务，遵循教育规律和学生成长规律，因材施教，教学相长；不得违反教学纪律，敷衍教学，或擅自从事影响教育教学本职工作的兼职兼薪行为。

五、关心爱护学生。严慈相济，诲人不倦，真心关爱学生，严格要求学生，做学生良师益友；不得歧视、侮辱学生，严禁虐待、伤害学生。

六、加强安全防范。增强安全意识，加强安全教育，保护学生安全，防范事故风险；不得在教育教学活动中遇突发事件、面临危险时，不顾学生安危，擅离职守，自行逃离。

七、坚持言行雅正。为人师表，以身作则，举止文明，作风正派，自重自爱；不得与学生发生任何不正当关系，严禁任何形式的猥亵、性骚扰行为。

八、秉持公平诚信。坚持原则，处事公道，光明磊落，为人正直；不得在招生、考试、推优、保送及绩效考核、岗位聘用、职称评聘、评优评奖等工作中徇私舞弊、弄虚作假。

九、坚守廉洁自律。严于律己，清廉从教；不得索要、收受学生及家长财物或参加由学生及家长付费的宴请、旅游、娱乐休闲等活动，不得向学生推销图书报刊、教辅材料、社会保险或利用家长资源谋取私利。

十、规范从教行为。勤勉敬业，乐于奉献，自觉抵制不良风气；不得组织、参与有偿补课，或为校外培训机构和他人介绍生源、提供相关信息。

(二)专业知识

对小学教师具备的专业知识的讨论应该从小学儿童的需要出发。杜威指出：儿童思维的突出特点是基于情绪、情感、本能和习惯而实现统一，是一种自然的统一性。只要儿童投入事情，他就将它作为整体。这个整体不是量上的整体，而是在性质上属于整体。用成人思维看待儿童，认为儿童能进行有意识的分析和综合，这是错误的。①

---

① Dewey, J., *Lectures in the Philosophy of Education*: 1899, NY, Random House, 1966, p. 198.

儿童发展是一个连续的过程，在儿童的生活世界里就已经潜在地有特定的地理、数学、化学、物理和语言的成分，但这仅仅是潜在的，儿童没有明确地意识到它；他不能阐释它，没有客观地认识到它，所以他不能控制它，不能理智地运用它。那么小学阶段提供的经验应该尽可能作为一个整体，保持儿童整体的感受。小学教育的任务就在于利用儿童日益增长的目的意识，打破模糊统一的日常经验，使其逐渐分化出各种能力，包括阅读、写作和算术的能力，观察、探究、归纳和陈述观点的能力等。因此，小学教师既要在某一领域具备高深学术知识，又要掌握对儿童心理的洞察力和解释力，还能够与其他教师合作共同完成特定主题的教学。也就是说，小学教师不仅要彻底掌握本学科知识，理解所教学科与儿童经验和兴趣的关系，以及其在儿童经验整体中的地位，而且能够以这种方式为儿童呈现知识。① 简言之，小学教师应该具备的专业知识具有多层复合的结构特征，具体包括三个层面的知识：普通文化知识、学科专业知识、教育学科类知识。

1. 普通文化知识

普通文化知识处于小学教师专业知识结构的基础层面，包括有关当代科学和人文两方面的基本知识，以及工具性学科的扎实基础和熟练运用的技能与技巧。普通文化知识本身具有陶冶人文精神、涵养人文素养的内在价值。小学教师要具备广博的普通文化知识和多方面的兴趣与才能，才能满足小学综合性教育教学的需要，胜任教育者角色，适应学生的好奇心和求知欲，扩展学生的精神世界，赢得学生的尊重和爱戴。同时具备广博的普通文化知识还是小学教师不断自我完善与发展、获得旺盛的精神生命力的需要。

2. 学科专业知识

小学教师要在某一学科领域掌握高深的学术知识。首先，小学教师应该对该学科的基础性知识与技能有广泛而准确的理解，熟练掌握相关的技能、技巧。其次，小学教师要对与该学科相关的知识，尤其是相关点、相关性质、逻辑关系有基本了解。这样小学教师能够在特定主题知识之外，掌握健全的、成熟的、系统的思维方式，具备关系意识以及整体的视野，在组织学生开展的综合性活动中与其他学科教师相互配合。再次，小学教师需要了解该学科的发展历史和趋势，了解推动其发展的因素，了解其对于社会、人类发展的价值以及在人类生活实践中的多种表现形态。这样，教师就能够在教学中把学科知识与人类的关系、与现实世界的关系、与学生经验的关系揭示出来，帮助学生逐渐分化出各种相关能力。最后，小学教师还需要掌握每一门学科所提供的独特的认识世界的视角、域界、层次及思维的工具与方法，熟悉学科内科学家的创造发现过程和成功原因，以及在他们身上展现的科学精神和

---

① 卢俊勇、陶青：《全科还是分科：我们到底需要什么样的小学教师?》，载《外国教育研究》，2018(9)。

人格力量。这对于增强学生的精神力量和创造意识具有重要的、远远超出学科知识所能提供的价值。①

3. 教育学科类知识

小学教师不仅要知道“教什么”，还要懂得“怎样教”。因此，小学教师要掌握的教育学科类知识包括两个方面：第一是一般教育类知识，主要是关于教育对象即小学儿童发展过程中的生理、心理特点和认知规律、儿童的经验与兴趣及其与学科知识的关系等相关知识；还有具有综合性特征的小学教育教学活动的基本原理与规律，以及开展教育研究的相关知识。

第二是学科教学知识。小学教师的学科教学知识具有全科取向。从本质上看，小学全科教育，以学科为学生理解社会生活的媒介，通过课程整合帮助学生养成将来应用的能力和习惯。② 虽然不同学科出现在小学的课程表上，但小学的学科是作为学生理解社会生活的媒介、作为人类社会生活的反映和有用经验的总结，蕴含着人类认识世界的思维方式和方法，只不过不同学科强调的方面不同而已。小学中的“学习”是要学会思维。也就是说，小学全科教育的“全”是一种价值判断而不是数量判断。教师不应该过分强调学科本身，拿学科当目的，而应注意学科和学生思维之间的相互作用，激发和引导学生的思维发展，让他们养成将来应用的能力和习惯，使学科成为更广泛、更深入、更有生气的整体，变成统一的目的，而不再需要为其中的一个目标挑选某一门学科、为另一个目标挑选另一门学科。归根结底，要适应学生的思维方法和习惯而形成全科教育的手段、资源和工具。

对于全科取向的小学学科教学知识来说，最重要的就是课程整合。詹姆斯·A. 比恩(James A. Beane)指出，课程统整是课程设计的理论，通过教育工作者与年轻人共同合作而认定的重大问题或议题为核心来组织课程，以便促成个人和社会的统整，而不考虑学科的界限。③ 因此课程统整不应只狭隘地定义为学科间的联结，至少包括四个主要部分：经验的统整、社会的统整、知识的统整和课程设计统整。总体来说，小学全科教育需要实现三大整合：①改造学科，实现学科与生活的整合；②更新教法，实现学科与儿童的整合；③创新学校，实现儿童与生活的整合。④

资料链接：浙江省宁波市北仑区淮河小学开设儿童动漫创意课程⑤

浙江省宁波市北仑区淮河小学开设儿童动漫创意课程，从小学低年级到高年级，

---

① 叶澜：《新世纪教师专业素养培养初探》，载《教育研究与实验》，1998(1)。
② 陶青、卢俊勇：《重新理解小学全科教育》，载《教育发展研究》，2015(Z2)。
③ [美]James A. Beane：《课程统整》，单文经等译，24～25页，上海，华东师范大学出版社，2003。
④ 陶青、卢俊勇：《重新理解小学全科教育》，载《教育发展研究》，2015(Z2)。
⑤ 柳夕浪：《课程整合：为儿童的意义创生而动》，载《中小学管理》，2013(5)。

形成了自己的儿童动漫课程系列。学校从学生的兴趣点或问题出发，通过头脑风暴确定主题单元，组成创作团队，围绕剧本创作、造型设计、场景设定、分镜头、动画制作、配乐配音等不同环节进行设计制作，整合语文、数学、美术、音乐、信息技术等多个学科，打破学科界限，结合多元智能来组织教学。学生的创意来源于现实生活、虚拟世界、现实与虚拟的结合。学校通过每学期确定一个主题大单元活动，按照主题阅读文化指导、主题系列活动文化、主题学科教学和主题环境文化四个板块进行总体设计。同时，将动漫元素(包括情景、形式、符号、手法等)融入学科教学，并在学科教学中丰富动漫的内涵，两者相互促进。如配乐配音与音乐学科整合：由音乐教师指导学生创作简单的背景音乐，通过学校的合唱队、器乐队来演奏，让具有语言表演天赋的学生进行配音。学生通过配乐配音等提升了自己的音乐素养和语言素养。在课程开发中，不仅艺术学科，而且思想品德、语文、数学、计算机等多学科元素都卷入其中，得到有效整合。

小学教师专业知识结构的多层复合性，还体现在三层面知识的相互支撑、渗透与有机整合。只有实现了整合，而且这种整合了的专业知识表现为小学教师教育行为的科学性、艺术性和个人独特性，表现为小学教师精神生活的丰富性和发展性时，它才充分显示出小学教师职业对丰富而独特的专业知识的要求。①

资料链接：舒尔曼的教学知识理论②

1986年，美国斯坦福大学舒尔曼·L. S.(Shulman L. S.)教授和同事启动了一个名为“教师知识发展”的研究计划，提出了教师知识分析的一个理论框架。在这个框架中，由以下七种知识构成了教师教学的知识。

①学科内容知识(Subject Content Knowledge)，指对某一学科的内容具有该领域专家水平的理解深度，包括具体概念、规则和原理及其相互之间关系的知识。

②一般教学知识(General Pedagogical Knowledge)，指超越具体学科的各科都适用的课堂教学管理与组织等一般性原则与策略。

③课程知识(Curriculum Knowledge)，指对课程整体框架的理解，包括课程理论、教科书、教师手册、实验指导等内容知识。

④学科教学知识(Pedagogical Content Knowledge，PCK)，指与特定内容相关的教学知识，是学科内容知识与一般教学知识的融合，如图4-1所示。

---

① 叶澜：《新世纪教师专业素养培养初探》，载《教育研究与实验》，1998(1)。

② 节选自潘小明：《学科教学知识(PCK)的理论及其发展》，载《教育探索》，2015(1)。

这里的学科教学知识要求教师应知道教这些内容时最有效的呈现方式，如最有用的类比、举例、图示、解释、演示等。总之，把学科内容以易于他人理解的方式组织呈现出来。PCK还包括知道什么能使学生容易学习某一内容，什么会使学生遇到困难，也就是要了解不同年龄和背景的学生如何理解特定内容以及他们原有的知识经验。

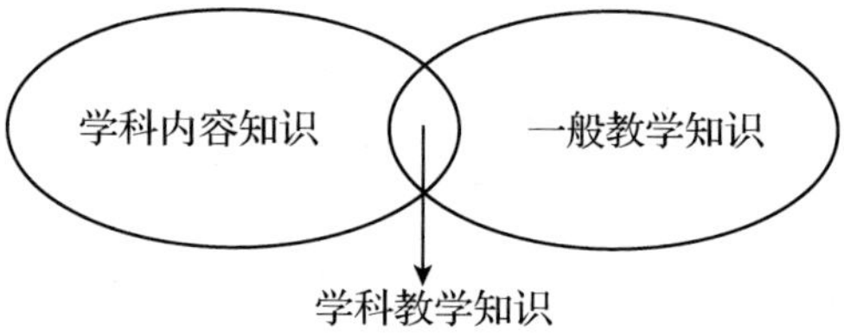

图4-1　学科教学知识

PCK不是学科知识本身，也不是教学知识本身，而是教学化了的学科知识，或学科知识的教学化；PCK不是学科知识与教学知识的重合、累加、拼接、叠加……而是二者的融合、整合、综合、结合。①

⑤学习者及其特性的知识(Knowledge of Learners and Their Characteristics)，指有关学生学习过程中身心状况的各种知识。

⑥教育情境知识(Knowledge of Educational Contexts)，包括班组、课堂、学区管理、经费分配与社区及其文化特征等方面的知识。

⑦有关教育目标、目的和价值的知识(Knowledge of Educational Aims, Purpose and Values)，指集合教育哲学、心理学、社会学等形式的知识。图4-2为教学的7种知识基础。

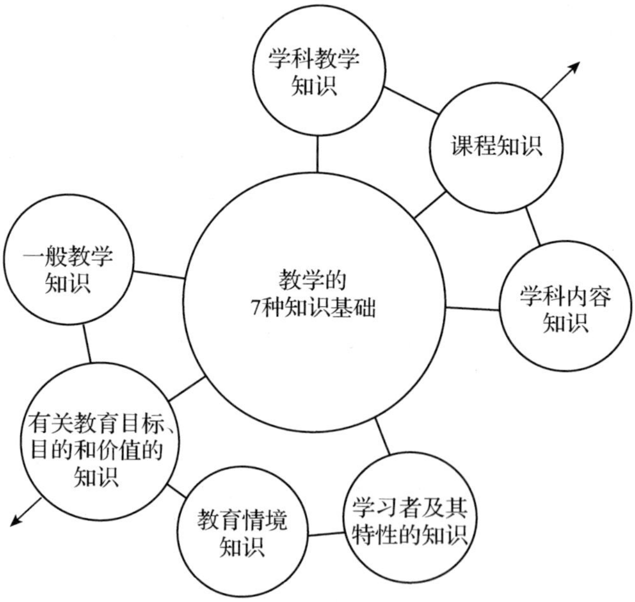

图4-2　教学的7种知识基础

① 关于学科教学知识的具体阐释参见饶从满：《小学教师专业发展》，107～108页，上海，华东师范大学出版社，2020。

(三)专业能力

小学教师所需要的专业能力包括教育管理能力、教学实践能力、教育应变能力(教育机智)、沟通与交往能力、信息化教学能力和教育研究能力等。

1. 教育管理能力

小学教师在学校教育活动中承担组织者和管理者的责任。首先，小学教师要具有按照教育目的来规划教育活动的决策与设计能力。其次，小学教师要具备作为组织者与领导者的管理能力，要使管理本身成为一种教育力量，把学生管理工作变为锻炼学生、培养学生自我管理和团结合作能力的手段。小学教师要把学生组织起来，发挥他们每个人的聪明才智，为形成有利于每一位学生都得到生动活泼发展的集体，为人人能在集体中有自己的平等地位、能为集体做出自己的贡献，又能从集体中汲取力量、感受温暖、学会协作而共同努力。①

资料链接：开展“攻守擂”活动，创设个性彰显载体②

根据班级实际情况和学生特点，利用学生表现自我的强烈欲望，开设“我是明星”擂台，可以设立“小作家”“小画家”“小书法家”“小发明家”“围棋高手”“阅读之星”“篮球明星”“体育健将”“舞蹈明星”等项目。在设立明星项目时，可以尽可能向后进生的闪光点处倾斜，以此树立他们的自信心，激励他们不断进步和提高。

首先，“明星”的评选组织要做到公平公正。利用学生自荐和同学推荐的方式，产生每一项明星的候选人，然后以能够反映这方面素质的比赛决出一名班级的明星。如在确定“小书法家”时，先由大家报名，再由班主任组织一次由报名学生(候选人)参加的班级书法比赛，最后在全体同学评比的基础上由班主任最终确定班级的“小书法家”。

其次，“明星”的竞争要公开透明，让每一位学生都能参与。“明星擂台”实行一周或一个月评选一次，可根据项目的特点随时向擂主“挑战”。如“围棋高手”的评比中，班级任何一位学生随时都可以向现任“围棋高手”挑战，在老师或同学的监督下“打擂比赛”，攻擂成功的取而代之成为新一任班级的“围棋高手”。

同时，对产生的“明星”要广泛宣传。对于每一项每一任明星，班主任都向他们颁发证书和奖品，设立“明星墙”，将“明星”的照片张榜展示，利用家长群、朋友圈等网络平台及时公布新产生的“明星”，满足学生的展示欲；同时建立班级明星档案，学期结束再综合评比出各项的“学期明星”并进行表彰奖励。

---

① 叶澜：《新世纪教师专业素养培养初探》，载《教育研究与实验》，1998(1)。

② 节选自孟大军：《激励教育在小学生管理中的探索与实践》，载《中国德育》，2018(14)。

2. 教学实践能力

小学教师的教学实践能力具体包括教学设计能力、教学实施能力和教学评价能力等。教学设计能力指小学教师在具备基本的专业知识和教学技能的基础上，根据小学儿童的实际需要以及课程标准的要求设计出适当的教学计划的能力；教学实施能力指小学教师在一般教学情况下有效地实施所设计的教学计划，并能根据实际情况掌控教学情境的能力；教学评价能力指小学教师在教学过程中及时反馈评价学生，以及通过收集资料、运用各种评价方法了解学生的学习状况，以判定是否完成了预定的教学目标，学生是否达到了预定的学习目标，从而根据反馈的信息来补救或改进教学工作的能力。

资料链接：课堂中深度问题的设计①

教师在课堂教学中要鼓励学生回答深层次的问题，以促进学生对数学的深刻理解。深度问题的质量与学生课堂学习效果显示出高相关度。

应该如何在教学前设计深度问题或深度问题组，从而实现课堂教学的预定目标？专家教师的课堂中表现出了深度问题设计的高频次和高质量，为研究提供了突破口。

①深度问题在教学中是迭代发生的。深度问题设计的核心是一个问题组的内部结构，以及多个深度问题组之间的逻辑关系。每一个深度问题是下一个问题推进的基础，学习最终达到的目标应回到对最初深度问题的上位理解上。在教学案例中，虽然专家教师在教学中表现出追加问题设计的知识倾向性，但是仍然有相当一部分的追加问题并没有直接指向知识本身。这些问题表面上看似和知识本身关系不大，但从学生的回答中却可以清晰看到对数学知识理解程度的反馈。这就是一种间接性的提问。学生在这些问题的引领下不断辨析，不断加深对知识本质的理解。图 4-3 为深度问题在教学中的迭代结构及举例。

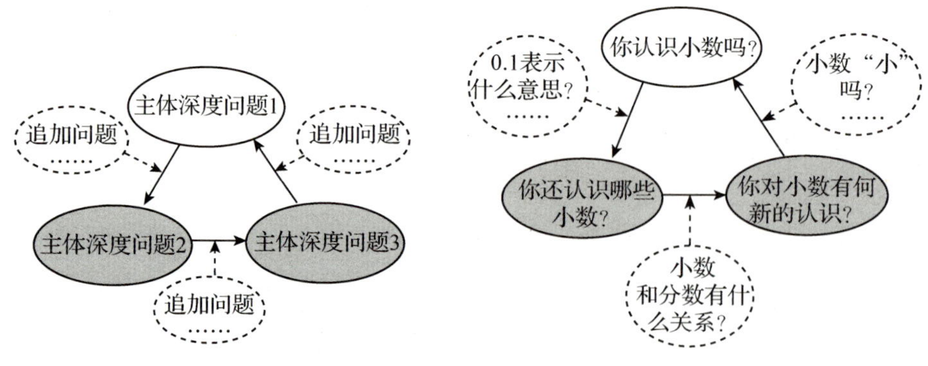

图 4-3 深度问题在教学中的迭代结构及举例

① 节选自陈薇、沈书生：《小学数学教学中深度问题的研究——基于专家教师课堂提问的案例分析》，载《课程·教材·教法》，2019(10)。

②深度问题是教学对话的锚基。在建构主义学习理论看来，学习中的每个任务都可以看作一个“锚”。在教师组织学习过程的时候，学生需要围绕教师所设计的“锚”，将其视作开展学习活动所需要围绕的中心(“锚基”)。专家教师设计的深度问题组中，主体的深度问题是每组教学对话的“锚基”。课堂中，专家教师指导的教学对话看似是聊天的氛围，但仔细琢磨后不难发现，对话内容在教师的计划之中。即使是学生之间的讨论，也是因为受到学习过程中某个经验的启发。这时教师的行为虽然表现出“退居”的状态，但是学习的进程仍然在“锚”设定的范围内。

③深度问题是具有结构的系统。深度问题引领的教学对话结构一般意义上是教师和学生共同参与。但专家教师引领的课堂教学中出现了教学对话完全由学生主导的情况，并且学生在问答后表现出对数学概念更加深刻的理解……这些课堂对话中有一个共性因素——问答的空间与结构。一方面，问答的空间不是物理意义上教室的大小，而是心理学意义上思维的空间。教师是否给予学生思考的空间，主要表现为教师对学生的态度。在与学生对话的过程中，教师给予的评价是表扬赞赏，还是批评纠错，或是置之不理，这些都会影响学生的学习。同时，问题的空间决定了学生思维的空间。正如图 4-3 中的问题设计——“小数‘小’吗?”，是在学生初步认识小数的意义之后提出的一个开放且具有挑战性的问题。“小数”的“小”既有大小的内涵，又有反驳的空间——“小是相对的”，要看学生从哪个角度理解。学生在这样的问题引领下不断辨析，从而加深对小数意义本质的理解。另一方面，问题之间的知识逻辑结构十分重要。问题与问题之间是否具有内在的统一性和递进关系，决定着课堂学习推进的程度。看似独立的问题，应当成为学生思维发展的台阶。

3. 教育应变能力(教育机智)

教育应变能力指教育机智。机智是指行为者在努力使自己的行为适合当时的情景，为达到其目的而做出敏捷判断与决定的能力。教育机智是教师对突发性教育情境做出迅速、恰当处理的随机应变的能力。①

小学教师的教育机智主要体现在教师与学生相处时的关心取向上，具体有以下几种表现。② 第一，机智表现为克制。克制的一种特别之处在于忍耐，能够沉着平静地等待。耐心能够让教师将学生与其成长和学习所需的时间协调起来。比如，课堂上尽管还有不少学生尚未弄明白或掌握好一个新概念或技巧，教师就迫不及待地想朝前赶，并布置测试。结果，学生感受到的是失败、表现差和自尊心受挫的滋味。何时克制自

---

① 刘野：《教育机智的内涵及其运用策略》，载《教育科学》，2008(2)。

② [加拿大]马克斯·范梅南：《教学机智——教育智慧的意蕴》，李树英译，196～210 页，北京，教育科学出版社，2001。

己，何时忽略什么事，何时该等待，何时不去注意某件事，何时后退几步，而不去干预、干扰、打断别人的工作，教师对于这些机智的领会对学生的发展来说是十分珍贵的礼物。

第二，机智表现为对学生的体验的理解。教师要注意与学生保持一种开放的关系，多去探索学生的感情并互相保持紧密的联系。对学生的经历保持开放，意味着努力避免用一个标准的和传统的方式来处理情况。

第三，机智表现为尊重学生的主体性。学生进入学校来跟随教师学习，他们可能就是有困难、缺乏兴趣，或者就是不知道怎样才能跨过障碍来到教师的身边。一个机智的教育者应该明白不是学生来到教师的身边，而是教师要来到学生的身边。教师必须知道学生此刻在哪儿，学生是怎样观察事物的，学生从自身的角度遇到了什么样的困难，在学习上有哪些障碍。

第四，机智表现为临场的天赋。教学就是"即席创作"。一位教师不仅仅要作为知识的传授者，还需要不断地感知怎样做才是在教育上有正确的言行。换句话说，就像一个音乐家知道如何临场演奏一首乐曲（去吸引观众）一样，教师知道如何临场从教育学上对课程进行临场的发挥（为了学生的利益）。

案例："小猫咪事件"①

一位老师正在讲课，忽然，"喵，喵，喵"一只美丽的小花猫跳上了教室的窗台。本来十分安静的教室，顿时引起一阵骚动。不少孩子竟跟小花猫挤眉弄眼。老师停下来，笑着说："孩子们，现在休息一下，我们都来看看这只可爱的小花猫。"老师在孩子们以新奇、喜悦的神情看了小花猫以后，用粉笔在黑板上写上"猫"的生字，并注上了汉语拼音。她领着孩子们读，还指着窗台上的小猫说："这就是它的名字，过几天我们就要讲一个关于小猫的故事《小猫钓鱼》。现在我们跟小花猫说再见，继续上课好吗?""好"！孩子们齐声答道。这位老师前后仅用了两分钟的时间，妥善处理了课堂教学突发事件。

4. 沟通与交往能力

学校教育系统从根本上说是一个以人与人交往为主的工作系统。其中最重要的是精神的沟通、情感的交流和个体人格的影响力。因此小学教师必须要具备理解他人和与他人交往的能力。这里的他人，主要是指小学儿童。首先，小学教师要实现有效的教育，要使学生积极主动地投入教育活动，就必须了解和认识学生发展的特征，有意

① 翁向新：《谈教师的素质与修养》，143～144页，北京，群众出版社，1992。

识地调整自身的角色行为，确保与学生进行有效的对话和沟通，建立起你—我关系。其次，小学教师还是学校教师群体中的一员，需要与校领导，以及其他教师合作，特别是可以通过共同体的建设促进自身的专业发展。最后，小学教师需要建立与家长的合作和相互支持的关系。与家长的沟通是一种艺术，也是一种超越知识的智慧。它需要小学教师根据不同的家长，结合实际采取灵活多样的方法，使双方在沟通过程中达成共识，互相配合，共同做好学生的工作。另外，小学教师还要与社会上相关机构人员建立良好关系。这样就可以形成学校、家长与社会的合力，以对学生进行教育。总之，理解他人和与他人交往的能力是小学教师最基本的能力。

资料链接：教师与家长沟通要“因人而异”①

由于家长的文化背景、教育经历、工作环境不同，因此教育孩子的理念、方法可能也会不同。教师与家长沟通时应该因人而异，采取恰当的沟通方法，才能实现家校教育的一致。

一是不针锋相对，以柔克刚。有的家长沟通时表现得很强势。如果教师只是一味地以理服人，很难说服家长，还容易引起不必要的矛盾，从而耽误对孩子的教育。教师应巧妙地避其锋芒、以柔克刚，尽量找到双方认同的话题，用平和的语气、温和的微笑将沟通转向家长乐于交谈的方向。面对因为不了解情况或者脾气急而对教师工作不满意的家长，教师切忌与之针锋相对地争论，也不可急于为自己辩护；应先用温和的态度让家长冷静下来，再以诚恳的态度与家长心平气和地进行交流。

二是不唯我独尊，以理服人。有的家长因为某种特殊的原因不太看重孩子的学业表现。面对这种家长，教师要理解并尊重家长的教育理念；沟通时应先特别肯定学生的长处；在家长完全接纳时，指出孩子还能表现得更好，同时指出溺爱对孩子成长的危害，帮助家长采取正确的教育方式。有的家长对孩子的学习期望比较高，甚至只看重孩子的学习。面对这种家长，教师要将孩子的表现如实告之，再请家长谈谈自己的教育想法，虚心听取并真诚地赞许家长的见解；教师适时地提出自己的看法，和家长进行探讨，达成教育的共识，齐心协力做好孩子的教育工作。

三是不亲疏有别，以诚相待。教师面对所有学生和家长时都要平等相待，不能戴有色眼镜。尤其是孩子学业表现不好的家长更会特别敏感。教师要主动多与这样的家长沟通，尽量表扬孩子的一些闪光之处，让家长明白自己孩子身上有很多长处，再真诚地指出孩子身上还存在的问题及产生的原因，给家长提供家庭教育的具体方法，与学校教育达成一致，使家校形成合力。

---

① 李晓燕：《教师与家长沟通要“因人而异”》，载《中国教育学刊》，2017(9)。

5. 信息化教学能力

2018年，教育部印发《教育信息化2.0行动计划》，强调“将教育信息化作为教育系统性变革的内生变量，支撑引领教育现代化发展，推动教育理念更新、模式变革、体系重构”。同时，该计划指出，“教师信息技术应用能力基本具备但信息化教学创新能力尚显不足，信息技术与学科教学深度融合不够”。因此，必须提升教师的信息素养，推动教师主动适应信息化、人工智能等新技术变革，全面彻底提高教师的信息化教学能力，以积极有效地开展教育教学。

具体到小学教师来说，小学教师的信息化教学能力包括信息化教学基础能力、信息化教学整合应用能力、信息化教学情境应用能力。① 信息化教学基础能力指小学教师进行信息化教学所具备的基础能力，主要强调教师关于技术基本操作的知识与技能。信息化教学整合应用能力指小学教师能够根据教学需求设计教学活动、整合教学资源的能力，主要强调如何根据教学内容选择合适的教学方法，以及选择合适技术支持的能力。信息化教学情境应用能力指小学教师根据教学情境脉络的变化，选择恰当的技术手段，创设合适的教学环节，形成有效教学决策的能力。

资料链接：关于整合技术的学科教学知识②

2006年，普雅·米什拉(Punya Mishra)和马修·J. 凯勒(Matthew J. Koehler)发表了《技术教学内容知识：教师知识的一种全新框架》一文，明确提出了现代教育技术条件下教师掌握的知识内容，即整合技术的学科教学知识(TPCK)框架，是一种融合技术的学科教学法知识体系研究。

TPCK框架的思想是来自舒尔曼的“学科教学知识”。米什拉和科勒将技术因素介入后的教师专业知识分为7类。TPCK框架中，三种基本的知识要素为：CK(Content Knowledge)，即学科知识；PK(Pedagogy Knowledge)，即教学知识；TK(Technology Knowledge)，即技术知识。三种基本的知识要素相互结合，形成了四种综合性的知识：PCK，即学科教学知识；TCK(Technology Content Knowledge)，即整合技术的学科知识；TPK(Technology Pedagogy Knowledge)，即整合技术的教学知识；TPCK(Technology Pedagogical Content Knowledge)，即整合技术的学科教学知识，如图4-4所示。

① 张哲、陈晓慧、王以宁：《基于TPACK模型的教师信息化教学能力评价研究》，载《现代远距离教育》，2017(6)。

② 节选自王文君、王卫军：《教师信息化教学能力实践分析》，载《现代远距离教育》，2012(3)。

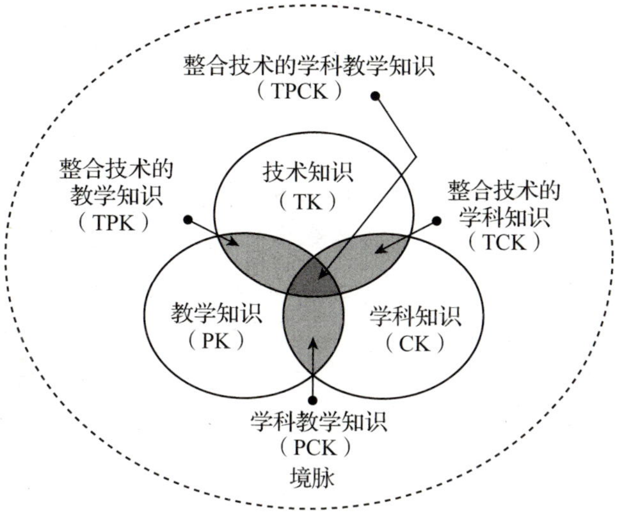

图 4-4　TPCK 框架

TPCK 在强调教师知识的复杂性、多面性和情境性的同时，试图描绘出为了将技术整合到自己的教学之中教师所需掌握的基本知识。

6. 教育研究能力

小学教师要提高专业发展水平，必须具有研究的意识、知识与能力。研究能力指教师研究学生及教育实践的能力。小学教师的研究能力表现为对自己的教育实践和周围发生的教育现象的反思能力，善于从中发现问题、发现新现象的意义，对日常工作保持一份敏感和探索的习惯，不断地改进自己的工作并形成理性的认识。从这个意义上说，教育研究成为小学教师作为专业人员的一种专业生活方式，这是小学教师在专业工作中自主性和自主能力的最高表现形式。小学教师的研究能力还表现为对新的教育问题、思想、方法等多方面的探索和创造能力，运用多方面的经验和知识，综合地、创造性地形成解决新问题方案的能力。这使小学教师的工作更富有创造性和内在魅力。另外，教师创造意识和能力的形成，在教育实践中的成功，会使他重视对学生创造意识和能力的培养。①

案例：　小问题可做大研究②

某附属小学在推进教育科研中的第一个难题就是帮助教师选题。很多教师对“科

① 叶澜：《新世纪教师专业素养培养初探》，载《教育研究与实验》，1998(1)。
② 潘国青：《让教师成为科研高手》，166～170 页，上海，华东师范大学出版社，2017。

研”两字敬而远之，对课题研究不知从何下手。学校科研室为教师提供了一个思路：抓住教学小问题，注重自己经验的积累、总结。即“问题即课题，行动即研究，解决即成果”，立足“小”字，学会“小题大做”，在问题研究中发现规律性的东西。于是学科教师纷纷以教育教学问题为切入口，如语文教师常觉得课堂气氛沉闷，学生的积极性不高；数学教师常头痛于学生的计算能力不好；英语教师苦于文本再构问题。学科教师以课堂教学、外出学习为研究阵地，以解决教学中的问题、切实提高学生的学习质效为研究目的，深入开展了各课题的研究工作；将课题研究与课堂教学同步展开，边教学、边实施、边研究、边反思、边总结，通过开展课题研究，将理论与实际相结合，完善自己的教学方法，形成自己的教学主张。如五年级教师仇婷婷提出“精彩语文”，让学生张扬的思维闪耀课堂；许娇娇老师提出“定制英语”，打造学生自己的专属课堂；俞青老师提出“DIY 创意数学”，让数学学习灵动而精彩。

资料链接：“好老师”的 12 个特征[①]

2008 年发表的一项历时 15 年的对 1000 多名美国在读本科生和研究生展开的纵向定性研究总结出了“好老师”的 12 个特征。

参与研究的或是正在攻读教育专业的学生，或是其他专业但已经在备考教师证的学生。他们需要在一项课后小作文里回答以下问题：在求学之路上，影响你选择教育事业的、令你最难忘的老师身上具有什么样的特征。

通过学生的回答，研究总结出了以下“好老师”的 12 个特征。

特征一：备课充分

特征二：态度积极乐观

特征三：对学生的期望值高

特征四：富有创造力

特征五：公平地对待每位学生

特征六：平易近人，与学生建立良好的个人关系

特征七：创造归属感（体现对教育事业的热情）

特征八：富有同情心，关心学生

特征九：有幽默感

特征十：尊重学生

特征十一：心胸宽广

特征十二：勇于承认错误

① 引自《教师经验越丰富，教学效果越差？》。

仔细推敲，我们发现这12个特征其实可以总结为如下几方面。

一是教师的工作态度，体现为特征一、四、七，即备课充分、富有创造力、创造归属感。充分备课，不断创新，对教育事业充满热情，都源自一位教师的职业操守和工作态度。

二是师生关系，体现为特征三、五、六、八、十，即对学生的期望值高；公平地对待每位学生；平易近人，与学生建立良好的个人关系；富有同情心，关心学生；尊重学生。

学生的学习体验并不仅限于课堂上教授的内容。课上课下的每一次互动、每一次思维碰撞，都会发酵、沉淀，最终融入思想中，成为一生的烙印。

好老师不仅能提升学生的学术成就，更能扮演人生导师的角色，帮助学生发现自我，完善人格，确定目标，建立自信。

对学生寄予厚望的老师，可以提升学生的信心，激发他们的潜能；对每一位学生一视同仁的老师，让学生愿意付出努力，因为每一分耕耘都会得到同样的肯定；关心学生、尊重学生、愿意了解学生的老师，让学生发现自己的人格，了解作为社会的一分子应该如何自处及与他人相处。

师生关系，是成功教学不可分割的一部分。然而偏重应试教育的课堂上，它却往往被忽略。教育始于教书，终于育人，前半部分或许可以需要经验，但后半部分需要的却是无限的耐心和投入。

三是教师的人格魅力，体现为特征二、九、十一、十二，即态度积极乐观、有幽默感、心胸宽广、勇于承认错误。

或许正如上述研究所说的，好老师很难被训练出来，因为人格魅力是衡量好老师的指标之一，而人格魅力却不是靠学就可以学会的。所谓人格魅力，并非仅仅形成于课堂，而是教师人生体验的一个缩影。乐观积极的态度、幽默风趣的谈吐、宽广强大的内心——这些都来源于教师作为人的自我修为。这些修为与教师的成长经历、文化背景和人生心得密不可分。教师的成长不应被限制在课堂内、讲桌前，而应该被放到更大的人生舞台上。

或许这就是为什么有很多老师能够成为学生的楷模甚至“偶像”的原因吧。

二、小学教师专业发展

上文讨论了小学教师专业发展的具体内容，下文则是关于小学教师专业发展的内涵、阶段以及途径的探讨。

(一)小学教师专业发展的内涵

小学教师专业发展，也可以称为小学教师专业成长，是指小学教师在整个专业生涯中，依托专业组织、专门的培养制度和管理制度，通过持续的专业教育，形成专业理念，习得教育教学专业知识，掌握专业能力，从而实现专业自主的过程。它包括小学教师群体的专业发展和小学教师个体的专业发展。①

小学教师群体的专业发展指小学教师职业不断成熟，逐渐达到专业标准，并获得相应的专业地位的过程。它既是小学教师个体专业化的条件与保障，也代表小学教师职业的专业化。小学教师群体的专业发展主要包括以下内容：①小学教育知识技能的体系化，形成学科专业和教育专业。国家对小学教师任职既有规定的学历标准，也有必要的教育知识、教育能力和专业伦理的要求。②国家有小学教师教育的专门机构、专门教育内容和措施，以实现小学教师教育的专业化。③国家有对小学教师资格和小学教师教育机构的认定制度和管理制度。④形成社会公认的小学教师专业团体。

小学教师个体的专业发展指小学教师作为专业人员，从专业理念到专业知识、专业能力等方面由不成熟到比较成熟的发展过程，即由一个专业新手发展成专家型教师的过程。小学教师个体的专业发展内容包括如下。

1. 专业理念的形成

专业理念是小学教师对于小学教育持有的理想与信念，包括对于小学教育本质的基本认识、对于小学儿童的了解、对于小学教育教学活动的价值观，以及专业伦理的理解。专业理念是小学教师在教育教学工作中的世界观和方法论，是小学教师专业行为的理性支点和专业自我的精神内核。

2. 专业知识的拓展

专业知识的拓展包含量的拓展、质的深化和结构的优化三个方面。首先，小学教师专业知识量的拓展方面，是指小学教师要不断地更新知识、补充知识，扩大自己的知识范围。其次，小学教师专业知识质的深化方面，是指小学教师要从知识的理解、掌握到知识的批判，再到知识的创新。最后，小学教师专业知识结构的优化方面，是指小学教师要以广泛的文化基础知识为背景，以精深的学科知识为主干，以相关学科知识为必要补充，以丰富的教育科学知识和心理科学知识为基本知识边界的复合性的主体知识结构，是专业性小学教师追求的目标。专业知识结构的优化还包括小学教师个体独到的感悟、体验和经验总结。

3. 专业能力的发展

小学教师的专业能力就是小学教师的教育教学能力，是小学教师在教育教学活动

---

① 全国十二所重点师范大学：《教育学基础》第3版，129页，北京，教育科学出版社，2014。

中所形成的顺利完成某项任务的能量和本领。小学教师的专业能力是其综合素质的最突出的外在表现，也是评价教师专业性的核心因素。

4. 专业自我的形成

小学教师的专业自我就是小学教师在职业生活中创造并体现符合自己志趣、能力与个性的独特的教育教学生活方式，以及自身在职业生活中形成的知识、观念、价值体系与教学风格的总和。具体包括以下几个方面：自我形象的正确认知、积极的自我体验、正确的职业动机、对职业状况的满意、对理想的职业生涯的清晰认识、对未来工作情境有较高的期望、具有个体的教育哲学与教学模式。① 小学教师的专业自我的形成过程是小学教师在与外界环境的相互作用过程中不断提高教育教学素养的过程，是小学教师职业生活个性化的过程，也是良好教师形象形成的过程。一旦专业自我形成，它不仅影响教师的工作态度和教育行为方式，而且直接影响教育教学效果。

（二）小学教师专业发展的阶段

教师个体的专业发展是一个持续社会化和个性化的过程，具有多阶段特征。一名师范生到新手教师再到合格教师、优秀教师甚至是专家教师，大体要经历职前教育、入职指导和在职培训等重要发展阶段。根据已有的研究成果，以及小学教师在不同发展阶段表现出的专业素养水平，小学教师专业发展的阶段大体可以分为准备阶段、适应阶段、独立阶段、成熟阶段和创造阶段 5 个阶段。②

1. 准备阶段

准备阶段是指小学教师从事教育工作以前的阶段，是职前接受师范学院、师范大学或综合性大学的初等教育学院等机构的系统培养阶段。这个阶段主要是专业准备和学习，形成正确的专业理念，树立对小学教育本质、小学儿童、小学教育教学活动、专业伦理等的正确认识，形成健康的心理、高尚的道德和健全的人格，同时也要初步形成从事小学教师工作所需要的知识基础、基本能力和教学技能。

2. 适应阶段

适应阶段是指小学教师走上工作岗位，初步适应教育教学工作，具备基本的教育教学能力以及其他素养的阶段。该阶段的周期大体为 1～3 年。这一阶段的小学教师通常会先接受入职新教师的岗位培训，以便更快地适应工作环境。新入职的小学教师往往以优秀教师、老教师为模仿的对象，对具体工作环境中所接触的规范化的教育教学方式、方法和手段进行选择和评价，较多地移用他人的成功经验。这一阶段从教的体

---

① 全国十二所重点师范大学：《教育学基础》第 3 版，130 页，北京，教育科学出版社，2014。

② 饶从满：《小学教师专业发展》，77～92 页，上海，华东师范大学出版社，2020；朱小蔓：《中国教师新百科・小学教育卷》，224～225 页，北京，中国大百科全书出版社，2002。

验和获得的评价，对小学教师个体专业情感态度的发展和今后专业发展目标的确立有重大影响。

资料链接：小学新教师入职适应过程中产生的问题①

下面是对一名小学新教师的访谈片段和问题分析。

(1)角色转换问题

W老师："有时候感觉有点累，因为社会竞争压力大，而且社会、家长对教师职业的期望太高。有些家长就认为教师就应该把孩子教好，因为教师做的就是这个工作。事实上每个孩子都是不同的。教师想要做到因材施教，做到让每个家长都满意，对于我们这些刚上班不久的新教师来说，没有什么经验，有时候真感觉有点力不从心。"

新教师都是从师范院校刚刚毕业的学生，他们原来的身份一直是学生。在工作之后，他们由学生变成教师，由受教育者变成学生班级的组织者与管理者、课堂教学的设计者与实施者、学生学习动机的激发者，变成教书育人的专业人员。然而由于有些新教师在刚走上工作岗位之初缺乏一定的思想准备和心理准备，很难对自身的教师角色做出准确的定位，出现角色混乱的现象。当他们遇到教育教学中出现的各种问题时往往表现得手足无措，不能灵活有效地处理。

(2)教学业务适应问题

W老师："刚开始上课的时候不知道一节课该如何去上，不明白对于低年级的孩子来说什么是适合他们的，只是想着一定要把教学内容尽可能详细地讲给他们，无形中不能把教学内容简明扼要地讲给他们。记得刚开始教授这10个数字的时候就是因为觉得特别简单，只用了10分钟就把10个数字讲完了。可是剩下的30分钟就不知道该做什么了。那个时候我根本不知道重点、难点在哪里。一年级孩子还存在纪律性问题，当时的我都不知道该如何正确地解决。第一次上公开课的时候自己感到特别紧张，事后仔细想想就觉得好多地方都不尽人意。那个时候我不知道怎么去上课，后来就去听师父的课模仿师父授课，再结合自己的，这才慢慢有了自己的上课风格。"

在实际教学中，随着教学实践的深入，有些新教师会慢慢发现在师范院校期间学到的教育理论知识不足以解决现实中遇到的实际问题。在处理一些课堂突发事件时，他们往往刻板地套用一些理论和规则，缺乏灵活性……虽然这些新教师在普通话、板书书写与设计、多媒体运用方面的水平普遍较高，但他们教案编写水平低，教学灵活性低，采用的教学方法单一，不能灵活运用任务型教学法，很少组织开展课堂探究性学习，不能有效提升学生的学习兴趣，教育科研总体能力较低。

---

① 节选自高鑫：《小学新教师入职适应性的个案研究》，载《基础教育》，2013(4)。

3. 独立阶段

独立阶段是小学教师在初步适应教育教学工作之后，继续锻炼提高自己的教育教学能力和素养，使之达到熟练程度，也就是经验型教师的专业发展阶段，一般出现在工作以后的3～4年。在这个阶段，业已安心任职的小学教师，日益摆脱模仿的束缚，逐步积累和运用自己的实践经验，独立完成教育教学工作的各个环节，包括组织各种教育活动，进行教学设计、课堂教学、课后辅导和教学评价等。这个阶段通常是小学教师教育教学能力提高最快的阶段。但是部分小学教师在发展阶段获得独立操作的能力和地位，能较为熟练地承担本职工作之后，容易满足，发展愿望和学习效率降低，学习进步速度减缓甚至停滞。能否具有较强的自主发展意识，自觉接受多种形式的继续教育，成为小学教师专业成长过程中的一个重要关口。相当数量的小学教师未能进入更高层面的发展阶段，基本上属于经验—技术型，最终往往只能成为熟练的“教书匠”。

4. 成熟阶段

成熟阶段是指那些具有较强自主发展意识的小学教师的发展阶段，一般出现在工作以后的5～6年。这是骨干教师的形成阶段，也是他们对教育教学的科学和艺术自觉进行探求的阶段。成熟阶段的小学教师在独立从事教学工作的基础上，不断反思，力求在特定的文化环境中突破自己，超越同伴。他们能在不同程度上开展教育行动研究，对教育教学内容的组织以及已有模式的运用等方面逐步进行变革，重视教育教学效率的提高，经常体会到发展的快乐和停滞的痛苦。这部分小学教师在完成了“经验—技术型”向“实践—反思型”的角色转换以后，一般会存在两种发展趋势。一种趋势是坚持不懈地进行自我反思，长久维持并逐步强化在教育教学工作中进行创造的内驱力，不仅对教育教学的结果保持浓厚兴趣，而且对教育教学过程本身也产生浓厚兴趣，开始形成终身学习的习惯，尝试进行创造性的改革实验。另一种趋势是取得高级职称或某种荣誉便开始满足，逐步失去积极进取、自主创造的精神和锐气，最终停滞不前，而成为“高级教书匠”。

5. 创造阶段

创造阶段指那些事业心、进取心较强的小学教师的发展阶段，一般出现在工作以后的8～10年。这样的小学教师坚持自主学习，在行动中研究，从反思中成长，自觉地构建个人化的教育哲学，工作充满创造性，在教育教学过程中各方面、各环节都有独特而稳定的表现，形成并不断发展自己的教学风格，教育教学实践中刻意追求的痕迹越来越少。更重要的是，他们能够不断总结出自己的新鲜经验并上升到理论，在完成由“反思型”到“专家型”的角色转换之后，依然保持自主反思、自我发展的内在冲动，以增强自己的创新意识和创造能力。

资料链接：李吉林的成功经历对教师专业发展的启示①

李吉林是江苏南通师范学校第二附属小学的语文教师，因为情境教育的开创性研究所取得的成就被评为改革开放30年“中国教育风云人物”。李吉林1956年中师毕业，坚守小学教育岗位几十年。这位“我的大学在小学”“小学成了我的大学”的小学教师，经过不懈的努力最终成长为“从教师中走出的教育专家和儿童教育家”，更是“小学教师中走出的教育家”。虽然李吉林的专业境界是许多教师难以到达的，但她的成功经历对广大教师的专业发展有着诸多的有益启示。

第一，专业情怀是教师专业发展的内在动力。热爱教育、热爱学生是教师专业情怀的核心。李吉林用一句话来概括几十年的教育生活感悟：教育需要激情和想象，教育需要情感和创新。李吉林的教育生活就是用情感创新教育的历程。年轻时她在教育工作岗位上就怀着满腔的热情和对未来的追求。虽然有好多次离开小学的机会，但她一直有着当好一名小学教师的决心。

第二，生活境遇是教师专业发展的宝贵财富。李吉林出身贫寒，生活道路历尽坎坷。但她并没有因境遇的坎坷而迷失理想的方向，而是不停地坚持，努力奋斗，一点点收获成绩与荣誉。一个人无论是处在顺境还是逆境，只要有志向，就能获得永远前进的动力。

第三，关键事件是教师专业发展的飞跃契机。关键事件是指教师个人生活中对教师专业成长有重要作用的事件。一方面，它能给教师创造一些选择和改变的机会，表现为教师对自我已有的内在专业结构合理性、适应性的评价和最终决策，也可能包含教师对长期累积所形成的教育教学经验的体悟。另一方面，它可能引发教师的自我澄清过程、个人思维的清晰化过程，促进包括教师个人教育观念在内的教师专业结构的解构和重构。

第四，实践反思是教师专业发展的基本规律。教师光有经验的积累是不够的，还需要对自己的积累进行剖析和研究。李吉林倡导“教师应该是思想者”，她的情境教育理论的创立经历了从情境教学到情境教育再到情境课程的“三级飞跃”。其中的每一级飞跃都是实践与反思的结晶。

第五，终身学习是教师专业发展的源头活水。李吉林始终把工作、学习、研究结合在一起，“学、思、行、著”一条龙，创造了情境教育特有的研究范式。她说：“光摸索做不深也做不长，只有把学习理论和探索的实践结合起来，才会产生新的认识。产生新的认识以后，再去进行新的实践，如此反复才能进入新的境界。”她的情境教育理

① 节选自梅云霞：《李吉林对教师专业发展的启示》，载《中国教育学刊》，2010(9)。

论的构建过程折射着她不断学习的身影。

李吉林在走上小学教学岗位之后，一直没有停下提升“学力”的步伐，主要表现为三个方面的特点。首先是广泛涉猎专业性知识。李吉林说，所有的小学语文课文都可以看作文学，小学语文“似小实大，似易实难，似浅实深，似近实远”。没有好的文学功底，就无法较好地解读作品本身。深入才能浅出，深入才能美出。其次是“沿坡探源”。阅读文学理论著作，特别是阅读刘勰的《文心雕龙》、王国维的《人间词话》，从中汲取“意境说”有关“真”“情”“思”“美”的有益营养，构建和发展真正属于自己的情境教育实验规范和理论体系。最后是无限地投入条件性知识的学习。教师的条件性知识就是指从事教育教学工作所必需的教育学和心理学等方面的知识。李吉林正是这样的专家，她系统而又精深地研读了孔子、王阳明、蔡元培、陶行知、陈鹤琴、卢梭、夸美纽斯、杜威、马卡连柯、皮亚杰、布鲁纳等的著作，从那里汲取了丰富的理论养料。

资料链接：“自我更新”取向的教师专业发展阶段①

我国研究者叶澜、白益民等关注教师专业发展中教师自身的重要性，从“自我更新”取向角度对教师专业发展阶段及特征进行了深入研究，分为如下五个阶段。

①非关注阶段。它指进入正式教师教育之前的阶段。立志从教者有意无意地以非教师职业定向的形式形成自己较为稳定的教育信念，具备一些“直觉式”的“前科学”知识。这个阶段虽谈不上教师专业能力的发展，但他们在语言表达能力、交往能力和组织管理能力等与教师专业发展密切相关的一般性能力方面得到很大的发展。这为他们正式从教打下了一定的能力基础。

②虚拟关注阶段。这一阶段主要是指师范教育阶段（包括实习期）。在这一阶段，师范生的身份是学生，至多只是准教师。由于缺少专业教师的体认，师范生的自我专业发展意识淡薄。师范生原有的教育观念会对其教师教育阶段的学习起到“过滤器”的作用，使其专业发展程度受到限制。而在考虑到师范生的原有教育观念并有意识干预的情况下，师范生可以改变原有的教育观念而接受新的教育观念，其专业知识和能力等会朝着更为积极的方向发展。此外，如果实习期较长，师范生可能会出现自我专业发展意识的萌芽，为进入正式任职阶段打下良好基础。

③生存关注阶段。这一阶段是教师专业发展的一个关键阶段。师范生不仅面临向正式教师角色的转换过程，而且面临现实的冲击，即大学所形成的理想的教育观念无法转化为实际的教育教学技能所产生的无助感。在这一阶段，教师专业发展主要集中在专业态度和动机方面，尚难以过多地顾及专业知识与能力的发展。在现实的冲击下，

① 叶澜、白益民、王枬等：《教师角色与教师发展新探》，277～306页，北京，教育科学出版社，2001。

教师的自我专业发展意识发生了某些消极的变化。

④任务关注阶段。在度过生存关注阶段之后，决定留任的教师逐渐进入任务关注阶段。这是教师在专业素质结构方面稳定、持续发展的阶段。随着教学基本知识、技能的掌握，教师的自信心日渐增强，由关注自我的生存更多地转到关注教学上来，由关注“我能行吗?”转到关注“我怎样才能行?”上来。与前一阶段相比，这个阶段的教师专业态度较为积极、稳定，至少从心理上接纳了教学工作，决心为此做出自己的贡献，自我发展意识又向积极的方向迈进一步。

⑤自我更新关注阶段。处于该阶段的教师已经具备相当的教育教学经验，其专业发展的动力转移到专业发展自身，不再受外部评价或职业升迁的牵制，直接以专业发展为指向。同时，教师已经可以自觉依照专业发展的一般路线和自己目前的发展状况，有意识地自我规划，以谋求最大程度的自我发展，经常保持专业发展的自我更新取向。

(三)小学教师专业发展的途径

小学教师个体专业发展的途径主要包括职前教师培养、新教师入职培训、教师在职培训和教师自我教育。

1. 职前教师培养

职前教师培养是教师个体专业发展的起点和基础。小学教师的职前培养建立在小学教师专业特性的基础之上，注重小学教师专业理念体系的形成，构建小学教师所需要的专业知识和专业能力的课程体系，加强教育理论与实践的联系，建立有效的教育实习制度。

2. 新教师入职培训

新教师入职培训是20世纪70年代发展起来并被人们广泛接受的一种促进教师专业发展的指导措施。小学教师入职培训是指小学教师从受聘上岗到转正前这一段时间内所接受的指导和训练。通过接受有计划、有系统且持续的支持和帮助，新教师能尽快适应教师角色，提高教学的有效性。一般来说，已取得教师资格尚未上岗的新任教师必须接受不得少于一个月的入职教育。入职教育作为中间环节，就像一座桥梁把职前教师培养与职后培训连接起来。近年来，入职教育更加多样化，更加关注新教师个性化的成长和需求，同时重视构建教师学习共同体，通过课例研究、参与式培训、同伴互助、现场观摩、专家点评、导师带教等模式，促进教师的专业成长。

3. 教师在职培训

教师在职培训主要是为了适应教育改革与发展的需要，为在职教师提供的适应教师专业发展不同阶段需要的继续教育。1999年，教育部制定并颁布了《中小学教师继续教育规定》，对于中小学教师培训的原则、内容、类别、管理、考核与奖惩、条件保障等方面做了全面规定。中小学教师培训应坚持“因地制宜、分类指导、按需施教、学用结合”的原则。小学教师的在职培训主要包括教学反思、校本培训、校外专业支援与合作等形式。

资料链接：教师专业发展学校[①]

教师专业发展学校的概念最初是由美国的教育改革者于20世纪80年代提出的。具体来说，教师专业发展学校是指由学校和大学教育学院共同创建的一种新型学校。教师专业发展学校是通过以校为本的合作伙伴关系的建立，完善职前教师教育和在职教师教育的学校。大多数学者认为，教师专业发展学校的创建基于这样一种共识：“中小学若要变革进步，就需要有更好的教师。大学若想培养出更好的教师，就必须将模仿中小学作为实践的场所。而中小学若想变为模范学校，就必须不断地从大学接受新的思想和新的知识；若想使大学找到通向模范学校的道路，并使这些学校保持其高质量，中小学和大学教育学院就必须建立一种共生的关系，并结为平等的伙伴。”合作是教师专业发展学校的核心特征。因此，教师专业发展学校可以叫作伙伴学校。

1986年，第一所教师专业发展学校在美国马萨诸塞州波士顿市诞生。该专业发展学校由爱德华·迪沃深学校（Edward Devotion School）和维洛克学院（Wheelock College）合作共建；到20世纪90年代初，美国已创建了100多所教师专业发展学校；到2000年年初，美国已建立1000多所教师专业发展学校。在美国教师专业发展学校的影响下，美国教师教育领域出现了临床实践型教师教育和城市教师驻校培养模式（Urban Teacher Residency Models）等新模式。回顾教师专业发展学校的发展历程，不管是早期建设的教师专业发展学校还是新出现的模式，其所追求的愿景是相通的，即大学和中小学合力共建共同体。

4. 教师自我教育

小学教师的自我教育就是专业化的自我建构，它是教师个体专业化发展的最直接、最普遍的途径。[②] 小学教师自我教育的方式主要有经常性的系统的自我反思、主动收集教育改革信息、研究教育教学中的各种关键事件、自学现代教育教学理论、积极感受教学的成功与失败等。教师自我教育是形成专业理念、掌握专业知识、提高专业能力的关键。

① 参见经柏龙：《美国教师专业发展学校ABC》，载《教育科学》，2008(5)；王丽华：《大学与中小学合作的国际案例研究》，52页，杭州，浙江工商大学出版社，2018。

② 全国十二所重点师范大学：《教育学基础》第3版，134页，北京，教育科学出版社，2014。

第三节
小学师生关系

师生关系是指教师和学生在教育教学活动中，通过各种交往形式而形成的一种特殊的人际关系，包括彼此的地位、所起的作用、相互的认知和态度等。① 它是一种特殊的社会关系和人际关系，是教师和学生为实现教育目标，以各自独特的身份和地位通过教与学的直接交流活动而形成的多性质、多层次的关系体系。

对于处于小学阶段的儿童来说，师生关系显得尤为重要。这是因为与婴幼儿阶段与中学阶段相比，师生关系是小学阶段儿童的主导人际关系。② 在婴幼儿阶段，儿童的主导人际关系是亲子关系。而随着年龄的增加，儿童的同伴关系的地位越来越高；到中学阶段，同伴关系就会成为儿童的主导人际关系。作为小学儿童主导人际关系的师生关系会影响儿童的自我概念、在校表现以及情绪管理等方面的发展，而且对他们的其他人际关系如同伴关系等都有重要影响。另外，高水平的师生关系可以提高学生的学业表现，并且减少学生的问题行为。良好的师生关系有助于解决儿童的适应问题，能有效地减少儿童的反社会行为。因此，构建良好的师生关系是小学教师非常重要的责任与使命。

下面我们就从小学师生关系的类型、小学师生关系发展的特点、小学师生关系对小学生发展的影响以及如何构建小学良好的师生关系四方面来展开讨论。需要指出的是，关于小学师生关系类型以及发展特点的讨论主要依据心理学的研究。心理学层面师生关系研究的理论基础是依恋理论。依恋理论的产生基于弗洛伊德的观点，弗洛伊德提出爱的根源在婴儿期，在母亲的怀抱，在于我们的早期经验之中。婴儿同母亲的联系是最早也是最长的关系，是以后所有心灵事务的原型。英国心理学家约翰·鲍尔比(John Bowlby)认为弗洛伊德的这一观点是对亲密关系发展最有价值的洞见。在此基础上他开始对婴儿—父母关系进行系统研究，并提出依恋行为系统理论。鲍尔比的同事玛丽·安斯沃思(Mary Ainsworth)创造了一种叫作陌生情境的技术来对婴儿依恋进行测量，发现至少有三种依恋类型：安全型、焦虑型和回避型。③ 小学师生关系是亲子依恋的延伸，反映了教师和学生的情感联结，在塑造儿童学校经历和适应方面起着举足轻重的

① 朱小蔓：《中国教师新百科·小学教育卷》，187页，北京，中国大百科全书出版社，2002。
② 宋德如、刘万伦：《中小学生师生关系发展特征研究》，载《心理科学》，2007(4)。
③ 肖君政、江光荣：《成人依恋理论的研究》，载《中国行为医学科学》，2006(9)。

作用。因此，关于师生关系类型以及发展特点大多都建立在此三种类型的基础上。

一、小学师生关系的类型

心理学研究表明，小学师生交往的过程中具有三个重要的因素，即冲突性、亲密性和反应性。[①] 冲突性指师生间是否经常具有情绪、行为上的冲突；亲密性指是否具有亲密相处、相互接纳的态度和行为；反应性指是否具有情绪、认知上的主动反应。正是这三个因素构成了师生关系的内在结构，同时也是影响师生交往过程的重要因素。在幼儿园，幼儿与教师的关系在很大程度上还继续着亲子依恋的特点。这是由幼儿的发展水平及心理需要所决定的。但儿童到了小学以后，随着生活方式的变化，他们与成人的交往也在发生着变化。小学阶段的师生关系虽仍然保留着冲突性和亲密性的性质，但幼儿对教师的依赖已转化为反应性。也就是说随着儿童年龄的增加，积极主动性的增强，特别是自我意识的发展，儿童已经从心理上的依附发展为主动的反应。因此，根据以上师生关系结构的冲突性、亲密性和反应性的不同特点，小学师生关系表现为亲密型、冲突型和冷漠型三种类型。

(一)亲密型

该类型关系中儿童与教师的亲密情感联系更多，师生之间具有相互信任、相互接纳的关系。师生关系具体表现为学生尊重信任教师；在教育教学活动中，师生能够密切合作，学生能主动与教师交往。该类型是一种积极、良好的交往类型。

(二)冲突型

该类型关系中儿童与教师的冲突频率较高，与教师有一定的情感联系，但与教师的冲突性较明显。师生关系具体表现为学生畏惧、不喜欢教师；师生间疏远，有对立情绪；在教育教学活动中，师生不配合，学生表面付出，但内心反抗；学生和教师的交往少，还容易发生冲突。

(三)冷漠型

该类型关系中儿童与教师的冲突最少，但儿童与教师的亲密联系也最少，对教师的过度反应最高。因而师生间的关系具有冷漠反应的特点，师生间没有亲密和谐的情感联系，是一种消极的师生交往类型。师生关系具体表现为学生既不害怕也不喜欢教

---

① 王耘、王晓华、张红川：《3—6 年级小学生师生关系：结构、类型及其发展》，载《心理发展与教育》，2001(3)。

师；师生间既有最少冲突，也有最少亲密，情感冷漠；在教育教学活动中，师生不合作，也不对抗，各行其是。

二、小学师生关系发展的特点

小学师生关系的发展具有显著的年龄特点与性别特点，如下。

(一)小学师生关系发展的年龄特点

大量的心理学研究发现，小学师生关系的发展具有明显的年龄特点。① 从亲密性来看，儿童进入小学后，逐渐从亲子依恋转向渴望教师的关爱。儿童与教师的亲密性随其年龄的增加而降低，低年级阶段师生关系的亲密性下降趋势不大，但是研究显示，12 岁儿童与教师的亲密性显著低于 10 岁儿童。② 也就是四年级以后，随着同伴关系在儿童人际交往中的地位提升，除少数学生外，大部分儿童对教师爱的期望逐渐降低。因此在小学四年级师生关系变化最大。原因在于：①学生的社会认知能力不断提高，对教师的认知更具有批判性的眼光，开始客观地评判教师的行为。同时，学生自身的积极主动性也在不断地发展，渴望得到成人的尊重和平等的对待。如果教师忽略学生的心理需要，采取高控制的方式进行师生交往，如引起学生的逆反心理，会导致师生关系的紧张。②随着年级的升高，学习任务越来越繁重，给学生造成了一定的心理压力。尤其到了六年级以后，学生面临升学的压力。在这种情况下，学生与教师的情感联系就会逐渐减少。③

亲密性主要反映在师生关系的情感方面，体现着师生在正式关系以外以满足需要而建立的一种心理关系。它受教育制度、社会文化的影响较小，受教师自身素质的影响较大。教师的教学效果、人格魅力、处事方式和性格特质等都影响学生与其交往的亲密程度。因此，师生关系的亲密性受教师自身因素的影响较大。

从主动性上看，在小学低年级，由于学生具有较高的向师性，加之本身具有活泼性、冲动性、模仿性和表现欲等特点，他们乐意与教师交往，并期望从教师那里获得更多的关爱。随着年级的升高，学生的认知能力、自我意识逐渐发展，其冲动性、模仿性逐渐降低，同时班级群体可能会给少数好献殷勤、好向教师报告的学生以更多的心理压力。这都可能导致学生与教师交往的主动性降低。

此外，有些教师工作忙，不愿学生过多“打搅”他们，在很大程度上削弱了学生与

① 宋德如、刘万伦：《中小学师生关系发展特征研究》，载《心理科学》，2007(4)。

② 张凤、高慧贤、雷秀雅：《儿童的教师权威认知与师生关系的关系》，载《中国心理卫生杂志》，2016(5)。

③ 王耘、王晓华、张红川：《3—6 年级小学生师生关系：结构、类型及其发展》，载《心理发展与教育》，2001(3)。

教师交往的主动性。从学生的角度来看，随着年级的升高，过重的课业负担使学生很少有时间与教师进行交往。加上师生年龄的差异，学生的交往对象更多地不倾向于教师，在一定程度上影响了学生和教师交往的主动性。

从合作性上看，对于小学低年级儿童来说，他们更乐于与教师合作，甚至把能与教师合作看作一种奖赏。随着年级的升高，儿童越来越把与教师的合作建立在履行教师所布置的任务的基础上。虽然学生仍愿意与教师合作，但与低年级相比，其高兴程度已开始降低。

随着年级的升高，学生的课业任务越来越多，师生把更多的精力放在课业表现的提高上。同时，伴随课程的增多与分化，教师的工作分工变细，工作职能单一化，师生交往变得相对较少。除班主任外，某一任课教师往往只在一门课上与学生进行交往。对于学生来说，由于学业任务变重，教师对其要求越来越高，家长的管教越来越严，学生的心理负担越来越重。这使得学生往往只忙于课业任务，忙于应付教师和家长的要求，较少时间考虑如何与教师交往。也正是如此，导致了师生交往的亲密性、主动性和合作性降低。

(二)小学师生关系发展的性别特点

小学师生关系还存在明显的性别差异。大多数心理学家认为，男女儿童在言语表达上存在差异，女生在言语表达的清晰性、流畅性和情感性等方面都优于男生。在人际交往过程中，善于表达自己的思想和感情的人无疑可以更好地进行人际交往。同时，由于女生的问题行为相对较少，与教师的冲突与矛盾较少，因此与教师有更多的亲密关系。而一些男孩则表现出较高水平的反社会行为，与教师的交往中表现出更多的冲突性。在小学阶段，女生因其顺从、听话、宜人性等特点更容易受到教师的喜爱，并因此有更多的机会参与学校、班级的活动。① 另外，女生与教师的关系相对较稳定，男生与教师的关系随年级升高相对变化较大。小学低年级男生对教师的依赖性较大，希望获得教师更多的支持。随着年级的升高，男生与教师交往的亲密性、主动性和合作性迅速下降。而女生与教师交往随着年级的升高变化不大。女生可能更多地希望获得别人的支持，有较强的交往倾向和归属感，而男生往往更倾向于变化与自主。

三、小学师生关系对小学生发展的影响

师生关系是学校中的重要人际关系，反映了教师与学生之间通过动态的相互作用而形成的认知、情感和行为各层面的联系。它是学生学业、情感等方面的支持源，贯

① 王耘、王晓华：《小学生的师生关系特点与学生因素的关系研究》，载《心理发展与教育》，2002(3)。

穿于整个教育的始终，直接关系到学生的健康成长。下面仅从师生关系对于小学生自我概念形成和创造性发展两方面的影响来展开讨论。

(一)师生关系对小学生自我概念形成的影响

自我概念是个体关于自己的特点、能力、外表、态度、情感和价值等方面的整体认识，即个体把自己视为客观对象所做出的知觉。① 在儿童发展过程中，儿童生活中的“重要他人”对儿童的评价、与儿童的互动，深刻地影响着儿童对自我的构建。儿童进入小学后，小学教师逐渐成为儿童生活中的“重要他人”。小学教师在日常的教育教学过程中不断对儿童的学习、情感、态度、行为等进行评价，并在与儿童的互动过程中形成具有重要的情感联系的关系。特别是在小学阶段，儿童的自我评价仍然在一定程度上有赖于他人的评价。由于教师的权威和地位，来自教师的评价对儿童的发展具有非常重要的意义。教师的评价、师生交往的特点不仅直接影响师生关系，而且在一定程度上影响着儿童的其他人际关系。

师生交往的特点与小学生的自我概念发展具有密切的关系。② 师生关系的亲密性是师生情感联系的体现，来自教师的信任、尊重和期望会使学生建立与教师的依恋关系，获得社会支持，提高自信心，强化自我效能感，并提高心理承受能力。师生交往过程中的冲突则反映了师生之间的矛盾和不一致。这种冲突表现是多方面的，既有教师对学生在学习上的期望、要求与学生的需要和实际表现的差异所引发的矛盾，也有教师的教育行为与学生的情感、态度的不一致所产生的心理冲突。当师生交往具有不平等的特点，处于强势的教师对学生的各方面均有一定的控制作用。冲突型的师生关系对学生有更多的消极影响，尽管小学阶段中师生关系的冲突尚未成为师生关系中的重要特征，但对学生自我概念发展的作用却是不可忽视的。

处于冷漠型和冲突型师生关系中的小学生在自我概念发展方面都低于处于亲密型师生关系中的小学生。冷漠型师生关系表现的是一种缺乏交往、相互漠视的关系，学生对教师的态度是拒绝、回避的，而教师也是放任自流、不管不顾的教育态度。这使得学生不能从作为“重要他人”之一的教师身上获得积极的、客观的评价，也难以形成正确的自我概念。因此，师生关系的亲密性越高，越有利于学生在与教师交往中获得精神支持和心理满足，从而正确地认识自我；师生之间的反应性越高，冲突性越低，就越有利于学生获得积极的社会交往经验，提高社会认知能力，正确地认识与同伴、父母的关系，以及正确地评价自己的一般状况。

---

① 王耘、叶忠根、林崇德：《小学生心理学》，255～264页，杭州，浙江教育出版社，1993。

② 林崇德、王耘、姚计海：《师生关系与小学生自我概念的关系研究》，载《心理发展与教育》，2001(4)。

资料链接：皮格马利翁效应[①]

皮格马利翁效应有广义和狭义之分。广义的皮格马利翁效应是指人际期待效应或者人际自我实现预言。一个人期待其他人有什么样的行为，事实上其他人就会有什么样的行为。狭义的皮格马利翁效应是指教师对于学生表现的期待效应。

……

教师给予孩子更高的期待时，他们能变得更聪明。

已有多个实验对人际期待效应现象或广义的皮格马利翁效应进行了研究。通常得到的效应强度是很明显的：如果我们被引导期待别人会有某种行为，较多情况下我们会得到这种结果；如果我们不被引导期待这种行为，则得到相应结果的情况较少。

(二)师生关系对小学生创造性发展的影响

创造性思维的核心是发散思维，即根据已有信息，从不同角度、不同方向思考，多方面寻求多种答案的一种展开性思维方式。它具有流畅性、独特性、变通性三大特征。思维联结是创造性思维产生作用的基础。创造性思维受心理因素与环境因素的制约，具有复杂的构成。也可以说，创造性是个体、领域及范围交互作用的结果。当个体创造产出一种观点或产品之后还不能被认定为具有创造性，因为其新颖性和适当性还需要被领域中的专家(范围)进行评定。只有范围认定该产品满足了相关标准，它才能得到认同并被传播。[②] 从这一意义上说，创造性受到文化、社会和个人背景因素的影响，创造性只有在这些因素的互动中才能得以彰显。

小学教师作为学生日常生活中的重要他人，不仅是学校环境中重要的发展性资源，同时也组成了一个范围，扮演着学生创造性的“把关者”角色。也就是说小学教师是学生创造性发展的一种重要的环境因素。小学教师作为学校环境领域内的专家，决定什么样的反应和产品是具有创造性的，他们所制定或默许的标准将成为学生在发展创造性时所必须参考的依据。研究发现，师生关系作为一种重要的支持源，能够为学生提供心理上的安全感和被支持感，进而直接影响儿童对自己能力的积极评价和信念，使

---

① [美]米歇尔·刘易斯-伯克、[美]艾伦·布里曼、[美]廖福挺：《社会科学研究方法百科全书》第二卷，高勇、李洋、叶鹏飞主译，1073页，重庆，重庆大学出版社，2017。

② 师保国、王黎静、徐丽等：《师生关系对小学生创造性的作用：一个有调节的中介模型》，载《心理发展与教育》，2016(2)。

得他们敢于快速、大胆地进行创造性表达。[①] 但在某种程度上，较为亲密的师生关系可能使得学生比较顺从于教师的期望，进而阻碍思维的灵活性发挥。也就是说，积极的师生关系能够通过创新效能感促进学生的创造性思维发展，同时这一作用还会由于开放性水平的提升而加强。因此，小学教师应充分重视高质量师生关系的建立，同时还应重视引导学生对新知识、新经验的学习与包容，依托于开放性的发展，进一步加强创造性培养的效果。

四、如何构建小学良好的师生关系

根据前文对于小学师生关系的分析，小学良好师生关系的核心特征就是亲密性。亲密性包含了师生之间的温暖性和开放性的交流。如果教师与学生之间是亲密的，就可以使学生对学校产生积极的情感和态度。

师生关系亲密性的前提则是良好的亲子关系，这是因为师生关系是亲子依恋的延伸。但两种关系又有所不同，家庭成员彼此是在天然血脉关系基础上的休戚与共，是一种自然本能的需要；而学校作为一个雏形社会，师生之间是一种有意或刻意建立的人际关系，是一种社会建构的需要。对于刚刚跨进小学校门的儿童来说，教师作为他者，不是被儿童经验为共同生活的人，而是被经验为异己的他者。与家庭生活共同体相比，师生彼此必须选择与他者休戚与共。而在学校背景中，无论一个儿童是否愿意，他的学校生活都得与教师发生关联。学校生活中的师生关系是以家庭生活共同体中的亲子关系为背景的，也正是由于这个原因，要想构建良好的师生关系，和谐的亲子关系是前提，小学教师承担“替代父母”之职是基础，作为师生所处共同体的学校提供健康积极的管理与支持是保障。

(一)和谐的亲子关系是构建良好师生关系的前提

儿童在亲子关系中获得的他者经验与情感经验在一定程度上构成他理解师生关系的内在前提。[②] 换言之，一位儿童与父母的交往经验为他对待师生关系提供一种指引和规范性模式，构成其处理师生关系的内在意识前提。儿童往往凭借他与父母交往的经验来理解他与教师的交往，并从中逐渐意识到其中的同与异。而这个“求同存异”的过程就是其自我意识成长和情感丰富的真实体验过程。

---

① 师保国、王黎静、徐丽等：《师生关系对小学生创造性的作用：一个有调节的中介模型》，载《心理发展与教育》，2016(2)。

② 朱晓宏：《他者经验与儿童成长：师生关系的另一种解读——基于舍勒的情感现象学理论视域》，载《教育研究》，2011(9)。

心理学研究表明，父母身体管教可通过两条路径对师生关系产生消极影响。[①] 首先，父母身体管教可以直接预测儿童较差的师生关系。在家庭中，父母是儿童的主要交往对象。冲突的亲子互动对儿童的社会认知产生消极影响，使儿童习得用攻击或敌对的方式来处理与成人(如教师)的人际关系。所以儿童从父母身体管教中习得的不良交往方式可能导致消极的师生关系。其次，父母身体管教可通过损害儿童的自我控制能力进而对师生关系产生消极影响。这可能是由于父母在实施身体管教时往往伴随着情绪和行为失控，儿童很难习得自我控制技能。而自我控制水平低的儿童往往表现出消极行为，与教师有更多的消极互动，无法得到教师更多的积极反馈，且可能使儿童与教师之间的冲突性增加，无法形成一种温暖的、支持性的师生关系。因此，切实减少父母的身体管教，提高儿童的自我控制能力，都可能是改善师生关系的有效途径。

另外，儿童进入小学，尤其是进入小学高年级后，教师扮演着越来越重要的角色，对儿童的影响逐渐增加。师生关系对于儿童发展有重要的作用，良好的师生关系有利于父母更好地控制儿童的问题行为，同时改善亲子关系。因此，在以后的教育实践中，小学教师应该更加注重促进师生关系的培养，并且加强教师和父母之间的沟通和合作，共同促进孩子的良好发展。[②]

(二)小学教师承担“替代父母”之职是构建良好师生关系的基础

家庭是一个孩子获得他者经验的原初居所，一个孩子的家庭生活经历形成他最基本的生活体验。着眼于儿童的成长，学校必须成为儿童的第二个家。“学校教育和家庭教育一样，关键在于关系，而非控制。”[③]当孩子从家庭走进学校以后，父母不可能对孩子的呼唤做出及时的回应，最可能的替代者就是教师。因此，教师必须不断提醒自己留意自己与孩子之间的“替代父母”关系，尽可能协助孩子的父母完成育人责任。[④] 抚养孩子和教学均来自同样的教育学基本经验：保护和教导年青一代如何生活，学会履行神圣的人类职责，即为自己、为他人和为世界的延续和幸福承担责任。教师要像父母一样，建立起对学生的深厚感情和喜爱。因此，师生交往就是要鼓励儿童扩展其在家庭生活中已获得的亲子关系体验与理解。

小学教师与学生并没有像父母与孩子一样有血缘关系，那么小学教师要成为“替代

---

① 孙琰、王美芳：《父母身体管教与儿童师生关系：儿童自我控制和性别的作用》，载《中国临床心理学杂志》，2020(1)。

② 黄彦、谢晓琳、周晖：《亲子依恋与儿童问题行为的相关：师生关系的调节作用》，载《中国临床心理学杂志》，2016(6)。

③ [美]内尔·诺丁斯：《始于家庭：关怀与社会政策》，侯晶晶译，25页，北京，教育科学出版社，2006。

④ [加拿大]马克斯·范梅南：《教学机智——教育智慧的意蕴》，李树英译，8页，北京，教育科学出版社，2001。

父母”需要满足三个基本条件：教育爱、教育希望与教育责任感。[①] 首先，教育爱与母爱一样，是无条件的爱，是单向的给予之爱。教师对于学生，要做到爱之公平、平等，要一视同仁。教育爱就产生于教师与学生相遇的一瞬间。他不可能选择自己的学生，世界本身以一个学校班级的形式被派来在他的人生道路上作为他的命运与他相会；他的人生意义就是在这命运当中。[②] “当学校的老师第一次走进教室的时候，他看到他们都在那儿，随意地，一组一组地坐在课桌间”“他看到了表情阴沉的和气宇轩昂的，身材匀称的和身体畸形的——好像他们是创造的代表”，“而且，他的眼神，教育者的眼神，拥抱了他们所有的人，并把他们看到眼里”。[③] 教育爱与友爱和情爱不同，教师爱学生不是为了让学生爱自己以此得到回报，而友爱和情爱则需要双方共同付出努力。教师对学生的教育爱，“是在一个更广泛的背景下以成长和变化的价值为前提的，以这种价值对发展年轻人的自我人格和个性所起的作用为前提的”[④]。

其次，教师对学生寄予教育希望是一种面对学生的方式，是教师的一种生存方式。教师的希望要传递给学生的是这样的信息：“我不会放弃对你的希望的。我知道你可以造就你自己的生活。”[⑤]教育希望就是指那些给了我们对学生发展的各种可能性的耐心和信任。体验到我们的信任的学生由此而受到激励，对自己充满信心。无论我们的希望会受到多少次失败的检验，我们始终相信学生会向我们展示他将如何生活，我们要始终给学生以支持。

最后，教育责任感是当教师关注到学生的脆弱与需求时所做出的道德和道义上的反应。这种反应是要确保学生幸福并走向成熟的一种责任意识。教育责任在教师身上表现为教育意义上的权威。这种权威从本质上说，是指两个人或多个人之间关系的不对称性差异、不均匀、不平等、不相似性。[⑥] 处在权威地位上就等于处在有影响的位置上。只有当权威不是以武力而是以爱护、情感和学生内在的接受为基础时，教师才能对学生实施教育的影响。

小学教师承担“替代父母”之职是构建良好师生关系的基础。有了这样的基础，教师可以尝试以下具体策略：①重视并了解学生的年龄特点和心理发展规律，针对学生

---

① ［加拿大］马克斯·范梅南：《教学机智——教育智慧的意蕴》，李树英译，87页，北京，教育科学出版社，2001。

② ［德］马丁·布伯：《人与人》，张健、韦海英译，163页，北京，作家出版社，1992。

③ 转引自［加拿大］马克斯·范梅南：《教学机智——教育智慧的意蕴》，李树英译，89页，北京，教育科学出版社，2001。

④ ［加拿大］马克斯·范梅南：《教学机智——教育智慧的意蕴》，李树英译，90页，北京，教育科学出版社，2001。

⑤ ［加拿大］马克斯·范梅南：《教学机智——教育智慧的意蕴》，李树英译，91页，北京，教育科学出版社，2001。

⑥ ［加拿大］马克斯·范梅南：《教学机智——教育智慧的意蕴》，李树英译，94页，北京，教育科学出版社，2001。

在不同发展阶段的心理行为特点，尤其要重视五、六年级学生的特点与心理需要，采用灵活的师生交往策略；②充分考虑学生在心理行为方面的性别差异特点，加强与男生的情感交流；③要平等地对待每一位学生，尤其要关注学业不良的学生，加强积极的情感交流，减少消极反应，满足学生的需要；④采取班干部轮流制，让每一位学生都有机会承担班集体管理的责任，不仅有助于促进学生的责任心、自信心及能力的全面发展，而且为每一位学生提供与教师更多交往的机会，让所有的学生都能感受到来自教师的重视与信任。①

（三）学校提供健康积极的管理与支持是构建良好师生关系的保障

小学是小学师生构建良好师生关系的土壤，小学生活共同体本身是健康积极向上的，才能成为构建良好师生关系的保障。

首先，小学要建设一个倡导民主平等、诚实守信、积极向上的校园文化与健康和谐的情感氛围，才能为构建良好的师生关系提供适宜的环境。其次，小学应该将构建良好师生关系作为综合管理体系中的一环，鼓励并引导小学教师在开展常规教学活动过程中培养与小学生的良好关系。再次，小学建立家长学校，广泛宣传正确的教育理念，为教师与家长提供更多的沟通交流合作的平台和机会，在改善家庭亲子关系的同时构成合力，共同构建良好的师生关系。最后，小学要为教师提供构建良好师生关系的培训活动，帮助教师更全面深入地了解小学生的身心发展特征，了解师生交往要遵循的基本原则，以便能够不断改进师生关系。

资料链接：改进师生关系的心理效应②

班主任和学生的交流大部分是通过对话（语言）进行的。对话的质量直接影响师生关系和教育效果。不同班主任的沟通能力是有差别的。有的教师善于和学生打交道，既有亲和力，又有一定的谈话技巧，说出的话让人感觉很温暖、舒服。有的教师明明是想帮助学生，但是说出的话不仅没有达到教育效果，反而让师生之间的误会、隔阂变得更深。

因此，熟知并运用一些与沟通有关的心理效应就显得很有必要。如果我们能对曾经取得成功的精彩案例做一些理性的整理和反思，之后有意识地把这些心理效应用在与学生的谈话中，将能取得最佳的沟通效果。以下是与沟通关系较为密切的14种心理效应，结合一些案例逐一加以分析。

---

① 王耘、王晓华：《小学生的师生关系特点与学生因素的关系研究》，载《心理发展与教育》，2002(3)。

② 引自网络文章《学生不听话咋办？快试试这14种心理效应，瞬间搞定师生关系》。

1. 第一个效应：自己人效应

所谓“自己人”是指把自己和对方归于同一类型的人。“自己人效应”是指听者对“自己人”所说的话更信赖，更容易接受。

有些班主任在和学生谈话时(无论是个别谈心还是在全班讲话)，有时候会不自觉地把学生和教师用人称加以区别，特别是在说到一些不良现象时，习惯说“你们怎么会这样……”“我要求你们……”这样的说法可能会让学生听了之后感觉不好，仿佛学生和教师是对立的双方。因此，在与学生说话时，班主任要经常提醒自己：多用“我们”，少用或不用“你们”，实在需要特指学生时尽量改用“大家”这样委婉的称呼。

所谓“自己人”，关键是要让学生感觉到教师和他是自己人。下面是最容易让学生产生“自己人”感觉的例句。

①好孩子，你是我的骄傲！

②你喜欢××(某作家的名字)？真巧，我也很喜欢……

③你真像我女儿(儿子)……

④我们一起来渡过这个难关……

2. 第二个效应：角色置换效应

在社会心理学中，人们把交往双方的角色在心理上加以置换而产生的心理效应现象，称为角色置换效应。在师生沟通中，教师不仅要常做换位思考，还要把这种思维方式传递给学生，提高学生的情商。

下面是角色置换效应的典型例句。

①我也是从你这么大过来的，我很理解你。

②换了是我也可能会那样做的。

③我也曾经有过和你一样的烦恼。

④如果你是老师，你会怎么做呢？

3. 第三个效应：调味品效应

人际交往心理学把看似闲聊的谈话起到的增加人们心理交融作用的现象称为“调味品效应”。班主任善用调味品效应，就可以让谈话在融洽、轻松的气氛中进行，使学生更容易接受自己的教育。

谈话伊始，教师直奔主题，容易让学生在瞬间修筑起心理防线。可以先谈谈最近有什么新鲜事，身体如何、心情如何……再渐渐进入主题。这些“调味品”不是谈话的主题，也就不会引发矛盾和冲突，可以让学生在这样看似闲聊的对话中得到放松。这样后续的谈话就相对容易进行。

4. 第四个效应：第三人效应

心理学上把通过第三人假装无意间转述他人的某种意见，或创造某种条件让对方间接地听到对他的评价与关注，从而产生意想不到的传播效果或劝说效果的现象，称为“第三人效应”。这种迂回战术在师生交往中非常有用。一般来说，第三人效应有以下两种呈现方式。

第一种做法：说话者(第一人)转述第三人的话，以增强说服力。

第二种做法：自己(第一人)不出面，而让第三人和第二人谈话，由第三人转述第一人对第二人的看法，或者创设条件假借第三人的话表达第一人的意思。这种做法在师生间有一些敏感问题或处理师生矛盾时最能发挥作用。

5. 第五个效应：可口可乐效应

心理学家曾经做过一项实验，他们试图用一些广告信息说服被试，给一部分人附加一瓶可口可乐，而另一部分人什么也不给。虽然可口可乐和那些信息本身没有任何联系，但结果是得到可口可乐的被试往往比没有得到的要受到更大的影响。这就是“可口可乐效应”。

很多教师都运用过可口可乐效应，最常见的就是用一些小奖品鼓励那些好的行为。奖品和行为本身没有直接联系，但因为这两件事是相伴发生的，所以容易使学生产生联想，对好行为起到正强化作用。

什么可以充当“可口可乐”？在劝说或教育学生的时候，可以给学生一个微笑、一个肯定的手势……在办公室里准备一些一次性水杯和小点心，和学生谈话时不妨给学生倒杯水，或看似随意地拿出一块小点心，给学生一份惊喜。这样既能消除谈话的紧张气氛，同时也让学生更容易接受教育。外出旅游时，给学生买一些当地的特产或小纪念品，无意间在合适的场合递给学生。教师和学生谈话的场合是多种多样的，可以根据具体的情境选择合适的“可口可乐”。比如，天气炎热时，可以买点冷饮，和学生边喝边聊；天气寒冷时，给学生一杯热奶茶是很不错的……

下面是可口可乐效应的几个典型例句。

①来，先坐下，喝杯水……

②天太热了，我们去买杯冷饮，边喝边聊。

6. 第六个效应：格林斯潘效应

一方说话时，另一方不断地与之互动，做出各种表示感兴趣的表情或动作，还时不时地发出“嗯、嗯”之类的声音。这样的声音并不会打断另一方说话，反而会让说话的人感觉自己的话对方都听进去了，而且很感兴趣。说话者受到这样的暗示或激励，会以更好的发言来回报如此忠实的听众。人们把说话者的这种现象称为“格林斯潘效应”。

格林斯潘效应给我们的启示是，教师一定要成为一名合格的听众。所以，在学生和教师说话时，教师要看着学生，并不时地做出回应。这对于融洽师生关系、提升师生对话效果十分重要。

7. 第七个效应：可是效应

“可是效应”是指当我们试图让对方改变观点或接受自己的观点时，对对方的观点先采取“是”的态度(肯定),后采取“可是”的态度,对方就比较容易接受己方意见的现象。

当教师对学生进行批评教育时,“可是效应”能发挥重要作用。教师先让学生说话,不要急于否定,在获取信息、了解学生的心态后,再说“可是”,做到因势利导。

运用“可是效应”时,教师需要注意如下三点。

①理解。典型例句:你说的我都听懂了。

②同情。典型例句:你也够倒霉的。这事儿不能都怪你。

③态度温和。典型例句:我建议你不妨这样……

8. 第八个效应:安全阀效应

在组织行为学中,人们把表述不同观点、宣泄情绪并使心理获得平衡以有利于组织内部矛盾、冲突的缓和,有利于身心健康的现象,称为“安全阀效应”。

我们都知道,人有了压力就需要释放,否则就会“生病”。班级管理中不设置安全阀是不安全的。有些班级的管理十分严格,制度没有弹性空间。有时候教师和学生谈话,学生会陷入沉默;而教师说话的时候,学生又显得心不在焉。所以教师应用一些宽慰的语言舒缓学生的心理压力,解除学生的后顾之忧,让学生开口。一旦学生开了口,就要用各种方式鼓励他们说完、说清楚。让学生宣泄一番,心理压力就会得到释放。此时再进行下一步沟通,效果就会好很多。

在班级里设置一定的渠道,类似于沟通、交流热线。这样学生可以及时和班主任或者心理老师交流。班主任可以向学生公开自己的电话、邮箱、QQ号,还可以让学生写日记、周记,或者和学生进行微信交流、书面交流。总之,除了当面谈话之外,沟通的方式一定要多种多样。其中开展活动是最好的减压方式。

9. 第九个效应:黄金分割效应

师生谈话中的黄金分割效应,通俗点讲,就是褒贬适度。黄金分割效应对教师的启示如下。

第一,如果是以教师为主导的师生谈话,那么按黄金分割比例师生谈话的比例为6∶4最合适。教师不能一言堂,学生说话必须占一定的比例。这样师生才能很好地互动。

第二,按照黄金分割比例,一次谈话中批评和表扬的比例为6∶4最合适。把六成的批评用四成的鼓励串联起来,学生就不易产生逆反情绪。

10. 第十个效应:阿伦森效应

在人际交往中,人们往往更喜欢对自己先持批评态度后持肯定态度的人,而不是一直都持肯定态度的人。换句话说,人们最喜欢那些对自己的喜欢、奖励不断增加的人,最不喜欢相反的情况。这种现象被称为“阿伦森效应”。

和学生谈话时,可以先抑后扬:先让学生心里感到紧张、焦虑,担心教师对自己的印象不好。随着谈话的进行，褒奖的成分开始增加，学生的心情随之变得晴朗。如此一来，学生不仅不会忘记教师指出的问题，还会对教师心存感激。

11. 第十一个效应：三明治效应

所谓三明治效应就是把批评的内容夹在表扬(或肯定)的内容中进行批评。运用三明治效应可以使被批评者愉快地接受批评。

第一层：认同、赏识，肯定学生的优点或积极的一面。教师事先要收集学生的优点，思考一下开场白，让谈话在轻松愉快的氛围中开始。

第二层：批评或指出问题。由于第一步的工作做好了，学生的心态是平和的，此时他们就愿意接受教师的批评和帮助。谈话时，教师要随时注意学生的反应，包括神态、表情等。根据谈话的进展，可以灵活调整。如果感觉到批评得差不多了，可以见好就收，用第三层来收尾。

第三层：信任、鼓励，提出希望，给予支持和帮助。

三明治效应可以在谈话中反复运用。教师要随时注意观察学生的表情和反应，及时调整，始终掌控着谈话的主动权。

12. 第十二个效应：进门槛效应

当我们向别人提出一个微不足道的要求时，他很难拒绝。然后，当我们继续提出一个更高的要求时，对方为了给人留下前后一致的印象，就比较容易接受。心理学中把这种“得寸进尺”的现象称为“进门槛效应”。

教师对学生的要求合理，看上去完全可以做到，学生就容易接受。当学生达到较低的要求后，教师再逐步提高要求。这样学生会被教师引领着，在不知不觉中持续进步。在此过程中，教师还要经常使用正面强化，即当学生取得点滴进步时，要及时肯定和鼓励，以便让学生感觉到教师看得见他们的努力。这样他们就会不断进步以期让自己的形象保持前后一致。

进门槛效应是帮助后进生进步的最有效的方法。因为后进生进步的困难和阻力很大，教师一下子对他提出很高的要求，他知道不可能达到，也就不会再去努力。如果要求比较低，或者要求是按这位学生的情况确定的，实现起来就容易得多。看得见进步，学生的信心就会被鼓舞起来。

13. 第十三个效应：让步效应

先提出一个高要求后再提出一个同类性质的低要求，低要求就有可能被人轻易地接受。这一现象被称为“让步效应”。

让步效应对班主任说服学生的工作很有意义。班主任试图达到教育目标时，可以先对学生提出一个很高的目标，甚至是不可能完成的任务。当学生感觉要完成任务非常困难时，再让一小步，学生就会觉得做到这步并不是那么困难了。让出一小步的心理暗示意义大于让步的实际意义。

14. 第十四个效应：震慑效应

人们把受到强烈的心理刺激而发生态度改变的心理现象称为震慑效应。在一般的劝说不能奏效的情况下，对人施加强大的心理刺激，迫使对方冷静下来思考问题、认识问题，并接受劝说，从而产生震慑效应。

震慑劝说的效用是很大的，但却是即时的，也可能会有负面影响，所以要谨慎使用。教师在震慑劝说中表现出来的气势一定要和平时的形象有较大反差。如何把握好分寸，发挥震慑劝说的正面作用，消除其可能造成的不良影响呢？应该注意以下几点。

第一，就事论事，不要伤及学生的自尊心。控制时间是一个解决办法，震慑劝说的时间不宜过长。

第二，震慑教育不是让学生心生恐惧，而是把道理用比较特殊的方式表达出来，让学生从震慑中看到教师内心深处的爱和担忧。

第三，震慑劝说时要注意把握节奏。从声音来看，要抑扬顿挫，不能从头到尾用一个语调、一种语气。从讲话内容来看，要褒贬结合，不能一味斥责，让学生在反思的同时看到希望。

第四，震撼劝说后一定要做好善后工作——调整、安抚、鼓励。要向学生传达积极的信号，肯定学生(或班级)好的方面，让学生认识到虽然有缺点，但只要改了就会大有希望。

本章小结

本章包括三方面内容：首先，介绍了小学教师职业的历史与发展等内容。小学教师职业经历了作为暂且存身、具有过渡性质的古代塾师的一员，到可以作为终身职业的近代学堂教师，再到新中国作为专业人员的教师，其职业的专业性日渐凸显，地位也相应地逐步提高。小学教师职业是具有创造性的、无边界的，具有基础性、示范性、复杂性与长期性等特征。随着时代的发展，小学教师职业角色发生了四种主要变迁，包括从“知识的传授者”转向“学习的引导者和促进者”，从“学生的管理者”转向“学生的关心者”，从“教育执行者”转向“教育研究者”，从“知识权威”转向“终身学习者”。

其次，介绍了小学教师专业发展相关内容。小学教师专业素养包括专业理念、专业知识和专业能力三个方面。具体来说，专业理念包括小学教育观、小学儿童观、小学教育活动观以及专业伦理观等；专业知识包括普通文化知识、学科专业知识和教育学科类知识；专业能力包括教育管理能力、教学实践能力、教育应变能力(教育机智)、沟通与交往能力、信息化教学能力和教育研究能力。这些专业素养的发展需要经历准备阶段、适应阶段、独立阶段、成熟阶段和创造阶段。发展途径包括职前教师培养、新教师入职培训、教师在职培训和教师自我教育四种。

最后，介绍了小学师生关系相关内容。小学师生关系主要包括三类，即亲密型、冲突型和冷漠型。小学师生关系发展的特点具有显著的年龄特点和性别特点；小学师生关系对小学生发展有全面的影响，其中师生关系影响小学生自我概念的形成，同时也影响小学生的创造性发展。要构建小学良好的师生关系，和谐的亲子关系是前提，小学教师承担“替代父母”之职是基础，学校提供健康积极的管理与支持是保障。

关键术语

专业素养；专业发展；师生关系；“替代父母”

拓展阅读

1. 丁相平：《小学教师专业化发展导论》，北京，中国石化出版社，2019。

该书的编写依据是《小学教师专业标准(试行)》。全书围绕“是什么”“为什么”“怎么做”对《小学教师专业标准(试行)》的基本内容进行了详尽诠释，旨在回答专业化小学教师应该具备什么样的素质，怎样才能成长为一名专业化教师。全书共十三章，包含了专业理念与师德、专业知识和专业能力等内容。

2. [美]贝丝·赫斯特、[美]金尼·雷丁：《教师的专业素养》，赵家荣译，上海，上海教育出版社，2019。

该书对如何成为专业型教师给予了切实的指导：专业型教师能专注于学生以及学生的学习；了解自己所教学科的知识以及将其传授给学生的方法；担负起管理和监测学生学习的责任；对自己的行为进行系统思考，从中积累经验，吸取教训；成为学习共同体中的一员。许多在职教师现身说法，对如何建立一个专业的课堂环境，与人交往时如何避免失礼，怎样和他人进行有效的沟通，如何面对愤怒的家长等都给出了建议。

3. 赵继红：《初职教师 20 个怎么办》，北京，中国人民大学出版社，2017。

该书源自北京十一学校的初职教师培训教材，是近 10 多年来北京十一学校初职教师培训的经验总结。初职教师由学生变教师该注意哪些问题，如何上好第一课，如何和学生实现良好沟通，学生不交作业怎么办……对于这些问题，这本初职教师培训教材结合典型案例提供了良好的解决方案。

4. 李镇西:《教育的100种可能》，桂林，漓江出版社，2020。

该书记录了李镇西老师的36位学生的成长故事。他们的多数在当年是普通生甚至“问题生”，但李老师认为每个孩子的花期不一样。他呵护、尊重、引导孩子们，体现了爱心教育、民主教育、平民教育的温度和光彩。36个故事演绎了教育的各种可能，体现了李镇西班主任工作的炉火纯青、思想教育的出神入化、对教书育人的深度思考，以及对自己教育失误的反省和修正。他警醒自己，提醒同行:善待孩子，耐心陪伴他成长，相信他的未来有100种可能!

5. [加拿大]马克斯·范梅南:《教学机智——教育智慧的意蕴》，李树英译，北京，教育科学出版社，2001。

该书是当代西方现象学教育学的经典之作，在北美和欧洲拥有广泛的读者，在教育领域产生了深远影响。该书于1991年在加拿大和美国同时出版，随后不久便被译成了西班牙、挪威、朝鲜等不同语言的译本。范梅南教授以他独到的现象学研究方法和敏锐的教育经验，从现象学教育学的角度，以教师、父母和学生的生活经历为原材料，对教育学的诸多方面进行了十分深刻的和有益的思考。他在该书中提出的新型教育学思想和概念，如教育机智、教师替代父母的关系、教育的情绪、教育生活的体验、对学生的主体性的体验等，引起了教育界、学术界的广泛关注和兴趣，并在功利主义和实用主义盛行，对以责任和使命为基础的 pedagogy 一词还很陌生的北美掀起了一股“教育学热”。

该书既能作为教育学著作的经典，又能避免被各种各样的传统和现代教育学理论术语的困扰，是教育专家和学者、普通教师、儿童心理工作者、家长以及那些与年青一代成长息息相关的成年人都感兴趣的好书。

体验练习

1. 你是如何理解小学教师职业的？请你访谈一位小学教师，了解他的观点。

2. 小学教师专业发展具体包括哪些内容？分为哪些阶段？请给自己做一份小学教师专业发展规划书。

3. 请访谈一位小学教师，判断分析他处在哪一个专业发展阶段，并尝试为他提出一些专业发展的建议。

4. 请选择一所小学实地观察、访谈并记录一位小学生与他的教师之间的互动，简单描述他们的师生关系类型。

5. 请访谈一位小学教师，了解他对师生关系的理解。

6. 如何理解小学教师承担“替代父母”之职?

第五章

小学课程

结构图

- 小学课程
  - 小学课程概述
    - 课程的概念
      - 课程概念的起源
      - 对课程的不同界定
      - 相关概念辨析
    - 小学课程的发展
      - 课程的历史发展
      - 小学课程的发展分析
    - 课程理论流派
      - 学科中心课程论
      - 活动中心课程论
      - 社会中心课程论
    - 小学课程的类型
      - 学科课程和活动课程
      - 分科课程和综合课程
      - 显性课程和隐性课程
      - 国家课程、地方课程和校本课程
  - 小学课程设计与实施
    - 小学课程设计的层次和模式
      - 小学课程设计的层次
      - 小学课程设计的模式
    - 小学课程设计的层次结构
      - 课程计划
      - 课程标准
      - 教科书
    - 小学课程的实施
      - 小学课程实施的基本层次
      - 小学课程实施的基本取向
    - 小学课程的评价
      - 小学课程评价的对象
      - 小学课程评价的类型
  - 我国小学课程改革
    - 我国新一轮课程改革的总体目标
    - 小学课程改革的特征和趋向
      - 小学课程的综合性与实践性
      - 小学课程的调整性与发展性
      - 小学课程的灵活性与适应性
      - 小学教材的多样性与统一性
    - 课程改革与小学生发展
      - 课程改革重视小学生的全面发展
      - 课程改革突出小学生核心素养的发展

本章概述

本章主要介绍了小学课程的概念、结构和改革。首先，对课程概念的起源和不同界定进行了阐释，分析了课程的相关概念，从历史发展的角度对小学课程的发展历史进行了梳理，介绍了学科中心课程论、活动中心课程论、社会中心课程论三大课程流派，以及不同的课程类型。其次，对小学课程设计与实施进行了分析，包括小学课程设计的层次和模式、小学课程设计的层次结构、小学课程的实施和评价。最后，对小学课程改革进行了分析，阐明了我国新一轮基础教育课程改革总体目标，以及课程改革与小学生的发展等。

问题情境

小王同学在大学专业学习中对于教师提出的“你是怎么看待课程的？在你眼中什么是课程?”相关问题感到较为困惑。他认为课程就是教材的体现，课程实施就是上课。教师讲解说，学界对于“课程”的定义有很多，出发点和价值倾向不同。而从课程的编制和实施来看，课程不等于教材，也不等于教学。在小学进行教育实践的过程中，小王同学和小学李老师聊起课程，李老师说：“课程都是国家定好的，是专家设计好的。咱们做老师的只管教教材、按照教材教就好了。”小王同学觉得李老师说的和自己对于“课程”的理解有出入，并不赞成李老师的想法和做法。

“课程就是教材，小学课程实施就是小学老师按照国家规定进行教学”，这种看法失之偏颇。对于课程是什么，虽然没有一个确切的定义，但是结合理论发展和小学教育实践，我们依然可以对其做出内涵的描述和阐释。本章的学习要结合我国基础教育课程改革而展开。

第一节 小学课程概述

小学课程是小学教育的重要载体。在人们对于具体教育实践的讨论中，课程往往和教学的内容相联系。但课程之所以为“课程”，而非教学等，必然有着其特定的指向和基本含义。初学者和小学教师有必要对课程的相关内容做一全面了解。

一、课程的概念

在中外文献中，“课程”一词并未有相对统一的说法，不同的课程学者按照各自不同的认识和出发点来解释什么是课程。而关于课程的概念，众说纷纭中出现了泛化的取向。在此，有必要对课程概念的缘起和发展做简要概括梳理。

(一)课程概念的起源

对于课程的概念要给出一个较为一致的、受到大家认同的界定，是比较困难的。要了解课程到底为何义，则需要从“课程”一词的缘起说起，并结合该词语在社会发展中指称的变化来进行分析。

我国对于课程的说法，一般认为最早出现在唐宋年间。唐代孔颖达、宋代朱熹等人曾经多次提及“课程”。

孔颖达的《五经正义》：以教护课程，必君子监之，乃得依法制也。

此处的“课程”虽然被认为是最早的用法，但与现在所说的意思相去甚远。其中“教”“护”“课”“程”是四个并列的动词，基本含义都是监督。①

朱熹的《朱子全书·论学》：宽著期限，紧著课程。

朱熹的《朱子语录·学二》：小立课程，大作功夫。

除了朱熹，宋代吕祖谦等也曾提及课程。

吕祖谦的《少仪外传》：为学之本，莫先于读书；读书之法，须日有课程。

杨应之的《舍人杂说》：大抵后生为学，须是严立课程，不可一日放慢。

宋代多种文本中出现“课程”这一词语，其意思所指为个人的功课。而在朱熹等提及时，应注意到此时的“课程”是和期限相关的，意指课业的进程。彼时使用课程一词，其概念同近现代的课程差别很大。

在西方的语境中，课程一词的英语为 curriculum，出自拉丁语，意思为“跑道”(race-course)。到了 19 世纪的中叶，斯宾塞在他的《什么知识最有价值》中最早使用了“课程”一词；1861 年，他在《教育论》中把教学内容的系统组织称为 curriculum。1880 年，日本的学者在翻译这本论著时，把这个词语翻译为“教育课程”。根据此词的渊源，西方最为常见的课程含义为学习的进程。

(二)对课程的不同界定

课程是一个使用广泛而含义多重的术语，不同时期、不同的人在不同的语境下对

① 章小谦、杜成宪：《中国课程概念从传统到近代的演变》，载《华东师范大学学报(教育科学版)》，2005(4)。

课程概念的使用是不同的。有人统计过，关于课程的概念至少有一百多种；也有人说，有多少种语言就有多少种课程的界定。我们在学习的过程中，要抓住其内涵型特征来认识。

美国学者蔡斯把各种课程概念整理为六大类，分别为：课程是学习方案；课程是学程；课程是有计划的学习经验；课程是在学校领导下已经获得的经验；课程是预期的学习结果的构造系列；课程是书面的活动计划。①

我国学者施良方把各种课程概念也归纳为六大类，分别为：课程即教学科目；课程即有计划的教学活动；课程即预期的学习结果；课程即学习经验；课程即社会文化的再生产；课程即社会改造。②

在众多的关于课程的解释中，我们对这些分类中的几种较有代表性的说法进行简要分析。

1. 课程即教学科目

这是流行较广的一个观点，我国许多教育类著作中都采纳这一说法，即把课程看作学科或学问。如《中国大百科全书·教育》是这样定义"课程"的：课程是指所有学科(教学科目)的总和，或者学生在教师指导下各种活动的总和，这是广义的课程。狭义的课程则指的是一门学科或一类活动，如语文课程、数学课程等。《教育大辞典》第1卷对课程的界定为：课程是"为实现学校教育目标而选择的教育内容的综合……泛指课业的进程"③。这种观点是具有代表性和广泛性的，基础教育中实施的学科课程及其相关的课程理论，是其具体的体现。总体来看，这种观点倾向于关注知识的授受，关注学生对知识的掌握而忽视其他方面的发展，将课程的内容和过程割裂开来。

2. 课程是教学计划

这种定义把课程看作教学活动的计划。很显然，这种定义是想对课程有全面的把握，把教学的进程安排和前后序列等都包含在内了。如课程论学者塔巴(Taba)认为课程是学习的计划；G. A. 比彻姆(G. A. Beauchamp)认为，课程包含许多成分，但它基本上是学生注册入学于学校期间受教育的计划。④ 这一课程定义过分注重课程实施的计划性，而忽略动态性，会忽略课程展开活动中具体教育情境的生成，使预设成了主导性的因素。同时，这样界定课程很容易造成课程与教学方案或教学大纲等关系的混淆，以涵盖那些非书面计划的课程，也会使学生丧失其在课程中的主体地位。

3. 课程即预期的结果

这种定义是把课程看作要达到的目标、预期的结果。课程专家约翰逊(Johnson)认

---

① 瞿葆奎：《教育学文集·课程与教材》上册，250～254页，北京，人民教育出版社，1988。

② 施良方：《课程理论——课程的基础、原理与问题》，3～7页，北京，教育科学出版社，1996。

③ 教育大辞典编纂委员会：《教育大辞典》第1卷，257页，上海，上海教育出版社，1990。

④ G. A. Beauchamp，*Curriculum Theory*(2nd)，Pasadena，Peacock Press，1986，p. 6.

为，课程是一系列的有组织的、有意识的学习结果。这样定义课程，其关注点在于强调从手段转向目的，直接关注预期的结果或目标。在这个语境中，预期的结果是人为设定的，是与实施的过程相分离的，因此没有考虑到预期的结果和实际的结果有可能是不一致的。这样来定义课程，混淆了课程的目标与本质。用奥利佛(Oliva)的话说：对课程意味着达到什么目的的阐述对于我们精确地确定课程是什么的定义没有什么帮助。①

4. 课程就是经验

这种课程的定义将视角转向学习者，典型代表即杜威。他反对把课程看成预先设定好的目标和一系列活动，而认为课程应该和儿童的生活相联系，让儿童去进行体验；课程应该是学生在学校内所获得的全部经验。这种课程的定义从学习者的角度出发，将学习者个人的经验与课程相结合，强调学习者作为教育过程中主体的角色，扭转了课程实施中见物不见人的倾向，也能消除内容与过程、目标与手段的对立。但其观点容易忽视系统知识对学习者发展的重要作用。如果不能将个体的学习经验与其他经验区分开，那么课程就会丧失其存在的独特性，课程就成了学习者个体的收获，系统知识的学习和掌握就没必要了，也就没有教师主导作用的发挥了。

当然，关于课程的定义是多样化的，不能一一详尽说明。上述列举的课程定义，都在不同程度上得到了一些认可和批判。在我国，长期以来对于课程是学科的认识是比较普遍的。在 20 世纪 90 年代以来的课程改革和发展中，课程应注重学习者的经验等观点逐渐产生了一定影响。

美国学者古德莱德(Goodlad)归纳出五种不同的课程。第一种为理想的课程，是由研究者或学术团体提出的应该开设的课程，其影响取决于是否被官方采纳并实施。第二种为正式的课程，指的是由教育行政部门规定的课程计划和教材等。第三种为领悟的课程，指的是教师所领会和理解的课程。教师对正式课程有多种解释方式，也被称为“师定课程”。第四种为实行的课程，指的是在课堂教学中实际组织展开的课程。第五种为体验的课程，是学生实际体验到的课程，也被称为“生定课程”。

从理论角度来看，课程是具体学科知识的实施过程，也是儿童经验获得的过程。课程的实施和学习者的主体经验是统一的，而其学习过程应该是经验生成和不断发展的过程。从实践层面来看，课程往往是以学科化的知识体系来体现，以教和学的各种活动来呈现的。学习者掌握知识，构建经验，是课程的目标。学科知识和教学活动、课程目标和手段等要统一。

① 郝德永：《关于课程本质内涵的探讨》，载《课程·教材·教法》，1997(8)。

资料链接：课程即发展资源①

所谓发展资源，是指对人的身心发展具有价值、意义或促进作用的任何东西。比如，人类的精神文化、学生的生活经验、学生的生活环境等都可视为发展资源。

应从对学生发展的功能、价值的角度去理解课程的本质，而不能仅仅从具体的存在形态、类型或构成要素去把握课程，或者将课程理解为发展过程本身。从这个角度来看，课程的基本含义是指发展资源，即能滋养或促进学生身心素质发展的养分、原料。活动、经验、学科等不过是发展资源的具体类别，而不是课程的实质本身。

将课程理解为发展资源，一方面有利于我们从促进学生发展或落实学生发展的角度去选择和组织课程的内容；另一方面不把课程本身当作发展本身或教育的目的，因为课程只是一种可能促进学生发展的资源；发展资源不同于现实的发展或发展本身，只有发展本身才是教育的终极目的。

综而观之，课程是一个发展的概念，是为实现学校的培养目标而规定的教学科目及其目标、内容、进程的总和。

（三）相关概念辨析

20世纪以来，人们对课程的理解和认识越来越深入，但是对于课程概念的意见并未统一，相关的争论亦从未停止，并出现了一个不容忽视的问题，即课程概念的泛化现象。这种现象不仅会影响课程理论研究，也会导致课程实践的“迷茫”。因此，在认识什么是课程时，一定要将一些与课程概念相关联、相似的其他概念区别开来。

课程就是教学内容吗？教学内容一般是解决教什么的问题，课程一般被认为是教学内容，但是除教什么外，它还解决怎么教等问题，如教学进程安排。因此，课程的范畴要比教学内容要广。

课程就是课程资源吗？校园文化、校园环境、日常生活、教师、学生等都是课程资源，这些资源和课程的关系非常密切，但是两者的区别是明显的：课程资源只是课程的素材或者前提，只有经过系统化的筛选并付诸实施时，课程资源才成为课程的组成部分。

课程和教学是什么关系？对于课程定义的澄清，关键一点在于将课程与教学这两个概念之间的界定划定清楚。目前来看，一部分国家使用教学论的话语体系（主要是德语国家、俄语国家），它们把课程作为教学内容来进行言说，将课程隐在教学概念中；

---

① 陈佑清：《课程即发展资源——对课程本质理解的一个新视角》，载《课程·教材·教法》，2003(11)。

另一部分国家采用课程论的话语体系（主要是英语国家），把教学作为课程的实施而纳入课程范畴。[①] 因此，就有了“作为教学内容的课程”和“作为课程实施的教学”这些提法。对此方面的理解，就可回答前文小王同学对于课程与教学的疑惑了。其实，我国的话语体系中，课程和教学的界限比较分明，多采用教学论的话语体系，因此我们所谓课程是作为教学内容的课程，而且体现为是所有学科的总和；而教学是以系统的书本知识为载体的，经由具体的教和学而发生的。

我国新课程改革以来，在课程与教学二者关系的看法中，主张“大课程观”的人越来越多，原有“作为教学内容的课程”的外延在扩大。有人把学校中所有的活动都看作课程，教学也被纳入课程，成为课程实施的具体方式。人们对课程与教学之间紧密关联但各自都有着独特性的认识越来越深入。

二、小学课程的发展

课程是伴随着近代学校教育制度而产生的。自从古代学校产生，古代课程就一直存在并发展，但和近现代课程具有不同的特征和表现。

（一）课程的历史发展

1. 古代课程

古代社会包括奴隶社会和封建社会两种形态。在我国，从夏、商、周一直到清末新式学堂兴办、科举制废除，教育发展中实施的都是古代课程。

从内容上看，我国古代课程可追溯到西周时期的“六艺”，即礼、乐、射、御、书、数。在春秋战国时期，孔子“删述六经”，并以此为主要课程，即诗、书、礼、乐、易、春秋。后来乐经失传，留下了其他“五经”，与“四书”一起，在古代教育中作为经典的课程所用教材沿用了较长时间。

资料链接：“四书五经”[②]

“五经”的名称始于汉武帝时。汉武帝罢黜百家，独尊儒学，“五经”立于学宫。由于“五经”经秦代焚书散失，汉初有人凭记忆重新编撰。汉成帝时，刘向校订“五经”，后经进一步校订，刻石立于太学。唐太宗时颁行孔颖达校订的《五经正义》，对“五经”的解释规范化，作为科举“明经科”的依据。宋代把“四书”作为学习“五经”的阶梯，由

---

① 陈桂生：《常用教育概念辨析》，98页，上海，华东师范大学出版社，2009。
② 陈桂生：《常用教育概念辨析》，87页，上海，华东师范大学出版社，2009。

朱熹编撰《四书章句集注》，为“四书”正解。明清科举考试，首重“四书”，也被列为儒家经典。明代永乐年间编印《四书五经大全》，为钦定教材。

古代课程在实施中主要采用个别施教的形式，用现在教与学的视角审视，是以学为主的。我国古代自隋唐实施科举制度，应试学子主要参照科举考试的内容和方法来读书。多次提及“课程”的朱熹，他口中的“课程”在《白鹿书院学规》中体现得非常明显，指的是列“五教”之目，即“父子有亲，君臣有义，夫妇有别，长幼有序，朋友有信”，并提出读“四书”应有顺序。其所倡导的“课程”乃个人功课的进程，实际也主要是学程而非教程。

西方古代的课程可以追溯到古希腊、罗马时期的“七艺”。它指的是七种课程，对西方的近代课程发展有深远的影响。“七艺”中的前三种或称“三科”，指的是文法、修辞、辩证法(或逻辑)，起源于古希腊雅典，为当时的智者提倡。雅典人善于采取公众讨论的方式来管理城邦事务，他们认为言辞具有说服力和号召力，因此培养年轻人一定的雄辩才能和公众演说的本领，就成为教育训练的需要和目的。他们逐渐积累了培养演说家的经验，经过这三艺的训练，可以让人表达得更为精确、具有感染力和雄辩力。他们还认为，教师就像雕塑家一样，可以用三艺本身固有结构的法则去塑造儿童的理智和心灵。在“七艺”中，希腊人较为偏重“三艺”，看中其对人的智慧的训练价值。

“四艺”的倡导者为柏拉图，其内容指的是算数、几何、天文、音乐。在他看来，这四种课程是使年轻人进行军事训练的重要内容，即学习如何排兵布阵，观测天象，以及使军人不仅严肃勇敢，还具有高尚等与之相称的东西。这四种训练课程在希腊人的教育思想中没有突出科学方面的作用。

在罗马时期，课程中继承了“七艺”传统。而到了中世纪，教会垄断教育，课程主要是神学。9 世纪起，才恢复“七艺”，把它和神学融为一体。总体来看，西方中世纪的教育带有强烈的宗教色彩。

综上所述，中国和西方古代的课程出现较早。相较之下，中国古代的课程带有世俗性，而西方中世纪的课程则具有强烈的宗教色彩，对人的束缚非常明显。从内容上看，中国古代的课程典籍大多呈现为道德教条等，“四书五经”中没有客观知识和理智训练的内容；而古希腊雅典的课程内容带有逻辑论证的学科知识性质。不管东方、西方，古代的课程基本上都属于从学习者的角度做出规定的学程，而不是主要由教师实施的教程。

2. 近现代课程

进入 14 世纪，西方社会发生了文艺复兴运动。除了一直继承下来的“七艺”课程外，学校教育中的课程得到扩展。随着资本主义制度的发展，自然科学知识不断扩展，并在课程体系中得到重视。17—18 世纪，现代课程体系基本形成。

我国的课程在清末发生重要改变。科举制度被废除后，新式教育逐渐兴办，以及西方传教士举办教会学校，对传统的课程形式和内容等产生了冲击。最早实施具有现代意义课程的是京师同文馆。

资料链接：京师同文馆课程①

由洋文而及诸学，共须八年。（馆中肄习洋文四种，即英、法、俄、德四国文字也。其习英文者，能藉之以及诸课，而始终无阻；其余三国文字虽熟习之，间须藉汉文以及算格诸学。）

首年：认字写字。浅解辞句。讲解浅书。

二年：讲解浅书。练习文法。翻译条子。

三年：讲各国地理。读各国史略。翻译选编。

四年：数理启蒙。代数学。翻译公文。

五年：讲求格物。几何原本。平三角、弧三角。练习译书。

六年：讲求机器。微分积分。航海测算。练习译书。

七年：讲求化学。天文测算。万国公法。练习译书。

八年：天文测算。地理金石。富国策。练习译书。

以上课程，惟汉文熟谙、资质聪慧者，可期成就，否则年数虽加，亦难望有成。至西语则当始终勤习，无或间断；而天文、化学、测地诸学，欲精其艺者，必分途而力求之；或一年，或数年，不可限定；此其大纲。至于细目，仍宜与各馆教习随时体察，酌量变通可也。

其年齿稍长，无暇肄及洋文，仅藉译本而求诸学者，共须五年。

首年：数理启蒙。九章算法。代数学。

二年：学四元解。几何原本。平三角、弧三角。

三年：格物入门。兼讲化学。重学测算。

四年：微分积分。航海测算。天文测算。讲求机器。

五年：万国公法。富国策。天文测算。地理金石。

至汉文经学，原当始终不已，故于课程并未另列。向来初学者每日专以半日用功于汉文，其稍进者亦皆随时练习作文；至于医学未列课程者，盖非诸生必由之径，或随时涉于体骨等论，以广学识，或俟堂宪谕令而专习之皆可。

同古代课程相比，近代课程的产生是变化了的教育情境和社会大背景使然。古代

① 《同文馆题名录》，19～23页，光绪五年(1879年)刊。

课程倾向于学程，而近代课程则倾向于教程。近代课程的明显特征表现为知识本位。有关科学艺术的学科知识得到重视，被大量引入课程；课程的具体实施中更加理性和智育化，系统的书本知识一般通过教师的讲述传授。另外，古代教学机构处于非制度化阶段；而近代则形成了包括各级各类学校的学校教育系统，各教育阶段具有连续性，使得课程内容和进度安排也具有连续性、关联性等特点。课程日益丰富化、复杂化，教育对象也逐步扩大化。

（二）小学课程的发展分析

伴随古代教育的发展，古代课程产生并逐渐发展为近现代课程。其中，具有小学性质的课程也逐步发展起来。

1. 古代小学课程

西周时期，由于儿童教育的需要，出现了相关课程内容的载体——识字教材，称为字书。最早的字书是周宣王太史作的《史籀篇》。该书为教儿童识字的教材，其字体较小篆繁复，字呈正方形，笔画优美，被称为大篆，可惜已失传，在《说文解字》中收录了约两百字。

古代课程中有关小学的课程，从内容来看，具有明显的启蒙教育特征。在古代的学校课程中，儿童学习用的经典形成了特有的蒙学课程和教材，用以儿童识字启蒙教育，即“三百千千”。它指的是流传甚广的《三字经》《百家姓》《千字文》《千家诗》。这可以说是我国最早的小学课程读物。其内容结构简单，押韵自然，易于朗读和背诵。

我国古代的小学，与现代学校教育系统中的小学不同，因为当时并没有大学、中学、小学的严格区分和阶段衔接，总体上属于对儿童启蒙的教育。表 5-1 为古代课程的基本内容。

表 5-1　古代课程的基本内容①

<table>
<tr><th rowspan="2">科目</th><th colspan="3">各阶段的课程</th></tr>
<tr><th>幼儿教育课程</th><th>小学教育课程</th><th>大学教育课程</th></tr>
<tr><td>修身科</td><td rowspan="3">练习动作告以日常生活的一切尝试</td><td>洒扫应对进退之节</td><td>正心诚意及修己治人之道</td></tr>
<tr><td>知识科</td><td>算学、诗歌、书记</td><td>致知格物及六艺之文</td></tr>
<tr><td>运动科</td><td>驰马、击剑、射御、跳舞</td><td>射御、跳舞等术</td></tr>
</table>

从古代小学课程的特点来看，首先，古代小学课程的启蒙性明显。其所谓课程内容，重在让儿童学习并形成生活中的良好习惯，即洒扫、应对等。从小处做起，体现

① 陈侠：《课程论》，30 页，北京，人民教育出版社，1989。

了“蒙以养正”的基本原则。其次，古代小学课程还表现出浅易性特点。以儿童识字内容《三字经》为例，它不仅教给儿童识字，还用最为浅显易懂的方式呈现了一些基础的知识。如关于四季的常识：“曰春夏，曰秋冬，此四时，运不穷”，一年四季的不同季节是循环往复的，这是自然的规律。也有关于历史发展的内容：“自羲农，至黄帝。号三皇，居上世。唐有虞，号二帝。相揖逊，称盛世。夏有禹，商有汤。周文王，称三王。”浩瀚的历史发展在简洁的文字间再现，容易掌握。再如，关于学习的基本道理：“犬守夜，鸡司晨。苟不学，曷为人？蚕吐丝，蜂酿蜜。人不学，不如物。”万事万物都有自然界所赋予的特质，如狗能看门，鸡会报晓，而作为万物之灵的人类又该如何呢？人是必须要去学习的。再次，古代小学课程的韵味明显。蒙学课程往往用韵文的方式呈现，每句话的字数基本相同，而且押韵，读起来朗朗上口。儿童读后容易记忆和诵读，同时语音的节奏能使他们产生美感。最后，古代蒙学课程的内容往往和儿童的生活实际相联系。比如，要衣冠整洁，不得邋遢，《弟子规》中提到相关内容：“冠必正，纽必结。袜与履，俱紧切。置冠服，有定位，勿乱顿，致污秽。”

这些古代小学课程在内容上浅显易懂，在诵读中押韵合口，流传甚久，不仅仅是启蒙儿童的读物，也是民众学习日常生活规范和传授基本知识的精神财富。因此有人曾赞誉，一部《千字文》是一千多年前流传至今的千古绝唱。

我国古代小学课程，到了宋元时期逐渐发展，具有体系化的倾向。元代的程端礼曾经订有“分年读书日程”，实际上可以将其看作教学计划。①

八岁未入学前：读《性理字训》，辅之以朱熹所著《童子须知》。

八岁入学后：读《小学》书正文。

八～十四五岁：读《大学》《论语》《孟子》《中庸》正文。

按照程端礼的这个分年日程，八岁之前属于幼儿教育的启蒙阶段；八岁到十四五岁当属小学阶段，其课程内容渐次增加。

2. 近现代小学课程

在我国清朝末期，古代教育逐渐转向近代发展。废科举、兴学堂、颁学制，这些教育改革措施对促进教育发展有一定作用。1897 年，我国出现最早的近代课程计划，即南洋公学附属小学堂的课程计划。此时的小学课程开始呈现脱离古代小学蒙学课程的特点。最早由国家制定并颁布实施的课程文件，当属《奏定学堂章程》。其中的《奏定初等小学堂章程》和《奏定高等小学堂章程》都有对小学课程的规定，如设置修身、读经讲经、中国文字、算数、历史、地理、格致、体操等学科课程。在这些课程中，有向

---

① 毛礼锐、瞿菊农、邵鹤亭：《中国教育古代史》，416～418 页，北京，人民教育出版社，1979。

外国学习的表现，也有封建性质的古代课程特点。

资料链接：《奏定学堂章程》对初等小学堂“读经讲经”的课程设置要求①

根据《奏定学堂章程》，《孝经》《四书》《礼记节本》为初等小学堂必读之经；《诗经》《书经》《易经》及《仪礼》之一篇为高等小学堂必读之经；中学堂则强调《春秋·左传》及《周礼》两部。

表 5-2 为根据《奏定初等小学堂章程》整理的初等小学堂“读经讲经”课程设置要求。

表 5-2　初等小学堂“读经讲经”课程设置要求

学年	经典内容	每天约读经讲经字数	每周钟点	全年约读字数
第一年	《孝经》《论语》	40	12	9600
第二年	《论语》《大学》《中庸》	60	12	14400
第三年	《孟子》	100	12	24000
第四年	《孟子》《礼记节本》	120	12	24000
第五年	《礼记节本》		12	28800
五年累计	读完《孝经》《论语》《大学》《中庸》《孟子》《礼记节本》			100800

20 世纪 20 年代，学校的课程中增加了实用性的、科学性的内容。1923 年，随着新学制的颁行，中小学课程标准公布，这是我国小学课程由近代转向现代的标志。在小学阶段，新学制设置了国文、算数、社会、自然、音乐、体育等学科课程。民国时期小学课程的具体设置和内容经历了数次修订，在小学阶段的六年间区分了低、中、高的不同阶段。如“常识课”在低年级分社会常识与自然常识，到了高年级才分别开设。

在新民主主义革命时期，根据地的小学教育课程将课程内容和生产建设相结合，适应了战争时期的特点，但是其重视对儿童的适应的特点并未弱化。如 1934 年颁布的《小学课程教则大纲》，规定了小学的具体课程设置体系。②

初级列宁小学(3 年制)开设的课程有：国语、算术、游艺、劳作实习、社会工作。

高级列宁小学(2 年制)开设的课程有：国语、社会常识、科学常识、算术、游艺、劳作实习、社会工作。

综上所述，我国近现代小学课程和古代小学课程相比，课程体系随着小学教育发

① 于建福：《清末中小学堂“读经讲经”课程设置与启示》，载《教育学报》，2012(6)。

② 田本娜：《小学教育学》，115 页，福州，福建教育出版社，2005。

展逐渐丰富，内部结构和阶段性特征渐次明显，虽然在不同时期具有不同的表现，但具有的共同特征，即基础性。小学课程的设置，不单是启蒙儿童心智或形成好的习惯，更是传授读写算的基本知识和训练培养基本技能。即使有劳作等课程的设置，也不是为职业做准备，而是基于儿童的生活实际需求。算术等内容的基础性较为明显。

三、课程理论流派

人类对于课程的认识经历了一个比较长期的过程。将课程作为一个独立的研究领域进行思考和探索，是20世纪才开始的。1918年，美国学者博比特(Bobbitt)出版《课程》一书，标志着课程作为专门研究领域的诞生。随后在1923年，查特斯(Charters)出版了《课程编制》；1949年，拉尔夫·泰勒(Ralph Tyler)出版了《课程与教学的基本原理》，现代课程论的研究得到逐步推进。

在课程发展史上，对课程的理解和操作实践不同，形成了不同的课程理论流派，主要有学科中心课程论、活动中心课程论、社会中心课程论。

(一)学科中心课程论

学科中心课程论主张以学科为中心来组织课程。主要观点是，学校的课程应该以学科的分类为基础，以学科教学为中心，以掌握学科的基本知识、基本规律和相应技能为目标。

学科中心课程论的早期代表为斯宾塞(Spencer)。他提出，为人类的种种活动做准备的最有价值的知识是科学知识，因此在学校课程中自然科学知识占主要地位。他还提出要依据人类生活的五种主要活动组织课程。德国教育家赫尔巴特(Herbart)认为，编制课程应该以人类客观的文化遗产即科学为基础，以发展人的多方面兴趣为基础来开设六类课程。到了20世纪30年代，美国要素主义论对儿童经验论持批判态度，强调人类文化遗产中那些共同的要素，即基本知识、技能等，因此要以学科为中心，恢复各门学科课程在教育中的地位。美国教育心理学家布鲁纳(Bruner)的结构化思想是学科中心课程论的发展。他提出，一门学科的关键概念、原理及其关系是学科的基本结构，这种知识结构是教育的重点。

总体来看，按学科中心课程论的观点进行课程编制和实施，其优势在于：一是按学科组织课程内容，有利于文化遗产的保存和传递，易于学习者掌握系统知识；二是根据学科的逻辑来编排具体内容，结构严谨、周密，有利于促进学生思维的发展；三是课程的基本任务较为清晰，利于教学和评价。学科中心课程论的不足在于：一是以学科知识为中心编制课程内容，容易把各门学科知识割裂开来；二是重视学科内容而在一定程度上忽视与社会实际问题的联系；三是忽视学生的兴趣和需求，不利于其积极性和主动性发挥。

资料链接：布鲁纳的结构主义课程论①

布鲁纳的结构中心课程论是学科中心课程论的重要分支。他主张，任何学科都有一个基本结构，不论教什么学科，务必使学生理解学科的基本结构。所谓学科基本结构，是指一门学科中基本概念、基本原理、基本公理及相应的学习和探究该学科的基本态度和方法。例如，英语中的语法结构、构词规则，数学中的运算律、定理、公式等，都属于学科基本结构。

（二）活动中心课程论

活动中心课程论，也称经验主义课程论、儿童中心课程论，主张以儿童活动为中心来组织课程。

活动中心课程论的早期代表为卢梭(Rousseau)，他的“发现儿童”的观点是教育思想史的重大贡献。他提出，教育不能无视儿童的本性和现实生活，必须要适应其身心发展的阶段特征，关注个性差异和两性差异，把儿童的发展放在首位。其著作《爱弥儿》集中体现了他的自然主义教育思想和课程论思想。19 世纪末 20 世纪初，杜威根据儿童中心思想，提出以儿童的社会生活经验为中心的课程论，认为以学科为中心的传统课程是不足取的，应代之以儿童活动为中心的课程，课程的组织应该心理学化。

总之，活动中心课程论的主要观点可以归纳为以下几方面：第一，在课程设置上，应以儿童活动为中心，以儿童为出发点、为中心、为目的。第二，在课程内容上，以儿童经验为内容，强调他们的一切学习都来自经验，不能超出他们的生活经验和范围，学习必须和个人的经验发生联系。第三，在课程实施方式上，强调在活动中学习，重视儿童通过亲身体验获得直接经验。第四，在课程组织编排上，从儿童的心理结构出发，依据他们的心理发展规律来组织。

活动中心课程论的优点在于：一是尊重学生，重视学生的兴趣和需要，强调教师是学生学习的辅助者和引导者；二是强调实践活动，重视学生的主动探索，有利于其解决实际问题能力的形成；三是重视综合性，围绕现实社会生活领域组织课程，有利于学生获得对世界的完整认识。

活动中心课程论的缺点表现为：一是过分强调学生的经验和兴趣，忽视学科知识

---

① 郑金洲：《中学教育基础》，139 页，上海，华东师范大学出版社，2020。

的系统学习；二是课程实施的难度较大，相对学科课程而言，活动课程组织实施费时费力；三是降低了教师的指导作用。

资料链接：杜威的课程观①

根据活动中心课程论，杜威提出了编制课程要解决如下四个主要问题。

怎样做才能使学校与家庭、社区的生活关系密切？

怎样做才能使历史、文艺、科学的教材对儿童生活本身有真的价值？

如何使读写算等正式学科的教学在平日获得的经验之上实施，并同其他学科的内容有机联系起来，从而使儿童产生兴趣？

如何适当地注意个别儿童的能力和需要？

(三)社会中心课程论

社会中心课程论不关注学科的知识体系，而主张围绕重大社会问题来组织课程内容，可分为两种不同观点，即社会适应派和社会改造派。社会适应派认为，社会变化是个人发展的决定性因素，课程的设置和内容的选择应该为学生了解认识不断发展变化的社会而服务。社会改造派则认为，社会问题应成为课程的核心，课程不应该帮助学生适应社会，而应该让学生成为社会的改造者，去建立一种新的社会秩序和文化。社会改造派的代表人物为美国的布拉梅尔德(Brameld)。他认为，课程是实现未来社会变化的工具。

社会中心课程论认为，课程目标不是让学生适应现存的社会，而是要培养学生的批判精神和改造社会现实的相应技能。在课程内容方面，应该以现实社会问题为中心，如学校课程要关注贫富、战争、失业、环境污染、种族问题等，让学生对此形成批判性建议。在课程组织方面，以解决社会问题为基本逻辑，而不以学科知识为逻辑主线来组织课程，要尽可能让学生参与到社会生活中。

社会中心课程论的优点在于：一是重视教育与社会的联系、课程与社会问题的联系，突出社会因素对课程的制约作用；二是以社会需要来设计课程，反映社会政治经济变革的客观需求，利于服务社会；三是课程的实施与社会生活相联系，有利于进行综合性学习，促进学生掌握解决社会问题的方法，发展解决社会问题的能力。

社会中心课程论的缺点体现为：一是片面强调社会需要，忽视各门学科的逻辑

① 袁振国：《当代教育学》第4版，125页，北京，教育科学出版社，2010。

性和系统性；二是课程的重心放在社会改造上，有点理想化，课程目标也很难达到。

四、小学课程的类型

当代课程的发展逐渐丰富和复杂化，其基本类型也突破了单一的状态。对小学阶段的课程类型、异同及其联系进行分析，是确立理想的小学课程结构的基础。按照课程是偏重学生的认知活动还是实践类活动，可以将课程分为学科课程和活动课程；按照课程的内容是侧重单一学科知识还是综合性的知识，可以将课程分为分科课程和综合课程；按照课程是否具有显现的特征，可以将课程分为显性课程和隐性课程；按照是否要求学生必须研习，可以将课程分为必修课程和选修课程；按照课程的管理主体，可以将课程分为国家课程、地方课程和校本课程。下面对这几种常见的小学课程的基本类型进行简要介绍。

(一)学科课程和活动课程

1. 学科课程

学科课程是小学阶段课程的基本形式，是以各学科知识的逻辑为中心组织的课程，因此具有严谨的结构，也具有系统性、简约性等特点。学科的基本概念、基本原理按照学科本身的内在联系整合起来，呈现结构的严谨性和系统性；同时学科系统知识根据不同的教育对象的特点来呈现。此外，学科课程以间接经验的方式呈现和传递人类文化的精华，具有简约性的特点。正是这些明确的特征，使得学科课程目前依然是课程形态结构中的主角。由于学科课程是分门别类设置的，因此又被称作分科课程。小学语文、数学、外语等都属于学科课程。小学学科课程强调知识本身的价值，重视小学生对知识的掌握。

小学学科课程的优势在于，能充分体现知识的系统性。但是学科知识较为抽象化，在实施中容易忽视学生主体的兴趣等因素。

2. 活动课程

活动课程是由杜威等提出的，是针对学科课程的缺陷而设置的。活动课程又称为经验课程、儿童中心课程。它和学科课程以知识为中心和本位不同，是以儿童为本位，强调以儿童的兴趣和动机为课程中心，倡导实践和直接经验的学习，不是按照学科逻辑来组织课程，而是按照儿童心理发展的逻辑来组织课程。

活动课程突破了学科的局限，重视儿童的直接经验，其实施的方式是“做中学”。很显然，学科课程强调的是学科的逻辑性、系统性和知识的抽象性，很难调动儿童的兴趣，但活动课程则是直接在儿童的实践中去组织。其优势在于，将科学知识和生活实际联系起来，能使儿童充分发挥学习的积极性和自主性，培养动手的能力，也利于培养交往、组织和创新等精神。但是也正如此，其缺点是不可避免的，即容易忽视学科知识的系统性，不利于提升教学效率。

综上所述，学科课程和活动课程在很大程度上是两种特征鲜明甚至对立的课程类型，也是使用最广的课程。两类课程在多个方面都具有明显的差异，如表 5-3 所示。

表 5-3　学科课程与活动课程的比较①

内容	学科课程	活动课程
认识论	知识本位	经验本位
方法论	分析	综合
教育观	教育为生活做准备	教育即生活
知识的传递方式	间接经验为主	直接经验为主
知识的性质	学术性知识	现实有用的经验性知识
课程的编排	学科逻辑顺序	儿童心理顺序
课程的实施	重学习结果	重学习过程

在当今的小学课程实施中，学科课程和活动课程并没有完全绝对隔离，而在具体实践方式上更为灵活和相互补充，以弥补各自的不足，提升课程效果，最终促进小学生具体素养的提升。

(二)分科课程和综合课程

1. 分科课程

分科课程指的是一种单学科的课程组织形式，是从分门别类的学科知识中选择内容，按照各学科知识的逻辑组成不同的学科课程，如数学、语文等。分科课程强调的是不同学科门类的课程，各个学科门类之间有相对独立性，每一门学科的逻辑体系具有完整性。

教育部明确规定学校开设的课程类型。2001 年，《基础教育课程改革纲要(试行)》提出：小学阶段以综合课程为主，初中阶段设置分科与综合相结合的课程，供地方和学校自主选择。这一规定适应了小学生的认知发展特征和教育培养规律。因此，我国的小学课程虽然有大致的学科类划分，但是从内容的选择组织和具体实施来看，是以整合性为主的。

2. 综合课程

综合课程是相对于分科课程而言的。综合课程不是分门别类地设置课程，而是将两门或两门以上学科综合设置为一个学科的课程。目前对于综合课程的研究和实践较

① 郑金洲：《教育通论》，283 页，上海，华东师范大学出版社，2000。

多。根据综合课程对相关学科内容的整合程度，它还可以分为相关课程、融合课程、广域课程等。

所谓相关课程，指的是在课程设置和实施中，打破几门不同学科之间相互孤立的状态，要求教师有跨学科的视角和教学思路，但是相关课程没有从根本上改变分科课程的基本性质。所谓融合课程，指的是不同学科融合形成新的课程。如“艺术”课程实际就是融合课程，综合音乐、美术、喜剧、舞蹈、书法等艺术形式和表现手段，力图实现课程目标、结构和内容等多方面的综合。所谓广域课程，其综合程度更高一些，合并数门相邻学科而组成新的学科，不仅横跨几个学科，也会跨越不同门类的学科。例如，义务教育科学课程是一门体现科学本质的综合性基础课程，整合了物理学、化学、生物学、天文学、地球科学等内容，以帮助学生了解物质科学、生命科学、地球与宇宙科学、技术与工程等领域的基础知识。① 科学课程在 1～6 年级开设，其内容是综合性而不分科的。

资料链接：STEAM 课程

所谓 STEAM 课程实际是整合了科学(Science)、技术(Technology)、工程(Engineering)、艺术(Arts)、数学(Mathematics)五类专业领域知识的课程，最早是由美国弗吉尼亚科技大学的格雷特·亚克门提出的。需注意的是，STEAM 课程绝不是将这五类专业领域知识简单叠加的课程，而是将其进行有机整合的课程。

2016 年，《教育信息化“十三五”规划”》明确指出有效利用信息技术推进“众创空间”建设，探索创客教育等新教育模式，使学生具有较强的信息意识与创新意识，养成数字化学习习惯，具备重视信息安全、遵守信息社会伦理道德与法律法规的素养。教育部办公厅印发的《2019 年教育信息化和网络安全工作要点》强调，开展教育信息化 2.0 环境下信息化教学模式的研究与实验，探索 STEAM 教育模式应用。

2017 年，教育部印发了《中小学综合实践活动课程指导纲要》，强调综合实践活动课程是与学科课程并列设置的必修课程，是基础教育课程体系的重要组成部分，由地方统筹管理和指导，具体内容以学校开发为主，自小学一年级开始设置并全面实施。综合实践活动课程属于跨学科实践性课程，既具有实践活动特色，又具有整合性特征。《义务教育课程方案(2022 年版)》强调，加强综合课程建设，完善综合课程科目设置，注重培养学生在真实情境中综合运用知识解决问题的能力，要统筹设

① 中华人民共和国教育部：《义务教育科学课程标准(2022 年版)》，1～2 页，北京，北京师范大学出版社，2022。

计跨学科主题的教学活动。[①] 需注意的是，不同学科知识会在综合课程中得到体现，被用来分析和解决问题，但是绝不能用学科课程实施中的实践活动来取代综合实践活动，二者是不同的。

资料链接：综合实践活动的主要方式及其关键要素

2017 年，教育部发布的《中小学综合实践活动课程指导纲要》提出综合实践活动的主要方式及其关键要素，如下。

①考察探究。考察探究是学生基于自身兴趣，在教师的指导下，从自然、社会和学生自身生活中选择和确定研究主题，开展研究性学习，在观察、记录和思考中，主动获取知识，分析并解决问题的过程，如野外考察、社会调查、研学旅行等。它注重运用实地观察、访谈、实验等方法，获取材料，形成理性思维、批判质疑和勇于探究的精神。考察探究的关键要素包括：发现并提出问题；提出假设，选择方法，研制工具；获取证据；提出解释或观念；交流、评价探究成果；反思和改进。

②社会服务。社会服务指学生在教师的指导下，走出教室，参与社会活动，以自己的劳动满足社会组织或他人的需要，如公益活动、志愿服务、勤工俭学等。它强调学生在满足被服务者需要的过程中，获得自身发展，促进相关知识技能的学习，提升实践能力，成为履职尽责、敢于担当的人。社会服务的关键要素包括：明确服务对象与需要；制订服务活动计划；开展服务行动；反思服务经历，分享活动经验。

③设计制作。设计制作指学生运用各种工具、工艺(包括信息技术)进行设计，并动手操作，将自己的创意、方案付诸现实，转化为物品或作品的过程，如动漫制作、编程、陶艺创作等。它注重提高学生的技术意识、工程思维、动手操作能力等。在活动过程中，鼓励学生手脑并用，灵活掌握、融会贯通各类知识和技巧，提高学生的技术操作水平、知识迁移水平，体验工匠精神等。设计制作的关键要素包括：创意设计；选择活动材料或工具；动手制作；交流展示物品或作品，反思与改进。

④职业体验。职业体验指学生在实际工作岗位上或模拟情境中见习、实习，体认职业角色的过程，如军训、学工、学农等。它注重让学生获得对职业生活的真切理解，发现自己的专长，培养职业兴趣，形成正确的劳动观念和人生志向，提升生涯规划能力。职业体验的关键要素包括：选择或设计职业情境；实际岗位演练；总结、反思和交流经历过程；概括提炼经验，行动应用。

---

① 中华人民共和国教育部：《义务教育课程方案(2022 年版)》，5 页，北京，北京师范大学出版社，2022。

(三)显性课程和隐性课程

1. 显性课程

显性课程通常也称为正式课程，指的是为了实现一定的教育目标，正式列入课程计划的各门学科，以及有目的、有组织的相应活动。凡是列入小学课程表的都是小学的显性课程。

显性课程具有计划性的特点，一般有固定的教材，有规定的教学内容，有明确的教学目标，实施过程中和实施后容易进行测量和评价。

2. 隐性课程

隐性课程是相对于显性课程而言的，又称潜在课程。在学校课程中，课程表上显示出来的，能够有组织地进行的并考核的课程，都是显性课程。而隐性课程指的是显性课程以外的任何教育活动，诸如师生关系、校风、学风、班级活动等。

隐性课程源于杜威提出的附带学习(collateral learning)。后经由发展，杰克逊(Jackson)在1968年提出隐性课程一说，其意指在学习中自发的或自然产生的态度、情感、价值观等方面的学习。现在对于隐性课程的认识较为多样，一般认为，该“课程”并非实指，而是指正规课程之外的教育因素。它们大多是潜移默化地对学生的学习各方面产生的影响。隐性课程是和显性课程伴随而生的，其对显性课程的影响可能是积极的，也可能是消极的。因此，教师应全面了解所谓隐性课程的含义和内容，尽力使其成为促进显性课程发挥教育功能的教育力量。

隐性课程的主要表现形式有如下几种。①

一是观念性隐性课程，包括隐藏于显性课程中的意识形态，如校风、学风，教师的教育理念、价值观、知识观、教学风格等。

二是物质性隐性课程，包括学校建筑、教室的设置、校园环境等。

三是制度性隐性课程，包括学校管理体制、学校组织机构、班级管理方式等。

四是心理性隐性课程，包括学校人际关系状况，师生的心态、行为方式等。

(四)国家课程、地方课程和校本课程

1. 国家课程

国家课程又称为国家统一课程，是由国家教育行政部门规定的课程。国家课程具有统一性和强制性特征。在我国，国家课程是基础教育课程方案的主体部分，对于基础教育发展和人才培养的质量和规格具有决定性影响，是自上而下颁布和实施的，因此具有权威性。

---

① 全国十二所重点师范大学：《教育学基础》第3版，181页，北京，教育科学出版社，2014。

2. 地方课程

地方课程也称为地方本位课程，指的是由地方教育主管部门依据国家颁布的课程标准，根据本地方的社会和教育发展，利用地方的课程资源而设计和编制的课程。因此，地方课程是国家课程的有益补充。

地方课程有鲜明的地域特征，反映了地方对学生发展的基本要求，同时基于地方本位，因此是立足于地方、服务于地方、归属于地方的。地方课程的设计和实施，可以加强教育和地方的密切联系，调动地方参与课程改革和实施的主动性。

3. 校本课程

校本课程是相对于国家课程和地方课程而言的。它是一个比较宽泛的概念，不仅包括本校教师编制的课程，也包括学校之间教师合作编制的课程。所谓校本课程是指以学校为课程编制主体自主开发与实施的课程。校本课程的本质和内容主要体现在：一是在课程权利方面，学校拥有课程的自主权；二是在课程开发方面，学校的教师是课程开发主体；三是在课程开发空间方面，具体学校是课程开发的具体场域。

我国于1996年6月召开的全国教育工作会议明确提出，基础教育实行“三级课程”的构想，即改变原来一直由国家统一课程的做法，在同一所学校，实行国家课程、地方课程和学校课程并举。从管理体制来看，赋予学校一定的课程自主权，从而形成三级课程主体的结构是创新性做法。

在世界范围的课程改革中，诸如分科和综合、选修与必修、普及与提高等的矛盾，是一直试图克服而没有很好克服的。我国20世纪80年代中期以来的课程改革中，国家课程统一格局下及其在地方课程实施之后，克服这些矛盾遇到了困难，所以要给学校赋权，使得课程体制更为灵活，让地方和学校可以根据实际情况进行尝试并积累有益经验。但同时，这对学校本身以及教师的整体素质提出了挑战。

案例：　唐山市路南区胜利路小学“唐山陶瓷”校本课程案例①

第一，课程开发背景。胜利路小学根据唐山“北方瓷都”的地方特色，将陶艺制作确定为学校的办学特色，建立了陶艺专用教室，配备了拉坯机、泥板机、泥条机、喷釉机，自行设计制作了唐山市第一台实验用电窑——胜利窑，聘请了陶瓷研究和工艺专家，就唐山陶瓷历史、唐山传统陶瓷工艺、陶艺技法等内容为师生进行定期指导。经过几年的成长和积淀，学校在陶艺制作课程的基础上，全力开发了“唐山陶瓷”校本课程。

---

① 周燕来：《理想在校本课程中放飞：唐山市小学素质教育创新实践》，42～46页，石家庄，河北教育出版社，2015。

第二，课程总体目标。学生以个人或集体合作的方式参与活动，尝试使用各种陶艺材料、工具进行制作，丰富视觉、触觉和审美经验，体验陶艺活动的乐趣；了解基础的表达方式方法，个性化地表达自己的情感和思想，提高美化环境的能力和生活的质量，形成对自然、社会、自我之间内在联系的整体认识；了解历史文化，激发对唐山陶瓷历史发展的探索欲，形成对唐山陶瓷强烈的认知和感受，在探索过程中合作、分享、积极进取，初步形成基本的美术素养和信息素养，促进自身的全面、整体发展。

第三，课程内容设计。校本课程每周一课时，每学期共计 16 课时，一至六年级共计 192 课时。课程涵盖陶艺制作基础、唐山陶瓷历史文化、胜小陶艺发展、陶瓷实践活动四大方面。

①陶艺制作基础，包括认识泥土特性、手拉坯成型、泥条盘筑、泥板成型、手捏成型、陶瓷的上釉、陶瓷素烧等，占每学期教学内容的 40%，大约 6 课时。

②唐山陶瓷历史文化，包括唐山陶瓷的起源与发展，唐山陶瓷的辉煌成就，唐山陶瓷的现状，唐山陶瓷名家，唐山陶瓷代表作品，唐山陶瓷企业，中外陶瓷文化、名家名作等，占每学期教学内容的 40%，大约 6 课时。

③胜小陶艺发展，包括学校陶艺发展的历程、形成的办学特色、开展的各种活动、教学设施设备介绍、融入陶艺元素的校园文化建设、取得的成绩等，占每学期教学内容的 10%，大约 2 课时。

④陶瓷实践活动，包括校内开展的日常活动、校外社会实践活动、唐山陶瓷博览会相关活动、与社会各界的交流活动等，占每学期教学内容的 10%，大约 2 课时。

案例分析：该案例中学校是基于本地域的文化特色进行校本课程开发的。学校充分发挥了陶瓷工艺和研究方面的优势，结合学校的办学传统和基础，激发教师教学和创作的积极性，将兴趣活动发展成陶瓷活动选修课，最终拓展开发为系统的独具特色的校本课程。这一校本课程的开发充分体现了这样的理念：为了学校，在学校中，基于学校。

综上所述，国家课程、地方课程和校本课程事关课程管理的归属问题。在我国基础教育课程改革中，三级管理的课程体制使得课程的适应性和灵活性加强，使学校作为课程开发主体的主动性和积极性得到充分体现。当然，我国课程实践需要坚持的基本原则是，以国家课程为主，以地方课程和校本课程为辅。

第二节
小学课程设计与实施

小学课程的设计，也称为小学课程的编制，指的是对小学课程做出总体规划和安排，也包括具体课程的编制。前者指的是小学课程体系结构的整体编制，就是根据小学的培养目标设置哪些课程、如何设置这些课程，后者指的是小学具体的课程标准如何。小学课程的实施，指的是将课程总体规划进行实践的过程。从广义上看，小学课程的设计与实施，包括国家总体层面的，以及地方和学校层面的课程构成，即不同层次的课程编订、实施及评价。自 20 世纪 70 年代中叶以来，课程设计、课程编制这些说法被课程开发代替。[①]课程设计或者开发的过程也是对课程进行研究的过程，在当下小学课程改革与发展的背景中，更强调和鼓励教师的主动参与。

目前我国的基础教育课程改革正在深入进行，在整体课程规划和设置中，国家层面依然是主体。同时在具体的课程实施中，地方、学校和教师的参与则越来越深入，课程的具体样态，以及灵活性和弹性也在增加。

一、小学课程设计的层次和模式

我国的课程设计主要是由国家或地方政府、课程专家以及实践领域的专家进行的。从其影响因素来看，小学课程的设计要考虑社会政治、经济、文化等多方面因素。课程设计的基本原理则关注的是课程目标、课程内容、课程结构以及实施与评价等各个范畴，对每个范畴提出具体的观点主张，以及实现这些主张的程序和方法，并形成特定的课程设计模式。

(一)小学课程设计的层次

根据课程设计要解决的主要问题和承担的任务，可将其分为宏观层次、中观层次和微观层次三大类。

1. *宏观层面的课程设计*

宏观层面的课程设计主要针对课程的基本理念问题，主要澄清课程的价值，明确课程的目标和任务，厘定课程的基本结构等。在我国教育管理体制下，这一层面的课

---

① 钟启泉：《现代课程论》新版，291 页，上海，上海教育出版社，2015。

程设计主体是国家层面，自上而下颁布课程计划或课程方案，提出关于课程性质、课程目标、课程内容等的主要范畴和指导原则。

在宏观层面的课程设计中，要根据社会发展需求和学生发展特点等对设置什么课程做出具体规定，对所开设的各类课程具有什么比例关系，开设各类课程的时间顺序、时间分配等也要有相应规定。自改革开放之初的 1978 年至 2001 年新课程改革，我国颁布过多个课程计划（“教学计划”是沿用苏联教育中的说法），如 1990 年正式印发的《现行普通高中教学计划的调整意见》、1992 年颁布的《九年义务教育全日制小学、初级中学课程计划》、1996 年颁布的《全日制普通高级中学课程计划（试验）》等。

2. 中观层面的课程设计

我国小学课程设计的中观层面的主体依然是国家政府为主，主要是根据宏观层面的课程设计，将其具体化为需要设置的各门课程的标准，并以教科书为表现载体将具体内容呈现出来。

我国目前的基础教育课程改革中，小学阶段的课程标准是在九年一贯制的各门课程标准中体现的。2001 年，义务教育阶段的 18 个学科的课程标准（实验稿）颁布。课程标准被视为我国中小学教材编写、教学、评估和考试命题的重要依据，具有重要作用。

3. 微观层面的课程设计

微观层面的课程设计指的是进入课程实施领域，由教师作为主体去实践，以及再设计。宏观和中观层面的课程设计在课程实践中体现为国家课程文件，虽然课程改革中课程总体规划和体系、结构等不断改进和完善，但是并不适应每一个具体微观层面的课程实践过程。因此教师作为课程的执行者，要对如何实现课程目标、学生的已有基础和接受程度如何、可以利用的课程资源、教师自身因素等各方面条件进行统筹考虑和安排，构建以学生为中心的具体层面的课程实践设计，体现为课堂教学中具体的教与学。

在我国已有的课程体系中，学校和教师对宏观和中观层面的课程设计，参与的空间并不大，能够切入的主要是对国家既定课程方案中课程体系的贯彻和执行，在具体实施层面上的灵活处理，并在此基础上，在国家规定的课程总体规划中，自主开发学校层面的课程实施体系和校本课程体系。

（二）小学课程设计的模式

随着课程理论的发展，出现了课程设计的不同模式。在众多课程设计模式中，较为典型的是美国课程论专家拉尔夫·泰勒提出的目标模式。1949 年，泰勒提出以目标为课程设计的基础和核心。泰勒在《课程与教学的基本原理》一书中提出课程原理的四个基本问题，为课程设计提供了理论基础，并在当下的小学课程开发中具有实践指导意义。其内容如下。

学校应力求达到哪些教育目标？

提供哪些教育经验才能实现这些目标？

怎样有效组织这些教育经验？

怎样确定这些目标正在得到实现？

这四个问题被高度概括为课程目标、课程内容、课程实施和课程评价四个方面，这也是课程开发的基本要素。对课程的开发，可以从这四方面入手，即课程目标的确定、课程内容的选择和组织、课程的实施、课程的评价。

泰勒的目标模式认为课程目标是逻辑起点，其他阶段都是围绕目标展开的。课程目标主要有三个来源：对学生的研究、对当代社会生活的研究、学科专家对目标的建议。在获得初步的课程目标后，要通过教育哲学和学习理论对目标进行筛选。确定课程目标后，进行目标的表述时，要采取明确的行为性表述方式，既要指出学生需要养成的具体行为，又要说明这种行为能够运用的具体领域或条件。

除了泰勒的目标模式外，小学课程设计还可借鉴其他模式，如斯腾豪斯提出的过程模式等。具体运用需要根据实际情况而定。

二、小学课程设计的层次结构

课程设计的层次结构指的是课程体系的构成要素及其内在联系。课程结构要解决的问题主要是依据什么目标组织什么内容、以什么形式来组织等问题。近代以来，随着课程的发展，逐渐形成了课程的一般层次结构，虽然不同国家和地区状况不同，但关于课程计划、课程标准、教科书的层次结构是基本一致的。

小学课程的总体设计与规划有一定的表现结构和具体载体，体现为课程计划、课程标准与教科书。这一课程结构都有文本的载体，体现了从宏观设计到中观设计和具体安排的逻辑展开线索。

（一）课程计划

课程计划是关于课程的总体规划，又称课程方案，是根据教育目的和不同类型学校的教育任务，规定学校课程的门类、各类课程的学习时数，以及在各个年级的学习顺序、教学实践的整体规划。课程计划是由国家颁布的指导性文件，是制定具体学科的课程标准、进行教科书编写的依据。课程计划在课程结构中具有非常重要的地位，既是纵向结构中的宏观规划安排，也是横向结构的展现。

在我国，课程计划的制订和实行，是由国家教育行政部门负责的。我国的课程改革和发展中，较长时间内课程计划和教学计划两种说法是同时存在的。1992 年颁布的《九年义务教育全日制小学、初级中学课程计划（试行）》，正式使用“课程计划”一词取代了原来一直沿用苏联的“教学计划”的说法。

课程计划具有整体性的特征。在基础教育阶段，应开设哪些学科，先后顺序如何，学习多长时间等，这是整体的安排。另外，各阶段、各年级之间的课程要相互衔接，保证学习顺序上的整体性和一贯性，还要考虑各学科之间的协调。课程计划还体现出基础性的特征。基础教育阶段尤其是小学阶段的科目必须是基础性的学科，其课时要得到保障。

2001 年，教育部颁布《义务教育课程设置实验方案》。该课程设置实验方案的依据是《国务院关于基础教育改革与发展的决定》和《基础教育课程改革纲要（试行）》。其中提出，课程的设置应体现义务教育的基本性质，遵循学生的身心发展规律，适应社会进步、经济发展和科学技术发展的要求，为学生的持续、全面发展奠定基础。该课程计划遵循的基本原则是，均衡设置课程，加强课程的综合性，加强课程的选择性。

2022 年，教育部发布《义务教育课程方案（2022 年版）》。新修订的课程方案主要有三方面变化：一是将“义务教育课程设置实验方案”名称改为“义务教育课程方案”，与普通高中课程方案名称保持一致，完整体现课程方案功能；二是将习近平总书记关于培养有理想、有本领、有担当的时代新人的要求作为构建义务教育课程体系的逻辑起点和落脚点，阐述培养目标，反映人才培养规格和要求；三是考虑到学生认知发展是从日常生活概念到准科学概念再到科学概念的过程，由综合到分化，对课程设置与实施进行调整。

（二）课程标准

课程标准是具有法定效应的课程文件，是以纲要形式编订的、对单科教学内容进行规定的指导性文件。课程标准体现了国家对课程的统一要求，是编写教科书和进行教学活动的直接依据，也是衡量各科教学质量的重要标准。

我国 2001 年颁布的《基础教育课程改革纲要（试行）》规定，国家课程标准是教材编写、教学、评估和考试命题的依据，是国家管理和评价课程的基础。需要注意的是，课程标准是对学生应达到的学习结果的描述，并且是某一学习阶段的最低的、共同的统一要求。我国基础教育各学科的课程标准具有如下特点：分学科或学习领域、按照不同学段制定；规定了本门课程的性质、目标和内容框架；指明了学习本门课程后学生所应达到的基本要求；提出了指导性的教学原则和评价建议；不包括课程的难点、重点和时间分配等具体内容。①

不同国家的课程标准差异较大，在体例、结构、表述和呈现方式等方面均有所不同。我国课程改革中的课程标准主要包括如下五部分。

---

① 《教育学原理》编写组：《教育学原理》，227 页，北京，高等教育出版社，2019。

一是前言部分。它对课程性质、课程价值与功能等进行描述，阐述课程改革的基本理念，对课程标准的设计思路进行说明。

二是课程目标。它具体分为该学科的总体目标和学段目标或者分类目标。课程目标包括三个维度，即知识与技能、过程与方法、情感态度价值观。

三是内容标准。它按照学习领域、主题或目标要素阐述学生在不同阶段应达到的具体的学习目标。具体的表述用清晰的、可操作性的词语从三维目标角度进行表达。

四是实施建议。它提供教学方面、教材编写方面、评价方面、课程资源开发与利用等方面的建议。

五是附录。它主要包括术语解释和典型案例，以帮助使用者更好地理解和实施。

资料链接：义务教育语文课程标准①

义务教育语文课程围绕核心素养，体现课程性质，反映课程理念，确立课程目标。在总目标下，依据“六三”学制设定学段的要求。按照1～2年级、3～4年级、5～6年级、7～9年级四个学段，分别提出“识字与写字”“阅读与鉴赏”“表达与交流”“梳理与探究”的学段要求。

义务教育语文课程内容主要以学习任务群组织与呈现，其整合程度不断提升。学习任务群分三个层面设置：第一层设“语言文字积累与梳理”1个基础型学习任务群；第二层设“实用性阅读与交流”“文学阅读与创意表达”“思辨性阅读与表达”3个发展型学习任务群；第三层设“整本书阅读”“跨学科学习”2个拓展型学习任务群。

(三)教科书

教科书是根据课程标准系统阐述具体内容的教学用书，是课程标准的具体化。教科书除了依据课程标准外，还要依据学生的接受能力进行编写。它的广度和深度必须体现课程标准与学生可接受性的一致性，体现教法和学法的一致性。

教科书的编写是非常重要的工作，要考虑课程内容本身的逻辑性，也要考虑呈现方式和编排方式的恰切性；在具体内容上要保证科学性，也不可忽视思想性；具体表述方面要简洁、明了、精练，也要注意美观和实用性。总之，教科书的编写要在各方面符合课程标准要求和学生学习规律。

教科书在内容呈现上，有直线式、并列式和螺旋式等不同组织形式。我国基础教育课程设置和教科书，是多种课程多科并进式的，在内容上呈现螺旋式上升的特点。

---

① 中华人民共和国教育部：《义务教育语文课程标准(2022年版)》，7～20页，北京，北京师范大学出版社，2022。

可以安排多种课程，多科并进，但每门学科依然可以直线进行，横向上还可以交互进行，相互迁移；而在设置和内容上，某门学科可以安排多次并层层提升和深化，形成螺旋式发展格局。如小学科学中的物理基础知识，与初中和高中的物理，就是如此编排的方式，这符合学生的认识和发展的规律。

当前教科书的编写呈现了更多的时代特征，不仅仅是内容方面，编写形式也发生了较大改变。教科书的编写呈现由“教程”式向更有利于学生学习的“学程”式转变。另外，编写形式更加多样化，如在利用现代教育技术的基础上，除了文本形式的教科书外，还出现了音频、视频以及软件等教学材料，在可操作性和实践功能方面更有利于课程的实施。

随着信息技术和社会数字化发展，“电子书包”的概念开始在教育领域出现。虽然电子书包这一提法并没有一个特别明确的概念界定，但比较有代表性的观点有两种：一种是从数字出版领域的视角，将电子书包看成若干电子书按照科学的结构整合而成的数字化教学资源包，包含学生学习需要的教材、教辅、工具书等；另一种则是从硬件装备领域的视角，将电子书包看作一种未来型的教育电子产品（大多体现为轻便型移动终端），整合了数字阅读和上网通信两大主要应用功能。① 这两种观点在一定程度上揭示了电子书包与数字形式的电子书和学习的硬件设备概念之间的交叉和关联。《上海中长期教育改革和发展规划纲要（2010—2020 年）》提出“推动‘电子书包’和‘云计算’辅助教学的发展，促进学生运用信息技术丰富课内外学习和研究”。这样的设想在实践中得到了体现。

案例：电子书包环境下小学数学复习课教学模式的设计②

电子书包环境对教与学活动的支持，主要通过电子白板呈现教学课件和课堂交互系统推送资源、监控学生的学习进度，通过拍照、截图、录像等方式获取学生的思维过程，通过课堂练习功能发布练习并及时获取反馈等来实现。

以上海市闵行区罗阳小学二年级数学第五单元复习课“几何小实践”为例说明，其教学流程和实施如下。

①课前测验，确定单元复习要点。教师在 Aischool（智慧校园）电子书包系统的评测中心发布第五单元的基础题测试，找到知识薄弱点。本节复习课的要点是厘清三角形分类中的并列关系和四边形与长方形、正方形之间的包含关系。

---

① 祝智庭、郁晓华：《电子书包系统及其功能建模》，载《电化教育研究》，2011(4)。

② 管珏琪、苏小兵、郭毅等：《电子书包环境下小学数学复习课教学模式的设计》，载《中国电化教育》，2015(3)。

②猜谜复习，激趣引入。教师借助三个谜语引入复习，帮助学生巩固对三角形、正方形的认识，复习长方形以及正方形和四边形之间的关系。在有趣猜谜的基础上，教师自然引出课题：厘清图形之间的关系。

③小组讨论，图形分类。教师布置学习任务“帮图形找家”，要求学生根据所列出图形(锐角三角形、直角三角形、钝角三角形、长方形、正方形、四边形、五边形、八边形)的边的特点和角的特点进行分类，并将所列出的图形填入给定的三个集合圈。随后学生5人一组开展小组讨论，由组长在学习终端上记录图形分类，填入集合圈；在学生探究过程中，教师提供必要的引导以降低学生的学习难度。

④交流汇报，归类整理。教师选择三个小组，分别汇报一个集合圈。以小组1为例，教师将小组1汇报学生的屏幕投影到电子白板，展示该组的讨论结果；同时小组代表以口头表述方式汇报第一个集合圈(三角形按角分类)填写的结果，此时教师配合板书呈现。在汇报结束后，教师继续创设问题情境，追问“三种三角形能交换位置吗?”“能和其他两种集合圈互换吗?”，通过师生语言交互方式完成辨析。最后师生共同总结：该集合圈中的三个图形是并列关系。交流结束后，教师通过板书方式呈现归类结果(图略)。

⑤变式练习，反馈交流。教师将变式练习发布给每一位学生。在学生独立完成练习后，教师与学生借助系统汇总反馈情况，让学生通过练习、总结概况掌握本堂课的复习内容。

⑥回顾小结，知识梳理。教师结合板书，回顾本节复习课的内容。教师通过小结三个集合圈再次梳理三角形分类中的并列关系和四边形与长方形、正方形之间的包含关系。

⑦图形转化，拓展迁移。教师在评测中心发布课后测验及测验解析微视频，供学生再次查漏补缺；同时发布游戏“六角形变长方形”(你能在这个六角星上剪两刀，把剪出来的三部分拼成一个长方形吗?)，让一部分学生课后使用平板操作探究，向学生渗透割、补的数学方法，让学生了解转化的思想，为学生后续学习打下基础。

案例分析：电子书包的使用实际是对传统课程资源和教材这一纸质载体的补充。应用电子书包的教学环境对具体教与学的活动起到了支撑作用，这也是对教学模式转变的有益探索。

三、小学课程的实施

小学课程的实施指的是将小学阶段的课程计划付诸实践的过程，以达到预期的课程目标。课程计划是对课程各方面的总体规划，一般每隔一定年限就会修订，以满足社会发展和教育改革的需求。新的课程计划通常蕴含着对已有课程体系的变革，在课程实施中就需要在实践层面实现这种变化。因此作为课程实施的执行者的教师就需要深入理解，并实际执行。课程实际贯彻实施的过程涉及实施者的课程理念、课程安排调整、实施模式等各个方面，甚至是创新性的变革。因此，课程计划、课程标准和教材等的变革，往往伴随对课程实施者的培训，以及对微观层面课程实践探索的支持和鼓励。

(一)小学课程实施的基本层次

我国小学课程实施以国家统一规定的课程为主。在总体的课程体系中，地方、学校和教师都有一定的课程实施空间和层次，体现课程参与的主动性。尤其对于基层学校而言，如何才能既不增加学生的负担，又可以提升基础教育教学质量，这是每一所小学都面临的实际问题。因此，在微观层面上，学校要充分发挥课程实施者的主动性和创造性，构建学校课程实施的整体规划，在国家规定课程的基础上，实现课程育人的总体目标。

从课程实施的层次来看，古德莱德区分了课程的五个层次，归纳出不同层面实施的课程形式。[①]

理想的课程，属于观念层次的课程，是由研究结构、学术团体和课程专家所倡导的，认为应该开设的课程。

正式的课程，属于社会层次的课程，是理想的课程被官方正式采纳后，由教育行政部门规定的课程计划、课程标准和教材等。

领悟的课程，属于学校层次的课程，是由教师去领会、理解的课程，是教师对正式的课程进行理解、具体加工和重构的课程。它和正式的课程有一定出入，也被称为“师定课程”。

实行的课程，属于教学层次的课程，是教师在课堂上对自己所领会理解的课程进行实际运作的课程。因具体教育情境的影响，教师领悟的课程和实行的课程会有一定差异。

体验的课程，属于学生实际体验到的课程，又称作“生定课程”，是被学生内化的、个性化了的课程，是课程的设计和组织实施的最终检验，即学生究竟受到了怎样的影响。

---

① Jackson P. W., *Handbook of Research on Curriculum*, New York, Macmillan Publishing Company, 1992, pp. 327-329.

从古德莱德的课程层次来看，进入课程实施领域的当属教师领悟的课程、实际实行的课程和学生体验的课程。这一课程层次理论拓展了小学课程实施领域的变革思路。

从不同层次来看，课程的具体实施需要注意如下问题。一是地方和学校层面要执行和落实国家课程计划。小学阶段属于义务教育，具有全面普及性的特征，开设课程计划中的课程，使得所有小学生学习所有具体课程是其基本的教育权利，也是其发展所不可缺少的保障。二是学校和教师层面要保证多样的课程实施方式，以小学生的接受性和发展水平为基础，以灵活多样的课程实现类型和方式，保证小学生实际体验课程的效果，促进小学生的发展。三是学校和教师要优化、整合各种课程资源，进行课程开发，将国家课程、地方课程和校本课程有机结合，构建利于小学生发展的、有自己学校特色的课程体系。

（二）小学课程实施的基本取向

在小学课程实施中，教师作为执行者对课程本质和实施过程的不同认识、形成的不同课程价值观，体现为不同的课程实施取向。课程实施有三种基本取向，即忠实取向、相互适应取向和创生取向。这几种取向可适用于小学课程的具体实施。

1. 小学课程实施的忠实取向

这种取向认为课程的实施过程就是忠实地执行课程计划的过程，衡量的标准就是对课程计划的实现程度。如果对课程计划的实现程度高，就是课程实施的成功；反之，课程的实施程度低或失败。

在这种课程实施取向下，课程计划和课程标准是由教育行政部门和专家制定的，教师只是执行，没有任何参与，没有任何变革的意识和行动。因此，教师在课程实施中的自主性和创造性得不到体现，课程由正式层面到运作层面是线性的过程。如有的小学完全按照课程计划开设课程，没有基于学校特色的补充；有的小学教师完全是在“教教材”，没有任何灵活性和创造性处理，认为顶层设计和内容与形式等都是规定好的，不能有任何变化和改动。而在有的基层学校，因教师总体素质水平不高，无能力进行自主创造性的课程实施。

2. 小学课程实施的相互适应取向

这种取向认为课程的实施是一个连续的动态的过程，课程计划的制订者、设计者与课程的实际执行者之间并非完全隔离，课程实践情境和课程目标、内容、组织之间是相互调整、改变和适应的。一方面，课程计划在实施中会产生变化和调整，以便适应具体的实践需要；另一方面，课程实践的具体过程也会变化，以适应课程计划的要求。

在这种课程实施取向下，课程各范畴都是相互适应的，是可以调整变化的。课程计划的实现绝不是僵化的或简单的；包括课程专家、教师和学生在内的各方参与者彼此关联，是双向的而非单向的。

3. 小学课程实施的创生取向

这种取向是理想状态的课程实施，即真正的课程是教师和学生联合创造的教育经验，课程的具体实施过程体现出师生之间的民主合作，创造出新的教育经验，而不仅仅是对已有课程规划和设置的执行。

在课程实施的创生取向下，作为课程执行者的教师，同时也是课程的开发者。教师和学生积极构建着课程本身。在此过程中，不仅学生会有持续的经验生长，而且教师也会有专业成长。因此，此种取向能够激发教师和学生的主动性与积极性，充分发挥其教育主体作用。但是，这种取向的实现对教师的要求较高，不易在较大范围内实现。

总之，从课程的忠实取向到相互适应取向，再到创生取向，体现了对课程变革认识的深入，也体现了课程改革的发展趋势。在小学教育领域，课程创生取向的实现，是对相互适应取向的超越。需要注意的是，要变革课程的忠实取向，需要作为课程实施者的小学教师改变自身的课程观，也需要教育行政部门、学校通过各种形式提升课程执行力。

案例：清华大学附属小学的“1＋X 课程”育人体系建构①

第一，总体课程设计。对课程设置进行了总体规划。

第二，确立课程目标。清华大学附属小学在课程设置上进行了总体规划，确立了“十个一”的课程目标，具体描述为：一流好品格，一身好体魄，一生好习惯，一个好兴趣，一种好思维，一手好汉字，一副好口才，一篇好文章，一项好手艺，一门好外语……此处的省略号表示允许和鼓励师生创生独有的课程目标。

第三，明晰课程思路。整合国家课程，补充校本课程，形成“1＋X 课程”体系。“1”指的是优化整合国家基础课程；“X”指的是实现个性发展的特色化课程，是对“1”的延伸和创新。

第四，进行课程整合。采取了多样化的、全方位的课程整合模式，探索了三种具体整合途径。

一是学科内整合。在某一学科内，在国家统一标准、地方统一教材的基础上，引

① 窦桂梅：《新课改背景下课程整合的实践探索——清华大学附属小学“1＋X 课程”育人体系建构的案例研究》，载《教育研究》，2014(2)。

入多版本教材，调整学习内容与教学重点和进度，重新设定课程长短，并编制具体学科的《质量目标指南》和《课堂乐学手册》，为优质课堂教学和自主学习提供保证。

二是学科间整合。打破学科界限，以统一的主题、问题、概念、基本学习内容连接不同学科。如以主题统领课程，将国家课程整合为五大领域：品格与社会、体育与健康、语言与人文、数学与科技、艺术与审美。再如，以戏剧形式整合，每个学期每个班级都选择一个主题，编排校园剧。学生在此过程中增长了学科知识，也提高了语言表达、艺术审美等能力。

三是学科内外整合。将学科知识和社会生活紧密相连，将学生的课内学习和课外活动紧密相连。通过主题或项目研究，学生自主建构知识，使学习变得有趣、有用、有意义。学校为学生提供大量的自主实践平台，每学期都组织开展小课题研究，引导学生对生活中的问题展开实际研究，并用实践作业、调查报告等多种方式汇报学习成果。实施走班学习，提高学生的学习能力并发展个性。带领学生走出校门，参加各种社会实践活动。每月举办月度活动，由学生创意设计并实施；校园里的小坎、电视台、广播站以及网站等由学生自主管理，为学生提供综合运用知识、积极展现自我的平台。

案例分析：新课程改革赋予了学校更多的课程构建和实施的权利，为课程的创造性实施提供了更大的空间。清华大学附属小学的“1＋X 课程”体系充分体现了学校和教师在课程开发中的主动性和创造性，超越了忠实取向和相互适应取向，走向了课程的创生取向。在其课程创造性整合中，优化课堂，增加实践，让学生能够快乐、自由、主动地发展，这就是育人目标的极好体现。

四、小学课程的评价

小学课程的评价是对小学课程的实施进行判断。泰勒认为，课程评价就是对课程与教学目标实际达成程度的描述，即确定行为与目标之间一致性的程度。[①]施良方认为，课程评价是指研究课程价值的过程，是由判断课程在改进学生学习方面的价值的那些活动构成的。[②]

对于课程评价的界定有多种，其基本要义为：评价者根据一定的标准，采用一定的方法，对课程进行判断。那么，主要对课程的哪些具体内容进行判断呢？

---

① ［美］Ralph W. Tyler：《课程与教学的基本原理》，罗康、张阅译，226 页，北京，中国轻工业出版社，2008。

② 施良方：《课程理论——课程的基础、原理与问题》，149 页，北京，教育科学出版社，1996。

(一)小学课程评价的对象

有人把小学课程评价等同于小学生的学业评价，但就其外延来看，课程评价的外延最大，学业评价次之。因此，在进行课程评价时，要明确课程评价和学生学业评价的关系。课程评价的对象包括课程方案、课程标准以及教材。

1. 课程方案

课程方案是国家教育行政部门制定的有关学校教育教学和教育工作的指导性文件，具体规定了学校的课程设置、课程内容确定的原则、课程实施与评价、条件与保障等内容。九年义务教育课程方案体现了对小学课程的总体规划和设置，课程计划、课程标准和教材则是课程方案的具体化，是课程方案评价的主要内容。具体来说，课程方案评价主要包括对课程设计开发的指导思想、课程设置的价值取向等进行评价。这种课程评价针对的是课程的宏观层面，涉及课程的设计者和决策者。

2. 课程标准

课程标准是课程方案在各门学科课程方面的具体化，是落实课程方案的载体。课程标准包括某一学科的性质和该门课程的目标、内容、实施建议等。我国新课程改革中，对课程标准的评价主要是由国家教育行政部门主导的、由相关专家进行的，要根据评价和反馈意见对课程标准进行调整和修订。①

3. 教材

教材是课程的目标标准和内容标准的具体化，是课程标准实现的载体。我国小学阶段在 20 世纪 90 年代之前是“一纲一本”的情况，基本上不存在教材评价的问题。自 20 世纪 90 年代到新课程改革，随着国家教材管理政策的发展，实行了“一纲多本”，对教材评价的研究逐渐兴起。教材评价活动作为一种价值判断的过程，它总是依据一定的价值目标审视、评估教材，是以实际状态与预订价值目标相比较的一种活动过程。②教材评价主要针对教材的思想水平、教学特性、内容特性及使用效果进行评价，不仅包括普通教材，也包括电子形式的教材。进行教材评价，可以从教材选用的视角进行，从教材编制、审定等教材建设各环节进行，要以社会需要、学生发展和知识逻辑为依据和参照。

总之，在小学课程评价中，评价的主体和目的不同，评价的对象和层次不同，作为主要评价结果的依据也不同，所要采取的评价方式也不尽相同。

从课程评价的手段来看，主要采取测量的手段，具体有定量分析的评价方法，如数学等学科的学业评价就通常采用定量的方法；也有定性分析的评价方法，如美术和

---

① 引自杨小微、王凯：《评价是一种对话——以义务教育课程标准的评价研究为例》。

② 邝丽湛：《教材评价的本质及其价值分析》，载《教育研究》，2002(7)。

音乐这类艺术课程，就不宜采用定量分析的评价方法。

(二)小学课程评价的类型

依据不同的分类标准，小学课程评价有不同的类型。

1. 形成性评价和终结性评价

根据评价的作用和性质，可分为形成性评价和终结性评价。

形成性评价指的是课程开发或实施阶段进行的评价，课程还未完善，因此主要是将此评价作为进一步修订的依据。

终结性评价指的是课程开发或课程实施完成后的评价，主要是对课程的成效做出整体的判断，以作为课程计划进一步推进的依据。

这两种课程评价并无优劣之分，主要是基于不同的作用和性质而区分的。

2. 目标本位评价和目标游离评价

根据课程评价和预期目标的关系，可分为目标本位评价和目标游离评价。

目标本位评价指的是以课程的目标为依据而进行的评价，主要判断目标的实现程度。因此，课程目标一定要做出比较确切的描述，以进行测量。比较典型的是泰勒的目标模式。其特点在于标准清晰，有可操作性，容易把握。

目标游离评价指的是脱离预期的课程目标，以课程计划和课程实施活动的实际结果为基准，进行客观判断。这种评价易于贴近课程的实施者和学习者的需要，因此也称作需要本位的评价。

3. 内部人员评价和外部人员评价

根据评价人员的身份，可分为内部人员评价和外部人员评价。

内部人员评价指的是由课程的开发者、设计者或使用者做出的课程评价。这种评价有利于课程总体方案的修订和完善，但是也有局限，不了解他人的课程需要，可能导致客观性缺失。

外部人员评价指的是课程设计者和使用者之外的人进行的评价。这种评价有利于了解各方面的信息，会产生拓展性思路，但会对课程内部因素缺乏了解。

4. 量化评价和质性评价

根据评价的方法，可分为量化评价和质性评价。

量化评价指的是用数量分析和比较的具体方式进行判断。这种评价的理论基础是科学实证主义的课程观。其优势在于用量化的数据做出客观的结论，被认为是科学化的体现，其评价重点放在课程结果上。

质性评价指的是通过自然的调查充分揭示和描述评价对象的特质，以体现其中的意义，也被称为自然主义的评价。这种评价不提倡用数量的方式呈现课程信息，把评价的重点放在课程运行的过程上。

总体来看，每种课程评价类型都各有优势，不同的分类标准导致具体类型不同，每个类型和其他类型都不是排斥的关系。在具体的课程评价中，应充分把握各自的特点，相互结合应用。

第三节 我国小学课程改革

我国于1998年制订了《面向21世纪教育振兴行动计划》，表明具有划时代意义的新一轮课程改革开始推行。同年6月颁布了《中共中央　国务院关于深化教育改革，全面推进素质教育的决定》。进入21世纪以后，深刻的社会变革对基础教育的发展提出新的挑战，新一轮基础教育课程改革开始展开。

我国新一轮基础教育课程改革在酝酿准备后，分两个阶段实施。第一阶段为试点实验阶段，完成新课程体系的制定、实验和修订。2001年，教育部颁布《基础教育课程改革纲要(试行)》，以及义务教育阶段的18科课程标准实验稿，编写审查了实验教材，并在实验区使用。第二阶段为全面推广阶段，逐步在全国全面推行新课程体系。在对实验区工作进行充分交流和全面评估的基础上，原则上中小学阶段各个起始年级都推行新课程体系。

一、我国新一轮课程改革的总体目标

我国新一轮课程改革全面贯彻国家教育方针，以提高国民素质为宗旨，以培养创新精神和实践能力为重点，强调课程要促进每位学生身心的健康发展，培养良好品德，强调基础教育要满足每位学生终身发展的需要，培养学生终身学习的愿望和能力。当前小学课程改革主要集中在课程目标、课程结构、课程实施、课程评价以及课程管理几个方面。

根据《基础教育课程改革纲要(试行)》，新一轮课程改革的目标如下所述。

①改变课程过于注重知识传授的倾向，强调让学生形成积极主动的学习态度，使其获得基础知识与基本技能的过程同时成为学会学习和形成正确价值观的过程。

②改变课程结构过于强调学科本位、门类过多和缺乏整合的现状，使课程结构具有均衡性、综合性和选择性。

③改变课程内容繁、难、偏、旧和偏重书本知识的现状，加强课程内容与学生生活以及现代社会科技发展的联系，关注学生的学习兴趣和经验，精选适合学生终身学

习必备的基础知识和技能。

④改变课程实施过于强调接受学习、死记硬背、机械训练的现状，倡导学生主动参与、乐于探究、勤于动手，培养学生搜集和处理信息的能力、获取新知识的能力、分析和解决问题的能力，以及交流与合作的能力。

⑤改变课程评价过分强调评价的甄别与选拔的功能，发挥评价促进学生发展、教师提高和改进教学实践的功能。

⑥改变课程管理过于集中的状况，实行国家、地方、学校三级课程管理，增强课程对地方、学校及学生的适应性。

二、小学课程改革的特征和趋向

小学阶段的课程改革是基础教育课程改革的重要组成部分。从阶段性来看，小学课程与初中课程连贯，为九年一贯制，从课程结构等方面体现出与小学教育基本规律相应的特征。

（一）小学课程的综合性与实践性

新一轮课程改革采取九年一贯整体设置义务教育阶段课程的方式，构建分科课程与综合课程的结构。在综合科学技术发展和对自然、社会整体认识的基础上，对教育内容进行更新，建有自然科学与社会科学的综合课程。与小学生身心发展特征相呼应，小学阶段以综合课程为主。

在课程结构上，小学课程注重密切联系小学生的生活和经验以及社会、科技发展的现实，强调小学生经验、学科知识和社会发展等内容的整合。在 2019 年启动的义务教育课程方案和课程标准修订工作中，综合性特征得到充分体现。考虑到学生认知发展是从日常生活概念到准科学概念，再到科学概念的过程，由综合到分化，本次修订对课程设置进行了调整。《义务教育课程方案（2022 年版）》在课程设置方面的调整优化体现为，将小学原品德与生活、品德与社会和初中原思想品德整合为“道德与法治”，进行一体化设计；改革艺术课程设置，一至七年级以音乐、美术为主线，融入舞蹈、戏剧等内容，八至九年级分项选择开设；科学、综合实践活动起始年级提前至一年级。[①] 同时，《义务教育课程方案（2022 年版）》强调加强课程综合，注重关联，加强课程内容与学生的经验及社会生活的联系。[②]

---

① 中华人民共和国教育部：《义务教育课程方案（2022 年版）》，前言 3 页，北京，北京师范大学出版社，2022。

② 中华人民共和国教育部：《义务教育课程方案（2022 年版）》，5 页，北京，北京师范大学出版社，2022。

在小学课程中，综合实践活动课程的设置尤为重要，其目的为培养小学生的创新精神和实践能力。综合实践活动课程是从学生的真实生活和发展需要出发，从生活情境中发现问题，转化为活动主题，通过探究、服务、制作、体验等方式，培养学生综合素质的跨学科实践性课程。从课程性质来看，综合实践活动是国家义务教育的必修课程，与学科课程并列设置，是基础教育课程体系的重要组成部分。该课程由地方统筹管理和指导，具体内容以学校开发为主，自小学一年级至高中三年级全面实施。

根据2017年教育部印发的《中小学综合实践活动课程指导纲要》，综合实践活动课程以培养学生的综合素质为导向，面向学生的个体生活和社会生活，强调学生综合运用各学科知识，认识、分析和解决现实问题，提升综合素质，着力发展核心素养，特别是社会责任感、创新精神和实践能力，以适应快速变化的社会生活、职业世界和个人自主发展的需要。在课程实施中，综合实践活动课程要和学科课程区别开来，注重学生主动实践和开放生成。

资料链接：综合实践活动课程小学阶段的具体目标

2017年，教育部发布的《中小学综合实践活动课程指导纲要》提出课程目标的要求，其中小学阶段具体目标如下。

①价值体认：通过亲历、参与少先队活动、场馆活动和主题教育活动，参观爱国主义教育基地等，获得有积极意义的价值体验。理解并遵守公共空间的基本行为规范，初步形成集体思想、组织观念，培养对中国共产党的朴素感情，为自己是中国人感到自豪。

②责任担当：围绕日常生活开展服务活动，能处理生活中的基本事务，初步养成自理能力、自立精神、热爱生活的态度，具有积极参与学校和社区生活的意愿。

③问题解决：能在教师的引导下，结合学校、家庭生活中的现象，发现并提出自己感兴趣的问题。能将问题转化为研究小课题，体验课题研究的过程与方法，提出自己的想法，形成对问题的初步解释。

④创意物化：通过动手操作实践，初步掌握手工设计与制作的基本技能；学会运用信息技术，设计并制作有一定创意的数字作品。运用常见、简单的信息技术解决实际问题，服务于学习和生活。

(二)小学课程的调整性与发展性

在课程的设置方面，小学阶段的课程随着社会的发展在进行调整和变革。这体现了我国基础教育改革的与时俱进、对社会变化的回应和调整，为小学教育的良好发展和小学生的切实培养提供了有力保障。

根据 2001 年的《义务教育课程设置实验方案》，在小学阶段设置综合课程。一至二年级开设品德与生活课，三至六年级开设品德与社会课，以适应儿童生活范围逐步从家庭扩展到学校和社会，满足其经验和社会性不断丰富和发展的需求；小学阶段从三年级起开设科学课，目的在于从小学生的生活经验出发，让他们能体验探究过程，学习科学方法，发展初步的科学精神；从小学一年级起开设艺术课，引导小学生体验和感受艺术，发展和提高审美力。

随着教育改革的新形势、新要求、新挑战，原有的义务教育课程方案在很多方面都需要进行修订。因此在 2019 年年初，教育部启动了义务教育课程标准和课程方案的修订工作，并于 2022 年 4 月颁布。在这次义务教育课程方案修订中，小学阶段课程的发展变化回应了社会形势、教育改革和小学生培养的需求，在课程调整和教材使用等方面体现了新的特征。比如，将习近平总书记关于培养有理想、有本领、有担当的时代新人的要求作为构建义务教育课程体系的逻辑起点和落脚点，阐述培养目标："义务教育要在坚定理想信念、厚植爱国主义情怀、加强品德修养、增长知识见识、培养奋斗精神、增强综合素质上下功夫，使学生有理想、有本领、有担当，培养德智体美劳全面发展的社会主义建设者和接班人。"①

在小学德育课教材方面，《教育部办公厅关于 2016 年中小学教学用书有关事项的通知》就提出，为贯彻落实党的十八届四中全会关于在中小学设立法治知识课程的要求，从 2016 年起，将义务教育小学和初中起始年级"品德与生活""品德与社会""思想品德"教材名称统一更改为"道德与法治"。

总之，小学课程在设置层面的发展，是国内外基础教育课程改革的具体体现，也是对总体社会变化和小学生发展需求的回应，突出了小学阶段基础性的教育地位。课程体系本身的科学性、统整性和适切性更为明确，利于小学生的成长。

(三)小学课程的灵活性与适应性

在我国新一轮基础教育课程改革中，课程的实施方式、评价方式以及课程管理等方面都体现出了和以往不同的多样性、灵活性特征。这使得新课程对不同层面的学习者、教育者以及管理者的适应性越来越强。

小学课程实施方式具有灵活性。新的课程实施方式强调密切联系学生的生活和经验，加强课程与社会科技发展的联系，为学生的终身发展提供必备的基础知识、基本

---

① 中华人民共和国教育部：《义务教育课程方案(2022 年版)》，2～3 页，北京，北京师范大学出版社，2022。

技能和良好的情感、态度与价值观，以创新精神和实践能力为核心，重视发展学生搜集处理信息的能力、自主获取新知识的能力、分析解决问题的能力、交流与合作的能力。

新课程以创新精神和实践能力的培养为重点，强调建立新的教学方式，促进学习方式的变革，强调教学过程是师生交往、共同发展的互动过程。在教学过程中，新课程强调处理好传授知识与培养能力的关系，培养学生的独立性和自主性，引导学生质疑、洞察、探究，在实践中学习，使学习成为在教师的指导下主动的、富有个性的过程。教师应尊重学生的人格，关注个体的差异，满足不同的需要，创设能引导学生主动参与的教育环境，激发学生的学习积极性，培养学生掌握和运用知识的态度和能力，使每位学生都能得到充分的发展。

小学课程评价方式具有多样性。新的课程评价方式改变以往课程评价过分强调评价的甄别与选拔的功能，发挥评价促进学生发展、教师提高和改进教学实践的功能。新的课程评价强调：评价功能从注重甄别与选拔转向激励、反馈与调整；评价内容从过分注重学业成绩转向注重多方面发展的潜能；评价技术从过分强调量化转向更加重视质的分析；评价主体从单一转向多元；评价的角度从终结性转向过程性、发展性，更加关注学生的个别差异；评价方式更多地采取诸如观察、面谈、调查、作品展示、项目活动报告等开放的、多样化的方式，而不仅仅依靠笔试的结果，更多地关注学生的现状、潜力和发展趋势；新的评价方式强调可操作性，力求评价指标简明、方法易行，使一线教师容易使用。

小学课程管理模式具有适应性。新的课程管理模式改变以往课程管理过于集中的状况，实行国家、地方、学校三级课程管理，增强课程对地方、学校及学生的适应性。制定国家、地方、学校三级课程管理政策，提高课程的适应性，满足不同地方、学校和学生的需要。建立三级课程管理模式的目的是进一步简政放权，加大省级人民政府发展和管理本地区教育的权力以及统筹力度，促进教育与当地经济社会发展紧密结合，继续完善基础教育由地方负责、分级管理的体制。在课程的开发与管理上，改变过去国家管理过于集中的做法，通过课程改革逐渐放权，提高课程为当地发展的适应性。

(四)小学教材的多样性与统一性

教材是课程建设和改革的核心。我国基础教育阶段的教材在很长时间内是“一纲一本”。1988 年，根据九年义务教育发展要求，《九年制义务教育教材编写规划方案》规定，“必须在统一基本要求，统一审定的前提下，逐步实现教材的多样化，以适应各类地区、各类学校的需要”，确立了“一纲多本”及“多纲多本”的改革方向。① 新课程改革

① 任长松：《新中国新一轮义务教育课程教材：18 条经验(上)》，载《教育理论与实践》，2000(6)。

后又形成了“一纲多本”的局面。

我们应该理性分析和看待教材多样化问题。某具体学科课程是否采用统一性教材，要依据人才培养的社会需求和具体的学科特性，也要顾及教材的质量。要从学科的特点和性质出发来考量不同学科课程使用的教材：政治思想品德、历史、地理这三门学科，政治性、敏感性较强，采取“全国统编教材加地方补充教材(或乡土教材)”的模式，既能体现国家对课程的基本要求，也能避免不必要的问题和浪费。①

2017 年，对于我国基础教育来说是不平凡的一年。办好人民满意的教育，立德树人的改革从教科书开始，2017 年 9 月新学期，“一纲多本”的时代正式终结，全国小学和初中起始年级使用“部编本”语文教材。这一项改革，为正在进行“全面施工内部装修”阶段的中国教育刷上了“中国底色”。②自 2017 年 9 月起，全国义务教育阶段小学初始年级的语文、历史、道德与法治 3 个科目启用教育部统编教材。到 2019 年，“部编本”覆盖义务教育阶段所有年级。这些部编本教材的使用使得小学课程中落实社会主义核心价值观、加强中华优秀传统文化教育和革命传统教育的基本原则得到充分体现。

在小学科学课程方面，国家对小学科学课程改革越来越重视。2017 年，教育部印发《义务教育小学科学课程标准》，以培养人才的基础科学素养为宗旨的小学科学课程被确定为基础性课程，特别在课程标准中强调“每个学生都应学好科学”，并要求从一年级开设科学课，实现了与国际科学教育改革趋势相对接。2017 年，小学科学纳入义务教育学校学业质量监测，监测内容包括学生科学学习质量，以及课程开设、条件保障、教师配备、学科教学和学校管理等相关影响因素。在教材方面，小学科学所有版本的部编本教材依据《义务教育小学科学课程标准》进行全面修订，2019 学年完成全部修订工作。③ 2022 年，教育部发布《义务教育科学课程标准(2022 年版)》。

三、课程改革与小学生发展

新一轮基础教育课程改革推行以来，教育理论工作者、教育实践工作者以及社会各界对其实施的理念和成效进行了广泛的讨论。无论课程改革在推进过程中面临哪些挑战和困难，毋庸置疑的是，全国范围内每所学校都在进行课程改革的实践探索。课程语汇由少数学者的专业术语变为每一位校长、教师、教研员的共同话语；课程与教学关系的探索由学者的专门学术研究工作转变为学校课程体系建设的时间、

① 吕达、刘京萍：《深化课程改革的理论思考——学习〈国务院关于基础教育改革与发展的决定〉札记》，载《天津师范大学学报(基础教育版)》，2002(1)。

② 刘博智：《擦亮“中国底色”的统编三科教材》，载《中国教育报》，2018-01-13。

③ 《教育部对十三届全国人大一次会议第 3613 号建议的答复》，见教育部网站，2018 年 9 月 29 日。

转变为以课程创特色的学校行动。[①] 在基础教育课程改革中，小学教育领域的课程改革也在全面展开。在相应的课程理论和课程实践的探索中，小学生的发展被置于核心位置。

(一)课程改革重视小学生的全面发展

新课程改革发起的主要原因就在于，我国多年来倡导的素质教育并没有取得令人满意的成果，课程结构、内容、实施、评价等方面没有关照到学生的全面发展，学生在情感、态度、价值观等方面的迫切发展需求在学校教育中没有得到应有的满足。

从课程开发管理主体的层面来看，《基础教育课程改革纲要(试行)》提出“学校在执行国家课程与地方课程的同时，应视当地社会、经济发展的具体情况，结合本校的传统和优势、学生的兴趣与需要，开发或选用适合本校的课程”。基于此，小学的课程建设不仅包括国家课程与地方课程的有效实施、校本课程的合理开发，“更为重要的还在于如何基于学生的全面发展把所有学校课程建设成一个完整的课程体系”[②]。

从课程统整和实践层面来看，在教育改革和发展中，我国小学课程建设不断整合资源，“使分化了的知识体系形成有机联系、成为整体”。[③]在课程实践中，学校层面的课程在宏观层面以学校教育理念为指导统领学科课程，在中观层面使不同学科内容相互整合，在微观层面对学科课程内部的知识点进行整合，形成符合人的全面发展的课程体系。新一轮课程改革为小学生的全面发展做出有益的探索和巨大的贡献。

从课程政策层面来看，与小学阶段有关的各个学科课程标准、综合实践活动实施纲要、小学科学课程以及劳动教育等方面的政策文件的印发，为小学生全面发展提供了坚实的制度支持。

案例： 杭州市富阳区课程改革

杭州市富阳区根据《中共中央　国务院关于全面加强新时代大中小学劳动教育的意见》，于2018年6月发布了《关于区域推进富阳区中小学(幼儿园)劳动教育的实施意见》，在小学中大力开展新时代劳动教育，进行了新劳动教育的实践探索。在具体的劳动课程及教育实施活动中，关注生活，形成了循序渐进的劳动教育建议；科学设计，构建了规范系统的课程体系；搭建平台，提供了丰富多样的实践基地；多方合力，构建了协同育人的教育场域。[④]

---

① 郭华等：《中国课程论研究四十年》，39页，北京，人民教育出版社，2020。
② 蔺红春、徐继存：《我国学校课程建设十五年：回顾与反思》，载《教育学报》，2017(1)。
③ 熊梅、马玉宾：《校本课程整合与合作的教师文化的生成》，载《教育研究》，2005(10)。
④ 禹跃昆、蒋亦丰：《杭州富阳：农田沃野“种”教育》，载《中国教育报》，2019-10-28。

富阳区劳动教育案例入选《2019中国基础教育年度报告》，作为2019年中国基础教育典型案例，发布在《人民教育》2020年第2期上。2019年10月28日，《中国教育报》以“杭州富阳：农田沃野‘种’教育”为题，头版报道了富阳新劳动教育的开展情况。“新劳动教育”不仅限于劳动教育，还涉及了教学和综合实践等领域，在课程目标上与德、智、体、美融通，内容上与学科课程整合，真正体现了从课堂育人到开放育人，从书本育人到生活育人，从知识育人到实践育人，实现了全面育人的教育目标。

(二)课程改革突出小学生核心素养的发展

核心素养的提出是我国基础教育课程与教学改革的重要发展。“在新一轮基础教育课程改革中，迎接课堂转型的挑战，难以绕过‘核心素养’这一重要问题。因为学校教育是面向未来的事业，国民核心素养的培育是至高无上的课题，核心素养指导、引领中小学课程教学改革实践。”①新一轮课程改革基于学界对核心素养的认识及研究，将核心素养提升至党的教育方针的具体化和细化的高度。

学生发展核心素养，是指学生应具备的，能够适应终身发展和社会发展需要的必备品格和关键能力。研究学生发展核心素养是落实立德树人根本任务的一项重要举措，也是适应世界教育改革发展趋势的需要。2014年3月颁布的《教育部关于全面深化课程改革　落实立德树人根本任务的意见》，首次正式提出了“研究制订学生发展核心素养体系和学业质量标准”。2016年9月，中国学生发展核心素养正式颁布，其内容以培养“全面发展的人”为核心，分为文化基础、自主发展、社会参与3个方面，综合表现为人文底蕴、科学精神、学会学习、健康生活、责任担当、实践创新六大素养，具体细化为18个基本要点。

已颁布的2022年版义务教育课程方案和课程标准聚焦核心素养，并按不同学科做了具体阐释。比如，义务教育数学课程要培养的学生核心素养包括三方面，即会用数学的眼光观察现实世界，会用数学的思维思考现实世界，会用数学的语言表达现实世界。在小学阶段，学生的数学核心素养主要表现为：数感、量感、符号意识、运算能力、几何直观、空间观念、推理意识、数据意识、模型意识、应用意识、创新意识。②

概括来讲，核心素养为课程改革回答了“培养什么样的人”的问题，指引课程改革在具体的“怎么培养人”的课程实施层面“百花齐放”，为发展小学生的核心素养提供落到实处的路径。

---

① 钟启泉：《核心素养的“核心”在哪里》，载《中国教育报》，2015-04-01。

② 中华人民共和国教育部：《义务教育数学课程标准(2022年版)》，5～7页，北京，北京师范大学出版社，2022。

案例：史家小学基于博物馆资源的“无边界”课程[1]

史家小学秉承“无边界”课程理念，积极拓展课程场域，创新课程开发模式，从中华优秀传统文化中汲取课程营养，与国家博物馆联合开发了“博悟课程”，并在多年的探索和实践中归纳梳理了六种适合学生自主探究的学习路径，直接指向学生核心素养的形成。

字词溯源——指向学生人文底蕴与科学精神等核心素养的形成。

猜想实证——指向学生科学精神即理性思维、批判质疑、勇于探究素养的形成。

模拟感悟——指向学生实践创新、学会学习等素养的形成。

摹写创作——指向学生实践创新、人文底蕴等素养的形成。

劳作识技——指向学生实践创新、健康生活等素养的形成。

类比寻规——指向学生科学精神、学会学习等素养的形成。

案例分析：史家小学在其校本课程“博悟课程”的开发中，将课程目标和课程内容直接指向学生核心素养的培养，使得课程的编制开发和具体实施有了具体的落脚点，充分体现了以学生为中心，实现了新课程改革的“为了每一位学生的发展”的基本理念；同时，该校和国家博物馆合作，在课程开发中注重对学生进行中华民族优秀传统文化的传承教育。

本章小结

课程是一个发展的概念，是为实现学校的培养目标而规定的教学科目及其目标、内容、进程的总和。课程是伴随着近代学校教育制度而产生的。我国近现代小学课程和古代小学课程相比，课程体系随着小学教育发展逐渐丰富，内部结构和阶段性特征渐次明显。从内容结构上讲，我国小学课程包括课程计划、课程标准、教科书等部分；从形式结构上讲，小学课程可以划分为学科课程和活动课程，分科课程和综合课程，显性课程和隐性课程，国家课程、地方课程和校本课程等多种。由于多年来倡导的素质教育没有取得令人满意的成果，于是2001年教育部颁布《基础教育课程改革纲要(试行)》，我国新一轮基础教育课程改革正式拉开序幕。新一轮课程改革引导小学课程走向综合性、实践性、发展性、适应性、多样性与统一性，突出小学生的全面发展以及核心素养的发展。

---

① 郭志滨、金少良、黄琛：《史家小学：基于博物馆资源的“无边界”课程》，载《人民教育》，2019(3-4)。

关键术语

课程；课程计划；课程标准；教科书；活动课程；分科课程；综合课程；隐性课程；校本课程；课程设计；课程实施；课程评价；课程改革

拓展阅读

1. 王策三：《教学论稿》第二版，北京，人民教育出版社，2005。

该书的第七章为课程的历史发展，介绍了古代课程论及其特点、近代几种课程理论以及现代课程论发展的新动向；第八章是课程的本质和结构，主要介绍了三点：课程的基本概念、课程的总体结构——教学计划或学校课程标准、教学大纲和教科书的结构；第九章为课程设计的方法，主要介绍了课程设计的几种方法、西方课程实验法的发展，指出改进我们的课程设计方法。王策三先生的写作逻辑严谨，资料充实，既立足当代，也追溯历史线索，在阅读中能感受到其思辨的吸引力。

2. [美]Ralph W. Tyler：《课程与教学的基本原理》，罗康、张阅译，北京，中国轻工业出版社，2008。

该书被誉为现代课程领域较有影响的理论构架。在 20 世纪 20 年代，经济大萧条加剧了教育与社会现实的矛盾。在这样的背景下，美国教育“八年研究”开展，在这场教育改革实践中泰勒的课程原理逐渐形成。该书不仅推进了美国教育发展，也深刻影响了世界其他国家的课程编制。在我国课程改革的深入发展中，其依然能够提供有益的参考。

3. 郭华等：《中国课程论研究四十年》，北京，人民教育出版社，2020。

该书对改革开放四十年的课程论研究进行了系统梳理，涵盖了课程改革研究、课程概念研究、课程方案研究、综合课程研究、教材研究等各个课程研究领域。该书是对我国课程论四十年研究的梳理，资料丰富翔实，主题分明，值得一读。

体验练习

1. 对于课程的理解，向来有多种不同的看法，其理论基础和出发点不同。结合小学教育的实际，你是如何理解课程的基本含义的？你能区分几种课程的相关概念吗？给你的同学讲一讲。

2. 从隐性课程的表现形式来看，其范围较广，和学校中的学科课程等明显不同。你是如何理解隐性课程的？自己搜索相关资料进行说明。

3. 以小组形式考察一所小学的校本课程建设，并写出调研报告。

4. 以小组形式对小学的校长、班主任和教师进行访谈，对小学的课程设计和实施情况进行了解，并写出研究报告。

5. 学完本章的内容，写出基本内容框架，列出基本概念和基本原理。

第六章

小学教学

结构图

- 小学教学
  - 小学教学概述
    - 小学教学的概念
      - 教学的概念
      - 对小学教学的认识
    - 小学教学的任务
      - 向小学生传授基础文化科学知识
      - 发展小学生的基本能力
      - 落实立德树人的根本任务
      - 培养小学生良好的情感、态度和价值观
  - 小学教学的本质与原则
    - 小学教学的本质
      - 小学教学认识是小学生的认识
      - 小学教学认识具有间接性
      - 小学教学认识需要教师的领导
      - 小学教学认识具有教育性
    - 小学教学原则
      - 对教学原则的认识
      - 小学常用的教学原则
  - 小学教学方法与组织形式
    - 小学教学方法
      - 对教学方法的认识
      - 小学常用的教学方法
    - 小学教学组织形式
      - 对教学组织形式的认识
      - 小学常用的教学组织形式
  - 我国小学教学改革
    - 对小学教学实施的探索与发展
      - 自主学习
      - 探究学习
      - 合作学习
    - 小学教学改革的趋势
      - 强调教学观念的转变
      - 构建促进发展的学习共同体
      - 突出现代信息技术的应用

本章概述

本章主要对小学教学概述、小学教学的本质与原则、小学教学方法与组织形式、我国小学教学改革进行介绍。首先，分析教学的概念，以及小学教学的基本要素，阐释小学教学的任务。其次，介绍小学教学的本质、小学常用的几种教学原则，并提出运用教学原则时的注意事项。再次，介绍小学常用的教学方法与组织形式。最后，对我国小学教学改革进行简要阐释。

问题情境

王老师是一位老教师，在一线工作有二十余年，最近一直质疑自己是不是一位合格的教师？在互联网高速发展的时代，学校格外强调信息技术的运用，学生的喜好和以前完全不一样了。为调动学生的学习兴趣，学校强调使用新兴的教学手段和新的教学方法。王老师认为这对她来说是一个全新的挑战，她认为传统教学方法会让学生学习知识，按传统教学方法去教学生也能理解。为什么要用新的教学方法？她还认为这对于年轻教师还比较适应，老一辈的教师没有必要去改变，无论用什么方法学生学会就行了。

王老师的困惑其实是很多教师的困惑。这里面其实涉及教学的本质是什么，教学中为什么要运用多种形式的教学方法的讨论。此外，在现实生活中，教学方法纷繁复杂，到底应该选用什么样的方法？其实，教学方法本就没有新旧之分，更不存在新的就比老的好，老的比新的好的可比性。每种方法都有其价值、功能和适应的范围，用得恰到好处就会锦上添花，用非所长就会捉襟见肘。可见，新旧并不是判断教学方法好与坏的标准，如果这么理解教学方法，相信困惑就烟消云散了。下面，我们一起来学习本章的内容。

第一节
小学教学概述

小学教学是小学教育工作的核心。对小学教学进行全面认识的基础是理解教学的基本概念，在此基础上认识小学教学的构成要素和基本任务。

一、小学教学的概念

教学是小学日常教育生活中常见的活动，平时人们往往说“上课”“教课”，用以指代教学。如何理解教学的概念是需要先解决的问题。

（一）教学的概念

教学，是很常见的一个教育概念。但是，古今中外教育论著的界定却大有不同。如今我们认识“教学”及其实践，往往是从教育工作者层面的理解展开的。

中文中较早出现“教”与“学”二字，是在殷商时期的甲骨文中。《书·商书·说命》

提到“斅学半”，这可以说是我国古代萌芽状态的教学思想。《学记》引其作为“教学相长”的经典根据。唐代孔颖达的解释为：“上学为教者，音 xiào；下学者，学习也。言教人乃是益己学之半也。”简单来讲，教学由“教”和“学”两部分组成：“教”侧重传授的行为，“学”偏重内心的感受和所得。

资料链接：“学”字探源①

繁体字的“學”其实也包括“教”与“学”两方面的意思。可以理解为用双手(臼)持爻(本为卦术，此处指古代的书籍)，以教膝下(冖，两腿之形)之子(子)，或子用双手(臼)捧书(爻)学于大人膝下(冖)。可见，古代的“教”与“学”，原为一字，以后才分化为二字。“学”字的构形充分反映了我们民族的先人早就注重对儿童的教育。

据考证，宋代欧阳修做胡瑗墓表：“先生之徒最盛，其在湖州学，弟子来去常数百人，各以其经传相传授，其教学之法最备，行之数年，东南之士，莫不以仁义礼乐为学。”其中提及的“教学”指教师的教和学生的学。但其语并非严谨的定义。

19 世纪末 20 世纪初，因赫尔巴特教学思想的引入，我国对教学的认识主要侧重怎么教，教学主要被理解为“教授”。其后，教学的词义发生转变，走向矫正忽视学的弊端，代表人物为陶行知。他主张将“教授”改为“教学”：“事怎样做就怎么学，怎样学就怎样教，教的法子要根据学的法子，学的法子要根据做的法子。”②当前我国教育学界对教学的界定不一，但有一点基本认识沿至今日，即教学是教师的教和学生的学的统一活动。

从一般教育工作者的角度来看，教学就是教的人指导学的人进行学习的活动。这种活动是教和学相结合或相统一的，也就是说，只有教或者只有学的活动是片面的，或者简单相加都不是严格意义上的教学活动。③

从时间线索梳理“教学”的诸多界定，大致可分为如下几种，如表 6-1 所示。

表 6-1　关于“教学”的界定④

含义	时代	外延	内涵
第一义	古代	教育实体内全部教育活动	“教”弟子学
第二义	近代	有别于“管理”“训育”等的教育活动	“教”(教授)
第三义	现代		“教”与“学”的联结

① 郑金洲：《中学教育基础》，176 页，上海，华东师范大学出版社，2020。
② 顾明远、边守正：《陶行知选集(三卷本)》第 1 卷，347 页，北京，教育科学出版社，2011。
③ 李秉德：《教学论》，2 页，北京，人民教育出版社，1991。
④ 陈桂生：《常用教育概念辨析》，107 页，上海，华东师范大学出版社，2009。

综合各家之言，我们可以这样界定小学教学的概念：小学教学是基于一定的教育目的，在特定的教育环境中，在教师的引导下，小学生能动地学习知识和技能，以获得身心全面发展的实践活动。

(二)对小学教学的认识

1. 对教学概念的认识

首先，教学具有双边性。在具体的小学教学实施中，教师是教学的组织者和引领者，始终服务于学生的学习和发展。学生是教师教的指向对象，同时也是学习和发展的主体。小学教学的根本特征在于，教师激发学生的学习兴趣，引导学生能动地学习，在已有经验的基础上去观察、思考和探究，主动获取新知，发展自身的智能和体力，养成良好的品德与美感，最终达到全面发展。从这个意义上说，小学教学有教有学，同时还需要有教和学的能动性，两者紧密结合才是好的教学，才有好的教学效果。

其次，教与学是统一的。在小学教学中，教和学各有独立的活动，不能相互代替。同时，教和学也是不能分离的。可以说，教和学是教学这同一事情的两个侧面，是辩证统一的。小学教学不是只有教，只重视教，也不是简单的教加学。在教学论的发展中过于注重“教论”而忽视“学论”，或者把“教论”变成“学论”，都是把教和学割裂的表现，没有把握住教学的基本属性。若在此认识的基础上进行小学教学实践，则必会导致对小学生主体认识的缺失。

明末清初思想家王夫之曾论及，“夫学以学夫所教，而学必非教，教以教人之学，而教必非学”。意思是说，学，就是学习教师所教的，学自然不是教；教，就是教学生去学所教的东西，教自然不是学。其所表达的是，教师的教和学生的学是相统一的过程。用今天的话说，在教学中，没有“没有学的教”，也没有“没有教的学”；没有了学，教就不能存在；没有了教，学也不再存在，如果再有什么“学”，那已经不是教学中的“学”。①

2. 小学教学的基本要素

小学教学由不同的基本要素构成。这些基本要素主要有四个，即学生、教师、教学内容、教学方法。其中，学生与教学内容之间的关系是主客体的关系，学生是教学认识的主体，教学内容是学生认识和掌握的客体；教师和学生的关系是教与学的关系，教师通过各种教学方法，有效组织和再加工，指导学生认识、理解和掌握教学内容。在四者的相互关系中，教学方法是最终实现教学目标的动力系统。

小学生是教学中的主体。在小学教学实施中，教师需要对小学生的主体地位有明确的认识，形成科学合理的学生观。小学生是发展的人，他们具有极大的发展潜

---

① 王策三：《教学论稿》第二版，88 页，北京，人民教育出版社，2005。

力和可塑性。教师要用相信的态度、动态的眼光来看待小学生，在教学中遵循其身心发展规律，激发其潜能，合理评价其发展水平。小学生是独特的人，他们有共性，也有个性，其思维方式和解决问题的方式都有不同于成人的特征。教师在教学中要重视小学生的共性，尊重每个人的个性，将集体教学和因材施教结合起来。小学生是具有主体性的人，他们在学习中具有一定的主动性和积极性，也会在困难和挫折前退缩或犹豫。教师要合理引导，使其明白学习最终要靠个人努力，培养他们良好的学习习惯，使他们形成可持续发展的能力，形成人工智能时代所需要的基本素养。

教学内容是小学生学习的对象。教学内容是精心选择出来的、经过人为加工的、有利于小学生发展的教育材料。从来源来看，教学内容是人类文明的精华部分，随着社会的发展而不断更新；从其选择加工来看，教学内容根据教育目的和小学生的身心发展特征，经过设计加工而以小学生易于接受的方式呈现出来。在当今信息技术飞速发展的时代，相应科技成果以各种形式出现在小学教学内容中。

资料链接：小学阶段信息科技课程内容模块和跨学科主题①

义务教育信息科技课程在3～8年级单独开设，其他年级相关内容融入语文、道德与法治、数学、科学、综合实践活动等课程。其具体学习内容由内容模块和跨学科主题两部分组成。小学阶段信息科技课程的具体学习内容如图6-1所示。

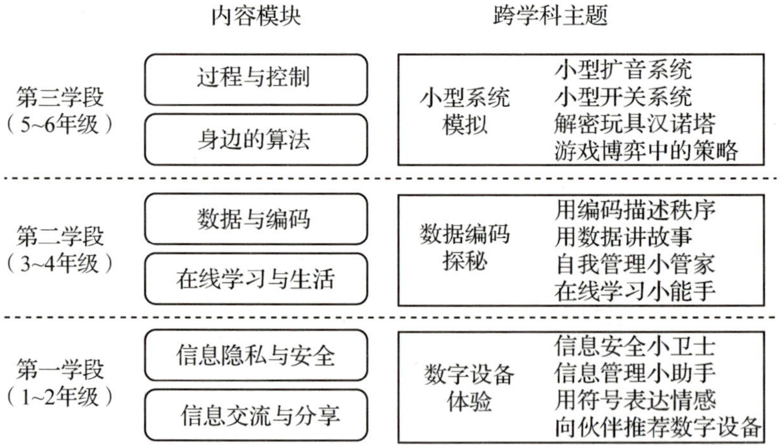

图6-1　小学阶段信息科技课程的具体学习内容

教师是教学的引领者。教学活动的其他要素都是通过教师发挥作用的，可以说，教师起到了中介的作用。教师发挥其主动性，调整和理顺其他各个要素之间的相互关

---

① 中华人民共和国教育部：《义务教育信息科技课程标准（2022年版）》，12～13页，北京，北京师范大学出版社，2022。

系，使得所有教学要素总体上对学生的影响达到最优的效果。因此，教师在教学活动中起着主导作用。

教学方法是操作层面的教学要素。教师和学生在教学过程中的交往，通过教学的具体方法和组织形式等体现。从这个角度来说，教学组织形式、教学手段、教学方式等都属于广义的教学方法的范畴，它们彼此之间相互联系，共同作用于教学目标的达成。但在具体教学实践和研究中，我们往往条分缕析地进行划分，以便更细致地进行探究。

二、小学教学的任务

小学教学是小学教育培养人的基本途径，小学教学要完成特定的任务来实现培养人的目标。小学教学的任务是指在教学中为实现教育目的所提出的要求，主要是从教师教的层面来表述的，相对来说是比较具有概括性的。除教学共同的一般任务外，各级各类学校、各门学科乃至每一单元、每堂课的教学均有各自具体的任务，一般称为培养目标和教学目标，最终要落脚到学生的学习目标的实现，使学生获得发展。

小学教学的任务一般包括以下四个方面。

（一）向小学生传授基础文化科学知识

知识是人类对物质世界以及精神世界探索的结果总和。人们通过感知数据、信息而将其整理升华为知识，在拥有知识的基础上发展智慧。随着人类进入知识经济时代，儿童需要继承大量的人类文化遗产，才能适应正常的社会生活和肩负起社会发展的重任。因此，向小学生传授基础文化科学知识成为小学教学的根本任务。而发展基本技能，培养良好的情感、态度、价值观都要以知识传授为基础。

向小学生传授基础文化科学知识，需要注意以下问题。

1. 恰当处理知识传授与能力培养之间的关系

文化科学知识的习得是每位小学生必须完成的任务，也是学校教育的根本任务所在。没有文化知识，小学生的智育工作就无从谈起。但是也要避免单纯地追求知识传授，将课堂变成填鸭式活动，让小学生死记硬背。这不仅违背了教学的基本规律，而且不利于小学生身心的健康发展。

2. 恰当处理各门课程之间的关系

小学阶段的各门课程都是基础性的，对于小学生的健康成长都起着不同但又同等重要的作用，它们的开设是以《中华人民共和国义务教育法》为保障的。然而，小学教育实践中，仍然残留着不能正确对待各门课程的痼疾。因为在升学考试中所占比例不同的原因，一些学校重视语文、数学、外语，轻视其他学科，尤其是轻视音、体、美学科，语、数、外学科占用其他学科课时的现象还是存在。这种做法严重侵犯了小学生的受教育权，不仅使得小学生今后的发展缺少必要的基础，而且损害了小学生当前的健康发展。

(二)发展小学生的基本能力

小学教育的主要目的是为小学生的身心发展打下全面坚实的基础。因此，小学教学的关键任务就是要发展小学生的基本能力，如学习能力、生活能力和实践能力等，帮助小学生顺利实现社会化。

1. 发展小学生的学习能力

进入小学后，学习成为小学生最重要的任务。在这一阶段，能否形成良好的学习习惯，形塑学习能力，对于他们当前及今后的发展具有深远的意义。对于小学低年级学生来讲，教师要帮助他们转变身份，使他们真正意识到自己已经成为一名学生，必须遵守学习制度、按时上下课、认真听课、学会使用各种学习用具等。对于小学高年级学生来讲，教师要帮助他们掌握各种学习技能，如阅读、计算、预习、复习等。这些技能的掌握程度和熟练程度，一方面直接决定了小学生当前和今后的学习效率，另一方面将影响他们自学能力的形成。同时，还要通过生动活泼的多样化的教学，为小学生创造勤于思考所需要的各种条件，促使他们从小养成勤于思考、乐于思考的习惯。

2. 发展小学生的生活能力

学校不仅是小学生获取文化知识的场所，也是他们进行社会化的场所。在小学教学活动中，首先要引导小学生逐步地理解和形成规则意识和遵守规则的能力，主要包括文明礼貌习惯、公共秩序、学校的学习制度等，以便他们能够很好地融入社会生活。其次要培养小学生在人际交往中积极的态度和能力，使他们能够积极参加集体活动，在各种活动中受到他人的接纳，并且能够接纳他人，培养谦虚、热情、乐于助人的良好品质。

3. 发展小学生的实践能力

没经过实践检验的知识和能力都是纸上谈兵，教学活动的终极目的在于实践，所以小学阶段应当创造条件让学生体验到知识的实际用途。应当给小学生提供多种实践机会，将书本知识与生活联系起来，从而不断提高小学生的实践能力。同时，小学生正处于富有想象力和创造力的阶段，实际教学中要鼓励小学生自主探索，发散思维，创造性地进行实践，尽最大可能丰富自己的实践经验。

(三)落实立德树人的根本任务

党的十八大报告明确把“立德树人”写进教育方针，对于各级各类教育活动都具有里程碑式的意义。党的十九大报告提出：“要全面贯彻党的教育方针，落实立德树人根本任务，发展素质教育，推进教育公平，培养德智体美全面发展的社会主义建设者和接班人。”这进一步为小学教学指明了方向。立德，就是坚持德育为先，通过正面教育来引导人、感化人、激励人；树人，就是坚持以人为本，通过合适的教育来塑造人、改变人、发展人。小学作为青少年学生培养的重要阵地，学校的思政和德育工作是社会主义核心价值体系建设中不可分割的一部分。

落实立德树人的根本任务，需要注意以下问题。

1. 坚持"德"的核心地位

在小学教学活动中，教师要将立德树人贯穿于教学的各个环节，用"德"来培养和感化小学生，从落细、落小、落实入手，形成课堂教学、校园文化和社会实践多位一体的育人平台，促进小学生学会劳动，学会勤俭，学会感恩，学会助人，学会谦让，学会宽容，学会自省，学会自律。

2. 坚持"人"的主体地位

教育的对象是人，人作为人，不是片面的政治人、经济人，而是全面发展的、德才兼备的人。小学教学作为立德树人的基础教育活动，必须以培育小学生的健康人格和美好心灵为基点，让小学生拥有终身学习和成长所需的知识和能力；必须助力小学生树立理想，并帮助小学生掌握实现理想的知识与能力，能够承担时代赋予的使命和责任。

(四)培养小学生良好的情感、态度和价值观

师者，所以传道、授业、解惑也。所谓"道"，不仅指学生学习的方法和做事的方法，更包含学生情感、态度和价值观方面的深远影响。正确培养小学生良好的情感、态度和价值观是小学教学内涵的旨归和价值的体现。小学生的情感、态度和价值观还未达到十分成熟的水平，而且会伴随着反复和曲折。在这些方面打好基础，对于小学生今后的发展有着重要意义。

培养小学生良好的情感、态度和价值观，主要从以下几方面入手。

一是养成小学生积极的自我概念和自我意识，培养小学生自尊、自信、诚实、勇敢等良好品质。

二是养成小学生对他人的健康态度和积极情感。对家人、同学、教师等能够做到接纳、理解和适度的关心。

三是养成小学生的责任感。在学习和生活中能够意识到自己的责任，对自己的行为和承诺负责，如主动完成自己的学习任务、承担家庭责任等。

第二节
小学教学的本质与原则

小学教学作为一种特殊的社会实践活动，有着运行的基本规律。若要进行合理有

效的教学实践，必须认识教学的基本规律。在本节中，首先理解小学教学的本质是小学生进行特殊认识的活动，其次认识几条反映小学教学基本规律的教学原则。

一、小学教学的本质

小学教学的基本规律存在于教学活动的过程中，只有充分认识小学教学的本质，才能正确展开教学活动的实践。

马克思主义认识论认为，人类的一般认识过程是由实践到认识，再由认识到实践，这种形式循环往复以至无穷，这是认识发展的全过程。①教学活动服从人类认识的一般规律，从根本上说，教学活动要受到认识规律的制约。但是，教学活动作为一种认识过程，有其特殊性。概括来说，教学的特殊性表现为：它是学生个体的认识，是教育的认识；作为教育，它是认识性的教育。

小学教学本质上是一种特殊的认识活动，可从如下方面理解。

(一)小学教学认识是小学生的认识

小学教学对小学生来说是一种认识活动。小学生是教学认识的主体，这是教学认识的基本特征。

首先，小学生作为教学认识的主体，不同于其他的认识主体。小学生是学习者，是未成熟的、发展中的人，因此他们的认识和科学家等其他社会成员的认识不同。他们是在学习的基础上获得发展，其认识活动具有间接性的特征，必须有人引领、指导，这就是前文所说的教学基本任务指向。

其次，小学教学认识从本质上说是小学生的认识。因此教学活动必须以小学生的认识水平为基础和前提，要考虑他们的认识方式，要遵循从生动的直观到抽象的思维，并从抽象的思维到实践的认识规律和途径。② 直接将其他成年社会成员的认识规律照搬到小学生身上是不合适的。教师必须充分了解所面对的不同年段的小学生的认识特征，紧密结合教学目标和内容，进行教学设计和组织实施。当今教育学和心理学理论的发展为合理认识小学生的身心发展特征提供了有力支持。

(二)小学教学认识具有间接性

小学生认识的目的主要是掌握人类千百年来已经获得的知识。体现在小学阶段的这些知识，是经过了选择的、符合小学生认识特征的，以小学生易于接受的方式呈现

---

① 李秉德：《教学论》，22页，北京，人民教育出版社，1991。
② 《列宁全集》第三十八卷，181页，北京，人民出版社，1959。

的知识的精华，经过总体的课程计划、具体的学科课程标准规范在教材中呈现出来。在小学教学活动中，小学生并不是去探索人类未知的事物，而是去认识人类已知的事物，他们的认识和科学家等的探索人类未知的事物具有本质区别。因此，小学生的认识在对象和方式上都具有间接性特征。

1. 小学生认识对象的间接性

小学生在教学活动中获得的知识主要是间接经验，不是他们自己亲身得来的，即主要是呈现于书本上的知识。这些知识是数年来由前人证明了的逐渐积累起来的，但是对他们来说是还没有得到认识的，是全新的。这种间接的知识经验通过教材呈现出来，借助于此，小学生可以在方寸间“上知天文，下知地理”，实现认识的提升。

2. 小学生认识的方式是间接的

小学生的认识，不是通过直接探索世界，而主要是通过教学中具体的听教师讲授、对话讨论、阅读、观察、实验等具体的方式而实现的。他们接受现成的知识，理解巩固，然后再去证明、应用。正如王夫之所言：“引教者之意而思之以反求于致此之由者，学者之事也。”即学生不是直接从“由”而经过“思之”达到“意”，而是通过引教者之“意”，经过“思之”再“反求”，最终致此之“由”。

还需注意的是，小学生认识的间接性，并不等于可以忽略直接经验的重要性。通过教学中的直接探索以获得直接经验，对小学生来说是非常有必要的。需要清楚的是，小学生认识的经验主要是间接经验，直接经验是少量的，是基础，从属于间接经验，而且是经过了教学改造的。正是在这样的基础上，小学教学活动必须要符合小学生的认识特征，教学的情境创设、环节设置、方法选择等都要考虑教学活动利于小学生的认识。

(三)小学教学认识需要教师的领导

在小学教学中，学生的认识是需要教师的领导的。小学生处于认识发展的初级阶段，并不能完全自主地进行创造性的探究外部世界的认识活动。因此，小学生的学习活动是不可能没有教师的指导而孤立存在的。

1. 教师领导的必然性

小学生是教学认识的主体，他们的身心各方面都处于发展中，是不成熟的，不可能完全依靠自己的力量完成各方面的认识，因此需要引领。教师是小学教学活动的主导者，经受过专门培养，并经由严格的教师资格认证制度成为专业人员，有能力、有责任担负起引领小学生认识活动、促进小学生发展的重任。

2. 教师领导作用的正确发挥

小学教学活动中，教师领导作用发挥的前提是对小学生主体地位的认可。教师的主导和学生的主体是一致的，不是对立的。如果教学中教师和学生的对话交往仅仅流于表面形式，不过是话语权利的实现，“除了习得一种基于话语的权利实践方式，个体在对话实践中的自我成长就大大削弱”①。必须认识到，教是为学而存在的，教师要善于采用各种形式，激发学生的学习兴趣，启发诱导，引领学生的认识活动，使其成为能动的活动，使他们主动获取新知，使他们的思维能力受到真正锻炼和提高。

案例：学习小数除法②

学生在学除数是小数的除法之前，接触到的除法运算的商都比被除数小，于是他们几乎都认为这是定律了。当学到除数是小数的除法时，许多学生就对商比被除数还大表示难以理解。这次，讲完例题后，当学生又提出这个问题时，教师不像以往那样急于回答，而请学生先回答下面的问题。

如果有12个馒头，每人吃了3个，能够分给几个人吃？每人吃2个呢？吃1个呢？吃半个呢？教师将学生的回答用板书展现。

12÷3=4(个)

12÷2=6(个)

12÷1=12(个)

12÷0.5=24(个)

当教师写出最后一道除式后，学生恍然大悟，点头称是。他们信服地说：“难怪，如果一个人没吃上一个，当然吃的人数会比馒头的总数多。”这时，教师再进一步引导学生观察例题，并联系生活实际中的事例进行分析、对比，最后总结出规律：当除数大于1时，商比被除数小；当除数等于1时，商和被除数同样大；当除数小于1时，商比被除数大。

案例分析：面对学生的疑惑，教师并未直接给出答案，而是通过与生活实际相联系的例子，将小数除法的学习融入其生活世界，以提问和板书为学生的思考、分析搭建了通向领悟理解的桥梁。在这个教学环节，教师基于小学生对除数认知的已有经验基础，提供了有效的教学领导。同时，小学生在教师引领下的认识得到了提升。

3. 教师领导形式的灵活与发展

教师的领导形式不应局限于单一固定的模式，要灵活多样，具体表现为教学方法、组

① 刘铁芳：《对话的古今之变与教育性对话的意蕴》，载《高等教育研究》，2019(7)。

② 转引自王道俊、郭文安：《教育学》第七版，200页，北京，人民教育出版社，2016。

织形式及教学媒体和手段等的多样化。尤其是当今信息技术飞速发展，教学应在操作层面与时俱进，吸收新事物、新方法、新手段，以达到教学领导形式的多元和效果的高效。

资料链接：人工智能与教育①

新一代人工智能的战略实施中，教师智能化教学能力的提升是关键。《科学》杂志2013年的一项研究表明，在一节课的教学设计上，教师存在很多种选择。提升教学水平的首要任务就是提升教师的智能化教学能力。2018年1月，《中共中央　国务院关于全面深化新时代教师队伍建设改革的意见》提出，“教师主动适应信息化、人工智能等新技术变革，积极有效开展教育教学”。《教育部教师工作司2018年工作要点》，进一步指出“启动人工智能＋教师队伍建设行动，探索信息技术、人工智能等支持教师决策、教师教育、教育教学、精准扶贫的新路径”。促进人工智能与教育深度融合，亟需提升教师的智能化教学能力。

(四)小学教学认识具有教育性

在小学教学活动中，小学生身心的各个方面都会发生变化。他们掌握各种知识，形成基本能力，发展情感、态度、价值观。因此，小学教学认识的具体活动实施都要具有教育性，进行教育性教学是现代教学的重要特征之一。

教育性教学的观点源自古希腊苏格拉底关于知识与道德合一的观点，我国宋代周敦颐提出的“文以载道”有类似含义。19世纪，赫尔巴特首次系统提出这一概念，在一定程度上拓展了教学的传统功能，即教学在传授知识、技能的同时也具有道德教育的功能。他认为，人的观念、情感、善的意志是不可分割的，作为知识传递过程的教学和作为善的意志形成的道德教育是统一的：“教学如果没有进行道德教育，只是一种没有目的的手段；道德教育如果没有教学，只是一种失去手段的目的。”②我们可以从教师的角度来理解：既教书又育人，即教学不仅使学生获取科学知识、锻炼技能，还要促进学生身心的健康发展，尤其是促进他们良好品德的形成以及人格的完善，使学生学会做人、学会做事，以获得全面和谐的发展。

小学生处于人生发展的初级阶段，其个人品性等各方面都需要正确引领。正如德国哲学家雅思贝尔斯所说，“教育是人的灵魂的教育，而非理智知识和认识的堆集……谁要是把自己单纯地局限于学习和认知上，即使他的学习能力非常强，那他的灵魂也是匮乏而不健全的”③。因此在小学教学活动中，要防止单纯侧重知识学习、忽视思想教育的倾

① 徐晔：《从“人工智能＋教育”到“教育＋人工智能”——人工智能与教育深度融合的路径探析》，载《湖南师范大学教育科学学报》，2018(5)。

② 转引自袁桂林：《当代西方道德教育理论》，13页，福州，福建教育出版社，2005。

③ [德]雅思贝尔斯：《什么是教育》，邹进译，4页，北京，生活·读书·新知三联书店，1991。

向。当然也不能矫枉过正，过于倾向思想教育而脱离了知识教学，教书和育人要并行。简言之，学科类课程的教学过程中，课程的思政元素要和其他领域的知识学习有效结合。教师要合理组织教学活动，引导小学生透彻地理解教材中的具体内容，感受其中的伟人、科学家等的坚定信仰、丰功伟绩、高尚情操等，在师生的教学交往和对话中，反思、体悟和认同教学内容所蕴含的社会意义，以促进其情感、态度及价值观的改变和提升。

二、小学教学原则

教学活动的开展有其客观规律可循，而教学原则正是教学规律的反映。在教学理论中，对教学原则的讨论始终占据重要位置。教学原则是教育理论走向教学实践的基本通道，是理论工作者的智慧结晶转化为教师教学活动的必经环节。深入认识教学原则的概念和意义，正确把握小学教学中常用的教学原则对于小学教育的理论研究者和实际工作者的重要意义。

(一)对教学原则的认识

1. 教学原则的概念

教学原则是根据教育教学目的、教学规律而制定的指导教学工作的基本要求。[①]学界对于教学原则的认识基本是一致的。

教学原则并不是任何人随意提出来的，而是根据一定的客观依据而制定的。首先，教学原则是根据教学目的制定的。这就反映了教学原则的合目的性，教学原则永远是在一定教育目的的指引下制定的。其次，教学原则反映教学规律，表明了教学原则的合规律性。教学规律客观存在于教学活动中，需要教育工作者归纳和总结、认识和践行。由于人们的认识活动并不总是能够达到预期的目的，因此一定时期的教学原则并不总能客观反映教学规律。只有经过长期实践检验的教学原则才是符合教学规律的教学原则。

教学原则对教学活动的顺利有效进行有着指导性和调节性的意义。教学原则在教学活动中的正确和灵活运用，对提高教学质量和教学效率发挥着一种重要的保障性作用。教学原则体现教学目的，以实际可操作性的形式指引着教学活动，使教学活动朝着正确的目标前进，不至于走弯路、错路。教学原则反映教学规律，规定着教学活动的方方面面，使教学活动既有一定的自由，又不会违反基本规律。

2. 教学原则与相近概念的区分

在对教学原则的认识中，需要分清几个相近的概念。教学原则是对教学规律的反映，教学原则是指导教学的一般原理。这样表达的认识前提是，要认识到教学原则、

---

① 王策三：《教学论稿》第二版，139～140页，北京，人民教育出版社，2005。

教学规律、教学原理并不是一回事。

教学规律是教学内部的矛盾关系，是客观存在于我们意识之外的；教学原理是用来表述教学规律的一些名词、概念和命题。教学原理的任务和特点在于把教学规律表述得明确具体，而教学原则带有明确的目的性和实践性。因此，教学原则是依据教学原理做出实际的结论，提出如何做的基本要求。如果具体的教学目标不同，那么就可能提出不同的教学原则。①比如，教学具有教育性，这是客观的教学规律，我们提出的是教学的思想性和科学性相统一的教学原则。而在我国古代教育史上，儒家思想代表的统治阶级要求教育为其培养人才，提出了有针对性的原则，如“博学于文，约之以礼”。

教学原则对教学规律的反映，并不是直接的，而是通过教学原理来反映的。也就是说，教学原则取决于对教学规律的主观认识，也就是在这一点上，教学原则具有客观性和主观性的特点。例如，教学中理论和实践具有辩证关系，这是教学规律。在马克思主义教学原理中，我们提出的是理论联系实际的教学原则；而从杜威的实用主义理论出发，提出的是“从做中学”。

需要注意的是，教学原则、教学规律和教学原理有时是会有重合的，但更多的是三者的不一致。因此在看待其关系时，要有理性分析和逻辑视角，不能简单地将三者等同，否则就会抹杀主观和客观的界限。

（二）小学常用的教学原则

教学原则是教学工作的基本要求和教学规律的具体体现，具有较强的实践性，也具有一定的理论依据。小学教学活动中所运用的教学原则，是从对小学教学规律的认识中归纳出的指导小学教学实践的基本要求。下面对小学教学常用的几种教学原则进行介绍。

1. 直观性原则

直观性原则是指让小学生运用感官直接感知学习对象，以获得感性经验。在小学教学活动中，学生以学习前人的经验即书本知识为主。这些书本知识与小学生的生活和个人经验存在相当的差距。简言之，小学教学活动是一种促成间接认识的活动。然而，小学生要理解和掌握与自身存在客观距离的知识，必然要遇到一些困难和障碍。直观性原则的意义在于克服这些困难和障碍，通过给小学生提供直接经验或利用其已有的经验，帮助他们掌握原本生疏难解的理论知识。

一般来说，小学常用的直观教学手段有以下三种。

一是实物直观。实物直观就是直接将认识对象的实体呈现在学生的面前，帮助学生对一些生疏的学习内容产生直观印象。实物直观能够最真实、有效和充分地为学生提供理解、掌握知识所必需的感性经验。

① 王策三：《教学论稿》第二版，140～141页，北京，人民教育出版社，2005。

二是模象直观。模象直观是运用图片、模型、幻灯、录像、电影、电视等各种手段模拟实物，以辅助学生学习的教学手段。如果说实物直观对教学资源有很高的要求的话，那么模象直观在为学生提供直观体验的同时，能够大大缩减教学开支。尤其是在现代信息技术广泛运用于教学的今天，大到宇宙天体，小到分子结构，都能通过电子设备直观地展现在学生的面前。

三是语言直观。语言直观是指教师充分调动自己的语言系统，栩栩如生、细致入微地描述认识对象，恰如其分地进行比喻，从而调动学生的感性经验，达到直观的效果。语言直观不受任何时空和设备的限制，因此被称为最便捷和经济的直观教学手段。但是，语言直观对教师的素质和修养要求比较高。

运用直观性原则，需要注意以下问题。

一是注意选择适当的直观手段。每一种直观手段都有适用的学科、教学内容和学生群体。教师应根据教学的具体情况恰当选择运用，否则会产生学生反感、认识偏差等不良后果。

二是注意配合相应的指导。运用直观教学手段是为了便于学生识记和理解知识。因此，教师在进行直观教学的过程中应该通过提问和解释等方式，引导学生深入细致地观察和想象认识对象，启发学生透过现象认识本质，而不仅仅停留在感官上的刺激。

资料链接：人工智能背景下小学教育的变革①

在小学科学教学中，除了可以使用数字教材和形象有趣的模拟声音、高清真实的教学图片、生动直观的动态视频等媒介资源之外，还可以利用 AR、VR、3D 技术搭建的实验模型进行学习和练习。如有教师在教授宇宙相关内容时，利用 VR 技术将原本较难理解和体验的星球位置和运动加以呈现，让学生在身临其境的体验过程中意识到人类的渺小和宇宙的浩瀚。这样学生的认知发展情况和教学目标达成度远超传统的图片和视频教学。相同的教学内容有着不同的呈现方式，学生可以根据自身的兴趣选择恰当的表征。这样教学的有效性和教学目标的达成度有了很大的提高。

2. 启发性原则

启发性原则是指在教学中教师充分尊重小学生学习的主体地位，调动他们的学习主动性，引导他们独立思考、积极探索、生动活泼地学习，自觉地掌握科学知识和提高分析问题和解决问题的能力。启发以师生之间的充分尊重和不断交流为基础，“联通

① 史加祥：《人工智能时代背景下小学科学教育的变革与坚守》，载《课程·教材·教法》，2020(4)。

个体内心自觉与教师引导的积极的思维唤醒”①。以此为指导的教学环节和过程中，师生之间的互动指向学生思维的开启和引发。

这一原则强调教学活动中学生的主体地位。学生是教学活动的主体，离开学生的求知欲和学习兴趣，没有学生自觉主动地学习，学生对于知识技能的掌握以及情感、态度、价值观的发展都是子虚乌有。然而，并不能因此而忽视教师的主导作用。没有教师的指导，小学生不可能在学校自行有效学习和顺利成长，也不会毫无偏差地达到社会对他们的要求。教师对小学生的学习效果负有重要责任。

运用启发性原则，需要注意以下三点。

一是注意启发内容难度适中。启发性教学有助于激发小学生的智力活动，帮助他们深刻理解并掌握所学知识。如果启发内容过于简单，虽然启发过程会很顺利，但是不具备提供思考和回味的价值。如果启发内容过于复杂，远远超出小学生的认知范围，会挫伤他们的学习积极性，不利于教学活动的顺利进行。因此，要选择难度适中的、基于教师引导的和小学生通过自己的积极思考能够得出结论的学习内容。

二是注意启发的针对性。教学中的启发要因材而异，教师面对的是不同的个体，如何更恰当地开启每位小学生的思维空间是必须要关注的问题。同时，教师也要注意教学中启发的时机，在哪个教学环节引发学生的思考，并不是固定的。因此，启发绝不是一种刻板的模式，而是需要教师灵活把握的、恰当实现的教学引导原则。

三是注意营造宽松融洽的课堂氛围。启发性教学需要调动学生的智力活动，需要引导学生自由、宽广的思考和联想。如果教师过于严厉或者课堂气氛过于压抑，不利于调动学生的积极性，很可能会造成启发性教学的失败。

案例：　于永正老师的教学片段②

于永正老师在执教《草》这首古诗的结尾处，创设了这样一个情境。

师：你们回家要背给你们的奶奶听，我来扮演奶奶，谁背呀？

生：奶奶，我背一首古诗给你听好吗？

师：背什么古诗？

生：背《草》。

师：那么多花不写，为什么写草呢？

生：因为草很顽强，野火把它的叶子烧光了，可第二年又长出来了。

---

① 刘铁芳、位涛：《从思维激活到理智兴趣培育：启发的教学意蕴及其实现》，载《国家教育行政学院学报》，2018(11)。

② 于永正：《儿童的语文：于永正语文教学思想精义》，208页，上海，上海教育出版社，2018。

师：背吧。（生背）

师："离离原上草"是什么意思？

生：就是说草原上的草长得很茂盛。

师：还有什么"一岁一窟窿"？

生：不是"一岁一窟窿"，是"一岁一枯荣"。枯就是干枯，荣就是茂盛。春天草长得很茂盛，冬天草就干枯了。

案例分析：在这个创设的情境中，教师循循善诱，在轻松的课堂氛围中，引领学生将对《草》的阅读和理解说了出来，而且这种角色扮演的方式让学生感受到了学习的快乐。

3. 因材施教原则

因材施教原则是指教师在教学活动中关注到小学生的个别差异的原则。同一班级中的小学生，虽然处于同样的年龄阶段，但却由于遗传素质、家庭环境和生活经验的不同，在学习成绩、态度和方法以及兴趣、爱好、性格、禀赋等方面存在差异。因此，教师在进行统一班级授课的基础上，还应该关注每位学生的个性，针对学生的具体情况而辅之针对性的指导和训练。在我国，由于班容量大、生师比失调等条件限制，因材施教还存在一些困难，但是教师应尽最大努力照顾到每一位学生的差异化发展。

运用因材施教原则，需要注意以下三点。

一是注意做好课前调研。在进入教学活动之前，教师应该进行充分的课前调研，不仅要了解学生的学习进程和成绩，并且要了解学生的学习态度、习惯和条件，甚至要了解学生的个性、爱好、经历和家庭情况等信息，以便进行有针对性的教学和指导。

二是注意尊重学生的差异。教师要做到因材施教，不仅要认识到学生差异的存在，并且要从内心深处尊重学生的差异，体悟到差异的合理性和必然性。小学阶段的教学在要求学生达到课程标准的基础上，应该允许学生存在不同方面和水平的差异，并帮助学生获得个性化发展。

三是注意以学生为中心。接受小学教育既是学生应尽的义务，也是学生享有的权利，每位小学生都有权利享有适合自己的教育。因此，不应该强调不同的小学生适应相同的教学，而应该拓宽教学的包容性去适应不同的小学生。

案例：小学教育要引领学生完整的生命成长①

在学校里，我会问老师："如果学生已经会了，你要怎么教？"这是我们关注的一个

① 钟晓琳、李福平：《小学教育要引领学生完整的生命成长》，载《中国教育报》，2020-11-19。

重要方面。比如，我们学校每个孩子都会玩魔方。有一天，两个高年级玩七阶魔方的孩子跑来找我指导。但我根本不会玩七阶魔方，我就让他们把自己的思维过程写下来，然后让他们交换阅读、评价。结果两个人的步骤都是对的，其中一个孩子的操作多两步。“为什么会有一个多两步呢?”我提出了这个问题，他俩就交流探究起来。后来他们告诉我从第几步开始他俩的想法就不一样了，然后是怎么不一样的……这个过程中，我教给他们什么具体的知识内容了吗? 其实没有，但我支持了他们的学习。

案例分析：在这个案例中，教师根本不会玩魔方，但是学生都会玩。因此这位教师根据学生已经能玩转魔方的实情，让两位学生彼此交流高阶魔方的操作步骤。其实质就在于，充分了解学生对魔方痴迷的内在兴趣和探究意识，尊重他们各自的操作步骤和想法，也引导他们逐步思考和实践，因学生之材(会操作魔方)而施教(引导其探讨高阶玩法)，从而取得了良好的学习效果。

4. 循序渐进原则

循序渐进原则是指教学中按照学科的逻辑系统和学生认识发展的顺序，使小学生系统地掌握基础知识、基本技能，使身心获得发展。循序渐进原则是以人们认识事物的规律和身心发展规律为基础而形成的。

我们对客观事物的认识是一个由简到繁、由低级到高级、由直观到抽象的循序过程，对任何事物都不可能一步就达到对其本质的认识。同样，人的身心发展是阶段性的变化过程，也是一个由简单到复杂的渐进过程。因此，教师必须处理好教学活动的顺序、学科课程体系、科学理论体系、学生发展规律之间的关系，由浅入深、由简到繁地推进教学进程。

运用循序渐进原则，需要注意以下三点。

一是遵循课程标准。课程标准尊重小学生发展的一般规律，作为集中反映课程的内在逻辑系统为具体教学实施提供了基础。各科教材是以课程标准为依据编写的。因此，教师要认真学习和研究各学科课程标准，充分了解和掌握课程的逻辑以及对小学生的要求，遵循标准进行教学，促进小学生的发展。

二是把握好教学过程的序。教师要依据课程标准和教材而展开教学，内容上要突出重点和难点。总体教学进度和具体教学环节要依据教学内容、小学生的认识水平和学习程度、教学媒体条件等，进行合理安排。教学具体进程的展开要突出学生的中心地位，围绕其认识提升和发展促进而设计、调整、优化。

三是应适当进行调整。在实际教学中，不同地区、学校、学生的情况有较大差异。循序渐进原则并非要求教师刻板、僵化地按照课程标准进行教学，而是要在基本服从课程标准顺序的前提下，面对课堂实际，适当地调整教学进度，增删内容。

案例：学会归纳①

一位教师在数学归纳教学中，设计了手指的个数与指缝之间关系的内容。在前半节课上，学生已经发现了规律：指缝数＝手指－1。

师：祝贺你们已经成功了。根据这个现象，总结出这么好的公式。你觉得归纳难吗？

生：不难。

师：下面我们检查一下这个公式对不对。2个手指？

生：1个缝。

师：3个手指？

生：2个缝。

师：3个缝？

生：4个手指。

师：5个手指？

生：4个缝。

师：10个手指？

生：9个缝。

老师诧异地看着双手说：左手4个缝，右手4个缝，两只手是8个缝。这个公式对不对啊？

学生思考后，争着演示，说：这样，这样(双手合拢)。

师：可是我明明是两只手，为什么要合起来？

生：因为我们把两只手看作一个整体。

师：这说明一切教学问题都是条件问题。离开了它产生发展的条件，那规律是不存在的。但是当条件适应的规律不符合时，我们可以改变条件，这就是数学的创造性思维。

生：我发现了，如果把两只手合成一个圆筒形，就是10个指缝了。

案例分析：在这节课上，小学生已经掌握了手指和手指缝的关系，但是仅限于对单手的认识。教师提出了稍微复杂些的问题，即双手和单手的手指和手指缝的关系是否一样呢？学生总结出来的公式是否适用呢？教师在逐步地挑战学生已有的认识，促进他们的思考。教学过程中似乎总是有小障碍，而克服这些障碍后，即遵循了学生认识的“序”，使学生在这堂课上的认识一步步加深。

---

① 徐长青：《观察与归纳》，载《人民教育》，2005(9)。

5. 巩固性原则

巩固性原则是指在教学中不断地安排和进行专门的复习，使小学生在理解的基础上，将知识、技能牢固地保持在记忆中，达到熟练程度，需要时能及时、准确地再现。教学活动是不间断地、连续地进行的，学生要不断地学习、记忆新知识。而人的记忆和遗忘是同时存在的，学生在学习新知识的同时必然会产生对旧知识的遗忘，因此在教学中需要不断进行巩固工作。教学中的巩固工作是学生顺利接受新知识并将其运用于实际的必要条件。

运用巩固性原则，需要注意以下两点。

一是尊重学生的身心发展规律。教育心理学揭示了记忆与遗忘的规律，教师应当熟悉并且以此为依据安排巩固的频率。过于频繁的巩固会给小学生的身心带来过重的负担，不利于小学生的健康成长；过少的巩固会导致遗忘，不利于小学生知识和技能的习得。

二是注意引导学生理解后巩固。理解是小学生习得知识和技能的基本要求，小学教学应该先保证学生正确理解和掌握新知识，再安排巩固环节，否则就会陷入死记硬背，不利于学生知识结构的生成。

案例：“一样”和“相等”[①]

小学二年级的数学书上有这样一道练习题。

长方形的对边(　　)，四个角都是(　　)；

正方形四个边(　　)，四个角都是(　　)。

老师让大家一起把答案读出来。在填第一个空的时候，大部分人说“相等”，有几个人说“一样”。

不知道老师是不是针对那些说“一样”的学生，轻描淡写地说：“不能说一样，要说相等。”之后就让学生齐读第二句话。

那些答案和老师的不一样的学生没有提出任何疑问，低头把自己的答案改了过来。

案例分析：从基本概念来看，“一样”和“相等”是有区别的。“一样”往往指的是没有差别，而“相等”一般是用于数量、分量等方面的。很明显，在该数学课堂教学中，长方形的两组对边是长度上数量的“相等”。学生把这两个概念弄混了，没有理解也没有区分，仅仅接受了教师的答案，把自己的答案改过来了，以后也可能会用错说错。案例中的教师应该纠正学生的错误说法，帮助他们巩固所学知识。

---

① 郭华：《课堂沟通论》，84页，北京，北京师范大学出版社，2006。

6. 量力性原则

量力性原则又称“可接受原则”，是指教学与小学生的发展水平相适应的原则。教学活动要讲究效率，在同样的时间内，学生所学越多则教学效率就越高。但是，教学效率的获取必须以符合学生的身心发展规律为基础，脱离了这个基础，不仅教学效率本身是不可靠的，还会对学生的发展带来消极的后果。量力性原则要求教学从学生发展的实际可能性出发，使教学目标、方法和组织形式是学生可接受的，既不能让他们负担过重，也不能轻而易举。教学要高于学生的现有水平，保持一定的难度，要在能力尚处于形成状态的“最近发展区”内，引导学生经过努力去解决问题。

运用量力性原则，需要注意以下两点。

一是尊重学生发展的阶段性。小学生正处在身心快速发展的阶段，具有一定的阶段特征。教师应当不断加强自身的心理学素养，及时掌握新一代小学生的心理和生理特点，思考当代小学生与以往小学生的异同，随时更新教学理念，不断改善和完善自己的教学方案，才可能真正达到量力性原则的要求。

二是恰当地把握教学内容。我国小学教学内容的难度呈螺旋式上升，教师要根据学生的年龄特征，详细分析教学内容的难度级别，创造性地实施课程标准规定的教学内容，恰当地对学生提出学习要求，保证学生在课堂上都能通过自己的努力学到新的知识，既不会没有进展，也不会无法企及。

案例： 空气和羽毛①

一位教师给小学三年级学生讲“空气的阻力”。为了便于学生理解，她听取了初中教师的建议，采用真空管来说明。上课了，教师先拿出一个铁球、一片羽毛，分别向空中抛，很快铁球落地，但羽毛却还在空中飘浮。这种现象学生在生活中见得很多，他们觉得很正常。小学三年级学生把物体落下或飘浮的原因归结为物体本身重量的大小，而不会想到看不见、摸不着的空气起作用。当教师用真空管展示羽毛和铁球一起落下时，学生对此感到神秘、不可理解。有的认为“很好玩”，有的认为老师在变魔术，有的认为“很吓人”。

当看到真空管里发生的一切时，所有学生都感到惊讶，这与他们先前的预测差了很多。但教师的笑容却一直没能露出来，因为她意识到这一科学现象的体现方式远离了学生的生活。教师问：“这个管子和普通管子一样吗？”所有学生答道：“不一样。”教师表示赞同：“对，这个管子里没有空气。”学生说：“哦，原来没有了空气，羽毛就变得和石头一样重了。”“老师，我们把它拿出来再称一称吧。”

---

① 《让儿童直面生活中的科学——从教材的执行者到课程的开发者》，载《人民教育》，2003(Z3)。

案例分析：在这堂课中，教师本来是要让学生理解空气的阻力使得羽毛飘浮而下落得慢一些，在真空状态下羽毛会和铁球一起落下。但是，教师忽略了这个年龄阶段学生的心理发展和生活经验的局限性。在学生看来，看不到、摸不到、感受不到的空气为什么会有阻力，是他们所不能理解的，因为真空管看起来和其他管子也差不多。这一教学环节的设计本是教师精心准备的，但是由于忽略了学生发展阶段的对应性，超出了他们的接受范围，而导致教学的失败。

7. 科学性和思想性相统一原则

科学性和思想性相统一原则是指教学既要在科学方法论的指导下进行，把现代先进科学的基础知识和基本技能传授给小学生，同时又要结合知识、技能中内在的德育因素，对小学生进行政治、思想教育和道德品质教育。

小学开设的课程，是按照教育的根本目标选择安排的。一般来说，这些课程在科学性和真理性上是有保证的，它们对于学生思想品德形成发展的作用必然是积极的和肯定的。但是，对于小学生来说，完全凭借思想品德教育价值去直接、自动地发挥作用是不够的，需要教育者引导和挖掘，使其充分地对小学生产生熏陶和教育作用。在教学过程中，教师本身的政治信念是否坚定和道德素养的高低是教学思想性能否实现的重要因素。一位政治信念坚定、道德高尚的教师能够在一言一行中对学生产生好的影响；一位政治信念不坚定、道德水平低下的教师会使教学的思想教育成效大打折扣。

运用科学性和思想性相统一原则，需要注意以下两点。

一是坚持正确的方向。社会主义教育应为国家意志服务，教师作为社会主义教育的代言人，按照国家意志培养青少年，必须严格按照国家制定的教育目的教学，坚持和维护社会基本的政治观点和价值观念，不能用带有个人色彩的思想观点随意地影响学生。况且，小学生的认识水平和分辨能力都是有限的，教师主动、适时、适当地引导，显得尤为重要。

二是坚持教于无形之中。教师肩负培养社会主义接班人的重要责任，要善于根据学生的年龄特征和教学任务的具体特点，自觉地将科学性与思想性结合起来，使得学生在不知不觉中受到教育，达到润物细无声的效果。教师在思想教育的过程中要防止穿凿附会、生拉硬扯。

资料链接：　人教版小学道德与法治教材二年级上册《家乡新变化》编写意图[①]

编写者：感受家乡的发展变化是培养学生爱家乡、爱祖国的重要内容之一。《义务教育品德与生活课程标准(2011 年版)》“负责任、有爱心地生活”中的第 10 条明确

① 引自人民教育出版社网站，2018 年 8 月 22 日。

提出："了解家乡的风景名胜、主要物产等有关知识，感受家乡的发展变化"是爱集体、爱家乡、爱祖国教育的重要内容之一。在党的政策的指引下，几十年来国家发生了翻天覆地的变化，每个人的家乡也在不断发展变化。不仅基础设施走向现代化，家乡的精神文明建设、人们的生活观念和文明素养也在发生着变化，处处一派欣欣向荣的景象。该教材引导学生感受这些变化，增强对家乡建设的信心，激发热爱家乡的情感。

了解家乡变化，有利于学生的社会性发展、公民意识和法治意识的养成。《青少年法治教育大纲》指出，培养学生的国家观念、公民意识与法治意识是义务教育阶段的重要目标。儿童的品德和社会性发展源于他们对生活的认识、体验和感悟。教师引导学生通过调查、采访，对比感受家乡的发展变化：一方面有助于激发学生对家乡生活的悦纳与责任感，进一步培育热爱祖国的情感；另一方面提升学生认识社会、主动参与社会的能力，有利于学生的社会性发展与公民意识、法治意识的初步养成。

《家乡新变化》是本单元最后一课的内容。在前面三课的基础上，本课旨在引导学生在历时性视角下感受家乡的变化，同时对家乡的发展进行批判性反思，发现需要进一步改进的地方。因而，如果说前面三课重在培养学生热爱家乡的情感，这一课则重在培养学生具有建设家乡的责任意识。

8. 理论联系实际原则

理论联系实际原则是指教学中必须坚持理论与实际相结合与统一，用理论分析实际，用实际验证理论，使小学生从理论和实际相结合中理解和掌握知识，培养他们运用知识解决实际问题的能力。

理论联系实际原则所反映和解决的问题，主要是保证所学知识与其来源——社会实践不致脱节，使小学生能够将掌握的知识运用到实践中去。小学生主要学习理论知识，而且是在相对封闭的学校和课堂上通过教师的讲授和书本学习的。这很容易导致小学生既不了解概念和原理是如何产生的，又不能够运用它们去阐释和解决实际问题。因此，在教学中教师必须提供和创造机会，使小学生通过多种途径和形式从事实践活动，引导他们体会思想观点、态度信念等对于解决实际问题的价值。

案例： 理解童心 培养兴趣①

数学来源于生活，新课程理念要求数学回归生活，让学生从生活中寻找数学、发现数学、应用数学、学习数学。如在教学"米和千米的认识"时，让学生走出课堂，

① 曹良：《理解童心 培养兴趣》，见人民教育出版社网站，2016年8月1日。

来到操场上，用自己准备好的卷尺测量出一米的长度，观察一下，感觉一下，建立1米到底有多长的量感；再让学生量出100米的长度，自己走一下。最后让他们量出1000米的长度。当学生量出1000米的长度时，每位学生都感到很吃惊，感觉1000米怎么有那么长。在教学“米与千米的进率”时，学生经历了学的过程，很快得出了结论。

案例分析：这是一堂四年级的数学课。这位教师的教学策略和这个年龄段的小学生的心理发展特点相对应，引起了他们的兴趣爱好。教学中学生走出教室，在实践中学习数学，而不是只面对书本，听教师讲。在这种学习活动中，学生将书本上的知识和实际操作结合起来，不但感知1米与1000米的长短，还体验了学习数学的乐趣。

运用理论联系实际原则，需要注意以下两点。

一是关注学生的实际。随着信息社会的到来，社会变化在深度和广度上都是前所未有的，这对今天的小学生产生了巨大的影响。他们在完全不同于他们的父母和教师的环境中成长起来，在身心发展的各个方面都带有许多新的特点。教师对此要有足够清醒和自觉的意识，而不能够简单地将自己的经历套用到目前的教学中。教师应明白哪些知识在过去是生活常识，而对于今天的小学生则完全陌生；哪些知识在过去是专业知识，而对于今天的小学生则非常熟悉。与此相应，教学中应当选择什么事例，应当设计哪些实践环节，都需要教师认真思考，根据学生的成长发展实际进行安排。

二是注重发展学生的能力。教师要敢于放手，鼓励学生去尝试和探索，运用所学知识解决问题，同时在解决问题的过程中获取新的知识，从而使各种能力得到锻炼、发展。

资料链接：学以致用，关注能够促进实际运用的语文知识①

知识的价值在于运用，语文知识更应当指向运用。语用意识的凸显是本套教材的一个鲜明特点。本套教材在各板块的编排中都有意识地安排有运用价值的知识，使学生能够真正学以致用。在识字的编排上，本套教材十分重视对学生自主识字能力的培养。在一年级教材的基础之上，二年级上册教材综合运用多种方法来提升学生自主识字的能力，引导学生运用已掌握的方法来主动识字，解决阅读和生活中遇到的问题。例如，本册编排的识字课重视对汉字构字规律的传授。《树之歌》以儿歌的形式，在不长的篇幅中集中呈现一批“木”字旁的形声字，引导学生在识字的同时发现汉字象形、

① 魏航：《学以致用，用以助学——部编小学语文二年级上册教科书的语用意识》，载《小学语文》，2017(12)。

会意和形声的构字规律，体会其音、形、义之间的有机联系。

同时，在插图的辅助下，学生通过观察字形，自主发现这两组形声字"形旁表义"的特点，并对汉字偏旁和字形的源流发展有一个初步的认识，学习字理识字的方法，感受汉字的魅力。

第三节 小学教学方法与组织形式

小学教学活动涉及一系列环节。教师在进行教学准备后，根据小学教学的基本任务和培养目标，以及小学生的身心发展特征，遵循教学基本原则，选择适当的教学方法，采取利于教学的组织形式，进行教学实施，之后对小学生的学业成绩和自身的教学进行评价。本节主要对小学常用的教学方法和教学组织形式进行介绍。

一、小学教学方法

教学方法是教学实施中不可缺少的重要组成部分，也是教学论中的重要内容。自古至今，教育者在教学实践中不断积累和创造了诸多教学方法，并形成了理论。随着社会发展，新的科技手段和信息技术的发展，在不断丰富着教学论相关层面内容的研究。这为教师理解、选择和运用教学方法提供了支撑。

教学方法有广义和狭义之分。在日常教育认识和实践中，如果不区分语境和场合，往往会造成混乱，不能有针对性地对教学方法进行研究。广义的教学方法，指的是实现教学内容、达到一定教学目标的教学手段、途径、教学组织形式以及教学原则等。但这种认识未免有些泛泛，随着现代教学理论和实践的不断发展和深入，人们对于教学方法的本质特征认识更加全面，相关研究趋于深刻，因此教学方法的定义也更加具体和确切。将教学方法界定清楚，目的在于更加细致深入地认识它们各自的特点、规律，以更好地指导实践。

(一)对教学方法的认识

1. 教学方法的概念

对于教学方法到底是什么，不同人的认识和界定有所不同。我国对教学方法方面的研究在以前较长一段时间内总体比较薄弱。这影响了对教学方法规律性和本质性的认识，对其概念的界定或过于含糊笼统，或失之偏薄；或者将不同类型和层面的教学范畴归到一起。因此有必要对教学方法是什么做一简要分析和界定。

在20世纪80年代之前，相关研究领域对教学方法的定义比较笼统，更为看重教师的教。比如，“教学方法是指教师在教学过程中为了完成教学任务所采用的工作方式和在教师指导下的学生的学习方式。”①还有更简约的定义：“教学方法是为完成教学任务所采用的手段。②其后随着我国教学论的发展，学界对教学方法的认识、研究更为全面，其定义也更为确切和具体了。

从教学方法定义的发展中可明显看出对教学方法的认识主要表现在两个方面：一是按照结构观点注意分析教学方法的结构；二是注意学生的主体活动以及师生的相互作用。③ 如强调教法和学法的界定：“教学方法是为完成教学任务而采用的办法。它包括教师教的方法和学生学的方法，是教师引导学生掌握知识技能、获得身心发展而共同活动的方法。”④也有将教学方法和教学原则、教学手段做区别的解释：教学方法是为了达到教学目标，运用教学手段进行的，由教学原则指导的师生共同围绕教学内容相互作用的一整套行为方式。⑤

这些解释各有其合理之处，而且增加了较新的认识和内容，也比较具体和确切。总结各家之言，我们把教学方法的概念表述为：教学方法是为达到教学目的，利用教学内容，运用教学手段，所采取的师生相互作用的活动方式的总称。

2. 关于教学方法的认识

要正确理解教学方法的概念，需要注意如下几个方面的内容。

第一，教学方法体现教学活动的双边性。教学活动是教师的教和学生的学相互作用、相互联系的双边活动，因此教学方法一定包括教师的教法和学生的学法。如果只看到教师的教，势必会忽视学生的主体地位，会使教学陷入生硬性灌输、强迫性注入的境地。

资料链接：　陶行知先生的教学观⑥

在我国，一段时期里存在重教而忽视学的现象，并且一直存在争论。20世纪20年代，陶行知先生主张把“教授法”改为“教学法”；主张教的法子要根据学的法子，学的法子要根据做的法子。他在当时南京高等师范学校校务会议席上为这问题辩论了两小时。后来，苏州师范学校带头采用了“教学法”一词，这一词语逐渐通行起来。

---

① 上海师范大学《教育学》编写组：《教育学(讨论稿)》，156页，北京，人民教育出版社，1979。

② 华中师范学院教育系、河南师范大学教育系、甘肃师范大学教育系等：《教育学》，150页，北京，人民教育出版社，1982。

③ 王策三：《教学论稿》第二版，238页，北京，人民教育出版社，2005。

④ 王道俊、王汉澜：《教育学(新编本)》，242页，北京，人民教育出版社，1989。

⑤ 王本陆：《课程与教学论》第3版，153页，北京，高等教育出版社，2017。

⑥ 陶行知：《教学做合一讨论集》，2～3页，上海，儿童书局，1932。

第二，教的方法和学的方法是辩证统一的。教学方法涵盖教师教的方法和学生学的方法，二者并不是简单的叠加关系，而是密切联系的、相互统一的。因此，在具体的认识和实施中，不能笼统概括地说成教学方法包括教法和学法，而应体现出二者的有机结合和辩证统一。

资料链接：教和学是统一的①

教和学是统一的双边活动。在教学中，两者不可分离孤立，没有“没有教的学”，也没有“没有学的教”。但是，两者又不是一回事，不可互相代替或吞没，教不是学，学不是教；从这个意义上讲，教的活动和学的活动又是各自独立的。

第三，教学方法是由一整套方式组成的。也就是说，教学方法是一系列的活动方式，不是某种固定的方式或动作。这种活动方式是有目的性的，是师生相互作用的方式。因此，从这个意义上说，教学方法不等于教学方式，也不等于教学工具或手段，而是对工具或手段的运用。

资料链接：教学方法和教学方式不同②

教学方法和教学方式是两个不同的概念。教学方式是运用各种教学方法的技术，是教师教和学生学的具体动作。因此，教学方法应该是教学方式的上位概念，任何一种教学方法都是由一系列教学方式所组成的；反过来讲，每一种教学方法都可分解为各种教学方式。例如，在运用讲授法时，教师既可以边板书、边讲授，也可以以自己的口头讲授为主；学生既可以聚精会神地听讲，也可以边做笔记、边听讲，等等。

第四，教学方法是具有发展性的。教学方法不是一成不变的，教学方法的产生和发展受多种因素的影响，社会经济制度、政治制度、科学发展以及哲学观等对其都有影响。受制于社会生产和科学技术的发展，教学方法的变革和改进最为明显和迅速。自古代的口耳相传，到现代的实验演示、视听结合，乃至当下人工智能时代课堂教学方法的创新，体现了教育的发展性。在教学改革中，教学方法的改革比教学内容等其他方面的改革更容易着手，而教学方法的改革也往往会引起其他方面的改革。

---

① 王策三：《教学论稿》第二版，240页，北京，人民教育出版社，2005。

② 王本陆：《课程与教学论》第2版，196页，北京，高等教育出版社，2009。

资料链接：人工智能翻转了传统课堂的结构与生态场景[①]

传统的讲授—接收、先教后学、先课堂后生活、先知后行的课堂过程结构被个性化和自适应学习、先学后教、虚拟现实和增强现实、从做中学替代，传统的教室被信息化学堂取代；传统的班级授课制被混合年龄编班、走班制和小组合作学习取代；传统的插秧式陈设的讲台、黑板、课桌椅等整齐排列的课堂被会所式架设的智能中控设备、壁挂式大型显示屏、可组合桌椅、智能可穿戴设备、机器人助教、各种移动终端设备等智能设备设计构造的学习中心取代，枯燥乏味的死记硬背被线上、线下无缝衔接的混合式学习取代；传统的一位老师、一支粉笔、一班学生的教室被宽带网络、数字课程平台和智能化学习设备构建的智能课堂取代。

3. 关于教学方法的分类

为了更好地认识教学方法，有利于教师在实践中的应用，就有必要对教学方法进行分类。所谓分类，就是对各种教学方法按照某些角度或基础将其进行归属。各教学方法彼此之间会有共同和不同的特点，将其区分，以便分析和掌握各自的特点以及它们起作用的范围和条件。

教学方法怎样分类，有哪些分类，是很难简单地用几句话就能说清楚的。教学方法较为繁多，分类基础或依据各不相同，从而出现了众多的分类。现对各家之言进行整理总结，简要呈示如表 6-2。

表 6-2　教学方法的几种分类

分类依据	具体类别	简要分析
按照教和学分类	教的方法：讲授、谈话、演示等	将教和学分开，分类较为简单
	学的方法：练习、实习、独立作业等	
按照知识的来源分类	直观的方法：演示、图示、参观等	分类较全面，但没有揭示学生活动的内部过程
	语言的方法：讲授、谈话、阅读书籍等	
	实践的方法：练习、创造性作业、实习作业等	
按照学生的认识程度分类	图例讲解法（信息感知法）、复现法、问题性讲述法、局部探索法、研究法	注重教学方法的内部特征

① 蔡宝来：《人工智能赋能课堂革命：实质与理念》，载《教育发展研究》，2019(2)。

续表

分类依据	具体类别	简要分析
按照教学活动过程分类	组织认识活动的方法：知觉方法、逻辑方法、认识方法、控制学习的方法	分类比较系统，但过于详细，不易把握
	激发和形成学习动机的方法：激发学习兴趣的方法、激发学习责任感的方法	
	检查和自我检查的方法：口述检查法、书面检查法、实际操作检查法	
按照师生的教学活动分类	以语言传递信息为主的方法：讲授法、谈话法、讨论法、读书指导法	根据教学方法的外部特征划分，概括性强，易于接受
	以直接感知为主的方法：演示法、参观法等	
	以实际训练为主的方法：练习法、实习法、实习作业法等	
	以陶冶活动为主的方法：欣赏法	
	以引导探索为主的方法：探究法	

在教学方法的分类中，我们通常采取综合性的分类。在教学实践中，教师往往在一个单元的课时内，采取多种教学方法，这些方法可能是不同维度的，最终目的在于促进教和学的开展，促进学生的认识提升和发展。综合诸多教学方法分类和小学教育实际，我们可对小学常用的教学方法进行基本的排列，大致分为讲授法、谈话法、讨论法、读书指导法、练习法、演示法、探究法等。进一步了解这些不同排列所反映的角度和顺序，可探明其所反映出来的基本信息。第一，反映出信息来源的渠道及其发展：语言—直观—操作；第二，反映出师生的相互作用关系及其发展：教师为主—学生半独立，教师半放手—学生独立自主学习；第三，反映出学生掌握知识过程的阶段及水平：接受知识—形成技能、技巧—综合运用知识、技能、技巧。①

(二)小学常用的教学方法

如上所述，小学教师可采用的教学方法较多，本部分仅对小学常用的几种教学方法进行简要分析。所需注意的是，在小学教学设计和组织实施中，教师要依据教学的具体目标和内容、小学生的实际情况以及自身的条件，对教学方法进行选择和使用，同时要注意所选择的教学方法的适用性。在教学方法的具体应用中，教师要善于灵活运用，以取得最优的教学效果。

1. 讲授法

讲授法是教师运用口头语言系统地向学生传授知识的方法。讲授法是在小学中应

① 王策三：《教学论稿》第二版，246页，北京，人民教育出版社，2005。

用最为普遍的教学方法，其基本形式是教师讲，学生听。其他的教学方法往往是和讲授法结合使用的。具体来说，讲授法又可以分为讲述、讲解、讲读三种方式。

讲述，指的是教师向学生进行叙述、描述。

讲解，指的是教师向学生解释、说明和论证概念、原理、公式等。

讲读，指的是教师利用教科书边讲边读，既有教师的讲和读，也有学生的讲、读和练。

这三种具体的讲授方式之间并没有很严格的界限，在教学实践活动中经常穿插进行。不管采用哪种具体的形式，都需要教师充分考虑到学生的实情，将自身的主导性和学生的自觉性、积极性紧密结合起来，避免导致单向度的注入式讲授。

讲授法的优点为：采用讲授法可以使学生在比较短的教学时间内获得大量的、比较系统的知识；有利于教师主导作用的发挥；有利于教学活动有计划地进行。但是其缺点也应注意：讲授法对教师本人语言素养和讲授技巧的要求较高；不太利于学生学习主体地位的发挥。特别是小学生的有意注意、思维品质等各方面处于不断发展中，教师使用讲授法时容易忽视学生的自觉性、主动性和积极性。

运用讲授法时要注意如下几方面问题。

一是注意讲授的形象性。教师的语言表达水平直接决定着讲授的效果。小学生的形象思维占主导地位，因此教师的讲授要通俗易懂，突出形象性，可结合直观教具等多种方式配合讲授。

二是注意语言的艺术性。教师的语言表达要清晰、准确、精练，注意条理清晰，同时要力求富于感染力；在语音表达上，注意语音的高低、语速的快慢、语调的抑扬顿挫，以便于小学生接受和理解。

三是注意讲授的思想性和情感性。教师在讲授时应充分挖掘各学科教育中的思想道德，在具体学科教学中融入、渗透对小学生的思想道德教育，体现全过程、全方位育人。同时，讲授还要力求情感性，引起小学生思想情感的共鸣，达到以情动人、以情育人的目的。

四是注意讲授中现代教育技术手段的应用。现代信息技术手段在教育实践中的应用，可以提升讲授的教学效果，但要考虑其适切性和匹配性。我们要思考“互联网＋”和讲授法的结合，以及依托大数据平台的混合式教学实现的现实性、“智慧课堂”构建中讲授法的改进等问题。

案例：　儿童的语文[①]

《第一次抱母亲》中有一段话：“在我的记忆中，母亲总是手里拉着我，背上背着妹

① 于永正：《儿童的语文：于永正语文教学思想精义》，41页，上海，上海教育出版社，2018。文中的“斤”为市制单位，1斤＝0.5千克。

妹，肩上再挑100多斤重的担子翻山越岭。这样年复一年，直到我们长大。我们长大后，可以干活了，但逢有重担，母亲总是叫我们放下，让她来挑。我一直以为母亲力大无穷，没想到她是用80多斤的身体，去承受那么重的担子。”因为这段话中的“越”是生字，所以我先教“越”字。当学生知道了“越”在这儿作“跨”讲的时候，自然就知道了“翻山越岭”的意思是翻过一道道山，跨过一道道岭了。接着，我抓住了“重担”这个词。我说：“歌德说过，会读书的人，用两只眼睛看，一只眼睛看到纸面上的文字，另一只眼睛看到纸的背后。当我们用两只眼睛去看‘重担’的时候，就会发现，它绝不仅仅是指挑在肩上的那副100多斤重的担子。”在我的启发下，学生的发言热烈而精彩。是啊，母亲肩上挑的实际上是大半边天哪！这时，我指着板书“翻山越岭”说：“那么，现在你对‘翻山越岭’这个词又是怎么理解的?”学生说：“‘翻山越岭’指的是母亲为了子女、家庭和社会所走过的艰辛道路。”

案例分析：在语文教学中，教师不仅会引导学生在阅读文本时掌握读书的方法，也会引导学生消化、积累和学会运用课文的语言，以达到语文的工具性和人文性的统一。但是往往会有教师注重“披文得意”的同时，忽视“披文入情”。因此案例中的教师在此课的讲解中，引导学生品味课文所表达的情感，并在之后的教学环节中让学生把自己的理解和感受带进课文朗读中，体会生动而感人的课文情感脉络表达。

2. 谈话法

谈话法，也叫问答法，是教师依据教学目标、内容和学生已有的知识经验，通过口头问答的方式，启发引导学生获取新知识和巩固所学知识的方法。谈话法产生较早，我国古代孔子和学生的问答、古希腊苏格拉底的“产婆术”均属此法。谈话法在小学教学中运用得较为普遍。

根据谈话法在小学具体教学活动中运用的目的不同，可将谈话法分为如下几种具体形式。

复习性谈话，指的是教师在学生所学知识的基础上，设计和提出问题，针对已学的内容进行师生对话，以促进学生的知识巩固。

启发性谈话，指的是教师对学生未学过的内容，提出相应问题，引导其思考和回答，在师生对话中为学习新知做铺垫或进行理解。

总结性谈话，指的是在单元教学小结中，教师引导学生进行概括性内容的问题思考和回答，帮助学生形成综合能力和概括性认识。

无论是哪一种教学谈话，教师都需要有针对性地设计好各种类型的问题，在不同的教学环节中开展不同形式的谈话活动，以促进学生的发展。

谈话法的优点在于：教师能够在师生问答中唤起和保持学生的注意力和兴趣，促进学生独立思考，培养其语言表达能力；教师可以通过谈话直接了解学生的掌握情况，有利于改进教学。与此同时，要注意到谈话法的缺点：与教师直接讲授比较，谈话法需要较多的时间；当面向全班学生时，较难照顾到每位学生。

运用谈话法时要注意如下方面。

一是注意做好谈话的准备。谈话法实施的关键在于教师设计好谈话中的问题。学生的身心发展特征、教学的目标和内容，以及学生可能会有何种反应，这些都是教师在使用谈话法前需要考虑的。

二是注意谈话中问题的价值。师生谈话要以问题引领，这些问题要有启发性，对学生的思维发展有价值；问题要有典型性和针对性，和教学内容与目标有联系；问题还要有梯次，力求层层深入，随着教学进程而逐步展开。

三是注意谈话的对象范围。教师的教学谈话要面向全体学生，即使是与个别学生对话，也要努力吸引所有学生的注意；谈话对象的选择要结合各种方式，不仅仅针对每一层次的学生。同时，谈话的内容要具有普遍性，能体现教学重点和难点，并适时地加以解释、说明或补充，以便所有学生都能有所受益。

四是注意做好谈话后的总结。有些学生对问题的理解和相应内容的掌握往往不够到位和精练。因此在教学谈话后，教师应该进行问答内容的总结概括，保证语言简洁和规范，内容系统和完整，以帮助学生整理认识，巩固理解，强化收获。

案例：　支玉恒老师的教学片段①

支玉恒老师教授人教版小学语文四年级下册《中彩那天》的教学片段实录如下。

师：读了这几遍以后，课文中你有哪些地方不懂？

生：“存根”是什么意思？

师：彩票有两联，你兑奖的时候撕下一联给人家，自己还留着一联，那就叫存根。

生：什么叫“迷惑不解”？

师：我问你一个问题：猴怎么就能变成人？你回答这个问题。（生答不出，师问全体学生）她现在就是什么状态呀？

生：（齐）迷惑不解。

师：（问刚才提问的学生）明白了吧？弄不清楚，想不明白就叫迷惑不解。

生：“拮据”是什么意思？

师：你读一读包含“拮据”这个词的那句话。

生：我们家六口人全靠父亲一人工作维持生计，生活很拮据。

---

①　支玉恒：《小学语文15课：支玉恒课堂教学实录及点评》，34～35页，北京，中国人民大学出版社，2017。

师：全家六口人，人口很多，只有一个人工作维持生活，你说他们家困难不困难？（生：困难。）那你说“拮据”怎么解释？

生：就是说他们家生活很困难。

师：对了。“拮据”就是生活困难，吃了上顿没有下顿，买了这个买不起那个。

生：“教诲”是什么意思？

师：就是教导。

生：什么叫“梦寐以求”？

师：我告诉你，“梦”就是做梦，“寐”就是睡觉，你说“梦寐以求”是什么意思？

生：睡觉的时候会想到自己有一辆车子。

师：对，连睡觉、做梦都想着这件事，就叫梦寐以求。

……

生：什么是“深得老板的器重”？

师：大家读一遍。（生齐读）深深地得到老板的什么？“器重”是什么意思？

生：表扬。

师：仅仅是表扬吗？相不相信他，敢不敢给他重要的事情做？

生：老板很重视他，很重用他。

案例分析：在这一环节的教学中，教师通过师生对话，引导学生对课文中出现的词语进行解释。教师具体的处理方式不同，基本上都是通过启发性谈话的方式，引导学生理解生词，由此引导他们解读文本。

3．讨论法

讨论法是在教师的指导下，学生围绕某些具体问题发表个人看法、交换意见或展开辩论，通过相互之间的启发、讨论，获取知识、提高认识的教学方法。根据讨论的参与形式，可以将讨论法分为班级讨论和小组讨论。哪种讨论形式，都需要明确一点：讨论法的实施强调教师指导，同时强调学生的独立思考和表达，彼此之间的交流学习。

讨论法的优点为：全体学生均可参与，能够普遍而充分地让每位学生都有表达的机会，不仅能锻炼学生的思维，也能促进其语言表达能力的发展；讨论中，学生可以学会合作，学会倾听、比较、思考不同意见，能够集思广益、相互启发，以此提高学习兴趣和参与度。讨论法的缺点在于：小学生的知识经验和学习水平有限，理性思考和解决问题的能力较弱，因而讨论法往往不在小学低年级学生中使用；另外，讨论中会出现难以持续或者跑题等现象，这就需要教师的在场，密切关注学生的情况，在需要时及时予以帮助或调解。

运用讨论法时要注意如下几方面。

一是注意讨论内容的选择。对小学生的讨论而言，哪些内容对他们有促进发展、提升认识的价值，哪些内容和他们的认识水平相适应，能够将讨论持续下去，这是教师要先考量的因素。讨论的主题和相应内容，一定要落在“最近发展区”，难易度适当，能启发学生的讨论热情和积极性。

二是注意讨论中的引导。教师要关注小学生讨论中的即时情况：当讨论遇到阻碍而无法持续时，教师要适当点拨；当讨论偏离主题时，教师要注意提醒；当小组中的讨论成为一家之言时，教师要鼓励不发言的学生表达个人意见。

三是注意对学生的肯定。教学中的讨论，虽然针对具体的内容而组织，但对小学生来说，是对新知的学习和探索。限于经验水平和思维能力，他们的认识或有偏颇，或不全面，或想法简单。无论哪种情况，都是小学生从自己的逻辑出发的理解、从个人角度的认识，正确与错误，甚至奇思妙想，都是真实的看法。因此，教师要鼓励他们畅所欲言，及时回应他们的任何看法，肯定他们的参与态度和积极性，保护和引导他们的创新性思维萌芽。

案例：　听课杂记①

捂住对方嘴巴的“讨论”

一次在小学听课，看到了这样一个场景：老师布置了讨论任务，学生开始分小组讨论。讨论中，学生争相发言。一名学生为了争得发言的机会，用手捂住了另外一名学生的嘴，以便能够把自己的想法说出来。被捂住嘴巴的那名学生急呼呼地要把对方的手拉开，想说出自己的想法。老师没有注意到这一场景，讨论仍然“热烈”地进行着。

学生忙讨论，教师忙板书

教师给学生布置了讨论任务。学生以小组形式开始讨论后，教师马上将身体转向黑板，抓紧时间写板书。板书写好后，教师转过身来，问道：“同学们讨论好了吧?”学生齐答：“讨论好了。”教师又说：“哪个小组说说讨论的情况?”接下去就是学生介绍自己小组讨论的结果。

案例分析：讨论法作为一种常用的教学方法，如何组织实施才能获得预期的效果，这是教师需要认真思考的问题。尤其是在小学阶段，学生如何有效地表达自己的观点、

---

① 郑金洲：《课堂教学的50个细节——一个专业研究者的听课杂记》，25、27页，福州，福建教育出版社，2011。

如何在讨论中倾听，教师如何对学生的讨论进行指导，这些都是教师要在教学情境中关注的问题。教学重心下移，把学习的主动权交给了学生，并不等于教师放手不管，否则讨论就流于形式。上述案例出现的情况是教师应该避免的。

4. 读书指导法

读书指导法是在教师的指导下学生进行阅读(教科书、课外读物)，养成良好的阅读习惯，从而获取知识、获得发展的方法。在小学阶段，学会读书的方法，阅读各类读物，学会学习，是需要小学生掌握的重要能力。

读书指导法的优点为：学生在教师的指导下学会阅读，并通过阅读获取知识，这是培养学生自主学习能力的重要途径和方法；同时，读书能拓宽眼界，开拓学习领域，也能丰富精神生活，进而发展智力和能力。读书指导法的缺点在于：若教师的教学理念和具体指导不力，极易使得学生通过读书来学习和拓宽眼界演变成功利性的、呆板的“死读书”“读死书”的状况。

运用读书指导法时应注意如下方面。

一是注意全方位地指导学生读书。指导小学生读书，要从指导其阅读教材开始。教材是小学生获取知识的主要来源，教师要注意在具体教学过程中加强对小学生阅读的指导，使其真正理解所学内容。同时教师还要指导小学生对课外读物的阅读，满足其多方面兴趣，拓宽知识视野。

二是注意指导的适切性。小学生的读，需要教师的指导引领。教师要充分了解和把握所面对的学生的年龄阶段特征、心理发展特征，结合本年级段学生的认知特点，调动他们的阅读兴趣，迎合他们的阅读爱好，为其选择适宜的课内和课外读物，辅助课堂教学中的读，达到提升学生读书效果和教学效果的目的。

三是注意具体读书的指导方式。教师的指导应体现在全过程中。教师需要指导小学生做好读书计划，帮助他们确定读书的顺序，教给他们一些具体的读书方式，如在书上做记号、画重点、写批注等；要求小学生从写简单的读书笔记开始进行读和写的练习，以形成专心致志、读思结合、勤读勤记的良好学习习惯。

四是注意指导读书的范围。小学生读书的范围并不仅仅限于语文类的文本，课外读物的选择也不限于此。语文教材和其他课外读物是小学生学习语文的基础，但语言文字水平的高低不只是表现在语文的学习过程中，也会影响到其他学科的学习。如数学题的审题中对文字内容是否理解会决定学生的解题结果。因此教师尤其要对小学生的课外读书范围、种类、方式等有一定的指导，注意读书的有效性，让学生有读后的反馈，诸如读书笔记、分享交流等。

资料链接：　于永正老师谈阅读[①]

吕叔湘先生说："开展课外阅读，对提高学生的语文能力非常重要，一定要给予足够的重视。同志们可以回忆自己的学习过程，得之于老师课堂上讲的占多少，得之于自己课外阅读的占多少；我回想自己大概是三七开吧，也就是说，70%是得之于课外阅读。课外阅读对语文课来说，绝不是可有可无的；教师对学生的课外阅读不能放任自流，要加以适当指导，如什么书值得看，什么书不值得看，这本书有什么长处，那本书有什么缺点，等等。多少指导一下，学生得到的帮助就很大。还有一条经验是共同的，就是多写，大作文、小作文、笔记、周记、日记等都可以，教师看一部分，做点讲评指导。"这段话十分明确地告诉我们：语文教学要引导学生多读多写；语文能力是在大量的读、写实践中形成的，不是老师讲出来的。

5. 练习法

练习法指的是教师给学生布置一定的学习任务，指导学生通过完成任务进行知识的巩固运用，形成一定技能技巧的方法。练习法是小学阶段常用的教学方法之一，小学生往往是采取课内和课外作业的方式完成学习任务，不同年级的小学生在学习中都离不开练习法。

练习法的优点在于：学生通过完成作业，能加深对所学知识的理解和巩固，尤其是能形成和发展一定的技能技巧；练习法可以被各科教学广泛使用，具有普遍性；练习法对于小学生学习习惯的养成、意志品质的锻炼也是极为重要的。其缺点在于：由于练习需要不断地重复，若教师布置和指导不当，学生会产生疲劳和厌学情绪。

运用练习法时需要注意如下几点。

一是注意明确练习的要求。小学生处于学习习惯的养成阶段，教师一定要让他们知道为什么要进行练习，要达到什么样的具体要求，怎么样一步步地进行练习。教师具体指导他们逐步形成学习的自觉性和目的性，避免机械性和盲目性。

二是注意指导练习的方法。教师要在小学生练习前，给他们进行示范，以及详细的讲解，使得他们能够认识和开展正确的练习。教师的指导语要明确，示范要简明，练习的方式要多样化，保证小学生能够基本掌握，以提高练习的效果。

三是注意合理安排练习量。小学生练习的量并不是越多越好，教师要避免过度布置练习的情况，超过学生承受能力的练习会有适得其反的效果。因此，教师要根据小学生的身心发展特点和不同学科学习特点来综合考虑，确定练习量。

---

① 于永正：《儿童的语文：于永正语文教学思想精义》，25页，上海，上海教育出版社，2018。

四是注意及时反馈练习情况。各种练习后，不管是口头的还是书面的，记忆的还是操作的，课内的还是课外的，教师一定要及时让小学生知道练习的结果，对练习中的错误及时纠正，对练习中的闪光点及时强化。

案例： 小学四年级平均数应用题的练习①

简单的平均数应用题是小学四年级的教学内容，难度不大，学生容易学。但是在实际应用中，已知条件在叙述上变化较多，学生容易算错。其中解题的关键是确定按什么平均分，分成多少份，然后去寻找总数量。因此，教学中将练习分为三个阶段进行。

第一阶段是通过简单平均数应用题的教学，概括出平均数应用题的基本数量关系式：总数÷总份数＝平均数。

第一部分先出示：求 34，4，82 三个数的平均数，帮助学生巩固理解平均数应用题的基本数量关系式。第二部分出示：一辆汽车第一小时行驶了 46 千米，第二小时行驶了 60 千米，第三小时行驶了 52 千米，第四小时行驶了 74 千米。这辆汽车的平均速度是多少？又问：前两小时，这辆汽车的平均速度是多少？帮助学生先找出“主干”，再清理“枝叶”。“主干”指基本数量关系式，即“路程÷时间＝速度”。第三部分的选择题中对“主干”“枝叶”进行巩固。

第二阶段是求几个数的平均数。实质是“移多补少”，使这几个数大小相等，表示这个相等的数就是要求的平均数。

教学中除了用“总数÷总份数＝平均数”的一般方法求平均数之外，还可以教学生观察数据，估算平均数是多少，然后用“移多补少”方法得出平均数。（略）

第三阶段是进行思维性练习。

①一辆汽车从甲地开往乙地，前 4 小时共行驶了 209 千米，后 5 小时共行驶了 250 千米，求这辆汽车的平均速度。

②某车间 3 天中平均每天做零件 300 个，已知第一天做了 290 个，第二天做了 295 个，第三天做了多少？

案例分析：在这堂数学练习课中，教师先是通过设计较为简单的练习题帮助学生理解平均数应用题的基本数量关系式；然后再引导其通过观察和估算得出平均数；在此基础上，设计应用题，提醒学生利用刚学的方法解题。这些练习题的设计和教学内容密切相关，层层展开，利于学生较为牢固地掌握知识、形成技能。

---

① 郑金洲：《教学方法应用指导》，43～45 页，上海，华东师范大学出版社，2006。略有删减。

6. 演示法

演示法指的是教学中教师配合讲授和师生谈话，通过给学生呈现具体事物或直观教具，或者采用现代化教学手段的方式，帮助学生理解和掌握知识的方法。在小学阶段，演示法因具有形象性的特点而经常被教师采用。

演示法的优点体现在：教师采用符合小学生身心发展特征的方式进行教学，有利于小学生获得直观的、典型的感性认识，利于他们理解；有利于培养小学生的观察力，易于激发他们的学习兴趣。另外，现代化教学辅助手段越来越多样化，对演示法有促进作用。演示法的不足在于：演示的具体方式不当，会分散小学生的注意力；演示的手段追求多样化，效果反而不一定理想。

运用演示法时需要注意如下方面。

一是注意演示前的准备。教师的演示方式和内容素材等的选择和确定，一定要考虑到小学生身心发展的适切性，既达到直观形象的效果，又不能喧宾夺主。因此，教师要事前选择好演示的工具和材料，设计好课件等，最好是提前预演，以免操作中出现问题。

二是注意演示中的讲解。运用演示法时一定要结合讲解等方法，演示前向小学生提出观察的要求，演示过程中要有适当的讲解和师生的谈话，演示后要有对前面问题的回应。避免只是演示，学生看热闹，没有要求和反馈的情况，必要时可重复演示。

三是注意演示后的认识提升。小学生对教师的演示更多是带着新奇的心情去看，低年龄段的小学生会忘记自己的学习任务。因此教师在演示后有必要重复相关要求，根据具体教学情境请小学生回答相应问题，带领全班进行综合提升，帮助小学生将观察所得的感性认识上升到一定的理性高度，以获得带有规律性的结论和认识。

案例： 于永正老师的教学演示[①]

有一次，我听一位五年级的老师指导学生写字的课，其中要学习写一个成语“左右逢源”。老师在黑板上一写，我就知道她没认真读字帖。我走上讲台，让学生认真观察书上写的“左右”这两个字（书上的字都是楷体），然后请这位老师把“左右”这两个楷体字放得大大的，投到屏幕上去。我让学生观察这两个字的第一笔——横有什么不同。经这一点拨，大家立刻发现“左”的一横短，“右”的一横长。这里，如果老师不指点，有些学生恐怕不会注意到。

案例分析：于永正老师敏锐地观察到了该课中任课教师对生字教学的不足。他指

① 于永正：《儿童的语文：于永正语文教学思想精义》，23页，上海，上海教育出版社，2018。

导任课教师通过多媒体投影展示，引导学生认真观察字的结构，认识和掌握所学的字的特征。在该课中，任课教师没有做好充分的教学演示准备，导致学生认识不足；于老师及时补正，加强了学生的认识；多媒体教学手段的演示，让学生认识得更清晰，提升了学习效果。

7. 探究法

探究法又称探索法、研究法，指的是教师给学生提供学习的材料和指导，让学生自主地通过阅读、观察、讨论和思考等，自行探究问题，发现并掌握相应原理和结论的一种方法。探究法对学生的学段要求较高，但并不意味着小学阶段不能运用。它的运用必须要有教师的指导，可以让学生的主体性得到发挥，让学生自己进行研究并找出规律。

探究法的优点在于：有助于学生的探究意识和探究能力的发展，以形成创新精神和实践能力；有利于培养学生学习中的科学态度、情感和相应体验以及积极进取的精神。探究法也有一定缺点：学生要有一定的认知基础；教师要有细致耐心的指导，若操作不当，很容易流于形式。

运用探究法时应注意如下几点。

一是注意探究法运用的基础。在探究法的运用中，教师确定探究的课题是前提，小学学生的实际情况和教材内容是首要考虑的问题。课题一定要落在小学生的“最近发展区”，一定要具体化。教师可以根据小学生的情况和具体内容，把课题设计得细一些，让知识容量少一些，以使小学生有落脚点。

二是注意探究中学生主体地位的突出。探究法和其他教学方法的最大不同在于其能突出学生的自主探究。因此教师要在具体教学设计中激发小学生的学习兴趣，严密组织和积极引导，给他们提供所需的材料，遇到疑难时点拨和启发他们，引领他们的思维活动，但又要注意不代替他们做出结论。

三是注意探究的良好情境的创设。小学生的探究兴趣在外部情境的激发下才能有效保持，教师要使其注意保持集中，思维保持活跃。因此，教师要在探究活动的场所、教学设备的提供、教学时间的保证等方面给予支持，创造师导生创、积极交流、深入探讨的教学情境。

案例：小学科学课的探究教学[①]

在教科版小学科学四年级下册“食物包装上的信息”一课，有的学生认为牛奶的保质期越长越好，有的学生认为保质期短好，双方各抒己见，争辩得面红耳赤。这时，

① 林长春、彭蜀晋：《小学科学课程与教学》，68～69页，重庆，西南师范大学出版社，2019。

教师提问：到底是哪些原因影响了牛奶的保质期呢？一个提问，使得学生的争论声小了很多，把讨论的热点转移到了研究影响牛奶保质期的因素上，共同瞄准了保质期有长有短的两种牛奶的食物配料表，依据食物配料表做出客观分析。

案例分析：小学生对问题的探究需要和谐气氛的营造，也需要有质疑的意识和思维方式，因此教师要对其进行启发和引导。当他们的探究偏离或难以持续时，教师要帮他们明确进一步思考的问题，以提升学习效率。需要注意的是，教师的引导要契合小学生此时的思维状态和具体探究内容，不代替他们做出结论，又能给他们指明正确的方向，突出小学生自主的探索。

二、小学教学组织形式

教学是按照一定的目的有组织、有计划地进行的实践活动，了解小学教学实施中的组织形式，有助于优化小学系统中的各方面因素，提高教与学的质量。

(一)对教学组织形式的认识

1. 教学组织形式的概念

教学组织形式指的是为了完成特定的教学任务，教师和学生按照一定要求组合起来进行活动的结构。

小学教学是在一定的时间和空间内实施的。教师除了选取适当的教学方式，也需要选择一定的组织形式，即教师、学生、时间、空间、教学内容等因素要以一定的形式组织起来并进行分配。这些教学相关因素的不同组织与分配方式就构成了不同的教学组织形式。

教学组织形式会随着社会的发展变化而变化。在古代的学校教育中，大都采取个别教学的形式。以班级的形式组织起来上课，萌芽于16世纪的西欧一些国家。17世纪时夸美纽斯对其进行了理论论证和系统阐释，形成了班级授课制，在19世纪后半叶开始普及。小学教育中，班级授课制是基本的教学组织形式；因信息技术发展、教育改革及社会需求等，教学的多种组织形式不断出现和发展。

2. 教学组织形式选择的影响因素

教师需要根据多方面情况来选择教学组织形式。在小学教学活动中，影响教学组织形式选择的因素主要有如下几个。

一是课程结构和性质。小学课程在具体结构上体现了不同的特征。是学科类的还是实践活动类的，是分科性质的还是综合性质的，这些都会影响具体课程实施中的教学组织形式选择。如实践活动类课程，就需要教师引导学生采取小组合作、探究等为主的组织形式；学科类课程，宜于选择班级集体教学为主的组织形式。

二是教学内容。教学内容不同，所选择的组织形式有所不同。在小学教学实施中，教学内容难度不大，适宜学生自己主动探索，则可采取多样化的组织形式，不一定采取单一的班级上课的形式。一般来说，教学内容越广，越有深度，采用的教学组织形式就越多样化和综合化。①

三是教师和学生。学生的认知水平和风格、教师的教学组织能力及对学生认知与非认知因素的了解、学生与教师的比例等，都是影响具体的小学教学组织形式选择的因素。如生师比越小越有利于进行小班化教学的组织；而在一些学生数量较少的边远地区的学校里，往往会采取复式教学的形式。

四是教学物质资源。学校所具有的教学场所、用于教学的设备以及其他教学材料等，在一定程度上制约着教学组织形式的确定。如教学媒体设备完善，教学场所功能齐全，则用于教学的相应技术设施就会先进，在线教学、远程协同等各种形式就能灵活运用于教学中。

(二)小学常用的教学组织形式

教育史上曾出现过不同的教学组织形式，较有影响的如个别教学、班级授课制、导生制、道尔顿制、文纳特卡制等。这部分将介绍目前小学常用的几种教学组织形式。

1. 班级授课制

班级授课制又称班级上课制，指的是将一定数量的学生按照年龄或知识掌握程度编成固定的班级，根据周课表和作息时间安排，教师有计划地给全班学生上课的一种集体教学形式。这是我国学校的基本教学形式，也是小学最基本的教学组织形式。

资料链接：班级授课制的发展阶段②

大体来说，班级授课制的发展经历了如下三个阶段。

第一阶段，以夸美纽斯为代表的教育家从理论上加以总结和论证，使它基本确立下来。

第二阶段，以赫尔巴特为代表，提出教学过程的形式阶段理论，给夸美纽斯的理论以重要补充和发展。

第三阶段，以苏联教育学为代表，提出课的类型和结构，使班级授课制更趋成熟。

---

① 《教育学原理》编写组：《教育学原理》，281页，北京，高等教育出版社，2019。

② 黄济、劳凯声、檀传宝：《小学教育学》第三版，229页，北京，人民教育出版社，2019。

经历了这样三个阶段，班级授课制从理论到实践基本形成了完整的体系。

班级授课制的特征体现为“班”“课”“时”。所谓“班”，即以班为单位组织教学。按照年龄和知识水平将学生编成不同的班级，学生的年龄和受教育程度大致相同，每个班的人数较为固定，小学每班40～50人；教师同时对整个班进行同样内容的教学。所谓“课”，指的是分学科进行教学。每节课用于安排特定教学科目，这些课在内容上彼此连续同时也相对完整。特别需要指出的是，小学教学科目虽有不同门类，但限于小学生的认知特点和发展水平，又具有综合性特征，有的小学采取全科教学制，一名教师担任所在班的几乎所有科目的教学工作；有的学校则采取分科制，不同学科教师同时任教于一个班。所谓“时”，指的是课时安排。小学上课有固定时间，一般一节课为45分钟或50分钟。课之间有休息，劳逸结合，符合学生的身心发展规律。学校往往采用统一的和固定的课时安排，也有学校采用弹性课时制。

班级授课制的优点突出，表现为如下方面。

一是扩大教学规模。一位教师对多位学生同时施教，相对于个别教学而言，教学规模增加，可以大规模地培养人才，提升教学效率。

二是保证教学的系统性。以课为单位科学地组织教学，四五十分钟一节课，按照周课表分年级、分班进行。上课与休息要有条不紊展开，教与学都在有序进行，保证了教学效果。

三是发挥教师的主导作用。班级授课制有利于发挥教师在教学中的主导作用。教师通过集体教学形式系统地传授知识，同时进行教学管理和学生学业评价，保证学生的全面发展。

四是利于班集体作用的发挥。班级授课制使得学生在集体中学习，尤其对小学生来说，班集体对其各方面发展都有塑造和影响作用。教学活动中的交流、观摩、切磋，班级中同伴间的人际交往，这种良好的班级教学氛围能促进其成长。

与班级授课制的优势对应，其缺点也很明显：因教师的主导性，若教学设计和实施没有充分体现小学生的地位，其主动性、独立性以及积极性等会受到一定程度的限制。另外，班级授课制强调统一性，一位教师面对整个班的学生，难免会出现忽视个别差异的现象，不利于对学生的个性化培养。

从当今基础教育发展来看，小学教育都已被纳入义务教育体系，全面普及是小学教育的特征。班级授课制这种集体教学的组织形式能满足快速发展的社会对小学教育培养的规模化、效率化需求，也具备如上所述的诸多优势。即使是对学生的个性化发展，也有学者提出，只有在班级的学习与交往中，学生各自的个性与特长才能得到充分的历练与发展。[1] 也就是说，“尊重每一个儿童的学习活动，未必借助学习的个别化才能实现。在班级全员学习同一课题的场合，反而可以说，儿童各自形成有个性的学习活动的可能性更大”[2]。

因此，虽然班级授课制被批评和质疑，但它依然是当今学校的基本教学组织形式。虽然有新的教学组织形式出现，但基本是在班级授课制的基础上的改良和完善，鲜少有完全否定它的教学组织形式出现。

2. 分组教学

分组教学的组织形式是对班级授课制的补充。分组教学指的是教师将班内学生分为若干个小组进行的教学。此处说的分组教学，和曾经在美国应用过的分层教学不同。分层教学又称为能力分组，一般在小学高年级和中学实行，分层的主要依据是学生智力测验分数以及学业成绩等。虽然分层后同一层次的教学比较整齐，但是在教学管理上较为复杂。

分组教学的分组采取组间同质、组内异质的做法。[3] 分组教学是在本班内的分组，体现的是当今教学改革提倡的合作学习。在分组时，主要以异质分组为基本形式，即按照小学班级的规模和小学生学习的特点，设置每个小组 4～6 人，人数过多的话不易取得好的效果。组内异质指的是每个小组的成员在性别、成绩、个性特征等方面相异，以利于不同背景的学生之间相互交流、相互帮助、取长补短，使得他们的认知、交往乃至个性等方面获得发展。而全班各个小组之间就会形成大致均衡的同质性特征。

分组教学的优点为如下方面。

一是利于互帮互助学习。每个小组都有学习目标或任务，小组成员会形成教学中的利益共同体。小学生的集体荣誉感较强，他们会尽自己努力不拖后腿。在这种组内的互相帮助下，学生的学业成绩会获得相应提升，而组间也会形成公平竞争的良好氛围。

二是利于责任感的形成。小组教学必然有学生之间的合作，每个小组内的每位学生都应该对自己的学习负责，对自己承担的小组任务负责。在小学分组教学中，教师引导小学生设立明确的小组目标，进行明确的分工合作，以培养其责任感。

三是利于均等成功机会的获得。在小组合作学习中，只要自己努力，有本组同伴的帮助，每位学生都可以获得成功，而且成功的机会是均等的。尤其是对于学业表现不好的小学生来说，小组的任务完成和成功有自己的努力与贡献，这种成就感对其的激励是不言而喻的。

---

① 王道俊、郭文安：《教育学》第七版，230 页，北京，人民教育出版社，2016。

② ［日］佐藤正夫：《教学原理》，钟启泉译，8 页，北京，教育科学出版社，2001。

③ 黄济、劳凯声、檀传宝：《小学教育学》第三版，232 页，北京，人民教育出版社，2019。

分组教学的缺点在于：分组不合理，或者组内有学生不主动参与到合作学习中来，分组就失去预期的功能和意义。因此，教师需要对学生小组进行合理引导和激励。

案例：霜柱为什么会产生①

五年级学生在学习理科(科学)时提出了"霜柱为什么会产生"的问题……学生通过早起的观察，知道了地面的温度在0℃以上而大气中的温度在0℃以下时才会出现霜柱的道理。也就是说，霜是大气中水分冻结的现象；与此相反，霜柱是地里的水分结冰、结晶的现象。

……在理科(科学)学习时间里把学生分成几组，用采集来的三种不同的泥土，进行"泥土中的水分是怎样渗出来的"调查研究活动。实验时，先将泥土放入开孔的试验管，再放进水里，然后观察水渗透的现象。田里的泥土粒子比较粗、间隙多，水只渗透泥土沾水的部分。而运动场上的泥土和球场网隔后面的泥土的情况不同：由于泥土粒子细，因此水都以同一速度渗透。但这样还不能说明为什么运动场上的泥土不产生霜柱，而球场网隔后面的泥土会产生霜柱的问题。

某个小组有了重要的发现。他们说：运动场上的泥土一直被人踩踏，变得很硬；而球场网隔后面的泥土没人踩踏，比较软。依据这种想法，把运动上的泥土样本加压后再做实验，发现水只渗透了极少一部分。也就是说，球场网隔后面的泥土比较软，由于毛细管现象，水的渗透性好，因此具备了产生霜柱的条件。

上课时，片冈先生以"泥土中的水分的渗出方法"为主题进行讲课。很有意思的一点是，学生在实验、观察、相互交谈的过程中所说的话在变化。一开始时，学生旺旺用"水的渗出方法"这种说法表达，后来改为用"水向上渗出的方法"来表达。某个人开始用的"水向上渗出的方法"这种表达方式在上课的最后阶段几乎变成所有学生公用的说法了。

案例分析：学生在探究霜柱何以产生的学习中，以小组合作的形式进行。在对泥土的调研和实验观察时，他们学会了与同伴的合作和对话，也学会了科学规范的表达。这样的小组合作学习比教师在教室中讲述霜柱产生的原理更有趣味，对学生的探究、观察、合作也更有价值。

3. 复式教学

复式教学是班级授课制的一种特殊形式。所谓复式教学，就是把两个或两个以上

① ［日］佐藤学：《静悄悄的革命——课堂改变，学校就会改变》，李季湄译，110～111页，北京，教育科学出版社，2014。

年级的学生编在一个班里，在同一节课里，由一位教师对不同年级的学生采取直接教学和布置作业、完成作业轮流交替的方式，进行教学的组织形式。

复式教学目前存在于我国一些较为边远的农村地区。学龄人口减少、人口居住分散、交通不便等，受经济条件、自然地理条件以及教学条件的限制而导致这种教学组织形式的存在。从这个角度来看，复式教学是不得已而为之的。尤其是在一些山区小学，学生的数量较少，不足以成立完全小学，往往由一位教师兼任所有教学科目的教学工作。但从积极的角度来看，复式教学的实施中含有自学辅导的意味。即使是边远山区，在农村设立规模较小的小学或教学点，也采取复式教学的形式。这在一定程度上保证了教育的普及。

复式教学的编班，要根据学生的特点而定。采取复式教学的一般是小学，不同年龄小学生的学习特点不同。一般而言，由于低年级学生的自觉性较差，良好的学习习惯还未养成，教师可以将他们和中、高年级一起编班，这样方便教学和管理；而对于相对成熟的大孩子，也会对其有学习和生活上的管理。当然，具体如何实施，还要考虑教师自身的情况和工作便利情况。

资料链接：复式教学的编班形式[①]

①单班多级复式。一所小学只有一间教室，所有年级的学生都在一起，同时由一名教师上课。

②双班二、三级复式。一所小学有两间教室，由 2～3 名教师担任 4 个或 6 个年级的教学工作，学生分为两个班。双班二、三级复式又有两种分班形式。

一是相隔年级分班。一、三年级为一班，二、四年级为一班；或一、三、五年级为一班，二、四、六年级为一班。

二是相邻年级编班。一、二年级为一班，三、四年级为一班；或一、二、三年级为一班，四、五、六年级为一班。

③三班二级复式。一所小学有 3 间教室，由 3～4 名教师担任 6 个年级的教学工作。通常分为 3 个二级复式班：一、二年级为一班，三、四年级为一班，五、六年级为一班；或一、二年级为一班，三、四年级为一班，五、六年级为一班。

复式教学的具体安排有不同形式。在进行复式教学时，具体的教学科目和活动安排主要有两种形式。一是同时间，同科目。[②] 即在同一节课内，给不同的年级都安排相

① 黄济、劳凯声、檀传宝：《小学教育学》第三版，234～235 页，北京，人民教育出版社，2019。
② 黄济、劳凯声、檀传宝：《小学教育学》第三版，236 页，北京，人民教育出版社，2019。

同的教学科目。在这样的教学中，学生的注意力不易分散，但是在学生自动作业和直接教学的配合上有时有的科目会遇到困难。二是同时间，异科目。① 即在同一节课内，给不同年级的学生安排不同的教学科目。这种安排会减少不同年级学生的相互干扰。在课堂中，有参与教学的学生，有自主进行作业的学生。但是，因具体教学内容和课时数不同，而且同一教室内干扰也不可能完全消除，因此课表安排和实施还是有一定的难度的。

总之，复式教学作为班级授课制的特殊表现形式，在边远地区小学教育的普及和教师教学资源保障方面具有积极性，但是在教师整体素质、教学质量保证方面也存在一定不足。

4. 走班制

走班制指的是学生不固定在一个教室上课，而是根据学科的不同或教学层次的不同，学生在不同的教室中流动上课的一种组织形式。走班制是一种较新的教学组织形式。走班制打破了班级授课制中固定的班和教室的限制，为因材施教、个性化教育提供了具体思路和实践路径。

目前走班制有三种不同的形式。② 第一种是学科教师和教室固定，学生流动上课。即固定教师和教室，学生根据自己不同的能力水平、发展趋向进行流动上课。例如，对于拓展类、研究类课程，学生根据自己的需要选择；部分学生可以跳科、跳级，甚至免修。第二种是实行大、小班上课的多种教学形式。即讲座类的短线课程实行大班额授课，研究类课程实行小班制，通过不同年级、班级学生的组合进行合作学习。第三种是小组合作学习。这种方式不仅体现在课堂教学中，也体现在学生的社团活动等形式中。

走班制的优势在于：可以提高学生学习的自主性和积极性，提升其自尊心，也有利于培养学生正确认识自我、评价自我和进行自主选择的能力。我国对走班制的实施，主要体现在中学尤其是高中教学中，给以学生充分的自主权和选择权，充分体现因材施教。如北京市十一学校就实行全面走班制。关于小学实施走班制，有一些质疑和讨论之声，主要是针对小学生的发展特征和学习特点提出的。目前上海和北京等一些城市的学校实行了走班制。

上海市黄浦区北京东路小学于 2001 年开始进行走班制的实验。③ 学校学生在学习某一学科时，进入高一年级或低一年级学习，从而为满足学生个性化的发展提供了空间和时间，更好地发掘学生的潜能。由此看来，这种走班制实际是比班级授课制更为灵活的教学组织形式。北京史家小学分校则是在部分校本课程的实施中实行了走班制

---

① 黄济、劳凯声、檀传宝：《小学教育学》第三版，236 页，北京，人民教育出版社，2019。

② 《教育学原理》编写组：《教育学原理》，284 页，北京，高等教育出版社，2019。

③ 林雁平：《小学走班制的思考与实践》，载《上海教育科研》，2002(2)。

的探索，先是在体育类校本课程中试行小范围的走班，后增加了艺术类课程走班，在逐渐完善走班制的基础上，扩展到主科，最后试行跨学科的校本课程的走班。①

资料链接：走班制教学的探索②

一是制定条例。学校通过自上而下、自下而上的讨论，制定了《北京东路小学实施“走班制”的若干意见》。其内容包括“走班制”实施的理念、步骤、标准、措施等。

二是推荐学生。走班学生的产生一般要经过以下程序。首先由学生在每学期结束前二个月提出走班申请，并填写《北京东路小学“走班”学生申请表》，使学校对总体情况有所把握。其次由学校对申请走班的学生在学科知识、智力潜能、心理素质等方面进行统一的综合测试，以确定其是否适合“走班制”学习方式。最后学校张榜公布下学期走班学生名单，在校内营造鼓励学生冒尖的氛围。

三是安排课程。表 6-3 为走班类型及实践操作。

表 6-3　走班类型及实践操作

走班类型	个案举例	实践操作
与某个学科相联系	三(1)班某学生的数学水平突出，允许走班至四(1)班	三(1)班的数学课与四(1)班的数学课在同一时段
与某个主题相联系	四年级某学生对五年级“形象化写作”主题教学有兴趣，允许走班至五年级参加学习	四、五年级的主题教学时间都在同一天下午
与某位教师相联系	二年级某学生的美术素养出众，允许随“导师”走班	二年级的美术课与“导师”所教年级的美术课在同一时段
与某个兴趣相联系	四(1)班某学生的英语功底超群，允许其走班	给其学校总课程表，可以根据个人兴趣爱好、学校教学实际走进不同班级学习

总之，作为一种新型的教学组织形式，走班制能满足学生的兴趣爱好，给学生以自主权。但是，小学教学组织中要充分考虑小学生的学习特点和教学规律，需要进行系统的研究和整体设计，也需要完善的教学管理制度作为支撑。

① 项红：《走班上课如何“走”？——北京东城区史家小学分校在部分校本课程中实行走班制的探索》，载《中小学管理》，2007(10)。

② 林雁平：《小学走班制的思考与实践》，载《上海教育科研》，2002(2)。

第四节
我国小学教学改革

当前我国小学教学改革和发展在不断探索中有了极大改变。从教学观的转变来看，从重视教师的教转向重视学生的学，从重视知识传授转向重视能力培养，从重视教的方法转向重视学的方法。

改革开放以来，有许多成功的课堂教学变革的实践，如卢仲衡的"中学数学自学辅导教学模式"、魏书生的"语文课堂结构改革实验"、邱学华的"小学数学尝试教学模式"、黎世法的"异步教学模式"、上海育才中学的八字教学模式等。叶澜主持的"新基础教育"，在课堂教学改革中强调要让课堂教学焕发出生命的活力，把课堂还给学生。这些教学改革的共同之处在于突出了学生中心的课堂教学组织实施。

一、对小学教学实施的探索与发展

新一轮基础教育课程改革倡导课程实施中的自主、合作、探究，教师的教学组织应有利于学生的学习以这样的具体方式而展开。因此，教学的方法和组织形式应能帮助和促进学生的自主学习、探究学习、合作学习。

（一）自主学习

自主学习是当今学习型社会对社会成员的基本要求。如果一个人的学习方式是被动的、机械的，那么其社会生活方式不可能是积极主动的。因此，小学生应养成自主学习的良好习惯和能力，小学教学要能够培养其此方面的能力。

自主学习是一种主动的学习过程，学生在这个过程中，能够确定学习目标，有合理的学习规划，也有一定的调控自我学习的能力。同时，自主学习也需要学生有情感的投入，使得学习成为全身心投入的活动，成为有意义的学习，而非头脑的活动。这对于学习兴趣的激发、学习动机的形成都是极为重要的。

自主学习中的自我调控对小学生来说是具有一定难度的，需要教师的引导。即学习不仅仅是对信息加工识别和理解掌握的认知过程，也是对这一认知过程进行监控、调节的元认知过程。根据小学生的心理发展，教师可以按照学习的过程培养小学生的调控能力。比如，指导小学生如何做学习计划，如何听课记笔记，怎样做作业，怎样集中或分散复习等，并依据学习进程逐步调整教学要求，循序渐进地进行引导。

(二)探究学习

探究学习是相对于接受学习而言的。探究意识是人自出生就具有的，小学生探究周围的世界，对一切充满好奇的天性，应该在教学活动中予以保护和发扬。因此教师应有意识地在教学中引导小学生的探究学习，这对于培养他们的创新精神具有重要意义。

对于教师如何看待学生的学习，叶圣陶先生曾提出一个“瓶子观点”，借以批评某些教师将学生看作装知识的瓶子。瓶子里缺少些什么，就给装进些什么，这样的做法目的性很明显，但是成效却未必如人所愿。这种想法在当下教学改进与发展中逐渐减少，但是教师唯恐讲得不多不精、唯恐作业不全、唯恐学生不能很好掌握的情况依然以各种方式存在。由此具体的教学组织实施中就容易导致忽略学生的主体性，主动探究缺位，使得学生真的就成为知识的容器。

资料链接：叶圣陶的“瓶子观点”[①]

正因为把学生看成瓶子，“装进些什么”的想头不招而自来。怎么“装”？一方面讲一讲，另一方面听一听。在一讲、一听之间，东西就被装进了瓶子。东西既然被装进了瓶子，瓶子里既然装进了东西，不是立刻会起作用吗？这诚然是个好意的愿望，可惜这样的愿望不免要落空。

瓶子是装东西的，当然不会独立思考。我们且不要责备学生不怎么善于独立思考，先得反省反省我们的“瓶子观点”是不是学生不怎么善于独立思考的原因之一。

瓶子是装东西的，东西装在瓶子里，东西是东西，瓶子是瓶子，不起什么混合作用或者化合作用。两种作用都不起，还有什么旁的作用呢？于是巴望起作用的愿望落空。

如果要真正取得良好教与学的效果，其最佳方式不是一味地输入，而是学生要有主动去求知识的意愿和行动。这样才会有孔子所言的“不愤不启，不悱不发”，才会有“躬行实践”“学以致用”。

小学教学中的探究学习要求学生积极主动参与，教师不将现成的知识告诉学生，而是设计教学情境，引导学生自己去实践；教师要鼓励学生的任何想法和做法，放手让他们去尝试。

---

① 叶圣陶：《如果我当教师》，杨斌选编，102页，北京，教育科学出版社，2012。

(三)合作学习

合作学习是一种能取得较好教学效果的策略。合作学习主要针对学生个体的学习，是从教学组织形式的角度实施的教学。合作学习往往是以学生小组的方式进行的，小组中应该有明确的责任分工，也有彼此互助的学习。

小学生在合作中彼此之间的互动是“人与人的相遇”①。这种互动无论从哪方面来看，对于成长中的小学生来说都有积极的促进作用。在小学生的学习小组或团队中，他们不仅要为自己负责，也要关注其他的伙伴，要相互配合和支持，最终共同完成学习的任务。

有学者在几十年前就对此进行过全面研究，将常规教学和小组活动的进程与表现进行了概括。② 在这两种教学情境中，教师的活动和学生的活动完全不同。总体教学进程和教师活动表现为：常规教学中，教师主要通过讲授和解释等向学生传授信息，同时借助提问和要求等方式指挥学生，因此总体看教师决定着教学的进程；而在学生小组合作式的教学中，教师的角色发生了变化，他们准备适合小组所用的相关材料和学习信息，并在与学生的协商中将复杂的教学材料分成教学段落，为学生小组或个别学生提供帮助和建议，并随时准备回应学生的要求。

资料链接： 学生在常规教学和小组合作中的情况③

有研究者对教与学的具体实践情境进行研究，描述和分析了学生在常规教学和小组合作中的情况，如表 6-4 所示。

表 6-4　学生在常规教学和小组合作中的情况

进程	学生在常规教学中的情况	学生在小组合作中的情况
智力进程	他们常常以默不作声接受的态度对待教师传授的知识、观点和评价 他们相对来说不太积极主动，常常以教师为导向且依赖教师 他们很少有机会独立思考问题	他们独立进行工作和思考 他们借助工具和他人的帮助，相对独立地获得认识 他们有可能做出创造性的、推断式的思考

① [美]F. W. 克罗恩：《教学论基础》，李其龙、李家丽、徐斌艳等译，228 页，北京，教育科学出版社，2005。

② [美]F. W. 克罗恩：《教学论基础》，李其龙、李家丽、徐斌艳等译，232 页，北京，教育科学出版社，2005。

③ 转引自[美]F. W. 克罗恩：《教学论基础》，李其龙、李家丽、徐斌艳等译，232 页，北京，教育科学出版社，2005。

续表

进程	学生在常规教学中的情况	学生在小组合作中的情况
社会化进程	他们之间在教学中很少有联系，不进行合作，也不会互相帮助 他们的工作以教师为主导，经常是自我中心式的，彼此间存在竞争 他们几乎意识不到别人的观点，对同学的思想进程具有很低的敏感性 面对教师及其知识，他们要么表现为顺从，要么表现为反抗	他们之间关系密切，彼此合作，互相帮助 他们以小组为核心进行工作 他们关注别人的想法 他们通过了解别人的观点修正自己的观点 他们制定出合作规则，学习去遵守并检验
情感进程	由于较少做出自我决定，且占主导地位的是反射性和接受性活动，他们经常处于不满情绪中 他们与同学或教师之间没有较深的人际互助关系 他们与自己及他人的感觉保持着很大的距离 由于接受式倾听，在交谈和行动中缺乏主动性，他们的身心经常处于紧张和压力中 他们的学习动机较弱	他们通过自决行动体验较强的满足感 他们体验到令人满意的与人交往 他们常会表达自己的感觉，哪怕是腼腆的 他们较少处于有害性焦虑中 他们具有较强的工作动机和意向

二、小学教学改革的趋势

我国基础教育改革中，教学目标、教学方法、教学组织形式等各个层面都发生了重大变化。在小学教学改革的趋势中，教学观念的转变、学习共同体的构建和信息技术的应用是其显著特征和发展趋势。

(一)强调教学观念的转变

教学观念的转变是伴随着信息社会的发展和整体教育改革而发生的。小学教学观念的转变体现在如下方面。

首先，以学生为中心得到体现。从重视教师的教到重视学生的学，是当代小学教学的明显特征和发展趋势。承认并尊重小学生的主体地位，让其成为学习活动的主人，需要教师对其身心发展规律有全面认识，遵循规律安排教学。

其次，教学从重视教法向重视学法转变。小学教学活动从本质上看是小学生的认识，教学过程应该是小学生主动学习的过程。因此，教学设计与实施应以此为基础，教学方法和教学组织形式的选择和应用以小学生的发展为最终指向。

最后，从知识传授到能力和情意培养的转变。我国小学教育长期以来强调“双基”，即促进小学生对基础知识的掌握和基本技能的形成。在课程与教学的改革中，“双基”逐渐走向了“三维”。

新课程改革提出了“三维目标”，除了知识与技能之外，更加关注过程与方法、情感态度与价值观的培养。这样的转变，是基于对小学生作为完整的人的关注和培养要求，是对传统的“双基”目标的超越，突出和体现的是以学生发展为本的理念和教学思想。尤其是中国学生发展核心素养的颁布，为小学教学理念和实践确定了方向和内容依据。如何在小学教学实践中落实学生发展核心素养的培养，需要针对学生的年龄特点进一步提出各学段学生的具体表现要求，这也是以后小学教学改革的发展趋势。

(二)构建促进发展的学习共同体

学习共同体是为了学习者能够更好地学习而形成的相互联系的整体。学习共同体强调的是学习者与学习者之间的和谐融洽、密切关系、共同的目标，彼此之间有较强的归属感和认同感。

在小学教学实践中，小学生学习共同体的形成，主要由教师引导，需要有学校的支持性条件保障。具体表现为：打破传统的教学中师生点对点，以及传统小组合作学习的方式，更加强调的是小学生之间的平等、和谐、相互尊重和信任，有共同的学习纽带和学习目标，有相互分享互助，以及有效的沟通交流。

小学生学习共同体的形成，是以班级授课制为基础的，通常与小组形式有区分，但一般意义上的小组大多不能形成有效的、和谐的学习共同体，需要以合作学习和主动探究的有效进行为基础。除了教师的合理引导外，还需要教学模式上的改变，诸如教学方法和具体策略的精心设计。但这些依然是不足够的，学校要为教学变革提供教育支持，从教学的外在环境、教学管理等不同层面做出顶层设计和规划，形成不同层面的协作，构建学校组织层面、课堂教学层面、学生学习层面的彼此融合的共同体。

以北京市中关村第三小学为例，该校将新校区打造成了“三室一厅”的“家”的格局，构建了班组群，让小学生体验到了安全感与归属感。而他们的社会交往则有同年级同伴，变得丰富多样起来。班组群就是由三个连续年级的三个班级的学生组成的学习共同体。例如，将四年级(1)班、五年级(1)班和六年级(1)班这三个班100多位师生分配到一起，形成一个班组群。学校在空间布局上将三间相连又互通的教室组合在一起，再加上同等大小的公共空间(称为“厅”)，组成一个“三室一厅”的“家”，作为一个班组群的活动空间。三间教室的墙壁都是可移动的隔板，利用隔板的活动实现空间的组合与隔断：平时三个班级的学生在各自的教室里学习，教师可以根据课程内容的需要，随时打开不同的隔板，将两个或三个班级自由组合在一起，为小组合作、团队探究以及不同年龄的学生共同学习提供更加多样的学习空间。① 在这样的学习空间中，小学生有更大的空间，有更灵活舒适的桌椅设备，有随时可以变换的教室格局，有不同年龄层次的学习伙伴。空间的变革带来的是教与学关系的重组和重构，最终指向的是小学生学习方式的彻底改变、学习共同体的形成。

案例：北京市中关村第三小学的班组群②

一是更灵活的家具。过去的教室家具通常只有课桌椅，而且都是一种规格、一个样式。事实上，教室需要多元的设施以满足不同的学生和不同的活动需求。于是，我们在传统的课桌椅之外，还给学生提供了多种形式的家具，如沙发、靠垫、地毯、搁脚凳、站立式桌子、笔记本桌子等。我们还根据人体工程学设计了可调节高度的课桌椅，以适应不同身高、体形的学生，避免学生坐姿不良、视力下降、骨骼发育畸形。这些课桌椅和其他教学设备均能自由移动，可以根据学习形式的变化而任意组合。如小组学习时，可以把桌椅拼成几个小组；讨论时，可以将它们摆成方形、圆形、椭圆形、马蹄形多种形状。这些灵活多样的教学用具，充分尊重了每位学生的个性，促进了学生的社会化学习。

二是更智能的联结。我们在新校区的设计中，特别注重扩展学校的公共空间，打破空间功能的思维定势，促进适合不同智能发展的空间资源相互转化，实现不同空间资源的深度联结。因此，学校配有自己的科学、美术、音乐专业教室，在共享学习区域还配备了戏剧厅、学习中华优秀传统文化的礼乐厅、融合信息技术的梦工厂以及进行工程实践的工匠坊。我们鼓励学生像艺术家一样感受，像科学家一样思考，像工程师一样解决问题，把鲜活的真实世界引入课堂。各种功能教室和活动场馆有机融合在一个综合楼中，让学生可以便捷抵达，随时开展丰富的艺体活动。

案例分析：班组群的尝试，将传统班级形式打破，教学方法也随之变革。当小学生越来越兴趣盎然地主动学习和探索，在更广阔的和灵活的空间布局中自由走动、讨论、分享和合作时，学习共同体逐渐形成，良好的教学生态显露。

(三)突出现代信息技术的应用

在当今21世纪，信息化的发展影响着小学教育教学改革与发展，现代信息技术与教学实践的结合已经成为社会发展的现实存在和必然趋势。在小学教学中，翻转课堂、

---

① 刘可钦等：《大家三小：一所学校的变革与超越》，36页，北京，中国人民大学出版社，2018。

② 刘可钦等：《大家三小：一所学校的变革与超越》，37页，北京，中国人民大学出版社，2018。

微课等已经应用。特别是在学校“停课不停学”期间，“信息技术＋”教育得到了充分体现。为支持帮助学生学习，教育部整合国家、有关省市和学校优质教学资源，在延期开学期间开通国家中小学网络云平台和电视空中课堂，免费提供有关学习资源。清华大学附属小学与中国教育电视台共同录制播出了多节直播课，共有多位教师和学生参与了录制，3000 多万家庭参与观看。在这样的社会背景下，各小学和教师利用各种平台、媒介，实现了教学模式、教学方法的转变。

《教育信息化 2.0 行动计划》提出，到 2022 年基本实现“三全两高一大”的发展目标，即教学应用覆盖全体教师，学习应用覆盖全体适龄学生，数字校园建设覆盖全体学校，信息化应用水平和师生信息素养普遍提高。已经有学者站在信息社会和智能时代的背景下剖析学校进化的演进规律，张治在《走进学校 3.0 时代》中提出学校将进入 3.0 时代的教育论断，并预测未来教育和未来学校 3.0 时代的新图景。

案例： 浙江省杭州市余杭区中小学吹响 AI 教育集结号①

余杭区教育部门在 2020 年启动了人工智能教育项目，落地了 96 所中小学及 2 所基地，覆盖全区 3 万余位学生，让每位学生都有接触人工智能教育的机会，全力培养“科创新一代”。

在余杭区崇贤第一小学的“智慧台灯”课堂上，小学生灵活运用声音传感器，并通过数字运算，获得声音传感器的检测数据，将其放入编程语句，完成声控灯的控制。学校还根据学段的特点，在三年级开设“神奇动物”课程，在四年级开设“智慧生活”课程……逐步培养小学生对 AI 课程的兴趣。

案例分析：人工智能进入小学课堂，是信息时代发展使然，也是培养小学生科学素养和科学创新精神的要求。余杭区人工智能教育体系的探索和实践提供了样板。

从小学生发展来看，他们处于这个信息化时代，具有较强的可塑性和信息化学习的易行性，从小培养和提升其信息素养是小学教育的重要目标之一。经济合作与发展组织（OECD）在其发布的报告《新技术与 21 世纪儿童：最新趋势与结果》中强调，“数字韧性”（digital resilience）是 21 世纪儿童必须拥有的一项重要技能。因此，我们对日益凸显的信息技术应用的重要性和必然性应有合理认识，在小学教学实践中合理应对并做出相应改变，这也是以后小学教学改革的发展趋势之一。

---

① 引自《未来已来！杭州余杭区中小学吹响 AI 教育集结号》。

本章小结

教学是在教师的引导下学生能动地学习知识，以获得身心发展的活动。教学基本要素为学生、教师、教学内容、教学方法。小学教学的基本任务为：向小学生传授基础文化科学知识，发展小学生的基本能力，落实立德树人的根本任务，培养小学生良好的情感、态度和价值观。小学教学是一种特殊的认识活动。这种教学认识是小学生的认识，具有间接性，需要教师的领导，并具有教育性。教学原则是根据教育教学目的、教学规律而制定的指导教学工作的基本要求。小学常用的教学原则有直观性原则、启发性原则、因材施教原则、循序渐进原则、巩固性原则、量力性原则、科学性和思想性相统一原则、理论联系实际原则。在教学活动中，教师要采取适当的教学方法和教学组织形式。小学常用的教学方法主要有讲授法、谈话法、讨论法、读书指导法、练习法、演示法、探究法。小学教学组织形式有班级授课制、分组教学等，复式教学和走班制是班级授课制的特殊形式和新尝试。随着教学改革的不断推进，小学教学方法也表现出新的发展趋势，如自主学习、探究学习、合作学习。小学教学改革的趋势为：强调教学观念的转变，构建促进发展的学习共同体，突出现代信息技术的应用。

关键术语

教学；教学活动本质；小学教学原则；小学教学方法；小学教学组织形式

拓展阅读

1. 王策三：《教学论稿》第二版，北京，人民教育出版社，2005。

该书的前三章是对教学论的总领，第四章到第六章是对教学的阐述，第十章到第十三章是对教学具体过程的阐述。作为教学论的经典书目，读者可在其清晰、严谨的梳理和阐释中获得理论框架。

2. [捷克]夸美纽斯：《大教学论》，傅任敢译，北京，教育科学出版社，2014。

《大教学论》是17世纪捷克教育家夸美纽斯的代表作，也是西方教育史上第一部教学理论著作。该书较为系统全面地论述了教育的目的与作用、普及教育与统一的教育制度以及内涵丰富、体系完整的教学理论。作为一部经典教育学著作，该书很值得阅读。

3. 傅任敢：《〈学记〉译述》，上海，上海教育出版社，2021。

《学记》短小精悍，内容丰富，涵盖了教育功能、教育制度、教学原则、教学方法等内容。作为我国第一部也是世界最早的教育类名篇，《学记》不仅具有历史意义，也对当今教学具有借鉴作用。《〈学记〉译述》为傅任敢先生所著，对《学记》做了详细的译注和阐述，值得收藏和学习。

体验练习

1. 对教学活动的本质有许多不同的认识，请查阅相关文献资料，进行简要整理，并结合小学教学活动是特殊认识活动的内容，谈谈你的理解。

2. 结合一个小学教学案例，对反映出来的教学原则进行分析。

3. 小学教学中运用讲授法就是满堂灌吗？讲授法的运用需要注意什么？请结合讲授法的实例进行分析。

4. 观看一节小学视频课，观察记录教师的具体课堂教学，分析这节课中教师运用了哪些教学方法？选用的教学方法是否合适？为什么？

5. 为什么班级授课制一直被认为是小学教学的基本组织形式？它有何优点和不足？如何改进？

6. 自己设计一节课的教学活动，尝试运用本章学到的一些教学方法。

第七章

小学管理

结构图

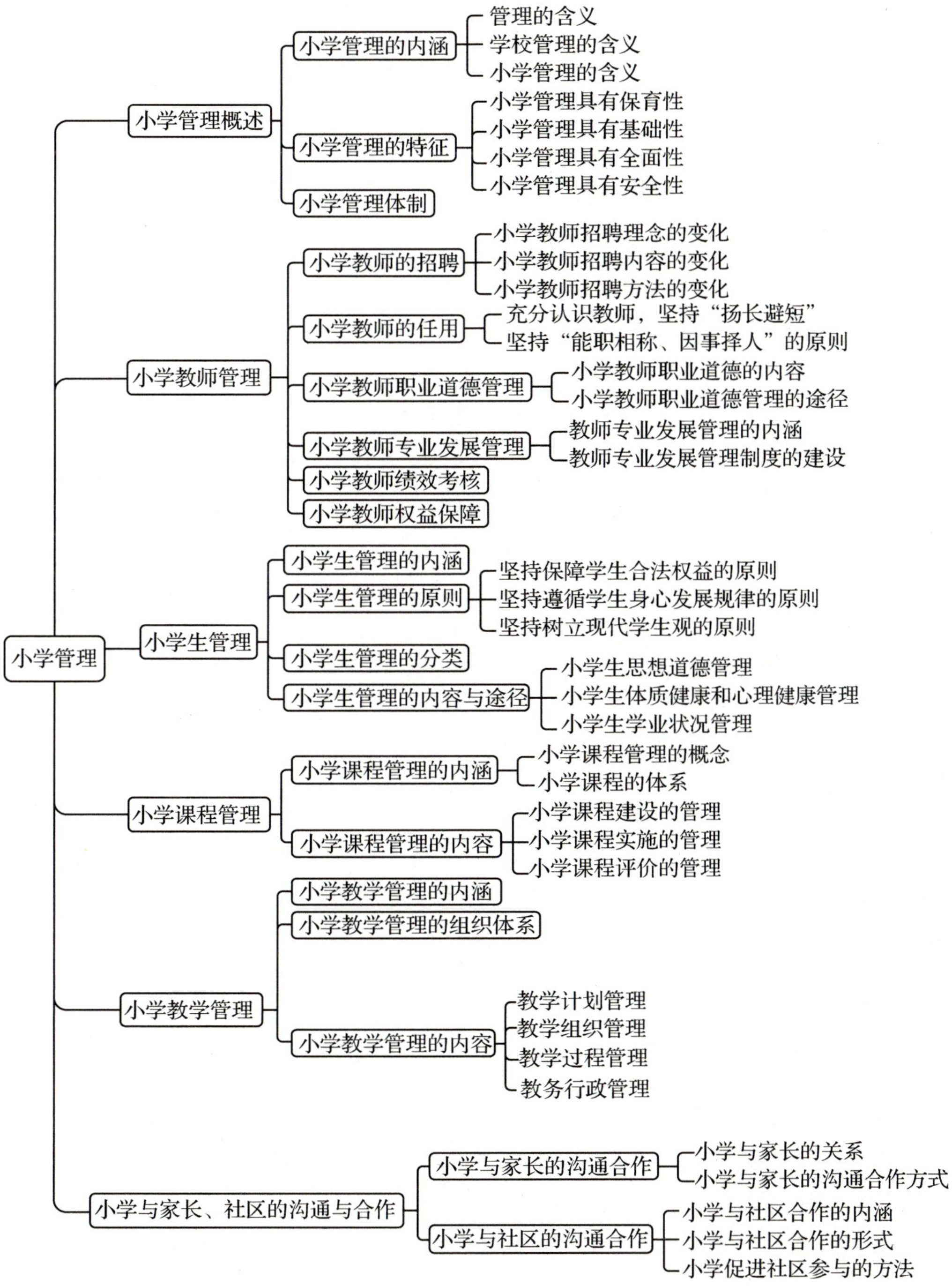
小学管理
小学管理概述
小学管理的内涵
管理的含义
学校管理的含义
小学管理的含义
小学管理的特征
小学管理具有保育性
小学管理具有基础性
小学管理具有全面性
小学管理具有安全性
小学管理体制
小学教师管理
小学教师的招聘
小学教师招聘理念的变化
小学教师招聘内容的变化
小学教师招聘方法的变化
小学教师的任用
充分认识教师，坚持“扬长避短”
坚持“能职相称、因事择人”的原则
小学教师职业道德管理
小学教师职业道德的内容
小学教师职业道德管理的途径
小学教师专业发展管理
教师专业发展管理的内涵
教师专业发展管理制度的建设
小学教师绩效考核
小学教师权益保障
小学生管理
小学生管理的内涵
小学生管理的原则
坚持保障学生合法权益的原则
坚持遵循学生身心发展规律的原则
坚持树立现代学生观的原则
小学生管理的分类
小学生管理的内容与途径
小学生思想道德管理
小学生体质健康和心理健康管理
小学生学业状况管理
小学课程管理
小学课程管理的内涵
小学课程管理的概念
小学课程的体系
小学课程管理的内容
小学课程建设的管理
小学课程实施的管理
小学课程评价的管理
小学教学管理
小学教学管理的内涵
小学教学管理的组织体系
小学教学管理的内容
教学计划管理
教学组织管理
教学过程管理
教务行政管理
小学与家长、社区的沟通与合作
小学与家长的沟通合作
小学与家长的关系
小学与家长的沟通合作方式
小学与社区的沟通合作
小学与社区合作的内涵
小学与社区合作的形式
小学促进社区参与的方法

本章概述

自学校产生，就有学校管理。小学管理活动是提高小学教育活动有效性的重要途径。那么小学管理者是谁，小学管理体制是怎样的、呈现出什么特征，小学管理要管理哪些内容、应该怎样管理等问题是本章的主要内容。第一节介绍了小学管理的内涵、特征与体制，初步认识校长负责制。第二、三、四、五、六节，分别介绍了小学教师管理、小学生管理、小学课程管理、小学教学管理以及小学与家长、社区的沟通和合作。

问题情境

教代会不是摆设①

上周教代会(教职工代表大会的简称)没有通过补充方案，我觉得这是很正常的。因为方案本来就是供代表们讨论的，并不是一定要通过不可。通过或者不通过，都是常态……在我们学校，大家对一个方案有不同看法，很正常。利用讨论，甚至争论，能够找到最大公约数，通过一个大家都接受的方案，当然好；如果暂时没有找到这样的方案，也不要紧，继续讨论，继续修改。我们要习惯这种生活方式。

教代会代表是参与学校管理的，每次开会都应该积极发言，包括提意见。同时，我认为应该“正确地提意见，提正确的意见”。所谓“正确地提意见”指的是出发点和态度。出发点是为学校发展，态度是以人为善。所谓“提正确的意见”，这里的“正确的意见”是指建设性意见，而且有操作性。比如，我们对某一条不满意，我们说“这不好”，这不是建设性意见，这是简单地否定。如果我们说“应该公正”，这是建设性意见，但不具备操作性。我们应该提出我们认为可以操作的意见。因为我们不是普通老师，我们是教代会代表啊！是在参与管理。要有这样的主人翁姿态。

……

我到这里做校长 6 年了，一直秉持一个理念：“老师教我当校长！”我知道有的学校的校长是一言九鼎，说一不二。但我没那魄力，我只有不断听取大家的意见和建议，改进工作。

在老师们的帮助下，我觉得我当校长还是有成就感的。现在的学校和 6 年前比已经有了很大的发展，全国闻名。这 80%的功劳是老师们的，但我可能也有 20%的苦劳吧！比如，我们学校的民主机制，我们的教代会，这就是我的自豪！我希望以后我离

---

① 引自李镇西：《教代会不是摆设》。

开这所学校，能够给学校留下的就是这样的机制。倡导民主就是要有胸襟，要有气度，要相信绝大多数老师是通情达理的。

这则案例启示我们，管理需要尊重人格。学校管理者要尊重教师，才能调动教师的积极性和创造性，才能为他们提供充分发展的空间，创造出他们乐于学校管理、融于学校管理的氛围。那么小学管理体制是怎样的？校长、教代会在小学管理中承担何种角色？小学管理有哪些独有的特征？小学管理有哪些内容？如何进行管理？带着这些问题，我们一起进入本章的学习。

第一节 小学管理概述

一、小学管理的内涵

(一)管理的含义

从远古到现代，从个人到国家，管理与人类共始终。小到日常生活小事的料理，大到国家大政方针的制定，管理覆盖了人类活动的每一个角落。可见，管理是人类非常重要的活动。

管理，“管”有管辖、负责、照顾、约束之意，“理”有整治、处理、协调和办理之意。《现代汉语词典(第 7 版)》将管理定义为“负责某项工作使顺利进行”。关于“管理”的定义主要有以下几种，如表 7-1 所示。

表 7-1　管理的定义①

代表性界说	所属学派	管理的定义
管理职能说	古典管理学派	管理就是一种职能的运转，强调管理人员的职能发挥
管理人本说	行为科学学派	管理就是研究如何了解人、指导别人、激励人的技巧

① 张继华、何杰：《现代中小学管理新编》，2～3 页，南京，南京大学出版社，2015。

续表

代表性界说	所属学派	管理的定义
管理系统说	系统科学学派	对组织的管理就是一种系统的优化，就是充分优化组织内外的诸要素，使之与环境相适应，从而高效地实现组织目标的过程
管理决策说	决策理论学派	西蒙认为“管理就是决策”；每个企业处于复杂的时刻变化的内外环境中，其经营成败不完全取决于作业效率，而首先取决于投资、计划、销售等各方面的决策

综合以上分析，管理就是管理者根据一定的目标，运用一定的职能和手段，对管理对象进行不断协调，最大限度地挖掘各种资源的潜能以实现预期目标的过程。

(二)学校管理的含义

黄济、劳凯声、檀传宝的《小学教育学》一书认为：“学校管理是学校活动的一个重要领域，它是学校管理者在一定社会环境条件下，遵循教育规律，采用一定的手段和措施，带领和引导师生员工，充分利用校内外的资源和条件，有效实现学校工作目标而进行的一种组织活动。”①袁振国的《当代教育学》第4版认为：“学校管理是根据一定的教育目标和管理目标，通过决策、计划、组织、指导和控制，有效地利用学校的各种要素，以实现培育人的社会活动。”②

(三)小学管理的含义

小学管理作为管理的一种方式，是小学管理者依据国家教育目的，在一定的体制约束下，根据一定的原则、法规，运用一定的方法、技术，依靠和引导师生员工，高效地开展小学教育教学等工作，为最终达到小学培养目标而进行的活动。

就内涵而言，小学管理是以育人为导向的，小学管理的所有努力都指向小学生的培养。就外延而言，小学管理是以小学这个组织及其机构人员为对象的，不同于教育行政将整个教育事业作为管理对象。本章侧重从小学管理内容层面探讨小学管理问题，如小学教师管理、小学生管理、小学课程管理与小学教学管理等。

二、小学管理的特征

小学管理是管理者为了全面贯彻党的教育方针，努力提高教育教学质量，培养一

① 黄济、劳凯声、檀传宝：《小学教育学》，30页，北京，人民教育出版社，2008。
② 袁振国：《当代教育学》第4版，240页，北京，教育科学出版社，2010。

代新人而合理组织、有效使用校内的人力、物力、财力，以实现学校工作目标的活动过程。它具有以下几个特点。

（一）小学管理具有保育性

保育指精心照管幼儿，使健康成长，主要是指为幼儿的生存、发展创设有利的环境和提高物质条件，给予幼儿精心的照顾和养育，帮助其身体和机能良好地发育，促进其身心健康地发展。小学生是发展中的人，各方面的发展还不够成熟，具有身心不稳定、可塑性极强的特点。他们的生理和心理都处在不断变化和趋向成熟的过程中。正是由于这种不成熟，小学生对学校教育有极大的依赖性，而小学须对小学生个体发展进行引导、培养和塑造。

小学生从幼儿园升到小学阶段，尤其是低年级的学生，他们仍然需要管理者给予身体的照顾保护、心理过程的培养。小学管理的保育性体现在以下几个方面。

首先，从小学生的身体特征来看，小学生的骨骼骨化尚未形成，骨骼容易弯曲变形。因此学校要特别关注学生坐、立、行、读书、写字正确姿势的培养，尤其防止学生驼背的产生。学校要帮助小学生保持正确的握笔姿势，矫正错误的用笔姿势。

其次，从小学生的学习环境来看，小学生管理者需要创设良好的学习环境，做好班级清洁卫生。低年级学生不像三至六年级学生能够自主做好班内卫生工作，他们仍然需要管理者的帮助来做好卫生清洁工作，从而营造通风、干净、温馨的学习环境，使其在窗明几净、整洁舒适的环境中健康成长。

最后，从小学生的生活习惯来看，虽然小学生在入学前已经学会自主如厕、喝水、吃饭、穿衣等生活技能，但是由于一、二年级的学生意志自觉性较差，常常需要管理者在如厕、喝水、适当增减衣服、饭前便后洗手、保持良好进餐习惯等方面给予适时提醒。

（二）小学管理具有基础性

小学教育具有基础性。基础性有三层含义：国家学制的基础阶段；人生的启蒙教育——人生、知识、习惯、思维等一切的基础；小学教育中的最基本的基础知识与技能。[①] 小学教育既不是以就业为导向的职业技术教育，也不是以培养高层次人才为目标的高等教育，它是为每一位学生终身发展和从事终身学习打基础的教育，是提高全民族素质的教育。小学教育要使学生学会做人、学会做事、学会与他人共同生活，为学生的终身发展提供动力，奠定一生持续发展的基础。

这种小学教育的基础性决定了小学管理也具有基础性。小学管理的基础性表现在：首先，从管理目标上看，小学管理的培养目标具有基础性。它是以育人为导向的，小

---

① 潘海燕：《小学教育概论》，26页，北京，北京师范大学出版社，2013。

学管理的所有努力皆指向人的培养这一任务：培养和提高全体社会人员的一般素养、基础学力，着眼于全体学生的全面发展，为各级各类教育及人才奠定基础，为国民素质整体提高奠定基础。[①]

其次，从管理内容上看，小学管理内容具有基础性。小学管理内容包括三个方面：第一，道德品质管理。小学阶段正处在人发展的起步阶段，对小学生进行政治态度、道德品质、世界观、价值观等方面的管理及教育，保证小学生的发展沿着一定的方向前进。此外，小学管理应当尊重、维护和发展小学生的个性，使其养成良好的个性品质。第二，体质和心理健康管理。小学阶段是儿童身体和心理迅速发展的阶段，应该使儿童养成锻炼身体的习惯，掌握锻炼的基础技能，学习卫生保健和心理健康的知识，以保证儿童的健康成长。第三，智慧品质管理。小学阶段正是儿童智慧潜力迅速发展的阶段，儿童智慧的启迪与发展是小学管理的重要任务，知识教学应该服务于智慧启迪与发展。

(三)小学管理具有全面性

小学管理的全面性，主要是由小学管理的基础性决定的，是针对小学管理内容而言的。它不仅要求对师生进行管理，而且还需要对管理者自身进行管理。它不仅要求对学校物质环境如仪器设备等“硬件”进行管理，还要对学校的制度文化、校园文化氛围等“软件”进行管理。它不仅对课程进行管理，还要对学校规划进行近期、中期、远期的管理。

(四)小学管理具有安全性

小学管理要注意学生权益的保护，做到安全第一。做好安全管理是小学开展各项工作的前提和基础。虽然初中、高中阶段也强调安全的重要性，但一些初、高中管理者在行动层面上更加侧重于提升学生的学业质量，并没有对学校安全给予积极关注和有效实践探索。

小学无论是在日常教学中还是在社会实践活动中，从管理者到一线教师，再从一线教师到学生和家长无不关心安全问题。小学处处渗透着安全意识，全体小学生的安全健康是教学正常有序开展的前提和保障。小学重视安全主要表现在以下几个方面。

第一，建立门卫安全管理制度。例如，严守校门，注意观察进出校园人员的情况，严禁学生课间出校门。若有学生因特殊原因出校门，则须出示班主任签字的出门条才能予以通行等。

第二，建立路队安全制度。每天上学及下午放学时，路队辅导员或班主任需要及时清点人数、整理路队，教育学生遵守交通法规等。

---

① 阮成武：《小学教育概论》，49页，上海，华东师范大学出版社，2011。

第三，建立课堂教学安全管理制度。严禁体罚和变相体罚学生，规范课堂教学行为，检查教学设备设施等。

此外，小学还对学生的饮食安全、消防安全、用电安全等方面进行全方位的教育和管理。

案例：多多练习，心里不慌[①]

伴随着一阵急促的铃声，北京奋斗小学的学生个个用手帕捂着鼻子，在教师的引导下，从教室迅速走向走廊、楼梯，向外撤离……这是学生上完一堂安全教育课后实地进行的应急演练。全国中小学生在放暑假前，通过收看电视节目、上网等方式，共同上了一堂安全教育课。

仅仅用时2分47秒，奋斗小学全校34个班、1200余位师生已在操场列队完毕。四年级学生小琳虽然有点气喘，但不慌张。她模仿老师的口吻说："多多练习，心里不慌。"

据奋斗小学的校长介绍，为普及安全常识，增强安全意识，提高关心别人、救护别人的能力，学校非常重视学生安全教育。学校每年把"全国中小学安全教育日"这一天所在的周作为安全教育宣传周。汶川地震发生后，学校深入研究了学生安全教育的需求和学校安全教育的现状，明确了进一步加强安全教育演练活动的思路，同时还针对地震、火灾等事故专门设立安全教育演练日和安全教育宣传周。

《中小学幼儿园安全管理办法》明确规定：学校应当每学期必须至少开展一次针对洪水、地震、火灾等灾害事故的紧急疏散演练。安全教育关乎小学生的生命安全和健康成长，是小学最基础也是最重要的工作。小学管理者和教师都要以高度的责任心重视学校安全工作，进行有效的实践探索，维护和确保学生的健康成长和生命安全。

三、小学管理体制

学校管理体制是指学校的组织制度，也是内部管理体制。目前我国小学校内管理体制实行的是校长责任制。校长责任制是指由校长统一领导和全面负责学校工作，党的学校基层组织保证监督，教职工、学生、家长和社区组织参与民主管理和监督这三个部分有机组成的相互联系和统一的学校管理体制。校长责任制包括四方主体，分别是校长、党的学校基层组织、教职工代表大会、学生及家长和社区组织，其权力与职责各不相同。

① 袁贵仁：《中小学校管理评价》，316页，北京，人民教育出版社，2014。

校长是学校的法人代表，对政府主管部门承担管理学校的全部责任。校长对学校的各项工作，如教学、科研、人事、财物等实行全面管理和统一领导。校长以学校行政核心和学校最高领导的地位，行使决策权、人事权、财经权、培训权、建议权等职权。

党的学校基层组织在校长负责制中主要是政治核心作用，对学校行政的重大决策有参与权。不仅如此，它有权对学校行政人员的工作及任免进行考察和监督，有权监督学校的经费使用和校产管理；此外，它还领导教代会、共青团、少先队和学生会。教代会就学校管理工作向学校党组织汇报，与学校沟通，充分行使保证监督权。

教职工代表大会是在党的学校基层组织领导下的学校民主管理机构，代表全体教职工对学校各项决策提出意见和建议，对学校工作实行民主管理、民主监督，在党组织的领导下充分发挥教职工的主人翁作用。教代会主要有审议权、建议权、提案权、决议权、监督权等职权。

学生及家长和社区组织是现代学校管理的重要主体，有权参与、监督学校管理，他们主要有建议权、知情权、监督权等。学生及家长有权要求学校对学生进行公正评价，家长有权了解学生在学校的表现。他们和社区组织有权对学校决策提出建议，有权要求学校公开收费项目及其使用去向。

实行校长负责制，学校党组织起保证监督作用，校长和党组织各司其职，不仅不会削弱党对学校的领导，反而能够加强和改善党对学校的领导。党对学校的领导是政治领导，是路线、方针、政策的领导，党的领导是通过党员的模范行动体现的。党员的先锋模范作用是实现党对群众政治领导的重要条件。党组织应当抓好党员教育，发挥党员的先锋模范作用。①

案例：教职工提案缘何陷入冷门②

某实验小学是一所有着60多年办学历史的名校。张校长调任该校不久，就收到一位老教师的来信。在信中，这位老教师站在学校发展的高度，从学校发展、教育教学、评价机制等多个方面谈了对学校现状的观察与思考，并提出了一些切实可行的建议，表达了对学校未来发展的美好愿望。透过这份诚恳的来信，张校长似乎感觉到老教师对学校发展怀有高度的责任感。可是，新学期教职工代表大会召开前教师提案征集反馈寥寥无几这一情况，又使张校长感到十分惊讶。

针对这一问题，张校长提请工会组织老中青教师座谈会征求意见。同时自己深入教职工中走访，终于找到了根源所在。首先是教师个人思想认识的局限性。有些教师

---

① 张继华、何杰：《现代中小学管理新编》，28页，南京，南京大学出版社，2015。

② 袁贵仁：《中小学校管理评价》，44页，北京，人民教育出版社，2014。

习惯将自我定位在普通教师的身份上，认为自己的工作就是备课、上课、批改作业。至于学校管理及未来发展，有些教师认为属于管理层的范畴，与自己似乎无关，因而不太关注。其次就是过去学校在提案征集中往往流于形式，对教职工的提案重视不足，使一些本来好的意见和建议得不到有效落实。因此有些教师在建言献策方面不够积极主动。

根源找到了，核心是教师的参与意识不强，说到底是学校民主管理的问题。为解决这一问题，张校长与教师一起学习教育法、教师法，拓宽视野，以调动教师参与学校管理的积极性。在此基础上，建立了问题征集与认领制度。学校定期召开教师座谈会，鼓励教师建言献策；每学期举行“爱学校 我建言”等有奖征集活动，及时发现学校工作中存在的问题。每次建议征集活动后，学校都会组织专门人员对建议进行分类整理，对需要整改落实的问题建立台账，对一时难以解决的及时向教职工说明白，保障教师的知情权。

案例分析：其实，该案例中关于学校管理的问题同时存在于中小学。虽然提案征集反馈不积极，有教师自身方面的原因，但是究其根本还是在于学校原来固有的管理模式，并未真正重视教师的想法和意见。作为新任领导，张校长重视教师提出的意见，努力找到提案不积极的原因，最终解决问题。所以，一方面，学校要尽最大可能为教师参与学校管理提供机会，并非流于形式，真正尊重教师。这样才能够调动教师在工作中的积极主动性，增强他们的使命感和主人翁意识。另一方面，教师自身需要提高工作责任意识和民主管理的权利意识，积极建言献策。

第二节
小学教师管理

教师是学校最重要的资源，学校发展的最大动力来源就是教师。因此，如何建设一支优秀的教师队伍是管理者最根本的责任与使命。2018 年，《中共中央　国务院关于全面深化新时代教师队伍建设改革的意见》明确提出了教师队伍建设的目标任务：“经过 5 年左右努力，教师培养培训体系基本健全，职业发展通道比较通畅，事权人权财权相统一的教师管理体制普遍建立，待遇提升保障机制更加完善，教师职业吸引力明显增强。”“到 2035 年，教师综合素质、专业化水平和创新能力大幅提升，培养造就数以百万计的骨干教师、数以十万计的卓越教师、数以万计的教育家型教师。教师管理体制机制科学高效，实现教师队伍治理体系和治理能力现代化。”这份文件还从加强师德师风建设、提升教师专业素质能力、深化教师管理改革、提高教师地位待遇等方面提出了具体的要求。

教师管理就像一个坐标体系。从纵向坐标来看，教师管理主要包括以下几个流程：教师的招聘、任用、培训与提高和绩效评估。从横向坐标来看，教师管理主要包括以下几大模块，分别是教师职业道德、教师专业发展、教师绩效考核和教师权益保障。横向和纵向二者有重复交叉内容，如纵向坐标中的教师的培训与提高、教师绩效评估与横向坐标中的教师专业发展、教师绩效考核有重复。因此综合两个坐标内容，本书中的小学教师管理主要包括教师的招聘、教师的任用、教师职业道德管理、教师专业发展、教师绩效考核和教师权益保障几方面。

一、小学教师的招聘

随着时代变迁、市场经济需求的刺激和推动以及学校教育教学改革，小学教师招聘的理念、内容和方法发生了变化，主要体现在以下方面。

（一）小学教师招聘理念的变化

首先，从注重教师的学历、教师资格等硬件向注重学历资格和能力的软、硬件综合考虑转变。随着高等教育越来越完善，教师队伍的培养更加系统化、教师的资格认定更加规范化，应聘者的学历能够达到国家要求的标准。在高学历和教育教学能力的选择上，学校不再单一唯学历是从，而是综合学历和教育教学能力双重考虑。因此学校在教师招聘上把拥有教师资格证作为前提，然后在学历和教育教学能力上综合考虑、择优录用。

其次，从注重单一的学科知识向注重综合知识背景转变。随着校本课程、走班选修课程、综合实践课程的设立，学校要求教师不再只教授某一门课程，而能够同时承担一门选修课或者综合实践课程。通过教师招聘情况来看，那些精通小语种或有较高计算机等级，有音乐、书法等方面专长的应聘者更受青睐。

最后，从注重单一的教育教学能力向着注重教学、科研、社交等多方面的综合能力转变。教师不仅是教育者，还要成为研究者。因此招聘教师时不仅要求其具备相应的教育教学能力，还要求具备一定的科学研究能力、组织活动能力等。

（二）小学教师招聘内容的变化

通过分析教师招聘形势的变化，我们可以发现学历、教师资格证已经是能否成为教师的必备条件，而英语和计算机等级、良好的课堂教学水平、较强的教育科学研究能力则能为应聘者锦上添花。此外，与初中、高中教师招聘内容相比，小学教师招聘还具有自身的独特之处。它通常还要求应聘者拥有普通话二级乙等以上证书、较高的三笔字书写水平，以及能够胜任班主任工作。小学是学习汉语拼音以及汉字书写的基础阶段，因此小学教师招聘要求应聘者具有较高的普通话水平和三笔字书写水平。随着小学生人数的增多、班级规模的扩大，小学教师招聘对班主任这一岗位需求随之增多，无疑能够胜任班主任工作的教师会在求职过程中为自身添色增彩。

（三）小学教师招聘方法的变化

依据招聘的流程，一般采用资格审查法、笔试、面试、试用法。

资格审查法是在教师招聘的第一环节对应聘者进行资格审查的方法。按照我国教师法的相关规定，具备相应的学历或者经过国家教师资格考试合格，有教育教学能力，经过认定合格的，可以取得教师资格。

笔试是通过资格审查后，学校再对应聘者进行笔试测评的方法。笔试一般是以闭卷的形式进行，笔试的内容一般是教育学、教育心理学以及学科专业知识等。

面试是应聘者通过笔试测评以后，学校会对他们进行面试的方法。面试主要有两种：一种是与应聘者座谈。就教育教学中发生的实际问题，谈谈思考和解决方法，从而考察他们的实际能力。另一种则是让应聘者试讲。试讲的形式既可以是微课，也可以是与学生互动的真实课堂；试讲的内容则是从应聘年级科目中抽取 1 节内容，从而考察他们的专业知识掌握程度以及课堂教学等能力。

试用法是当应聘者通过以上考核以后，就进入试用期的方法。根据学历的不同，对应聘者设有不用的试用期。有的学校规定，本科毕业生的试用期为一年，硕士研究生的试用期是半年。

以往招聘教师时一般以现场招聘为主，以网络招聘为辅。然而现在开始以网络在线招聘为主，实现了同一时间、不同空间的招聘形式。

二、小学教师的任用

小学教师的任用，就是根据教师的特长和专业知识能力，结合工作需要，学校合理安排教师的工作岗位。为了充分发挥教师的积极性，学校管理者应按照“扬长避短、能职相称、因事择人”合理任用教师，从而促进教师提高自身的教育教学能力，最终激发教师群体的活力，推动学校的长远发展。

（一）充分认识教师，坚持“扬长避短”

学校管理者不仅要了解教师整体的思想动态、业务水平、科研能力，还要了解教师个体的兴趣爱好和专业特长。安排教师岗位时，管理者要让教师个体扬其长、避其短，让教师在自己擅长领域找到职业幸福感和成就感，从而体会到这一职业带来的归属感。

（二）坚持“能职相称、因事择人”的原则

现代管理强调能职相称、因事择人，能职相称也就是能级相称：它是指根据管理对象的能量性质和大小进行使用和管理，以充分发挥其作用，有效地实现管理目标的行为准则。[①] 我国小学教师设二级教师、一级教师和高级教师职务。《国家中长期教育改革和发展规划纲要（2010—2020 年）》提出，建立统一的中小学教师职务系列，在中小学设置正高级职务（职称）。我国教师人事聘用上广泛推广教师聘任合同制，随着小学教师选聘理念从注重学历和资格的用人方式向注重能力和实绩的转变，这体现了能职相称和因事择人的原则。

三、小学教师职业道德管理

（一）小学教师职业道德的内容

习近平同志指出，教育是国之大计、党之大计；希望广大教师不忘立德树人初心，牢记为党育人、为国育才使命。首先，要解决好“培养什么人”这个首要问题，坚持以习近平新时代中国特色社会主义思想为统领，把培养社会主义建设者和接班人作为根本任务，培养一代又一代拥护中国共产党领导和我国社会主义制度、立志为中国特色社会主义事业奋斗终生的有用人才。其次，教师自身还要加强学习，增强储备，提升育人“内功”，与时俱进，不断改进教学手段，探索适应新时代的教学规律和方法，当好人类灵魂工程师，做好人类文明传承者。

教师是人类灵魂的工程师，是青少年学生成长的引路人。教师的思想政治素质和职业道德水平直接关系到中小学德育工作状况和亿万青少年的健康成长，关系到国家的前途和民族的未来。加强中小学教师职业道德建设，提高教师的师德素养，对于确保党的事业后继有人和社会主义事业兴旺发达，构建社会主义和谐社会，实现中华民族伟大复兴，具有十分重要的意义。

2008 年，教育部发布了《中小学教师职业道德规范》，明确规定教师要做到爱国守法、爱岗敬业、关爱学生、教书育人、为人师表、终身学习。爱国守法是教师职业的基本要求，热爱祖国是每个公民，也是每位教师的神圣职责和义务。爱岗敬业是教师职业的本质要求。没有责任就办不好教育，没有感情就做不好教育工作。关爱学生是

---

① 张继华、何杰：《现代中小学管理新编》，146 页，南京，南京大学出版社，2015。

师德的灵魂。亲其师，才能信其道。没有爱就没有教育。教师须关心爱护全体学生，尊重学生的人格，平等公平对待学生，对学生严慈相济，做学生的良师益友。教书育人是教师的天职。教师须遵循教育规律，循循善诱，因材施教，培养学生良好的品行，激发学生的创新精神，促进学生的全面发展。为人师表是教师职业的内在要求，其本质就是要求教师言传身教、以身立教。教师须严格要求自己，为学生树立好榜样，做到严于律己，以身作则，以自己的人格和学识魅力教育和影响学生。终身学习是教师专业发展的不竭动力。终身学习不仅是时代发展的必然要求，也是教师职业特点所决定的。教师必须终身学习，拓宽知识视野。与 1997 年修订的教师职业道德规范相比，2008 年教育部修订的《中小学教师职业道德规范》首次纳入了“保护学生安全”新规，并且单独提出“终身学习”这一要求。

（二）小学教师职业道德管理的途径

1. 师德教育

学校一般通过两种形式开展师德教育：一是组织师德规范的学习，以主题学习、专题研讨、座谈会等形式组织教师了解《中小学教师职业道德规范》《小学教师专业标准（试行）》等相关规定和基本要求，达到统一思想认识。二是宣传师德典型。弘扬教师身边的先进事迹以及社会中涌现的一批又一批可歌可泣的模范教师，营造出广大教师向先进学习追求崇高师德境界的良好氛围。

2. 师德奖惩与考核

学校一般采用教师个人自评、组织评价、学生评价、教师互评以及督导参评的方式对教师师德以及学校管理者进行考核。以上众多考核评价机制多采用问卷调查法、访谈法和观察法获得所需要的信息加以分析。尽管教育部以及各地教育部门越来越强化师德评价的重要性，而且还有越来越多的地方出台实施一票否决制，但是一些学校的师德考评却沦为形式。

奖惩制度是根据岗位职责的落实情况而实行的奖励和惩罚。实行奖惩主要以精神奖励为主，物质奖励为辅，二者有机结合。2018 年，教育部对 2014 年印发的《中小学教师违反教师职业道德行为处理办法》进行了修订，明确了 10 种违反师德的行为，视情节轻重分别给予相应处分。很多地方及学校将教师师德考评作为教师评优评先的前提条件。

四、小学教师专业发展管理

从学校管理的角度来看，要树立“教师第一”的管理理念。这种理念不能简单停留在福利待遇上面，更重要的是应该体现在如何有效促进教师的专业发展上，使教师从只会传授知识的"教书匠"，变成发现知识、创造知识的学者。小学管理应该将每一位小学教师获得成功当成学校的主要任务，并通过一切途径来促进教师的专业发展。

(一)教师专业发展管理的内涵

所谓教师专业发展管理就是教师在整个专业生涯中，依托专业组织，通过终身学习，习得教育专业知识技能，实施专业自主，表现专业道德，逐步提高自身的从教素质，成为一名优秀的教育工作者甚至教育家的过程。而学校在该过程中所采取的各种措施，对每位教师专业发展过程的监督与控制、实施结果的评价等，就称为教师专业发展管理。①

首先，教师专业发展管理的对象是学校教师专业发展的整个过程。特别是学校在教师专业发展过程中所做的工作，以及教师所做出的发展规划、发展过程等。

其次，教师专业发展管理的主体应该是学校。学校对教师专业发展负有最大的责任，学校在激励、监督和评价教师的专业发展过程和发展成效方面也最有发言权。

再次，教师专业发展管理不仅应该关注教师专业能力的发展，也需要关注教师的专业道德，使教师的专业发展更为全面。

最后，教师专业发展管理是一个动态的过程。因此也需要动态的管理，根据不同情境的需要及时调整管理的方针与措施。

(二)教师专业发展管理制度的建设

小学教师专业发展管理的实施必须有制度的保证。学校通过建立制度，引导教师积极主动地关注自己专业发展的过程，并使教师在关注过程的同时促进其更自觉、更高效地发展。

第一，教研和科研制度的建立。学校应该从小学教师专业发展的角度建立教研和科研制度，组织小学教师开展有效的小学教育科研活动。教研和科研制度的建设包括教学研究部门内容管理制度的完善和各种教科研活动的组织制度、教研和科研活动方式选择以及评价激励制度的改革等，以保证小学教师的教研和科研活动的规范化、科学性和有效性。

第二，教师培训进修制度的完善。小学教师校本培训立足于学校岗位的实际需要，把教师培训和小学的教育教学、教研实践紧密结合起来，形成一种灵活而持久、经济而有效的在职教师继续教育形式。地方教育行政部门、教师进修学校及小学要提供一种满足小学教师专业发展需求为主的教师培训，建立弹性化、个性化的培训和进修制度。

第三，教师协作制度的创建。小学教师的协作是指教师之间为相互协作交流、相

① 李明善：《教师专业发展论纲》，146 页，长春，吉林大学出版社，2011。

互学习帮助、相互竞争提升共同进行的教育教学和教研实践活动，以更合理地配置、开发教师资源。学校必须鼓励教师在所有教育教学、教科研等领域具备协作意识和开展协作活动。小学教师协作制度的关键是要充分发挥教科研专家、名师、特级教师和各类优秀教师的骨干带头作用，充分发挥教研室、课题组和各类教育教学科研机构的组织协调作用，促使不同层次、不同学科、不同教龄的小学教师交流学习、取长补短、努力创新，从而全面提高小学教师的素质，促进小学教师群体的共同发展。

第四，教师专业发展资源共享机制的建立。以促进教师的专业发展为目的的教育资源，可以分为硬性资源与软性资源。硬性资源是指学校设施、图书馆、培训中心、教学网络设备等资源；软性资源是指教师以及推动社区教育发展的一切成员，即人力资源。小学要促进小学教师的专业发展，就要充分发挥信息技术手段的优势，在小学教师专业发展中推行教育资源的共享机制，不仅可以使资源得以充分利用，而且还可以加强学校与各种教师专业发展团体之间的相互联系、相互交流。

第五，教师专业发展管理评价制度的规范化。小学要将教师专业发展的内容纳入对教师的考评过程，使学校的教师管理制度发挥规范、引导教师专业发展的作用。实现小学教师专业发展管理评价制度的规范化，要恰当地设置教师发展目标，要以教师为本开展评价，要强调教师的自我评价和反思，使评价内容要体现教师全面和谐发展的要求。

五、小学教师绩效考核

教师绩效考核是依据一定的标准对教师的工作表现、工作结果进行判断的过程。教师绩效考核是人事管理制度的重要内容，也是小学管理的重要手段。它不仅直接影响绩效工资的分配，还是教师评优晋升的重要依据。2012 年颁发的《国务院关于加强教师队伍建设的意见》提出“完善重师德、重能力、重业绩、重贡献的教师考核评价标准”。据此，进行绩效考核时需遵循师德为先、注重实绩、尊重教师、公正客观的原则，保证程序公开，全体参与，充分发扬民主，增强教师绩效考核的公信力和透明度。与此同时，为了使教师考核更加合理、科学、有效，学校采取教师自评和学科组评议、年级组评议和考核组评议相结合的方式，以及形成性评价和阶段性评价相结合的方式，通过多种方式全面反映教师的业绩和贡献。

六、小学教师权益保障

教师是学校的主体，只有让教师的主人翁地位真正实现，才能使教师的积极性、主动性和创造性得到最大程度的发挥。教师不仅有参与学校管理的权利，还有获得工资福利和专业发展的权利。学校通过建立教职工代表大会使教师参与学校管理事务，如重大的人事、财务、利益分配和发展规划制定等。学校还可以设立校长信箱、校长接待日，或者在学校网站中设立专门通道，让教师通过面对面的方式或非接触式参与学校的管理，从而保障教师的权益，最终发挥教师的积极性和主动性。

第三节 小学生管理

了解学生、认识学生是管理学生的前提和思想基础。只有不断地了解学生，才能不断地调整自己的管理理念和方式去适应学生的需要，建立独特的师生联系。

一、小学生管理的内涵

首先，从规范化角度来看，学生管理者必须依法依规对学生进行管理，而不能依据管理者的主观意志随意管理学生，就是所谓学生规范化管理。其次，从全面性角度来看，学生管理工作不仅仅包括经常性的管理工作，如学生品德管理、学生学习管理、学生心理管理、学生体质健康管理等。这些几乎是每天发生在各个班级里的共性内容。它还包括非经常性的工作，也就是阶段性的工作，如招生管理、考核管理、学生工作总结管理以及学生工作计划管理等。

综合以上分析，小学生管理是指小学生管理者依据相应法律法规和规章制度对小学生开展经常性的、阶段性的一系列规范化管理的总和。具体来说，小学生管理不仅包括小学生品德管理、小学生学习管理、小学生体质健康管理、小学生心理健康管理、小学生卫生管理，也包括招生管理、学籍管理等。

小学生管理是学校管理的重要组成部分，它伴随着学校的产生而产生。早在战国时期《管子》中的《弟子职》是稷下学宫之学则，也是我国教育史上的第一个较为完备的学生管理守则。随着学校管理活动的不断发展，学生管理的理念、内容与方法都发生了深刻的变化。学生管理理念上，正在从传统的科学管理走向现代的人本管理；学生管理方式和方法上，由传统的约束方式为主转向现代的服务方式为主；学生评价方法上，由传统的量化考评为主转向学生成长记录为主的发展性评价；学生管理的价值追求上，由约束学生“成才”转向帮助学生“成人”。①

---

① 张继华、何杰：《现代中小学管理新编》，154页，南京，南京大学出版社，2015。

资料链接：《弟子职》①

先生施教，弟子是则。温恭自虚，所受是极。见善从之，闻义则服。温柔孝悌，毋骄恃力。志毋虚邪，行必正直。游居有常，必就有德。颜色整齐，中心必式。夙兴夜寐，衣带必饰。朝益暮习，小心翼翼。一此不解，是谓学则。

少者之事，夜寐早作。既拚盥漱，执事有恪。摄衣共盥，先生乃作。沃盥彻盥，泛拚正席，先生乃坐。出入恭敬，如见宾客。危坐乡师，颜色毋怍。

受业之纪，必由长始。一周则然，其余则否。始诵必作，其次则已。凡言与行，思中以为纪。古之将兴者，必由此始。后至就席，狭坐则起。若有宾客，弟子骏作。对客无让，应且遂行。趋进受命，所求虽不在，必以反命，反坐复业。若有所疑，捧手问之。师出皆起。

至于食时，先生将食，弟子馔馈。摄衽盥漱，跪坐而馈。置酱错食，陈膳毋悖。凡置彼食，鸟兽鱼鳖，必先菜羹。羹胾中别，胾在酱前，其设要方。饭是为卒，左酒右酱。告具而退，捧手而立。三饭二斗，左执虚豆，右执挟匕，周还而贰，唯嗛之视。同嗛以齿，周则有始。柄尺不跪，是谓贰纪。先生已食，弟子乃彻。趋走进漱，拚前敛祭。

先生有命，弟子乃食。以齿相要，坐必尽席。饭必捧擥，羹不以手。亦有据膝，毋有隐肘。既食乃饱，循咡覆手。振衽扫席，已食者作。抠衣而降，旋而乡席，各彻其馈，如于宾客。既彻并器，乃还而立。

凡拚之道，实水于盘，攘臂袂及肘，堂上则播洒，室中握手。执箕膺揲，厥中有帚。入户而立，其仪不忒。执帚下箕，倚于户侧。凡拚之纪，必由奥始，俯仰磬折，拚毋有彻。拚前而退，聚于户内。坐板排之，以叶适己，实帚于箕。先生若作，乃兴而辞。坐执而立，遂出弃之。既拚反立，是协是稽。

暮食复礼，昏将举火，执烛隅坐。错总之法，横于坐所。栉之远近，乃承厥火，居句如矩，蒸间容蒸，然者处下，捧椀以为绪。右手执烛，左手正栉，有堕代烛，交坐毋倍尊者。乃取厥栉，遂出是去。

先生将息，弟子皆起。敬奉枕席，问何所趾。俶衽则请，有常有否。先生既息，各就其友。相切相磋，各长其仪。

周则复始，是谓弟子之纪。

① 黎翔凤：《管子校注　下》，1144～1162 页，北京，中华书局，2004。

二、小学生管理的原则

(一)坚持保障学生合法权益的原则

学生管理者需要了解和学习未成年权益保护的有关法规知识，同时还需要熟知《儿童权利公约》中儿童四种权利的内容和《中共中央　国务院关于进一步加强和改进未成年人思想道德建设的若干意见》的主要内容。此外，还需要学习相关的法规，如《小学生守则》《小学生日常行为规范(修订)》《学生伤害事故处理办法》等。只有将保障和维护学生合法权益作为前提和基础，才能营造正常健康的管理氛围，最终才能促进学生全面健康可持续发展。

学生管理者还要积极关心每一位学生的健康成长。学生管理者不仅要主动关心每位学生的身心健康，还要在管理中禁止出现讽刺、挖苦、体罚或变相体罚学生的行为。

(二)坚持遵循学生身心发展规律的原则

首先，要根据学生身心发展呈现的稳定的顺序性和阶段性特征进行管理。小学生的身心发展呈现稳定的顺序性(身体、行为、记忆、思维、情感)和阶段性(由量变到质变)。例如，在学生的身体发展方面，就整体结构群的发展而言，头部先发展，后是躯干和四肢的发展；在骨骼与肌肉的协调发展中，先是骨骼与大肌肉群的发展，而后才是小骨骼和小肌肉群的发展与协调。学生的认知思维发展遵循着先具体思维、再抽象思维的顺序性。了解这些特点，不论是教育活动，还是管理学生行为都必须基于学生发展的顺序性开展，做到由浅入深、由易到难、由具体到抽象。

其次，要根据学生发展呈现的不平衡性特征进行管理。学生发展还呈现不平衡性。这种不平衡主要体现在同一个方面的发展在不同年龄段是不均衡的，不同方面的发展在相同年龄段也是不均衡的。不同方面的发展存在不同的关键期。① 例如，2 岁左右是语言发展的最佳时期，4 岁左右是数字概念形成的最佳时期，3～5 岁是音乐感受发展的最佳时期等。这就需要我们因材施教，了解每位学生的兴趣、爱好、特长，充分发挥他们的特殊才能、潜力，使学生获得最大可能的发展。

最后，要根据学生发展存在的个体差异性、机能互补性等特征进行管理。学生发展存在个体差异性、机能互补性等。只有顺应学生的发展规律，这样才可以形成与学生自身调节机制产生相互作用的良性刺激，才能在学生的发展过程中起到良性作用。所以，在我们的教育实践过程中，必须要把尊重学生的发展规律作为重要原则之一。

---

① 潘海燕:《小学教育概论》，57 页，北京，北京师范大学出版社，2013。

(三)坚持树立现代学生观的原则

学生观是教育管理者对学生的基本看法和态度，它决定着管理者的行为和工作态度。对学生的认识不同，决定着对学生的管理方式和策略也不同。

现代学生观认为，学生是人，是发展中的人，是有着巨大发展潜能的人。学生是人，这似乎是再常见不过的事实，却也是被教育管理者最容易忽视的。正是因为这个最简单的事实被忽视，过去的教育教学中会出现一些强迫纪律、体罚甚至变相体罚等伤害。因此，首先，需要认识到学生是人的事实。其次，需要认识到学生是发展中的人。随着时间的推移、生活经验和社会经验的积累，人的身体、心理以及社会性等方面都会经历量的积累和质的飞跃。但是在实现质的飞跃之前，教育管理者面对不成熟、没有形成自控能力的学生时需要拥有足够的耐心和认识，用自身的教学智慧引导学生的同时静待花开。最后，需要认识到学生是有巨大发展潜能的人。美国学者认为，一个正常健康的人只运用了其能力的6%。马斯洛也认为人类具有大量的尚未加以利用的潜力。还有学者指出，所有的至少是绝大部分的婴儿，生来就具有心理发展的潜力和需要。① 作为学生管理者，我们要坚信小学生是有巨大发展潜能的人。这不仅是我们的教育信仰，更是我们的价值追求。

资料链接：　尊重每一个孩子不一样的成长方式②

你看孩子是什么样的，孩子便会成为什么样的人

小H是不久前刚刚转到我们学校的一个男孩。在此之前，他已经转过两所学校。他的父母对愿意接收他的学校表达了感激之情。

和小H的初次交流中，刘婷婷老师以一种平等的方式开启了他们之间的对话。刘老师总是能看到他的优点：“很善良的孩子，会帮着同学做值日工作，看到桌子歪了就会去调整好。”“不管他从前是个什么样的人，从到我班里开始，他就是全新的他。”“他很可爱，特别喜欢说话，反应很灵敏。”“当然，他肯定有缺点。孩子总会有这样那样的缺点，没有哪个孩子是十全十美的。”刘老师说到小H，脸上溢满了慈母般的笑容，笑容里透着自豪。

孩子是非常敏感的。有些时候，大家看待他的方式将决定他成为一个什么样的人。大家喜欢他，觉得他是个善良、有潜力的孩子，他就向着善良上进的自己而努力。

---

① 张继华、何杰：《现代中小学管理新编》，166页，南京，南京大学出版社，2015。

② 引自《刘婷婷：尊重每一个孩子不一样的成长方式》，有改动。

请尊重每一个孩子不一样的成长方式

在转校后的第一次测试中，小 H 的学业表现不太理想。一年后，他的成绩开始慢慢提升。在最近的一次测试中，他取得了较好的成绩。

我问他是怎么有这么大的进步的，他谈到了妈妈的陪伴。“那么，刘老师有没有给过你帮助?”我又问他，他沉默了。他的眼眶开始发红，他拼命控制自己的情绪，缓缓地说：“刘老师给我的帮助是最大的。”“我刚来的时候，成绩不太好。刘老师每天放学后都把我留下来，让我把语、数、英的作业一样一样地完成。我一个人做作业时很不定心，她让我妈妈到学校陪我做。”“我觉得刘老师的教学方法特别好，讲得慢、讲得细。”

每个孩子都有各自不同的天赋和潜力，希望他们不要因为暂时的学业表现不佳而放弃自己；也希望每个家长都能相信自己的孩子，并且愿意帮助孩子、陪伴孩子共同成长；当然，也希望每位老师都能够像刘婷婷老师一样，尊重每个孩子不一样的成长方式，帮助每个孩子健康成长，让他们收获属于自己的希望。

三、小学生管理的分类

从学生管理的指导思想角度来看，学生管理分为人本管理和科学管理。人本管理是指以学生为本，强调学生的主观能动性，力求实现学生的全面自由发展。科学管理则是追求管理效益的最优化和最大化，以尽可能少的投入或资源消耗，创造出尽可能大的价值，获取尽可能高的效益，从而实现管理目标。

从管理的范畴角度来看，学生管理分为内在品质管理和外在行为管理。内在品质管理主要包括对学生的思想道德、心理健康状况的引导等。外在行为管理主要指的是对学生的纪律、学习、体质、日常行为等方面的管理。

从管理的地域角度来看，学生管理分为校内管理和校外管理。校内管理是指在校内利用资源管理学生；校外管理则是在校外对学生实施管理。

从管理的持续性角度来看，学生管理分为常规性管理和阶段性管理。常规性管理主要包括学生思想道德管理、学生学习管理、学生心理管理、学生体质健康管理等。与常规性管理相比，阶段性管理是在某个时间段出现的管理工作，如招生管理、考核管理、学生工作总结管理以及学生工作计划管理等。

结合以上学生管理的分类，考虑到小学生管理的持续性和管理范畴，我们可以将小学生管理的内容划分为小学生思想道德管理、小学生体质健康与心理健康管理、小学生学业状况管理。

四、小学生管理的内容与途径

(一)小学生思想道德管理

1. 小学生思想道德管理的内容

党的十八大报告提出，把立德树人作为教育的根本任务。党的十九大报告提出，落实立德树人根本任务，发展素质教育。树人先立德，立德就是坚持德育为先，通过正面教育引导、感化和激励学生；树人就是坚持以人为本，通过合适的教育塑造、改变和发展学生。学校是青少年学生培养的主阵地，小学生思想道德管理是学校管理中不可分割的一部分。

小学生思想道德管理就是对小学生的政治、思想、道德教育和心理品质进行管理。小学生思想道德管理的痕迹体现在学校的每个角落，渗透于教育教学的各个环节。小学德育目标决定了德育内容的范围，而德育内容的深度和广度又是由学生的年龄特征、认知特征和教育规律决定的。小学德育目标在不同的年龄阶段有不同的要求，却也是统一的、连贯的。

资料链接:《中小学德育工作指南》的德育目标

2017 年，教育部颁发的《中小学德育工作指南》明确规定小学低年级和中、高年级的德育目标。

(1)小学低年级的德育目标

教育和引导学生热爱共产党、热爱祖国、热爱人民，爱亲敬长、爱集体、爱家乡，初步了解生活中的自然、社会常识和有关祖国的知识，保护环境，爱惜资源，养成基本的文明行为习惯，形成自信向上、诚实勇敢、有责任心等良好品质。

(2)小学中、高年级的德育目标

教育和引导学生热爱中国共产党、热爱祖国、热爱人民，了解家乡发展变化和国家历史常识，了解中华优秀传统文化和党的光荣革命传统，理解日常生活的道德规范和文明礼貌，初步形成规则意识和民主法治观念，养成良好生活和行为习惯，具备保护生态环境的意识，形成诚实守信、友爱宽容、自尊自律、乐观向上等良好品质。

小学阶段是学生形成健康高尚的道德品质和良好习惯的筑基阶段。依据 2017 年教育部颁发的《中小学德育工作指南》等政策文件的相关要求，小学阶段进行学生思想道德教育的内容具体包括以下五个方面。

(1)理想信念教育

理想信念教育主要包括：培养小学生的爱国主义、集体主义精神，教育和引导小学生热爱中国共产党、热爱祖国和热爱人民、热爱社会主义。

(2)社会主义核心价值观教育

党的十八大报告首次提出社会主义核心价值观，倡导富强、民主、文明、和谐，倡导自由、平等、公正、法治，倡导爱国、敬业、诚信、友善。这 24 个字是社会主义核心价值的基本内容。

(3)中华优秀传统文化教育

我国上下五千多年有着源远流长的历史，其中包含大量优秀的礼仪文化、传统美德、传统文化活动。礼仪文化是中华优秀传统文化中的重要内容，要教育小学生知礼、懂礼和守礼。传统美德，如尊老爱幼、诚实守信、助人为乐、拾金不昧等有利于培养小学生的个人品德。传统文化活动有传统节日、传统手工、传统的运动项目以及传统艺术文化活动，如端午节、中秋节、元宵节、制作灯笼、剪纸、年画、划龙舟、赏月、猜灯谜、太极拳、国粹京剧、书法等。这些传统文化活动不仅有利于培养和加强小学生的综合文化素养，还能把中华优秀传统文化一代代传承下去，让小学生了解到祖国深厚的文化底蕴，激发小学生的文化自信，激发小学生对祖国的热爱和归属感。

(4)生态文明教育

生态文明建设关系到我们的子子孙孙的成长，将生态文明教育融入小学德育是其重要宣传途径。对我国小学生进行生态文明教育是当前我国建设生态文明、实现中华民族永续发展的当务之急。

生态文明教育是国家根据人的心理发展规律和社会发展要求，通过家庭教育、学校教育和社会教育等方式，向全体社会成员传授生态文明知识，灌输生态文明理念，以使其树立科学生态观，养成生态文明行为习惯，进而成长为生态公民的各种社会实践活动。广义的生态文明教育是指国家对全体公民开展的全部有关生态环境教育的活动，狭义的生态文明教育是指关于生态文明的教育学学科，也可以是学校开设的相关课程或专题讲座。生态文明教育的外延广泛，从教育的内容来看，它贯穿于德育、智育、体育、美育和劳动教育中；从教育途径来看，它主要通过社会教育、家庭教育和学校教育等方式落实。从教育的载体与形式来看，网络媒体、生态文明主题活动、生态文明教育基地和生态旅游资源、生态环保文艺作品等对社会成员具有积极的教育作用。[①] 生态文明教育主要针对小学生通过德育来开展。

(5)心理健康教育

心理健康教育是引导小学生认识自我、尊重生命、学会学习、学会人际交往、学会情绪调适等方面的教育，它旨在引导小学生增强调控心理、自主自助、应对挫折、

① 杜昌建：《我国生态文明教育研究》，博士学位论文，天津师范大学，2014。

适应环境的能力，培养小学生健全的人格、积极的心态和良好的个性心理品质。

2. 小学生思想道德管理的途径

学校在培养小学生思想道德方面，须充分发挥校内外等多种教育途径的作用，互相配合，创造良好的教育环境。学校培养小学生品德的途径包括以下几个方面。

(1)班主任育人

学校以班级为单位，对学生开展组织管理和教育教学工作，班级是学校的组织形式。在班级教育中，参与管理学生的有班主任、副班主任和科任教师，班主任是班级学生的直接组织者、管理者、领导者和教育者。由于班主任长期与学生朝夕相处，他们对每一位学生的品德形成、情操陶冶，以及班风、学风的养成，有着举足轻重的作用。

第一，定期开展班会活动。在学校统一教育教学计划的安排下，每个班级定期召开形式多样的主题班会。要求班主任从班级实际出发，通过主题班会，引导学生通过讨论、对话等形式，增强班级凝聚力，形成具有团队一致、积极向上的班集体，从而实现通过集体教育个别、通过个别教育集体的教育目标。

第二，建立一支甘于奉献、团结合作、学习优良、乐于助人、公正无私的班级干部队伍。建立这样一支队伍不仅有利于协助班主任开展班级常规管理工作，还有助于形成具有优良班风、学有榜样、心有目标、团结向上的班集体。

第三，做好个别教育工作。每位学生都是一个完全特殊的、独一无二的世界。每位学生都有自己的特点、兴趣、情感和需要，具有不同的发展水平。班主任不仅要努力了解自己班级每位学生的家庭背景、成长经历和个性特点，还要建立学生个性档案，面对个别特殊学生，善于有针对性地进行个别化教育工作。

案例： 表扬的魅力①

小伟有时会和老师“唱反调”。为了改变这种状况，老师对他展开了跟踪调查，发现无论刮风下雨，他都坚持送邻居家的小妹妹安全回家。老师如获至宝。

在一次课上，老师大力渲染气氛，说：“同学们，你们知道我们每天学习的活雷锋现在在哪里吗？现在他回来了，回到了我们的学校，来到了我们的班级。他好像对什么事情都漠不关心，而事实上却是那么乐于助人，极富爱心和责任感。同学们，猜一猜这个人是谁？”学生的情绪立刻高涨起来，可是猜了半天也没有猜到“小伟”这个名字。老师故意清了清嗓子，大声说：“他——就是我们班的小伟同学。”谜底一揭晓，其他学生感到意外。在老师告诉大家他的事迹后，教室里才响起一阵热烈的掌声。

老师又接着说：“下面请同学们做小记者采访一下小伟同学。不管是什么问题，他一定会给你们一个满意的答复。”话音刚落，同学们就围坐在他的旁边。再看小伟，他

---

① 高桂英：《表扬的魅力》，载《山东教育》，2003(Z4)。

像一个获胜的将军一样，神气十足地解释着同学们的一个个问题。很显然，他完全沉浸在幸福之中。

最后老师做了总结："同学们，如果有问题可以直接找小伟同学谈谈。下面我们一起总结一下。同学们知道小伟有一些缺点，但是缺点可以改正啊！一个雷锋式的好少年，他怎么能拒绝进步呢？我相信小伟同学在以后的学习中一定会做得很出色，他一定是咱们班里的佼佼者，也是我和同学们的骄傲！"

(2)少先队育人

少先队是中国少年先锋队的简称，是少年儿童学习中国社会主义和共产主义的学校，是建设社会主义和共产主义的预备队。它是中国共产党领导下的少年儿童的群众组织。党建立少先队的目的就是组织和教育全体少年儿童，把全体少年儿童吸收到少先队中来，实现"全童入队"，让他们在这所特殊的"学校"里更好地接受共产主义教育，成为社会主义事业的接班人。少先队要求少年儿童从入队那一天开始，就要把自己的学习、生活和共产主义事业紧密地联系起来，在幼小的心田里早早燃起为共产主义事业而奋斗的理想火炬。

少先队的基本目的是团结教育少年儿童，听党的话，爱祖国、爱人民、爱劳动、爱科学、爱护公共财物，努力学习，锻炼身体，培养能力，立志为建设中国特色社会主义现代化强国贡献力量，努力成长为社会主义现代化建设需要的合格人才，做共产主义事业的接班人，维护少年儿童的正当权益。少先队主要是通过适合少年儿童特点的、丰富多彩的、有教育意义的活动来完成教育任务的。少先队的活动是少先队的生命。少先队的性质、宗旨、目的都要通过少先队的活动来体现和实现。

少先队活动的内容主要包含：①社会主义道德教育和共产主义启蒙教育，如以爱国主义为起点的共产主义理想教育、以学英雄为主要内容的革命传统教育、以集体主义为主要内容的道德品质教育。②科学劳动教育。它旨在培养队员爱科学、爱劳动的精神，如组织队员参加家务劳动、社会公益劳动，培养学生正确的劳动观点、良好的劳动习惯和艰苦朴素、勤俭节约的思想品质。③体育美育活动，培养队员对体育的兴趣爱好、正确的审美观点和审美能力，促进少年儿童个性的健康和谐发展。

少先队活动的形式主要包含：①队会。队会是少先队集体活动的重要形式，分为大队会、中队会和小队会。大队会通常围绕大队的中心工作向队员集中进行某种教育。为了落实大队计划而举行的中队会，可以根据普遍存在的问题单独举行，分为主题队会和即兴式队会。小队会既可以根据自身实际独立开展，也可以按照中队会的实际情况当场选定主题。②礼仪活动和阵地活动。少先队的礼仪活动一般用于集会、检阅、升国旗、迎宾和新队员入队等活动。阵地活动是少先队或中队开展的经常性活动，如红领巾广播站、光荣簿、科技角等。③社会实践活动，包括观看自然景物、文物古迹，访问英雄人物，参加社会调查、助残扶贫、义务劳动等活动。④夏(冬)令营。少先队利用寒暑假组织队员过集体生活并对他们进行集体主义教育。

(3)课程育人

赫尔巴特说过：教学如果不进行品德教育，就只是一种没有目的的手段；品德教育如果没有教学，就只是一种失去手段的目的。[①] 目前我国在基础教育阶段开设“道德与法治”这一课程，目的在于培养学生良好的公民道德素质和勇于探究的创新精神与实践能力，旨在以正确的价值观引导学生更好地适应学校生活，形成良好的品德和行为习惯，在充满探究与创造乐趣的童年生活中，为学会生活、学会做人打下基础。除此之外，其他各科教材的内容、教学过程的组织、教师自身的人格修养，都蕴含着德育的因素，具有潜移默化的影响力。教师需要根据学科内容、课程标准，将品德教育自觉地在课堂教学中进行有机渗透。

资料链接：《学会沟通》教学设计[②]

表 7-2　《学会沟通》教学设计

<table>
<tr><th colspan="3">教学目标、教学重点和难点</th></tr>
<tr><td colspan="3">教学目标：
1. 懂得人有不同看法是正常的，是可以理解的。
2. 明白当与他人有不同看法时，学会理性地对待分歧。
教学重点：懂得看法不同很正常，理性地对待很重要。
教学难点：当与他人有不同看法时，学会理性地对待分歧。</td></tr>
<tr><th colspan="3">教学过程</th></tr>
<tr><td>时间</td><td>教学环节</td><td>主要师生活动</td></tr>
<tr><td>6 分钟</td><td>一、明白人们看待事物常常会有不同观点</td><td>(一)环节一：听故事，明白有不同的看法是正常的
1. 教师讲故事。(略)
2. 学生交流。
3. 小结：我们每个人都是独特的个体，我们看待问题的角度、个人的经验和思维方式等都不同，所以我们对同一句话的理解可能也会不同。
(二)环节二：回忆生活，明白在生活中观点常常会有不同
1. 过渡：那么迁移到我们的生活中，会是这样的吗？说一说在你的生活中有过这样的经历吗？
2. 学生交流。
3. 小结：不论是在学校里、在家里，还是在社区生活中，不论是小孩子还是大人，都有观点不一致的时候。看来人们的观点常常会有不同。</td></tr>
</table>

① 袁贵仁：《中小学校管理评价》，61 页，北京，人民教育出版社，2014。

② 引自北京数字学校“空中课堂”。

续表

教学过程		
时间	教学环节	主要师生活动
5分钟	二、明白观点不同是可以理解的	1. 呈现事例：班级篮球赛输球的讨论。 2. 学生交流看法。 3. 小结：原来他们是从不同的角度分析了同一场球赛输球的原因，就如同我们在前面的活动中感受到的一样，不同的角度导致大家的想法也不一样。 4. 呈现事例：班级入场时穿什么服装。 5. 学生交流。 6. 小结：这两位同学都是为班级好，只是他们的生活方式不同，思考问题的角度也不同，所以对待问题有不同的看法。 7. 联系生活。 8. 小结：我们每个人因为习惯、生活经历、看问题的视角、立场不同，所以对某些问题可能有不同的看法，这都是可以理解的。
9分钟	三、学会理性地看待分歧	(一)环节一：生活事例分析、角色扮演等，学会换位思考，理性对待分歧 1. 呈现事例：梁毅和吴云飞下棋。 2. 学生交流。 3. 追问：你能不能依照下面的问题重新深入思考呢? 4. 出示表格进行分析。(略) 5. 小结：有不同看法时，只坚持自己的观点而不考虑他人，就会产生矛盾冲突。而一味妥协虽然不会激化矛盾，但内心并不认同，不利于和谐。理性地对待分歧，会让我们有合情合理的看法和思考。这样做也能让我们更好地解决成长中的问题，收获更多，成长更快。 (二)环节二：反思生活，学会理性地对待生活中的问题 1. 反思生活。 2. 学生交流。 3. 小结：我们每个人的视角、经历、习惯、立场等不同，也就使我们的观点常常有不同。面对这些不同时，我们要能够正确地看待和接纳。理性地对待这些分歧，可以让我们更加合理、更加全面地认识问题。这样才有助于我们化解分歧，有效沟通。
		板书 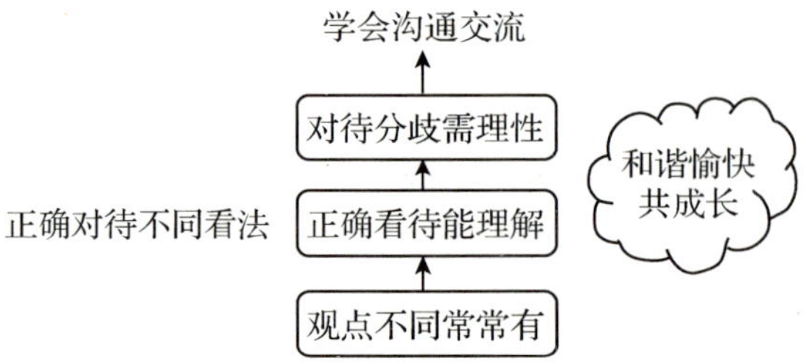

(4)教育实践活动育人

学校组织的教育实践活动包括主题教育活动和社会实践活动。学校根据不同年龄段学生的特点，组织相应主题教育活动和社会实践活动，培养学生的爱国主义情感、民族自豪感和责任感，让学生形成良好的个人品质，寓思想品德教育于活动之中。例如，利用纪念日和历史人物开展主题教育活动；组织学生参观科技馆、图书馆、爱国主义教育基地等，充分利用这些活动、场所和教育设施，组织学生参与，让他们在活动中接受品德教育。

资料链接：七彩德育实践课程①

春的气息溢满大地，今天又是难得的万里晴空，中国人民大学附属小学(简称人大附小)东校区、京西校区、亮甲校区全体一年级 930 位“小豆包”齐聚顺义七彩蝶园，举行主题为“我为队旗添光彩，我和小树共成长”入队仪式暨亲子植树活动。这是人大附小首次三校区的一年级学生在一起实施这门德育实践课程。学校举行入队仪式暨亲子植树活动到 2016 年已 20 年，早已成为七彩德育实践课程的重要内容。

一、课程目标

希冀孩子们把自己的成长与祖国的命运紧紧地联系在一起，植一棵小树还北京一片蓝天；希冀责任的种子从这一刻植入孩子们的心田；希冀入队、入团、入党成为孩子们的人生信仰；希冀家长陪伴与见证孩子和小树共同成长的难忘历程；培养孩子们的劳动观念、生活自理能力和让他们学会孝敬长辈。

二、课程内容

入队仪式：出队旗—宣布新队员名单—请家长为新队员授巾—新队员宣誓(我是中国少年先锋队队员。我在队旗下宣誓：我热爱中国共产党，热爱祖国，热爱人民，好好学习，好好锻炼，准备着，为共产主义事业贡献力量！)—请学校党员、团员和优秀教师代表为新任中队辅导员授巾，学校领导为中队辅导员颁发聘书—为新建中队授队旗—呼号(准备着，为共产主义事业而奋斗！)—齐唱队歌、退旗。

亲子植树：自备小铲子、小水桶、手套等植树工具和家长一起植树，制作一张写有自己入队心愿的“心愿卡”，挂在小树上留念。

园内游览：观察蝴蝶的生命历程，用自己喜欢的方式记录下来。

家庭野餐：主动承担任务，孝敬长辈。

今天的仪式，最感动人的是孩子们的精神领袖亲爱的校长妈妈。昨天傍晚她刚刚陪同六年级学生从上海毕业旅行归来，今天起大早又一次放弃难得的休息时间，亲临

① 引自网络文章《七彩德育实践课程》。

仪式现场，犹如春风化雨给新少先队员们上了人生第一堂“少先队队课”。这堂队课让队员们了解感恩教育，将人生中的第一个神圣队礼献给亲爱的爸爸妈妈和老师们；让队员们懂得在人生成长道路中因为有很多人的帮助才能如此幸福。

当930位新队员唱起《中国少年先锋队队歌》时，嘹亮的歌声响彻整个七彩蝶园。家长们看到孩子稚嫩的小脸如此庄严，仿佛孩子瞬间长大了，不禁流下激动的泪水。校长妈妈为孩子们的表现高高竖起大拇指！

(5)仪式教育活动育人

《中小学德育工作指南》提出，应开展仪式教育活动进行德育。仪式教育活动能够体现庄严神圣，发挥思想政治引领和道德价值引领作用。除寒暑假和双休日外，小学每日升挂国旗，严格执行中小学升挂国旗制度。除假期外，每周一及重大节会活动举行升旗仪式，奏唱国歌，开展向国旗敬礼、国旗下宣誓、国旗下讲话等活动。入团、入队要举行仪式活动。举办入学仪式、毕业仪式、成人仪式等有特殊意义的仪式活动。仪式教育活动要创新方式方法，与学校特色和学生个性展示相结合。

学校每周一都举行升旗仪式，培训国旗班的成员，明确升旗仪式的程序，要求他们熟练掌握升旗的动作要领，力求做到标准、规范。升旗仪式结束之后，还要请学生代表开始国旗下讲话活动。国旗下讲话是对学生进行思想道德教育的重要方式，是每所学校每周的一件大事。

(6)学校、家庭与社会协同育人

除了以上小学生品德教育的途径外，小学还积极争取家庭、社会共同参与和支持学校德育工作，引导家长注重家庭、注重家教、注重家风，营造积极向上的良好社会氛围。

首先，加强家庭教育指导。学校要建立健全家庭教育工作机制，统筹家长委员会、家长学校、家长会、家访、家长开放日、家长接待日等各种家校沟通渠道，丰富学校指导服务内容，及时了解、沟通和反馈小学生的思想状况和行为表现，认真听取家长对学校的意见和建议，引导家长了解学校的办学理念、教育教学改进措施，帮助家长提高家教水平。

其次，构建社会共育机制。学校要主动联系本地宣传、综治、公安、司法、民政、文化、共青团、妇联、关工委、卫计委等部门和组织，注重发挥党政机关和企事业单位领导干部、专家学者以及老干部、老战士、老专家、老教师、老模范的作用，建立多方联动机制，搭建社会育人平台，实现社会资源共享共建，净化学生的成长环境，助力广大中小学生健康成长。

(二)小学生体质健康和心理健康管理

随着对“健康”这一概念的深入了解，人们有了对健康的新定义：健康不再仅是身体健康。新时代的健康观念不仅是指身体康健，即没有疾病和缺陷的生理正常状态，还是指要有良好的心理状态。《国家中长期教育改革和发展规划纲要》(2010—2020 年)提出：加强体育，牢固树立健康第一的思想，确保学生体育课程和课余活动时间，提高体育教学质量，加强心理健康教育，促进学生身心健康、体魄强健、意志坚强。这一政策文件充分反映了国家不仅强调学生体质健康，对学生心理健康也高度重视。青少年的体魄强健、意志坚强、充满活力是一个民族和国家富有生命力的具体体现。如果青少年只是身体健康而心理不健康，那么他们在学习、生活、人际交往和自我意识等方面可能会遇到或产生不良的影响，甚至反过来还会产生负面影响或者危害青少年的身体健康。因此，在加强学生体质健康教育的同时，还要重视学生心理健康教育工作。每所学校至少配备一名专职或兼职心理健康教育教师，依托校内外专业人士对班主任和全体教职工实施心理健康教育的辅导和培训，以便更好地服务学生。

1. 小学生体质健康教育的内容与途径

依据《中小学健康教育指导纲要》的要求，学校应该依据不同年龄段学生的特点，有计划地开展学校健康教育，培养学生的健康意识和公共卫生意识以及使学生掌握健康知识和技能，促进学生养成健康的行为和生活方式，为学生的一生幸福生活奠定坚实的基础。

学校主要通过以下途径开展学生的体质健康教育：一是开设体育课，落实课间操，确保学生每天锻炼一小时。小学低年龄段学生的体育课每周 4 学时，中、高年级每周 3 学时，保质保量上好体育课；全面实行大课间体育活动制度，每天上午统一安排 30 分钟左右的大课间体育活动，开展集体体育活动。除了课间操外，学校组织学生做眼保健操，帮助学生了解科学用眼的知识和方法，降低近视率。二是举办多种形式的体育运动会。例如，在春秋两季体育运动会上，常常以班级为单位开展体育竞赛，培养学生的体育兴趣和特长。三是利用专题讲座、宣传栏、墙报等多种宣传形式，向学生普及疾病预防、安全卫生、禁毒控烟等健康教育。

2. 小学生心理健康教育的内容与途径

《中小学心理健康教育指导纲要》着重强调重视学生的心理健康教育，明确了学校在青少年心理健康教育方面的责任和义务。学校要根据学生的身心发展特点，对他们进行心理健康辅导和青春期教育，主要从三个方面开展心理健康教育：培养学生的心理健康意识、帮助学生掌握心理健康知识和心理保健技能、通过美育提高学生的心理健康水平。

学校开展心理健康教育的途径包括：一是开设心理健康教育课程。学校根据不同年龄段学生的身心发展特点和发展需要，有针对性地开设心理健康教育课程。课程的形式多样，包括专题讲座、角色扮演、游戏辅导、心理情景剧等。二是建立心理咨询室，定期开展个别心理辅导和团体辅导。心理教师利用心理辅导室对个别学生进行心理轨迹追踪和测试，建立学生档案，积累学生个性资料。三是利用网络教育开展心理健康普及和咨询。随着网络交流互动已经深入教育的每个角落，学校可以利用网络平台建立“心灵花园”，推进网上心理健康教育活动，还可以组织观看心理专家视频讲座。四是利用艺术类课程促进学生的心理健康发展。例如，学校通过开设音乐、美术、舞蹈等课程发挥美育在学生心理塑造和精神成长方面的潜移默化的作用。

(三)小学生学业状况管理

基础教育是衡量一个国家教育发展水平最重要的指标，学生学业状况是反映教育质量的重要方面。近些年来存在一些追求分数、将成绩和考试结果用于排名、甄别和选拔的现象，这些都加剧了学生间竞争、班级间竞争甚至学校间竞争。因此在基础教育阶段，学生学业状况的管理既不能揠苗助长，也不能因噎废食。教师要合理、有效地安排学生的学习时间，指导学生高效地完成课业，提高课业质量。与此同时，在小学生学习的过程中，学习压力是存在的，不过合理适度的学习压力不仅是必要的，而且有助于激发他们的意志和潜能。因此，将学生的学习时间、学习压力、学业负担控制在合理的“度”之内，才能达到事半功倍的效果。

依据《教育部关于当前加强中小学管理规范办学行为的指导意见》和国家教育体制改革试点项目“改革义务教育教学质量综合评价办法”提出的“绿色指标”等要求，学生学业状况的考察主要从学生学习时间、学生课业质量和学生学业负担三个方面进行。因此学校要科学确定作息时间，指导学生高效地完成课业，提高课业质量，切实减轻学生过重的学业负担。

1. 学生学习时间

为了让学生不与社会脱节，了解社会，学校要鼓励学生积极参加动手实践和健身娱乐活动。学校还要严格控制学生的作息时间和在校集中学习时间。例如，规定不论是走读生还是寄宿生每天在校学习时间(包括自习和文体活动)不得超过 6 小时。为了充分保障学生的休息权利，切实保证学生充足的休息和睡眠时间，按照相关规定，各学校严格控制书面作业量，小学 1～2 年级一般不布置书面作业，3～6 年级语文和数学可适量布置书面作业，总量不得超过 1 小时。其他学科一般不布置书面作业。

2. 学生课业质量

学生的学习是在各个学科教师的指导下进行的，不是完全纯粹的自学，它也是教学的重要组成部分。从学生的角度来看，学生课业质量的提高需要帮助学生养成良好的学习习惯；从教师的角度来看，教师除了提升自身的教学水平外，还须在整个学习过程（预习、听课、作业、复习、总结等环节）中加强对学生学习的指导。

第一，小学生要养成良好的学习习惯。主要包括四个方面。一是要养成学会倾听的习惯。如何倾听别人的意见是一种重要的学习技能。不论是倾听教师的讲授过程，还是倾听其他同学的发言，这些都能有效促进学生参与学习的过程。二是要养成善于思考、敢于提问的习惯。课前预习遇到不明白的问题提前做好标记，课上带着问题听课学习不仅有利于提高学习质量，还有利于培养发明创造能力。三是要养成自主读书和认真书写的习惯。阅读是文化积累和构建的重要方式，养成边读边勾画重难点，养成乐于读书、读好书、愿意和书交朋友的好习惯。认真书写不仅能提高作业的准确率，而且对端正学生的学习态度有着积极的意义。小学生在书写方面要做到“三个一”：眼离书本一尺，胸离桌子一拳头，执笔处离笔尖一寸。四是要养成与人合作的习惯。合作学习是现代学习中不可缺少的一种方式，它有利于培养学生团队协作的精神和交流的能力。小学生应该学会主动和同学、教师合作，在尊重的前提下，主动表达自身的观点，共同解决问题。

第二，小学生的学习是由一系列学习环节共同组成的过程，包括预习、听课、作业、复习和总结等。课前预习可以增强学生听课的针对性，同时也培养了学生的自学能力。因此，教师要对学生的预习加强管理。一是明确预习的要求，如圈出关键语句等。二是指导学习自学的方法，如写读书笔记、如何查找工具书等。听课是整个学习过程的中心环节，听课的效果和质量直接影响到后续的学习环节，如作业的完成以及复习巩固旧知。当然听课有技巧，教师要指导学生学会听课，如带着预习问题听课，有重点地听课。同时要集中注意，做到看、听、思考相结合。听课时必要的时候快速简要记笔记，等等。完成作业的目的是巩固所学知识，把知识变成技能和能力。复习和总结可以切实提高自己的智慧，理顺知识体系，提升自身的认识水平。

3. 学生学业负担

在小学生学习的过程中，合理适度的学习压力有助于激发他们的潜能。但是当前还存在一些学校考试频繁，家庭作业形式单一、耗时长，以及校外补课过重的现象。为此，教育相关部门多次提出减轻中小学过重的学业负担。例如，学生学习和作业时间不得超过教育部或地方教育行政部门规定的时间。学生的练习册不得重复繁多。学校对学生的评价要多元化，不得只注重学生的学习成绩。

学生管理的内容是多方面的，除了上述几个方面外，还有招生管理、学籍管理等。在招生管理方面，小学阶段在我国属于义务教育阶段，按照就近入学的原则进行招生；招择校生时必须严格按照有关规定办理，合理分配教育资源。在学籍管理方面，本着教育公平，同年级按照随机的原则平行编班。一般来说，小学阶段每个班级的人数不超过 30 人，从而确保教学管理和教育质量。在明确编班的标准和班级人数之后，学生的考勤管理、考核管理以及奖惩管理成为学生学籍管理的重要组成部分。

第四节
小学课程管理

课程是学校教育活动的载体，具有核心地位。学校的一切工作都是围绕课程的设计、实施和评价等方面开展的。课程是为了实现学校教育目的和培养目标而规定的教学科目及其目的、内容、范围、分量和进程的总和。学校进行课程管理是教育管理的重要内容。1999 年，《中共中央　国务院关于深化教育改革，全面推进素质教育的决定》提出，“调整和改革课程体系、结构、内容，建立新的基础教育课程体系，试行国家课程、地方课程和学校课程。”这一决定将学校正式列入课程管理的主体，学校课程和部分地方课程将由学校自主研发和编制。

一、小学课程管理的内涵

(一)小学课程管理的概念

《教育大辞典》第 1 卷指出：课程管理是对课程编订、实施、评价的组织、领导、监督和检查。①

张沂福认为课程管理是指学校对教学工作实施管理，是学校管理者遵循教学规律，行使管理职能，对教学活动各因素进行合理组合，使教学活动有序高效地进行，从而完成教学计划和教学大纲规定的教育教学任务。②

许象国认为课程管理就是在一定社会条件下，课程管理者依据一定的管理原则和运用一定的管理方法，对一定课程系统的人、财、物、课程信息等因素进行决策、计划、组织、指挥、协调、控制，以有效实现一定课程系统预期目标的活动。③

张继华等认为，学校课程管理是学校及其相关人员行使课程权利并履行责任的具体体现，是国家基础教育课程质量在学校一级的重要保证，是学校管理工作的核心内容。学校课程管理就是要在学校层面协调、优化和整合三类课程的关系，即国家课程、地方课程的有效实施和校本课程的合理开发。④

---

① 顾明远：《教育大辞典》第 1 卷，201 页，上海，上海教育出版社，1990。
② 张祈福：《大学课程论》，231 页，南京，江苏教育出版社，1992。
③ 许象国：《基础教育课程管理概论》，2～3 页，上海，上海教育出版社，2002。
④ 张继华、何杰：《现代中小学管理新编》，213 页，南京，南京大学出版社，2015。

综上所述，小学课程管理是指学校根据上级教育行政部门有关基础教育课程的政策规定，结合本校的实际情况，为实现基础教育培养目标而对国家课程、地方课程和校本课程进行的安排、设计、开发、实施和评价的自主管理活动。学校对课程的管理既可以保证国家课程和地方课程的有效实施，又可以满足学生的需要，开发校本课程。

(二)小学课程的体系

课程是促进与实现教师和学生发展的基本保证，也是学校开展教学工作的基本条件。按照课程决策主体的不同，小学课程分为国家课程、地方课程和校本课程三个部分。

国家课程是由国家教育行政部门决定的。国家课程内容通常是由专家开发，以必修课的形式出现的，是小学课程的主体部分。它是依据未来国家公民接受教育之后要达到的总体素质而开发的统一而又不乏弹性的课程。课程目标以学生发展的基本目标与共同素质为主，要求地方学校必须强制实施。因此，它具有共同性、统一性、发展性和强制性的特点。

地方课程是由地方教育行政部门决定的。它是依据当地的政治、经济、文化和民族发展等需要而开发的课程，突出地方特色，反映当地文化特色，满足地方文化发展与传播的需要，具有区域性和本土性的特点。

校本课程是由学校教师自行设计开发的。其目的是满足学生和社区的发展需要，强调多样性和差异性，主要侧重学生兴趣、学校特色和本地课程，通常以选修课的形式出现。

二、小学课程管理的内容

学校课程管理的核心是保证国家课程与地方课程的有效实施，保证校本课程的合理开发与实施，并在具体的课程管理工作中协调、优化和整合三种课程。随着课程改革的不断深入，课程结构变得越来越复杂。很多学校在推进国家课程和地方课程的基础上，将选修课程、活动课程和隐性课程作为思考和改革的重点。小学课程管理具体包括以下内容。

(一)小学课程建设的管理

我国于1996年6月召开的全国教育工作会议，明确提出基础教育实行“三级课程”的构想，即改变原来一直由国家统一课程的做法，在同一所学校实行国家课程、地方课程和校本课程并举。这样的举措给学校赋权，使得课程体制更为灵活，地方和学校可以根据实际情况在国家课程的基础上建设自己的课程体系。

1. 小学课程体系的建设

小学课程体系的建设既要基于国家课程，也要着眼课程创新，形成自己的特色，实现自己的教育理念。首先，有效实施国家课程和地方课程。国家课程是强制要求学校实施的必修课程，它集中体现了国家意志，是为未来公民接受基础教育之后所要达到的共同素质而专门开发的课程。地方课程是由省级教育行政部门根据当地政治、经济、文化等发展需要而开发的课程。其次，为了增进与社会的关系，培养学生的社会责任感，还要设置综合实践活动。其目的在于增强学生的探究和创新精神，发展学生综合运用知识的能力，学习科学研究的方法。《基础教育课程改革纲要(试行)》在明确新课程的结构时提到，从小学到高中设置综合实践活动课程并作为必修课，主要以信息技术教育、研究性学习、社区服务与社会实践以及劳动与技术教育这几类为课程内容。这些实践活动课程大多以调查、考察、参观访问等形式实施，要求学生走出校园，亲近自然，走进社会。因此学校在开设此类课程时需要以学生的安全为前提，做好师生安全保障工作。最后，可以开设选修课程。除了开设必修课程外，为了发展学生的兴趣爱好、拓宽和加深知识、培养特长，学校还开设了选修课程，包括兴趣类和技能类以及学术类的选修课程。各校根据本校的传统和实际条件，充分尊重学生的兴趣和需要，合理设置相关选修课程。

2. 小学校本课程的建设

校本课程是在国家课程、地方课程实施的前提下，根据学校以及当地实际情况，通过对本校学生的需求进行科学评估，充分利用当地社区和学校的课程资源开发的多样性的课程。校本课程的开设不仅有利于学校充分发挥办学优势和特色，有利于学生个性发展、特长的发挥，还有利于教师自身的专业发展。通过校本课程的研发与实施，教师自身的专业素养包括科研能力得到提高，进而促进自身的专业发展。

校本课程建设的特征包括以下几方面：从课程开发的主体上看，校本课程开发主体是各所学校，它服务学校、依靠学校、根植于学校。每所学校可以结合自身的优势和资源，科学合理地分析学生的需求，开发校本课程，因而它具有校本性。从课程内容上看，校本课程具有多样性。它是为了满足学生的个性发展需要，结合学校自身和社区资源进行开发的多样性的、可供学生选择的课程。从课程系统来看，校本课程既不同于国家课程和地方课程，又与它们相互补充、密切联系，构成课程整体。但是它不能替代国家课程及地方课程。所以校本课程还具有关联性，与国家课程、地方课程共同构成学校的课程体系。

校本课程管理主要包括校本课程开发、校本课程实施和校本课程评价三方面。校本课程开发是基于学校、在学校并依靠学校开发的课程，学校是其开发的主体。校本课程开发的程序主要有 4 个阶段，分别是需求评估、确定目标、组织与实施、评价与管理。需求评估主要是在明确学校培养目标的前提下，评估学生的个性发展需要、评估学校和社区资源及发展需求。确定目标即在分析与研究需要评估的基础上，确定校本课程的总体目标，确定校本课程的结构。组织与实施是为实现校本课程目标开展的一系列活动，包括建立职责明确的组织系统；负责人要宏观指导，确保落实；师资是实施校本课程的中心环节，为此要加强教师培训，提高教师综合素质；等等。评价与管理为学校修正和完善课程目标、课程组织和实施提供依据。

3. 小学隐性课程的建设

以上这类课程都是显性课程，实际上学校还存在隐性课程，其亦具有自身独特的教育价值。虽然学校越来越重视隐性课程，但是在教育管理实践中仍然缺乏足够的认识。隐性课程主要包括学校的物质环境、精神环境、制度文化等对学生产生的影响；也包括教师个人品质(人格、教学行为等)和教育教学中的人际关系(师生之间、教师之间、干群之间等)对学生的教育影响；还包括正规课程中隐含的意识形态内容等。

加强隐性课程的管理不仅有利于提高学校课程管理质量，还有利于丰富学校管理理论。它在促进学生的全面发展发挥着重要的作用。从广义角度来说，学校的隐性课程建设就是学校的校园文化建设。

(二)小学课程实施的管理

1. 制定学年课程实施方案

学年课程实施方案是一所学校一整学年的课程实施计划，包括各年级的课程门类、课时分配、课程实施要求和评价等。要切实保证课程实施过程与实施方案保持一致，需要开足开齐各类课程。

2. 编制课程表

课程表又称课表，是课程计划的具体体现。它的主要任务是在确定学科门类的基础上，根据一定的编排原则使各门学科的课程保持一定序列，形成合理的课程结构。首先，编制课表时要严格按照上级教育部门规定的课程计划编制课表。其次，要注意各类课程的合理搭配，同时适当参照教师的合理建议要求以及学生学习的特点。

3. 课程实施过程的管理

课程实施过程的管理主要是对编写教学进度计划、备课、上课、作业、考试、学习辅导的管理。

(三)小学课程评价的管理

1. 学校课程方案评价

学校管理者要能够提出课程改进意见，为下一期制定课程实施方案服务；组织教研组评价教学进度计划；定期检查教案，组织教师交流教案；为课程的后续发展提出建议。①

2. 教师教学业绩评价

要建立一种全面评价教师业绩的评价体系，坚持评价主体的多元化，把自我评价、同行评价、学生评价和领导评价结合起来；坚持评价方式的多样化，把过程评价和结果评价、定性评价和定量评价结合起来。②

3. 学生发展评价

要发挥课程评价对学生全面发展的激励功能；建立恰当的评价报告制度；注意评价的场合、时间；依据不同学生的特点进行个性化评价；帮助学生学会自我评价。

第五节 小学教学管理

教学是学校的中心任务，是实现学校教育目标的基本途径。教学工作的成效取决于学校对教学工作的科学合理管理。因此，教学管理是小学管理的核心。

一、小学教学管理的内涵

教学管理是学校管理的重中之重，是学校管理的主体内容。张继华等将教学管理分为宏观和微观两个层面，认为宏观层面的教学管理是指教育行政机关对各级各类学校和教育机构的组织、领导和管理；微观层面的教学管理是指学校内部的教学管理，即学校教育行政人员为完成教学任务、提高教学质量，运用一定的原理和方法，通过一系列的特有管理行为，组织、协调、指挥和控制学校的教学工作，以实现教学目标的过程。③ 还有学者将教学管理分为学校层面对教学的管理和课堂教学管理，认为学校层面的教学管理是课堂外部的管理，它对教学日常工作和课堂教学管理有很大的影响和制约作用。④

本章讨论的是微观层面的教学管理，即学校层面的教学管理。小学教学管理是指小学领导者和教学管理人员根据教育方针、课程计划、教学大纲的要求和学校教育教

① 朱大伟：《论学校课程管理的内容》，载《教学与管理》，2003(17)。
② 朱大伟：《论学校课程管理的内容》，载《教学与管理》，2003(17)。
③ 张继华、何杰：《现代中小学管理新编》，189页，南京，南京大学出版社，2015。
④ 杜芳芳：《从行政控制到专业引领》，博士学位论文，华东师范大学，2011。

学的规律，为完成教学任务、提高教学质量，运用现代管理的理论、方法和原则，通过计划、组织、指挥、协调、评价、反馈等手段，科学地组织、协调和使用学校教学系统中的人力、物力、财力、时间、信息等资源，以推动教学工作有序开展、达成教学目标的活动。①

二、小学教学管理的组织体系

教学管理工作离不开教学管理组织的有效计划和实施。我国教学管理组织不仅包括学校内部的教学管理，还包括教育行政部门的教学管理组织。本章的小学教学管理组织主要是指学校内部的教学管理。学校教学管理组织，主要是由校长领导、教导处(教学处)指挥、教研组(年级组)和教师具体执行的组织。教导处(教学处)是教育教学工作指挥机构，教学主任是校长领导教学的主要助手。教研组和年级组是教学的基层执行机构。教研组组长和年级组组长要组织教师进行教学研究，提高教学质量。教学处以教研组和年级组为抓手组织开展教学工作。为了简化教学管理机构，归并职能，很多小学开始变革，撤销年级组，改为不同年段的级部组织，有低年级级部、中年级级部和高年级级部，每个级部设置一名级部主任。

一般来说，学校管理组织呈现出矩阵型结构，既保持教学管理系统原有的纵向直线职能结构[校长—教导处(教学处)—教研组—教师]，又以年级组为协调部门，形成横向结构[校长—教导处(教学处)—年级组—教师]，从而加强横向的交流与协作，如图 7-1 所示。在这种结构中，横向层面以年级组为协调机构，赋予年级组自主管理的权力，加强跨学科之间的教学协作。同时，年级组内设立备课组，负责本年级本学科的教研工作。纵向层面以各教研组引领的学科为导向，充分发挥各职能部门的作用，以缩短教师与校长之间的距离，使校长直接了解教学动态，让教师直接体验校长的决策智慧。②

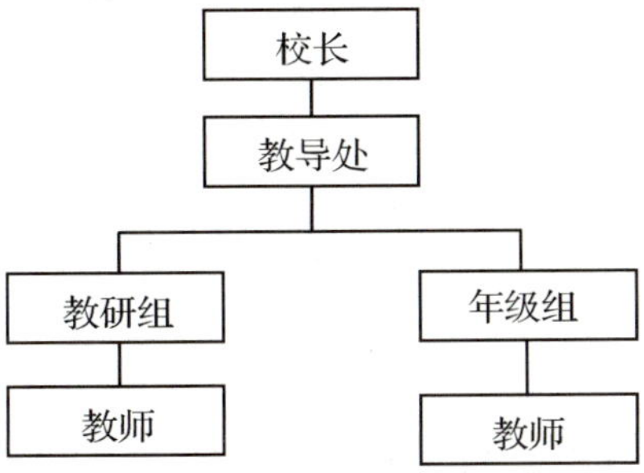

图 7-1　学校管理组织

① 郭继东：《学校组织与管理》，190 页，上海，华东师范大学出版社，2012。
② 方学礼：《中小学教学管理组织结构的变革》，载《中小学管理》，2005(7)。

三、小学教学管理的内容

小学教学管理的内容包括教学组织管理、教学过程管理和教务行政管理等。教学思想管理、教学研究管理是贯穿于其他各项工作中，所以教学思想管理、教学研究管理和教学质量管理都不单独列为教学管理内容。鉴于此，本书将小学教学管理的内容分为教学计划管理、教学组织管理、教学过程管理和教务行政管理。

(一)教学计划管理

计划是活动的开端和前提，没有计划，活动目标则难以实现。教学计划是国家教育主管部门制订的有关教学和教育工作的指导性文件，是学校组织教育教学和课外活动的重要依据。对教学计划进行管理，就是通过对未来教学工作和活动的设计，控制和指导整个教学过程，从而取得最佳教学效果。

从宏观层面来说，国家教育主管部门实施教学计划管理就是要制订教学计划、编写教材等。从微观学校层面来说，教学计划管理要靠校长、教导主任和教师具体落实相应教学计划管理工作。校长在了解国家课程标准和教学计划的前提下指导全校教学工作。同时，校长需要结合地方和学校的实际情况，制定具体明确的教学目标体系，最终使得宏观层面国家课程标准、教学计划与微观层面的学校实际情况结合起来。教导主任则在校长的领导下指挥各个教研组开展教学活动，协助校长管理好教学工作。教导主任要求教研组制订学年、学期工作计划，明确教学研究的指导思想、主要项目、基本要求、时间安排和责任归属。教师是教学工作计划的具体实施者。教师自身不仅应该从纵向角度对教学过程进行计划管理(备课、上课、作业、指导、考核等)，还应该从横向角度对自身的教与学生的学进行计划管理。教师要在了解课程标准和教学内容的基础上，结合学生学习的基础，制订教学计划。对于学生，教师指导学生做好学习计划、制订学期计划，帮助学生提高自学能力。

总之，教学计划管理就是在国家教育部门规定的课程标准范围内，结合学校的实际情况，在校长的领导下，教导主任指挥教研组，指导教师具体实施落实计划的过程。

(二)教学组织管理

教学组织管理工作千头万绪，需要靠组织的多方力量协作完成。因此要重视教学组织管理，其重点就是要抓好教研组的建设、完善教导处的工作。

教研组是学校教学行政的基层组织力量，是联结管理层和一线教师的纽带。抓好教研组的建设，形成良好师风教风，会对学校起到至关重要的作用。为此，应该做好以下几个方面：一是建立健全教研组。同一学科教师的人数在三人以上就应该成立教研组；不足三人者可将性质相近的学科教师组织起来成立跨学科的教研组；二是建立相应的教研规章制度，如定期会议制度、听课评课制度、集体备课制度和质量分析制度等；选任教研组组长。要挑选德才兼备、管理能力突出和享有威望的人担任重任。

教导处是学校教学组织的管理中心，主要负责编班、制表、安排课务、学籍与教务档案管理以及图书馆的管理等。此外，教导处还要负责组织期中和期末学科检测、考试质量评估、教师业务进修等教务行政工作。由此可知，教导处需要处理很多纷繁复杂、琐碎细致的事务。做好教务工作，有利于建立正常的教学秩序，反之则会引发教学系统乃至整所学校的紊乱。

课务安排有多种形式：包班制、科任制、跟班制、学年更新制。无论选择哪种形式的课务，都需要考虑到教师的专业背景、专长、教学能力和业务水平，还要兼顾教师的个性特色和年龄特点，并且注意不同教师之间的合理搭配。包班制一般用于小学低年级段，对于教师的综合素养要求较高。科任制要求教师拥有较强的学科功底。跟班制能够让教师全面了解不同年级段的教学梯度差异。学年更新制带给教师的压力较小，有助于青年教师逐步适应教学生涯。

(三)教学过程管理

教学过程是由教师的教和学生的学组成的双边活动过程，是由教师、学生、教学内容和设备、手段等要素构成的。教师的教学过程包括备课、上课、作业布置与批改、辅导、成绩考评五个环节；学生的学习过程包括预习、听课、复习、考查、掌握和运用五个基本环节。教学过程管理是常规教学管理，包括对备课、上课、作业布置与批改、辅导、教学检测和总结等教学环节的管理。

1. 备课的管理

备课是教师上课前的准备，为课堂教学顺利推进提供保障，也是保证教学质量的关键环节。备什么呢？备课具体包括备学生、备内容、备方法、备作业形式、备教学组织形式和备教学时间。此外，随着教育信息化的推进，备课的内容还要包括备教育技术，如具体备教学展示所用的课件(插入视频图片的清晰度、字体的大小、关键问题的展示等)和教学设备(电子白板)。学校要安排教导处和教研组定期或不定期地对教师的备课情况进行检查、督导和评价，通过优秀教案展示、观摩课交流等形式，强化教师的备课过程，提高教师的备课水平和质量；还要对新入职教师开设教学设备使用的培训课程，如电子白板的使用培训等。

2. 上课的管理

上课是教学的中心环节，上课能够保证备课计划的有效实施，也为后续作业、复习巩固提供保障。在充分准备的基础上，教师既要做到心中有画，又要做到胸中无画，要有详细的备课计划，也不拘泥于备课计划，根据学生的学习情况随时调整教学计划，因材施教。教导处和教研室要定期或不定期开展听课，对教师的上课情况进行评价与指导，确保教学计划如期实施。

案例：一位“懒老师”的收获①

一位教师在执教课文《鸟岛》时突发奇想：自己累了一个学期了，这次做一回“懒老师”，让学生自己教自己如何呢？于是，他在自习课上先鼓励学生充满自学的热情，相信自己能够把自己教会，也能够把同学教会；相信自己，只要积极地动起来，就会创造属于自己的课堂精彩。紧接着，他把学生分为两组：一组和二组成员互为小老师，各组组长为负责人，按照老师的提示和要求进行学习。课后进行比赛，看哪组的学习通关人数多，学生的热情马上被调动了起来，一个个像站在起跑线上的运动员，整装待发，充满信心。

下面是这位教师描述的情景。

情景一：学生紧张备战，在我的巡视过程中，我发现有个小姑娘露出为难的表情。我赶紧走上前去，还没等我张口问，就听到一个男孩说：“别急，我来教教你，看，这个生字……”啊，小老师出现了，我这个大老师显得有些多余啊，我还是到别处看看吧。

情景二：第二组的几个同学好像起了争执，几个男孩争得面红耳赤。我快步走上前去看个究竟。原来，在同步练习题中出现了一道题，大家的答案有了分歧。啊，这下终于轮到我出场了，我三两下就解决了他们的问题。我想孩子们对这个知识点一定印象深刻了吧。

情景三：通关比赛中，听写测试时孩子们个个正襟危坐，写完自觉检查，生怕被别的组落下，自然学习结果很不错。

案例分析：这个案例展示了一位富有经验的教师在课堂教学中以学定教、顺学而教的过程，取得了较好的教学效果。这位教师表面上看似“懒”，实际课堂教学中在学生遇到不能解决的问题时适时对他们进行点拨和引导，自己退居幕后，让学生充当“主角”。这激发了学生的积极性，让学生的自主学习真正落到了实处。

3. 作业布置与批改的管理

做作业不仅能够复习旧知，还可以帮助学生发展演绎思维能力，消化所学知识和内容。教师在布置作业时要注意质和量两个方面，确保题量适中，难度适宜，作业难易也要有梯度。这是为了激励学生探究，发展学生的学习能力。教师对作业要及时批

---

① 袁贵仁：《中小学校管理评价》，120～121页，北京，人民教育出版社，2014。有改动。

改和及时反馈。教导处和教研室要定期或不定期对作业布置与批改进行检查，发现问题后及时纠正。

4. 辅导的管理

由于学生的基础和学习能力的差异，学习会有差异。因此教师会对学生进行集体辅导或者个体辅导，视情况而定：如果是共性问题就集体辅导；如果是个性问题则个别辅导。教导处和教研组要定期或不定期对学生辅导情况进行检查，发现问题后及时纠正。

5. 教学检测的管理

检测有很多方式：闯关、考试、调查等检测方式，视学生的年龄特点和学习能力而定。一般期末对一年级学生采用一连串闯关活动进行检测，既检测学生的学习水平，还保护学生求知好学的欲望；对中、高年级的学生多采用笔试或者调查的方式。教师通过考试可以帮助学生系统掌握知识，并使得学校管理者全面了解教学质量情况。教导处和教研组要加大对期中和期末考试的检查和督导，抓好出卷、阅卷、评卷等环节的质量，确保教学检测起到促进教学的作用。

6. 教学总结的管理

总结是检查的继续，也是奖优罚劣的依据。总结的目的是通过发现和分析教学问题，总结教学经验，提升教学质量，然后在此基础上提出改进措施。总结要突出激励功能，注重教师与学生的发展过程与个性特点。

(四)教务行政管理

教务行政管理主要包括编班管理、制表管理、学籍与教务档案管理、图书资料管理、仪器设备管理等内容。

编班共有三种方式：常态编班、能力编班和混合编班。常态编班就是不按照学生的学习能力和水平将学生均衡分到各个班级，从而最大限度地保障教育公平。能力编班，顾名思义，就是按照学生的学习水平进行分班。它虽然能够兼顾到学生的差异，但是这在一定程度上又违背教育公平。混合编班就是兼顾常态编班和能力编班，在常态编班的基础上，对某些学科再按照学习水平进行分班。我国很多小学实施的分层教学就是以这种方式编班的，不仅有助于因材施教，还能避免能力编班带来的教育不公的影响。

制表主要是制作“三表”：课程表、作息时间表和校历。课程表是教学工作的时间依据，它包括全校课程总表、教师任课表和教学班课程表三种形式。编制课程表时需要注意两方面：一是要符合课程标准的要求，国家规定的综合实践活动、艺术、体育与健康、劳动课程不能遗漏；二是要符合学生的生理、心理发展规律以及学习能力状态的变化规律，将较大难度的课程安排在学习的“黄金”时间。编排作息时间表时，首先要控制学生的在校学习时间，保证学生的休息与睡眠时间；其次要根据不同季节做出相应的调整，一般分为冬季和夏季作息时间表；最后根据学生的身心发展规律和学校卫生学的要求，设置课时长度和课间休息时间。校历主要包括全学期的周次安排、日期安排和主要活动安排。

学籍与教务档案管理包括三方面：一是学生学籍管理，通常包括入学管理、学生档案管理、转学借读管理、休学复学与辍学管理、留级与跳级管理、毕业管理、请假管理、考核奖励处分等。二是教师业务档案的建立与整理，包括教师的学历、工作简历、进修情况、每学期承担的课程及工作量、教学工作的机会与总结、所教学科的成绩、工作考核与奖惩情况等。三是其他教务档案资料的管理。上级下发的文件、学校的教学工作计划与总结、专题活动的典型材料、学校编写的材料、参加竞赛取得的成绩等，都要注意积累、分类整理、妥善保存。①

图书资料是教学的载体和必备的工具，从购买到保管再到流通要有专人负责管理，做好登记、分类、编目、上架等。仪器设备是教学的必要条件，仪器要及时检查、清理、修理和补充，既要严格遵守操作规程，也要保障学生使用安全。

第六节 小学与家长、社区的沟通与合作

一、小学与家长的沟通合作

(一)小学与家长的关系

小学与家长建立合作关系的出发点就是关心我们共同的孩子。小学关心孩子的方式之一是关心孩子的家庭。如果教育工作者仅仅把孩子当成学生，或者有些人认为小学和家长之间的关系是社会组织与消费者的关系，那么很可能出现家长做好自己该做的事情即可，教育孩子是学校的事情。这就导致小学与家长的分离。但是如果把学生视为孩子，不论是家长抑或是社区，他们都是小学教育工作者的共同合作者。为了维护孩子的共同利益、承担共同责任，他们会合作为孩子创造更好的机会和条件。

小学和家长是合作伙伴关系，小学要采取恰当措施激发家长的积极性，充分赋予

① 郭继东：《学校组织与管理》，195 页，上海，华东师范大学出版社，2012。

家长参与教育的选择权。只有这样，家长与小学之间才会形成真正的信任、亲善的关系。一方面，小学的政策和行为须以孩子和家长的利益和要求为导向。在进行重大决策和活动时，小学应当将决策对孩子个人发展的意义、对社会的意义向家长阐明，从而赢得家长的理解、认同、支持与合作。另一方面，家庭教育对孩子的影响持续一生，直接影响小学的教育质量。因此加强家校沟通，努力使家长理解学校教育，形成正确的理念，与学校共同按照教育规律培养孩子，形成教育合力。

(二)小学与家长的沟通合作方式

1. 成立家长委员会

家长委员会(简称家委会)是联结家长和学校的纽带，有校级、年级和班级三种，一般是由有威望的学生家长组成的，在家长中起到模范带头作用。家委会既可以向家长传递小学对家庭教育的意见和要求，提高家长的认识，也可以向小学反映家长的诉求，帮助小学改进工作。

2. 召开家长会

家长会是家校沟通的有效方式。召开家长会，可以帮助家长分析心中的疑惑和解决问题，让家长了解孩子在学校的整体表现、教师的教学情况，还可以看到自己孩子的作品，满足家长想要了解孩子在学校的整体状况的心理需求。家长会按照内容可以分为通告家长会和专题家长会；按照召开的范围可以分为校级家长会、年级家长会、班级家长会。

3. 设立家长学校

家长学校是由学校领导、教师及家委会中有一定教育经验的成员承担培训工作，主要研究怎样教育好子女，指导家长学习教育类和心理类的基本知识，介绍教育子女的有效经验。

4. 建立家校互访制度

家校互访是小学与家庭建立联系的重要途径。家访有助于小学教育工作者了解孩子的家庭状况、孩子在家中的表现，与家长共同研究教育孩子的措施；还有助于孩子父母与教育工作者面对面交流，直接了解孩子的在校学习状况，加强父母与教师之间的沟通，有针对性地帮助孩子成长。家校互访的方式包括：建立学校开放日、家长接待日，邀请家长参观学校，了解孩子的情况；邀请家长参加学校文体活动，如学校运动会、文艺演出等。这些活动的计划、组织与实施需要投入大量的人力和时间，有家长的帮助会事半功倍。这既可以拉近家长与孩子和学校的距离，也可以使家长在内心形成对学校的归属感；利用微信、电话等方式与家长直接联系，还可以建立学校网站与家长沟通。

资料链接：“家长参政”为武汉校园添活力①

“学校要换午餐供应商了，大家有什么具体情况想了解?”这是湖北省武汉市崇仁路小学的一名学生家长在网上发的一个帖子，他的另一身份是学校家长委员会成员。

家长们的网上留帖不只是提问，更重要的是为了解决问题。很快，学校更换了午餐供应商，甄选的不是校长办公室工作人员，而是家长委员会。

类似的故事在武汉有很多，黄浦路小学要不要继续办课后托管班的问题也是通过家长委员会得到妥善解决的。

家长委员会参与学校管理，不仅拉近了家长和学校的关系，而且也给校园管理增加了透明度，给校园带来了活力。

二、小学与社区的沟通合作

(一)小学与社区合作的内涵

社区是以某种共同的特征划分的居住区。这种特征既包括社会关系特征，也包括地域特征。学校、社区合作伙伴关系是学校与社区个人、组织和商业机构间建立的，直接或间接地促进学生的社会、情感、身体和智力发展的联系。社区并不局限于邻里间的地理界线，而更多指的是一种社会互动。这种互动既可以发生于当地界域之内，也可超越这个地域。②

(二)小学与社区合作的形式

小学与社区合作可以有不同的形式，包括以服务学生、家庭、学校、社区为中心的合作。表 7-3 为小学与社区合作的形式与内容。

表 7-3　小学与社区合作的形式与内容③

形式	内容
以服务学生为中心的合作	为学生提供辅导或者家教计划以及为学生提供奖励

---

① 程墨、曾颖枫：《“家长参政”为武汉校园添活力》，载《中国教育报》，2007-11-17。

② [美]乔伊丝·L. 爱普斯坦、[美]马维斯·G. 桑得斯、[美]斯蒂芬·B. 谢尔顿等：《学校、家庭和社区合作伙伴：行动手册》，吴重涵、薛惠娟译，27 页，南昌，江西教育出版社，2012。

③ [美]乔伊丝·L. 爱普斯坦、[美]马维斯·G. 桑得斯、[美]斯蒂芬·B. 谢尔顿等：《学校、家庭和社区合作伙伴：行动手册》，吴重涵、薛惠娟译，52 页，南昌，江西教育出版社，2012。

续表

形式	内容
以服务家庭为中心的合作	组织家长开展如何当好家长的培训研讨会，提供家庭咨询服务，开设其他成人教育课程和开展其他帮助家长的活动
以服务学校为中心的合作	提供设备和材料、美化和修建、教师激励和奖励，捐赠学校设备和资源，或者开展有益于全体教职工的活动
以服务社区为中心的合作	社区美化、学生展览和表演、慈善活动和其他宣传

（三）小学促进社区参与的方法

1. 校长积极支持社区参与

校长积极支持社区参与是小学、社区合作成功的关键。校长不仅要允许社区参与，还要为社区参与创造机会。如果社区持续参与学校工作得不到校领导的积极对待，则会影响社区参与的热情和积极性。

2. 选择合作伙伴

选择合作伙伴时要基于共同目标和对成功合作基本宗旨的共同承诺，即公开交流、共同决策以及尊重所有利益相关者。在合作前，他们应该开会讨论合作目标和合作方式。合作既可以是短期的，也可以是长期的；既可以是简单的，也可以是复杂的。例如，一所学校、一个当地的卫生保健机构和社区领导者可以共同在学校场所合作举办社区健康交流会。

3. 建立友好的合作氛围

校长的态度和行动是小学与社区合作成功的关键。同样，小学教师和学生的热烈欢迎会加强社区对合作伙伴工作的奉献精神，还增加了他们参与的乐趣。例如，当学校表达对社区帮助的感激，社区会感到欣慰并增加持续参与的愿望。

促进社区参与的三种方式都与校长作为学校领导的行为有关。校长可以营造良好的合作氛围，创造一片学校—社区合作伙伴关系繁荣发展的肥沃领地。

本章小结

小学管理是管理者为了全面贯彻党的教育方针，努力提高教育教学质量，培养一代新人而合理组织、有效使用校内的人力、物力、财力，以实现学校工作目标的活动过程。目前我国小学校内管理体制实行的是校长责任制。校长责任制包括四方主体，分别是校长、党的学校基层组织、教代会、学生及家长和社区组织，其权力与职责各不相同。与中学管理相比，小学管理具有自身的特征，主要体现在四个方面：保育性、基础性、全面性和安全性。

小学教师管理、小学生管理、小学课程管理、小学教学管理以及小学与家长、社区的沟通与合作是本章的主体内容。每节遵循着是什么、为什么以及怎样管理的逻辑进行梳理。小学教师管理分别从小学教师的招聘、任用、职业道德管理、专业发展管理、绩效考核、权益保障的内容开展。小学生管理是指小学生管理者依据相应法律法规和规章制度对小学生开展的经常性的、阶段性的一系列规范化管理的总和。小学课程管理是指学校根据上级教育行政部门有关基础教育课程的政策规定，结合本校的实际情况，为实现基础教育培养目标而对国家课程、地方课程和校本课程进行的安排、设计、开发、实施和评价的自主管理活动。教学工作的成效，取决于学校对教学工作的科学合理管理。小学教学管理是小学管理的核心领域，包括教学计划管理、教学组织管理、教学过程管理、教务行政管理。家长和小学是合作伙伴关系，只有充分赋予家长参与教育的选择权，家长与小学之间才会形成真正的信任、亲善的关系。学校与社区也是合作伙伴关系，其合作形式有以服务学生为中心的合作、以服务家庭为中心的合作、以服务学校为中心的合作、以服务社区为中心的合作。

关键术语

小学管理的特征；小学管理体制；小学教师管理；小学生管理；小学课程管理；小学教学管理；小学与家庭、社区的沟通与合作

拓展阅读

1. [美]乔伊丝·L. 爱普斯坦、[美]马维斯·G. 桑得斯、[美]斯蒂芬·B. 谢尔顿等：《学校、家庭和社区合作伙伴：行动手册》，吴重涵、薛惠娟译，南昌，江西教育出版社，2012。

该书系统介绍了美国家校合作，将其理论与实践介绍到国内来。我们可以在借鉴和学习的基础之上，收集我国本土的实验数据，总结完善适合中国国情的家校合作理论和行动原则。

2. [美]马歇尔·卢森堡：《非暴力沟通》，阮胤华译，北京，华夏出版社，2018。

该书为就我们提供了良好的沟通模式——非暴力沟通，它不仅适用于亲密关系、家庭，也适用于学校、外交商业谈判等。对于一线教师来说，为教师与家长、学生的沟通提供了良好的借鉴。

3. 尹建莉:《最美的教育最简单》，北京，作家出版社，2014。

该书虽然落脚点在家庭教育上，却也对学校教育有借鉴意义。家庭教育要和学校教育合力而为，才能塑造出优秀的人才。儿童的智力、情感等方面的发展主要经由家庭来实现，社会性和认知等方面的发展则主要通过学校来完成，家庭教育和学校教育必须相辅相成。

体验练习

1. 解读校长责任制的内涵? 实施校长责任制的各方主体主要有哪些权利?
2. 简述小学教师管理的基本内容和方法。
3. 请结合实际情况，谈谈如何做好小学生思想道德管理工作。
4. 举例说明小学教学过程管理的内容有哪些。

第八章

小学校园环境

结构图

- 小学校园环境
  - 小学校园环境概述
    - 环境
    - 学校环境
    - 小学校园环境
  - 小学校园物质环境
    - 小学校园物质环境的含义
    - 小学校园物质环境的内容
      - 校园
      - 楼内门厅、楼道、墙壁等
      - 教室
      - 专业教室、多功能厅、图书室
    - 小学校园物质环境的价值
      - 为师生校园生活和教学活动提供物质基础
      - 为学生学习提供资源、材料与探究实践基地
      - 物质环境承载着学校文化，影响学生的观念与行为
    - 小学校园物质环境建设的原则
      - 整体性原则
      - 文化性原则
      - 实用性原则
      - 信息化、智能化原则
      - 适应学生年龄特征原则
      - 多主体参与原则
  - 小学校园文化环境
    - 小学校园文化环境的内涵
    - 小学校园文化环境的内容
      - 物质文化环境
      - 精神文化环境
      - 制度文化环境
      - 课程文化环境
      - 行为文化环境
    - 小学校园文化环境建设的原则
      - 价值导向原则
      - 融入实践原则
      - 多主体参与原则

本章概述

本章先概述了小学校园环境的含义、类型，然后从物质环境和文化环境两个方面对小学校园环境进行了阐述。在小学校园物质环境方面，阐释了小学校园物质环境的含义和内容、小学校园物质环境的价值，以及小学校园物质环境建设的基本原则；在小学校园文化环境方面，阐释了小学校园文化环境的含义和内容，以及小学校园文化环境建设的基本原则。

问题情境

现象[1]

之一：一所面积不大的学校，有石头、草坪，有小桥、流水。校长赋予了这些石头、草坪、小桥、流水丰富的内涵。可是学生学习和生活的地方却显得非常拥挤……

之二：一所学校新建了一块很大的草坪，可是居然有几个调皮的学生常常从中穿梭，难道他们就不心疼？当校长找到其中的某名学生友好地了解情况时，该学生说他在那个楼的五层上课，从楼上下来，经过另外一座教学楼，再绕过这个草坪去上厕所，回来后肯定要迟到。为了不受到班主任的批评，只能这样了……

之三：十几所学校的关于教研组组长职责的规定，大同小异，非常简略，但学校之间教研组组长的工作状态却大相径庭……

之四：在某校参观时，校长津津有味地介绍学校墙上写着的各种名言警句：这是谁的话，校长是如何理解的，为什么要将它写在墙上。校长介绍后，问及几名路过的学生是否注意过这句名言，是否欣赏这句名言。学生抓耳挠腮……

之五：一些学校的墙上挂着由某文化公司特制的精美的文化挂件，有伟人系列，有科学家系列，显得富丽豪华……

思考：这里的物质环境设计合理吗？有了制度就一定会形成制度文化环境吗？精神文化环境等于口号、标语吗？是不是设计精美的装饰就是好的物质文化环境？物质文化环境建设的主体是谁？……

第一节
小学校园环境概述

一、环境

从词源学上讲，“环境”一词在英文中是“environment”，它是由动词“environ”延伸而来的。“environ”源于拉丁语中“in(en)”加“circle(viron)”。这两个词的含义都是“包围”“环绕”之意。“环境”一词始见于《元史·余阙传》：“环境筑堡寨，选精甲外捍，而

① 季苹：《学校文化自我诊断》，10～11页，北京，教育科学出版社，2004。

耕稼于中。”意为环绕所辖的区域。可见，环境是相对于某一中心事物而言的，指与某一中心事物有关的周围事物。有学者指出，“环境”一词一般是指围绕着人群的空间，及其中可以直接、间接影响人类生活和发展的各种自然因素的总体。但有些人认为环境除自然环境外，还应该包括有关的社会因素。还有学者指出，“环境”是人类社会存在和发展的基本条件，包括自然环境和社会环境。前者是环绕人类社会的自然界，由地理位置、地貌、气候和生物、矿产等资源构成。后者是社会发展过程中人类创造的现存的精神和物质财富。狭义指具体的个人、群体周围的社会生活境况。

可见，环境是围绕在某一个体或群体周围并对这一个体或群体产生影响的外部世界，包括自然环境和社会环境。自然环境会对人产生影响。但在人的发展中，社会环境起着更为主导的作用，是人发展的外部条件，为人的发展提供了多种可能。同时，社会风气、氛围、人际环境也会对人产生潜移默化的影响。墨子说：“染于苍则苍，染于黄则黄，所入者变，其色亦变。”荀子说：“蓬生麻中，不扶自直；白沙在涅，与之俱黑。”还有“孟母三迁”“近朱者赤，近墨者黑”等，都说明了社会环境对人发展的重要性。

当然，环境对人发展的影响有积极、消极之分，环境对人的作用大小与环境本身的性质、变化相关，也与个体发展水平有关。同时，人不是消极地、被动地面对环境，人具有一定的主观能动性，可以能动地反映环境，还可以积极地改造、创造环境。人类是环境的产物，又是环境的创造者与改造者，人与环境的关系是相辅相成的。一个人从小到大，其周围的客观环境都会发生许多变化。一方面，人们必须通过学习使自己的思想、行为适应周围的环境，以求达到与环境的协调一致；另一方面，人们又通过主观努力去改造旧环境，创造一个与人们当代生活相适应的新环境。其最终目标都是要达到人与环境之间的一种相互适应和平衡。

二、学校环境

学校环境指的是存在于学校之中、围绕在师生周围的事物和意义符号。人生活在一定环境之中，受环境的影响。环境对人的影响有积极和消极之分，而学校教育则是努力发挥环境对人发展的积极作用。

“青少年在连续的和进步的社会生活中所必需具有的态度和倾向的发展，不能通过信念、情感和知识的直接传授发生，它要通过环境的中介发生。”①学校教育是教育者按照一定的社会要求和受教育者的自身特点，向受教育者的身心施加有目的、有计划、有组织的影响，以使受教育者发生预期变化的活动。因而，学校教育中的环境是教育者有目的地设计的对受教育者产生积极影响的环境，学校环境应是教育者在一定目标

① ［美］约翰·杜威：《民主主义与教育》，王承绪译，24页，北京，人民教育出版社，1990。

的引导下主动创设、布局与塑造的环境，是学校教育的一种重要途径。

环境包括自然环境和社会环境。学校环境具有特殊性，学校环境中的自然环境更多地表现为一种物质环境，学校环境中的社会环境更多地表现为一种文化环境。学校环境应是一种有目的地设计与建设的环境，学校应努力建设一个自然的、富有教育意义的物质环境，让学生身处于一个自然、干净、舒适的物质环境之中。同时，学校还要努力塑造一个积极向上、和谐融洽、探索求知的文化环境，潜移默化地影响学生，促进他们积极情感、品格与精神的形成。

资料链接：环境及学校环境①

物质的东西可以在空间搬动，可以转运。信仰和抱负却不能在物质上取出或插入。那么它们怎样沟通呢？已知它们不可能直接传播或灌输，我们的问题是要发现一种方法，使年轻人用来吸收老年人的观点，老年人使年轻人和他们自己有共同的志趣。

一般地说，问题的回答就是：依靠环境的作用，引起某些反应。所需要的信仰不能硬灌进去；所需要的态度不能粘贴上去。但是个人生存的特定的生活条件，引导他看到和感觉到一件东西，而不是另一件东西；它引导他制订一定的计划以便和别人成功地共同行动；它强化某些信仰而弱化另一些信仰作为赢得他人赞同的一个条件。所以，生活条件在他身上逐渐产生某种行为的系统，某种行动的倾向。“环境”、生活条件这些词，不仅表示围绕个体的周围事物，还表示周围事物和个体自己的主动趋势的特殊的连续性……

我们从来不是直接地进行教育，而是间接地通过环境进行教育。我们容许偶然的环境做这个工作，还是为了教育的目的设计环境，有很大的区别。任何环境，除非它已被按照它的教育效果深思熟虑地进行了调节，否则就它的教育影响而论，乃是一个偶然的环境。一个明智的家庭和一个不明智的家庭的区别，主要在于家庭中盛行的生活和交往习惯是不是根据它们对儿童发展的关系的思想进行选择的，或者至少带有这种思想的色彩的。但是，学校当然总是明确根据影响其成员的智力的和道德的倾斜而塑造的环境典型。

三、小学校园环境

小学校园环境是小学中存在的环境样态，包括物质环境和文化环境。由于小学生

---

① [美]约翰·杜威：《民主主义与教育》，王承绪译，12～21页，北京，人民教育出版社，1990。

具有自身独特的特点，小学校园环境也相应具有自身独特的特点，教育者应有意识地根据小学生的生理、心理、社会性发展特点建设校园环境。

小学生处于六七岁到十二三岁这一年龄阶段。在身体发育方面，小学生正处于两个生长发育高峰之间的相对平稳阶段，小学生的神经系统，特别是大脑结构逐步完善。在心理发展方面，不同年龄段小学生呈现出不同的特点。小学 1～2 年级学生以无意注意为主，往往只注意一些新奇有趣、吸引人的事物和学习材料，注意力容易分散和转移，形状、颜色、声音、形象鲜明的事物更能引起他们的注意。这一阶段的小学生擅长具体形象记忆，求知欲主要表现为提问、探索、摆弄物体，情绪方面的稳定性较差，容易冲动，情绪较外露。小学 3～4 年级学生的有意注意得到迅速发展，注意的稳定性、转移能力获得提高，观察的目的性、持续性、概括性明显提高，想象力不断丰富。这一阶段的小学生学习仍是以直接兴趣为主，情绪方面的稳定性仍然较差，情绪外露，道德感不断增强。小学 5～6 年级学生的抽象逻辑思维逐渐发展，自我意识更加深刻，情绪的自我控制能力增强，道德品质如集体主义感、义务感、责任感、荣誉感、正直等也获得较大发展。这一阶段逐渐从对有关具体事实和经验的知识较为有兴趣过渡到对有关抽象问题的知识有兴趣，独立性、自觉性有了较大提升。此外，小学生的成长和发展是一个社会化的过程，在活动和交往中不断学习语言，获得社会角色，形成行为习惯和社会规范意识。

基于以上对于小学生身体、心理和社会性发展的认识，小学应有意识地建设适宜小学生的物质、文化环境，促进小学生的身心和社会性发展，同时适应国家对学生德智体美劳五方面发展的要求。小学应根据小学生的身体发育、心理发展特点建设校园物质环境。例如，种植花草树木，给予小学生一个自然、绿色、生态的校园环境，净化心灵、培育性情、调节情绪；还可考虑让他们自主种植和养护植物，培养他们的劳动意识。楼内、室内布置应注意光线、色彩、形象等，充满小学生喜爱的生动元素，富有童趣，引发他们的无意注意，使他们拥有阳光、明快的心情，获得愉悦的审美感受与体验；还应适应小学生的思维特征，给他们提供恰当的学习工具、材料等物质条件，促使他们通过材料操作进行感知与理解，促进形象思维向抽象思维的转化。小学还应根据小学生的心理、社会性发展特点建设良好的文化环境。小学生具有较强的向师性，教师应多关注、爱护小学生，积极发展友善、亲密的师生关系，让他们感受到爱和温暖，并帮助学生之间建立和谐、融洽的伙伴关系，同时努力营造积极向上的班级环境氛围，培养他们勤奋努力、自信快乐的美好品质。

第二节 小学校园物质环境

一、小学校园物质环境的含义

物质环境是人们生存与发展的基础与条件，是指人们周围环境里的自然事物、物质材料、设施设备等的状况，包括自然环境和人为创设的环境设施，如各种自然现象、物体以及专门设置的物品和使用的器具等。

小学校园物质环境是指小学校园中的自然事物、建筑、围墙、装饰布置、设施设备、教学工具与材料等构成的物质空间，也包括数字化网络系统构成的虚拟空间。这些事物、资源和材料环绕在师生的周围，构成师生生活、教与学的空间环境，为师生教与学、生活提供必备的物质基础、条件与材料等，同时对师生的认知、情感等产生一定影响。

由于学校教育的目的性、计划性、组织性，小学校园物质环境往往是人为设计与布置的物质空间环境，适应小学生的身心发展特点，提供物质基础，并赋予其丰富的教育含义，反映教育者的某些教育理念、价值追求、对小学生的成长期待、对于教育教学的基本认识等，从而使得校园物质环境染上人化的色彩，蕴含某些文化元素，成为校园文化的载体与体现。同时，小学生是校园物质环境创设的参与者。小学生通过墙饰、黑板报、展品等的布置体现自身的兴趣、爱好、对美的追求、对世界的理解等，从而使得校园物质环境体现出小学生的特征，反映小学生独特的内心世界。

二、小学校园物质环境的内容

小学校园物质环境主要由校园、建筑、楼内大厅、楼道、楼内角落、楼梯、墙壁和教室内空间、设施设备、墙饰、学习材料等构成。一般来说，小学校园物质环境都经过了精心设计，用以满足小学生学习、生活的基本需要，同时提供丰富的教育意义。以下对小学校园物质环境的内容进行具体描述。

(一)校园

校园是非常重要的学校物质环境，一般包括教学楼、操场、道路、围墙、池塘、树木、花卉、人文景观等，以及它们的设计、装饰及其结构。随着信息时代的到来，数字化校园环境成为其重要构成部分。

1. 校园建筑

校园建筑是小学校园空间布局中的主体，规模较小的小学只有一栋教学楼，图书馆、各种功能教室都包含在这栋教学楼之内。规模较大的小学除了教学楼外，还会有其他功能楼房建筑，如图书馆、艺术楼、体育馆等，并利用该建筑的主要功能对其加以命名。当前，只有平房、没有楼房的校园已经比较少了，有些小学有一栋教学楼，同时旁边有几间平房作为功能性场所。

小学校园建筑设计应符合小学生的身心特点，体现某些思想理念、审美情趣等。其设计的主要原则包括：其一，尊重历史，重视文脉。很多小学有着悠久的发展历史，承载着某些精神文化，或者小学当地有着某些历史文化、风俗、特别的建筑风格等。因而，小学校园建筑方面对这些要有所体现，包括建筑的风格、样式、布局、色彩与命名等。其二，注意小学校园建筑的整体和谐。小学校园建筑群之间和谐统一，或者独立建筑的位置、样式与周围环境和谐，通过整体和谐的设计布局，体现出建筑与环境之美。其三，注意建筑材料朴实、安全、功能合理。小学校园环境是小学生生活、学习的环境，是小学生心灵成长的空间，建筑宜质朴，不宜夸张。楼室应合理设置，满足小学生的学习需要。此外，安全应作为第一考虑要素。其四，符合小学生的身心特征、气质与学习特点。小学生活泼、好动，校园建筑及色彩、装饰风格不宜显得过于严肃、庄重，色彩应艳丽、明快。校园建筑上的一些标识、文化符号、绘画、文字等应适宜小学生的思维、情感和审美特点，并富有教育意义。此外，由于人群聚集，小学校园建筑楼层不宜过高，应方便小学生上下楼。其五，小学校园建筑承载着学校的文化理念、教育思想。建筑是校园空间中的宏大主体部分，所以很多小学都会将学校的核心价值理念运用文字符号、标识等展示在校园主要建筑上，通过字体、形态、色彩等艺术化设计展现出一种气势，对校园文化理念进行凸显。同时，很多小学会在建筑墙面上喷绘一些画面、文字，如一些富有美感又有意义的人、事、物绘画，或者一些优秀传统文化、人物、名言，或者学校的校训、价值理念等，通过这些设计传递学校的价值理念、培养目标等。图 8-1 为校园建筑示例。

图 8-1　校园建筑示例

案例：山东省诸城市实验小学的校园建筑①

歌德说，建筑是凝固的音乐。在诸城市实验小学的校园里，我们会发现建筑是凝固了的教育。启智楼、启慧楼、启德楼、启秀楼、启真楼、启正楼、启蒙楼，这普通的七座建筑具有不普通的文化意义。七座建筑的外墙上，巨大的彩绘构成了一幅美妙的“连环画”。浅绿、淡紫、柠檬黄此起彼伏，接连不断，既像寓言故事中多彩的浪，又像童话世界里五彩的风。成群的鸟点缀其中，和着天空中偶尔飘过的云，让我们分不清哪个是真，哪个是假。举目四望，感觉像是走进了一个广阔无垠的天地，走进了一个充满激情、阳光与活力的世界。目之所及，学校的精神文化在建筑中流淌。正对着校门口的启秀楼上，校徽鲜明而夺目，与国旗、校旗交相辉映，彰显着师生的骄傲与自豪，如图 8-2 所示。正中大字“以爱育爱，爱满天下”，诉说的是学校的胸怀与远见。启德楼上朱红色的十字校训——“幸福由努力和负责中来”，在绿树红花的掩映下历久弥新，散发着夺目的光彩。启智楼两侧“仁爱、敬业、创新”“尚德、修文、强身”，十二字嵌于沿壁，活泼而又庄重，举目之间，教育就可以发生。在这个环境优美的教育场里，文化与建筑融为一体，教育与环境相得益彰，春风化雨，润物无声。

图 8-2　启秀楼

① 谢建伟、张新喜等：《让每个学生都幸福——最能润泽生命的学校文化建设》，77～78 页，南京，江苏教育出版社，2014。

2. 校园景观

校园景观是校园中的自然环境和物质设施，如校园雕塑、小型园林、长廊，甚至菊花、竹子等植物……校园景观往往具有人文意义，体现学校的教育目的和意图，潜移默化地熏陶学生的精神世界。

小学校园的主要景观包括：①造型类景观，如校园大门的造型设计、校园内雕塑造型。②花园亭台类景观，如小花园、树木、植物、小亭台、水池、长廊。③山石类景观，如校园内假山景石，石头上雕刻赋予教育意义的大字。④墙面设计类景观，如校园墙面上的绘画、雕刻、文字等。⑤实用功能类景观，如校园内美观又实用的圆桌、椅子等。图 8-3 为校园景观示例。

图 8-3　校园景观示例

小学校园景观建设应充分考虑小学生的年龄特征，充满童趣，受小学生喜爱，与学校文化、校本课程等相互呼应。如有小学校园里建造了中国传统的孔明连环锁、七巧板和围棋造型。造型下面配有文字："孔明连环锁是中国古代传统的土木建筑固定结合器，是中国古代建筑中首创的榫卯结构，不用钉子和绳子，完全靠自身结构的连接支撑，凝结着不平凡的智慧。"这些传统益智玩具或游戏造型源于该校正在开发的校本课程，既美观大方、承载中华优秀传统文化知识，又激发学生的好奇心、兴趣和挑战智力的欲望。图 8-4 为孔明连环锁造型。图 8-5 分别为七巧板、围棋造型。

图 8-4　孔明连环锁造型

图 8-5　七巧板、围棋造型

此外，学校还要根据社会、时代、教育发展状况等适当开发和创造一些新的人文景观，使其成为学校教育资源的一部分。例如，在 2022 年北京冬季奥运会举办前，为弘扬奥林匹克精神，推动冰雪运动普及，某小学开展了冬奥教育，在校园环境中增加了很多冬奥人文景观，如冬奥和冬残奥倒计时牌、冬奥活动照片展示墙、冬奥历史、中国冬奥历史知识文化墙、冬奥会竞赛项目及场馆介绍文化墙、由冬奥雪花元素装饰构成的主席台、写有冬奥口号的旗杆等。整个校园人文景观中充满着冬奥会的浓厚气息，引导学生关注奥运，激励学生积极参与冰雪运动课程的学习。图 8-6 为校园冬奥人文景观示例。

图 8-6　校园冬奥人文景观示例

3. 数字化校园

数字化校园是在计算机和网络技术基础上建立的对学校教学、科研、管理、技术服务、生活服务等进行数字化处理而形成的一种虚拟学校环境。数字化校园通过实现从环境(设备、教室等)，资源(图书、讲义、课件等)到应用(教、学、管理、服务、办公等)的全部数字化，拓展现实校园环境的时间和空间维度，提升校园的运行效率。数字化校园是由信息技术手段和工具所构成的校园网络与智能环境，主要包括以下几个方面。

(1)数字化校园安全防范系统

数字化校园安全防范系统是数字化校园中的安全基础设施，主要指的是运用计算机技术和设备所构建的智能化、可视化安全防范系统。这样的安防系统可以借助先进的智能化技术防范手段来弥补人防的不足，尤其体现在智能预警、第一时间发现入侵报警、制定应急预案、建立快速响应机制、犯罪行为存档与取证等。学校通过智能算法的应用，实现安全事件发生前自动预警，事中有效控制安全事件恶化发展，事后通过检索报警图像和报警录像迅速调查取证。它主要运用于学校大门、门卫室、围墙、广场、教学楼天台、学校财务室、实验室、计算机室、厨房等区域。数字化校园安全防范系统可集校园高清视频监控、周界防范、人脸识别、车牌识别、一键报警、应急指挥、校园消防等校园安全防范业务于一体，致力于保障校园师生的人身安全，完善校园安全防范体系，提高校园整体的防控能力。

(2)数字化校园管理系统

数字化校园管理系统指的是学校的网络信息系统，整合学校教学、管理的需要，给师生提供各方面的服务与信息资源，一般使用统一身份认证。数字化校园管理系统主要包括教学管理、德育考评、协同办公及决策支持等模块。教学管理模块一般是为教学过程中教师和学生提供综合信息处理服务，主要包括作业管理、教学计划管理、学籍管理、教案信息管理等日常教学业务，方便教学活动有序进行。德育考评模块可以涵盖调查问卷、心理预约、社团活动、潜能工程、考勤管理、学生成长记录及班主任日常管理等诸多方面。协同办公模块主要是信息的共享和利用，提高校内协同办公的能力，可以包括校务办公、工资管理、校园资产管理、校本资源管理等功能模块。决策支持模块可以包括成绩统计、成绩分析、试卷分析、教师考评等功能，辅助学校领导进行科学的决策判断。

(3)数字化教学系统

“所谓数字化教学是指教师和学习者在数字化的教学环境中，遵循现代教育理论和规律，运用数字化的教学资源，以数字化教学模式进行培养适应新世纪需要的具有创新意识和创新能力的复合型人才的教学活动。”①数字化教学系统是数字化教学的基础条件，包括数字化教学资源、数字化学习资源、个性化教与学资源等。数字化教学资源是指经过数字化处理，教师可以在学校计算机网络上运用的教学资源，主要包括网络课程、声像资料、电子教案、数字化素材库等。数字化学习资源是指学生可以自主在

---

① 郝增明：《数字化学习过程评价的客观指标》，载《现代远距离教育》，2004(2)。

校园网络上学习和使用的资源，包括数字化图书馆、微课资源、视频学习资源、动画学习资源等。个性化教与学资源是指通过师生过程性、个性化数据的收集和分析，帮助学生和教师更好地发现自己的优势和短板，精准定位学生学习过程和教师教学过程中的薄弱知识，及时进行学生错题跟进练习和教师跟进学习，及时进行个性化辅导，有效提升学生学业质量和教师教学质量。

（二）楼内门厅、楼道、墙壁等

走入教学楼会看到楼内环境。楼内环境主要有门厅、楼梯、楼道、角落、墙壁、吊顶等。小学应对楼内环境进行精心布置，门厅可以设置小型雕塑、植物花卉、小型展品柜等；楼梯及扶手设计一些名言警句、文化知识、动物植物图案等；楼道根据面积大小放置一些盆栽植物；楼道拐角空间较大的地方可布置为阅读角，放置书架、图书、沙发、地毯等，方便学生课间及中午休息时间读书；楼道墙壁上可悬挂一些学生艺术作品，如绘画、泥塑、摄影、书法、剪纸等，或者学生参加一些重要活动的照片；吊顶上可设计一些图案、小挂件等。

小学楼内环境布置可适当种类、样式多一些，丰富多彩、生动活泼。具体而言，楼内环境布置方面应注意以下几点：其一，色彩、构图、文字等符合小学生的特征。色彩鲜明、亮丽，构图生动，体现小学生天真、烂漫、快乐的心情。其二，注重小学生在楼内环境设计与布置中的参与。在墙壁布置中，可多一些小学生自己的构思与作品，创造属于小学生自己的天地。其三，环境布置体现教育意义。将楼内环境设计作为一种教育资源，将一些文化知识、重要习惯的培养等运用图片、文字的方式布置到楼内，或者将校园文化渗透到楼内环境设计之中。图 8-7 为楼内环境布置示例。

图 8-7　楼内环境布置示例

案例：巧妙的小学教学楼楼道墙壁设计

北京市石景山区古城第二小学分校的教学楼共三层。第一、二、三层楼道墙壁分别以一条鲜艳的、半米宽的黄色、绿色、蓝色色带贯穿整个楼道始终。黄、绿、蓝三种颜色代表着土壤、植被、蓝天的颜色，低、中、高这三个年段的孩子们分别在这三个楼层里学习、生活。三种颜色在三个楼层的布局隐喻生命萌生、成长、飞翔，三条色带能带给人笔直与宽阔的感觉，象征着孩子们的成长之路宽广、光明。同时，三个楼层墙壁上分别布置着“小苗”“花朵”“白鸽”造型，与三条不同色带相互配合，共同寓意孩子们从发芽到开花、再到飞翔的成长过程。孩子们生活在其中感受着自身成长的快乐，并将对生命的热爱带到学习知识的过程中。图 8-8 为楼道墙壁设计示例。

图 8-8　楼道墙壁设计示例

案例：富有文化内涵的小学教学楼楼内环境设计①

让校园环境课程化，以实现学校课程育人的最大化，所以学校将校园文化作为一门课程来积极推进，让校园的每一块墙壁都“说话”，让每处环境都育人，体现“润物细无声”的“浸透式”教育。图 8-9 为楼内环境设计示例。

首先是墙体文化。学校精心设计了“我爱北京”“梦在中国”“心向世界”“琴棋书画”等主题单元，在设计中凸显中华传统建筑特色，并将学生在活动课程中亲手制作的脸谱、剪纸、书法等作品摆放其间。

其次是楼道文化。软扎区、五线谱悬挂区都给学生留出了充分的展示空间，让学生可以随时将自己在校本课程、社团活动中的得意之作、创新之作贴出来。

再次是楼梯文化。学校将校本课程“诵读”中的国学经典与学生的学习建言有序呈

① 叶向红：《绿色教育理念下学校文化建设的思与行》，48 页，北京，知识产权出版社，2019。

现，对学生进行铭诚信、讲团结、重友善等方面的优秀传统文化教育。

最后是阅读区文化。低、中年级经典童话阅读区和中、高年级经典名著阅读区，还有散落在楼道中的一个个小阅读角，营造出“以文怡人、以文塑人、以文化人”的浓郁氛围。

图 8-9　楼内环境设计示例

(三)教室

教室是小学校园的核心环境，包括教室的大小和形状、窗户结构、窗台、教室讲台与学生课桌椅的结构形式、后黑板和墙面的布置、教学媒体设备、照明和暖气或消暑电器的布置等。

1. 教室内的色彩、光亮

为了使学生在教室里注意力集中，教室墙壁和课桌椅宜采用较低亮度的冷颜色，因为墙壁颜色灰暗或过于明亮都会对学生看书、写字造成一定干扰。教室的天花板应采用白颜色，以保证自然照明和人工照明系统的效率，有利于学生注意力集中。在通常情况下，教室应有较好的采光源，如教室要有宽大、明亮的窗户，以利于教室采光。在光线不足或夜晚的时候，就需要设置适宜的照明系统。

2. 教室内的座位空间布局

教室内的座位空间布局是非常重要的教室环境，往往与教学思想、方法以及教育观、学生观等相关。教室内的座位空间布局主要体现在以下几个方面。

(1)座位的编排方式

当前，比较常见的座位编排方式主要包括：行列式座位编排，又称为“秧田式”座位编排；圆桌形座位编排，又称为“圆桌式”座位编排，以及与此相近的“U字形”“半圆形”“椭圆形”“马蹄形”等座位编排。其中普遍采用的是行列式座位编排方式。不同的座位编排方式有其不同的功能用途，并各具优缺点，暗含着某种教学思想、教学方式。

例如，行列式座位编排体现了以教师为中心的思想：课堂中一切都集中在教师这个中心点上，教师的教学方法主要为讲授法，师生之间的交往一般是教师占主导地位。在这种座位编排方式下，学生之间相互干扰较少，听课容易注意力集中；教师便于观察和控制全班学生的课堂行为，有利于进行系统的教学。但弊端是，它在情感上隔开了教师与学生，也不利于学生之间的交往，缺乏真正的集体性。

与此相反，圆桌形座位编排方式则体现了重视发挥学生的积极主动性的思想，它有利于师生之间的双向交流。这种布局的特点是按小组围着圆桌而坐，小组成员的座位位置要考虑学生的身高差异对黑板、讲台上学习内容的视线影响。

(2)课桌椅的使用

课桌椅是学校教育教学的基本设备，影响学生的身体发育和教育教学质量。2002年，国家质量监督检验检疫总局发布《学校课桌椅功能尺寸》，规定了学生用木制和钢木课桌椅以及木制学前儿童桌椅的大小型号、功能尺寸、分配使用及其他卫生要求。这为课桌椅生产企业和各中小学配备课桌椅提供了依据。近几年，有研究者对国家标准《学校课桌椅功能尺寸》提出修订建议，如建议教室内使用双人双座课桌椅等。① 另外，我国青少年的生长发育有了较大改善，体格发育增长显著，身高、体重同年龄段有明显增长，但课桌椅的卫生学要求并没有改变。为了保障学生的正常生长发育，相关部门应该要求设计智能化课桌椅，按照学生的身高以及一个教室的容量，来设置不同型号、不同数量的课桌椅等。

课桌椅是普通教室内最重要的教学家具，大多排列整齐，井然有序。课桌椅的形态和摆放方式会对学生的学习产生一定影响。而在以前的传统教室里，课桌椅都是为静听准备的。现在需要从艺术、卫生和教育的角度来安排适合儿童需要的课桌椅。

资料链接：　自由的教室空间②

从下面当时一个访问者的记录中我们可以了解到芝加哥实验学校根据杜威的设计

① 卢光怀：《对国家标准〈学校课桌椅功能尺寸〉修订的建议》，载《中国现代教育装备》，2014(12)。

② ［美］约翰·杜威：《学校与社会·明日之学校》，赵祥麟、任钟印、吴志宏译，译者前言7～8页，北京，人民教育出版社，2005。有改动。

所采取的课堂组织形式和儿童活动不同于传统学校的情况。

访问者注意到课堂里每个地方都表现出气氛自由和不受拘束。在各个课堂里到处看到成群的小孩，由一个大人集中起来，大家在谈论似乎很有趣的事情。他最初以为自己迷失在一个大家庭里，在那里每个人都有着很愉快的时间。

除了在会议室和图书馆里以外，没有桌子和固定的椅子；当要求一个由 8 岁或 10 岁的儿童组成的班不要在教师面前坐或站成一排时，他们只是把很矮的椅子调整了一下，围绕着教师坐下来。正像他们在家庭里一样，教师给他们讲了一个故事。他们可以变换自己的位置，如果他们安静地去做。他们在课堂或其他地方可相互交谈，而且常常会兴致勃勃地讨论遇到的问题。那里有免于受课堂束缚的自由，但这种课堂自由不允许流于放任。

(3)座位的“生态位”

研究发现，由于学生所处的“生态位”不同，处于行列式座位编排中的学生又存在差异，教室座位本身(前排或后排、中间或两边)将影响学生的成绩和学习态度。[①] 座位位置的不同造成师生间空间距离和人际距离远近的差异，常常会呈现一种“前排居中作用”，即处于前排和中间的学生，课堂参与积极，师生交际方便随意，处于教师监督之下而专心努力学习；而后排和边排的学生，离教师的距离较远，处于教师注意的边缘或注意范围之外，他们较容易分散注意力，他们之间容易互相交流玩乐，做小动作。小学生的注意力容易分散、自我控制能力较差，因而，他们在教室中的座位编排位置往往是家长非常关注的问题。

案例： 教室座位编排的烦恼[②]

作为一名新手班主任，我在接班之初就向经验丰富的搭班教师讨教了关于教室座位编排的方法。在前辈的帮助下，我将学生分成 7 组，以适应长而窄的教室。为了让座位排列整齐，我还利用教室地面瓷砖间的缝隙，创编了一个顺口溜：“一三五排靠前线，二四六排靠后线，整体都要靠左线。”我要求学生每次都要边背顺口溜、边排座位，确保每次课桌排列都是整整齐齐的。除了考虑教室的长宽结构外，我结合学生的身高和视力情况进行个别调换。

---

① 王一军：《儿童教育的文化视角——校园文化建设案例解读》，181 页，南京，江苏教育出版社，2003。
② 朱娟：《教室座位编排的烦恼》，载《江苏教育》，2020(7)。

原以为自己考虑得已经非常周到，结果没两天就有问题出现。有任课教师反映，某些学生坐在一起总是讲话，做小动作；有的小组的作业总是交不齐……于是，我不得不进行新一轮的调换。我将爱说话的、自控能力差的学生分开，以免他们在课堂上说话；我将完成作业速度慢的尽量安排在不同的小组，尽量让学习习惯好的学生带动他们。

这样安排没多久，我就接到了好几个家长的电话：有家长表示，希望我能将他们的孩子换到前排，这样孩子的听课效率可能会更高一些；也有家长直言孩子同桌的学习习惯不好，怕影响自己的孩子，要求换同桌……我又感到为难了。答应吧，这样的安排我是动足了脑筋，牵一发而动全身；不答应吧，又怕家长不高兴。无奈，我只能先做学生的工作。我跟学生约定：真正有特殊情况的可以当场提出来，在全班评估后进行微调，之后便不能轻易再换；回家与自己的父母说明一下这是全班同学的决定。

3. 教室内的学习工具与材料

杜威认为："在传统的教室里，让学生活动的余地是非常少的。儿童能用以从事建造、创造和积极探究的工场、实验室、材料、工具甚至必要的空间大都是缺乏的。"①杜威所称的现象与问题在当前仍然存在。由于有些学校以前主要是以知识学习为主，注重发展语言、思维等，较少注重实践应用，加之教室中往往学生人数较多、规模较大，教室内的空间有限，因此普通教室内学生的学习工具与材料一般较少，只限于书本以及本课要用到的学具等基本材料。而放置比较多的学习工具与材料的是一些专业教室，小学美术、书法、围棋、劳动技术、科学等专业教室中一般会放置较多的学习工具与材料，便于学生在探究性、操作性活动中使用。

资料链接：美国学校教室的空间环境②

美国教室静态的物理空间由三个部分组成：一是生活空间(living space)和学习或工作空间(learning /working space)，如阅读空间(reading space)、数学空间(math space)、语言空间(language space)、手工和艺术空间(crafts and arts space)、科学空间(science space)等。二是家具空间(furniture space)。如书架、升降圆桌、可拼小方桌、阅读沙发、低矮中心讲台、月牙形的教师辅导桌、指导桌、电脑桌等这些家具，看似

① [美]约翰·杜威：《学校与社会·明日之学校》，赵祥麟、任钟印、吴志宏译，40页，北京，人民教育出版社，2005。

② 袁丽、朱旭东、宋萑：《美国学校教室文化建构的解读——基于对一所美国公立学校的观察》，载《外国教育研究》，2016(6)。

无序地摆放在教室中，但完全是为了不同人口学特征的学生和他们可能的需要而设置和摆放的。三是材料空间(materials space)。基于不同学习需要提供不同的材料，这是最复杂的一部分，也是最重要的一部分。它构成了通常理解的学习环境(learning circumstances)，学生和教师是在学习环境中开展学与教的。

4. 教室内的墙壁、黑板报

墙壁、黑板报是学生参与设计、布置的重要教室环境。小学教室内的墙壁、黑板报的设计与布置往往是五彩缤纷、内容密集的，体现着小学生活泼、绚丽的童年学习、生活。

小学教室墙壁、黑板报的功能主要包括以下几个方面：其一，呈现培养目标。很多小学教室墙壁上会用一些大字呈现培养目标，醒目、美观。其二，布置主题板报。班级在一个月或一学期内开展主题教育活动，该主题往往与时代、当下关注点、纪念日等相关。学生围绕主题进行绘画、习作、剪纸等，或制作手抄报。教师选择优秀的学生作品并布置到主题板报上，对板报进行整体设计，体现出美感。小学生主题板报往往色彩鲜艳，人物、动植物等充满儿童色彩。其三，展示学生评价结果。很多小学教室里会设计小组评价、个人评价、优秀个人展示等评价内容，运用色彩鲜艳的小贴画、卡通形象等呈现评价的结果，对小学生起到激励和督促作用。

需要注意的是，墙壁、黑板报内容宜经常更换。小学生的好奇心强，他们喜欢新鲜事物，因而教室内一些学生参与的环境布置宜定期更新，以对小学生起到激励作用。图 8-10 为教室内墙壁、黑板报内容示例。

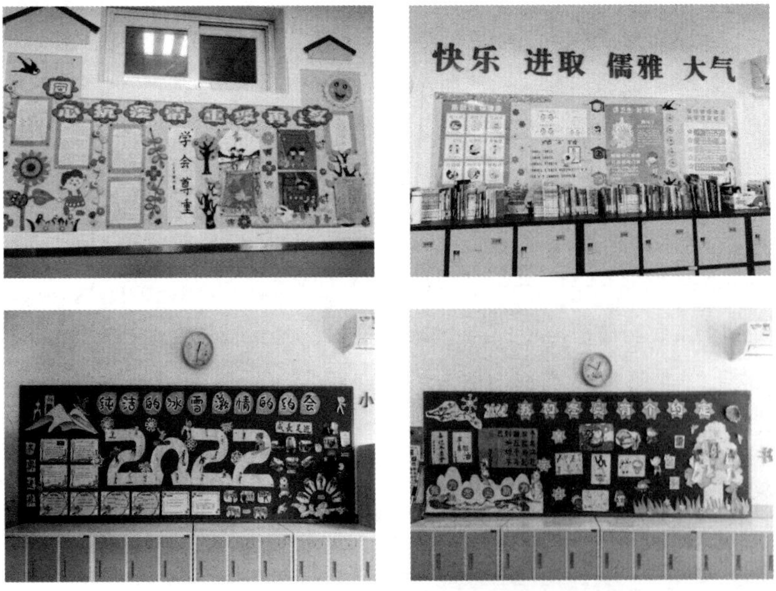

图 8-10　教室内墙壁、黑板报内容示例

5. 教室内的多媒体、智能设备

随着科技发展，信息技术日益改变着学校教与学的方式，也改变着教室内的环境与设备布置。当前，计算机、多媒体、电子白板等已经普遍进入教室，成为教室空间环境中重要的构成部分。《教育信息化 2.0 行动计划》提出“探索泛在、灵活、智能的教育教学新环境建设”，通过环境建设助力学校教与学方式的变革，“借助于人工智能、物联网、云计算、大数据、虚拟现实和增强现实(VR/AR)等技术，重新设计、呈现全新的学习空间与环境，改变师生传统的交互方式与学习评价方式”。[①] 越来越多的智能化设备进入教室，改变教室的环境布局与学生的学习方式。借助智能中控设备、壁挂式大型显示屏、可组合桌椅、智能可穿戴设备、机器人助教、各种移动终端设备等智能设备构造形成新的学习空间和学习方式。

案例：苏格兰小学内容丰富的教室[②]

苏格兰小学的教室一般包含教师办公区、学生学习区、学习文具和资源角、图书角、信息技术角、休闲角和清洁角等区域。教室的墙壁展板内涵丰富，主要分为以下几个板块：教育理念板块、学习策略和常用知识板块、学生作业展示板块、跨学科主题学习内容展示板块、过程性评价展示板块、日常管理规则板块。教室墙壁上的每一幅作品、每一个主题栏、每一张海报、每一句箴言甚至每一条规则，都成为笔者理解苏格兰小学教育的重要线索。

因为是包班教学，所以苏格兰教师办公区就设在教室内，一般设在紧靠教室门的地方。学生学习区位于教室的正中间，绝大多数情况下是分组安排座位的。有些学校在学生七年级时会采取秧田式座位的形式。学习文具和资源角放着各种用途的笔，不同功能、型号、颜色的纸张，专供学生使用的安全工具和激发学生创造力的学具。这些都是由政府免费供给学生使用。这些学具的充裕供给以及使用的便捷，为苏格兰教师每一次课程的艺术化开发和学生每一节课作业的艺术化表达奠定了物质基础，从而让艺术化的教学空间成为可能。

(四)专业教室、多功能厅、图书室

国内小学除了普通教室之外，一般都会设有一些专业教室、图书馆、阅览室、多功能厅等。专业教室一般有两方面用途：其一是用以实施国家课程的专业教室，如舞

① 蔡宝来：《人工智能赋能课堂革命：实质与理念》，载《教育发展研究》，2019(2)。
② 吴晓玲：《关爱有方：苏格兰小学学校文化解读》，载《教育理论与实践》，2018(2)。

蹈教室、音乐教室、美术教室、书法教室、科学教室、劳动教室；其二是用以实施校本课程的专业教室，如有些学校设置的围棋教室、益智教室、茶艺教室、智慧教室等。这些专业教室一般用于活动课程，教室座位编排方式一般是圆桌式、菱形桌式或者面对面长条桌式，便于学生开展小组合作学习；有些专业教室如舞蹈、音乐教室没有固定的桌椅，便于学生活动。专业教室内一般会放置较多的设施设备、学习工具和材料，如书法教室中的各种笔墨纸砚，科学教室里面的各种仪器、容器、标本等，运用于学生探究、操作性活动之中。图 8-11 分别为图书室、科学教室示例。图 8-12 分别为围棋教室、美术教室示例。图 8-13 为茶艺教室示例。

图 8-11　图书室、科学教室示例

图 8-12　围棋教室、美术教室示例

图 8-13　茶艺教室示例

案例：北京市石景山区古城第二小学的功能室[①]

1. 古韵盎然的书画院

学校根据实际授课需要，建设了充满中国古典文化特色的书法教室、美术教室，达到人与学习内容、学习内容与外部环境的和谐统一。

2. 明快实用的科学屋

机器人教室、电工教室、科学教室三个功能分明的科学屋是学生徜徉科学世界的殿堂。每个教室都配备了凸显专业性的相关设备，学生可以在这里进行更为专注、针对性强的研究、实验。

3. 灵动悠扬的音乐殿堂

在音乐学科的专业教室里，学生会看到跳跃的音符、流动的五线谱。这是学生欣赏不同类型音乐、尽情放歌的音乐殿堂。

4. 满溢书香的阅览室

学校为每个年级配备了一个阅览室，低年级的宝贝淘馆、三年级的馨心书院、四年级的静心观澜、五年级的漫步书林、六年级的六驿拾芬，还配备了由教师和学生共同精心挑选的适合不同年级学生阅读的古今中外优秀文学作品。

三、小学校园物质环境的价值

(一)为师生校园生活和教学活动提供物质基础

物质是人类生活的基础和条件，小学校园物质环境的首要作用是为师生校园生活和教学活动提供物质基础。学校教学楼、教室、图书馆、实验室、计算机室、会议室、教师办公室、学校食堂、体育场地和器材室等物质环境是学校校园生活和教学活动必不可少的物质条件。学校设施设备齐全，活动场地空间充足，物质环境安全健康、干净整洁、绿意盎然，精心布置的墙壁、楼梯、楼道角落等。这些都为小学校园物质环境的功能发挥与美化起到一定作用。同时，物质条件的不同带来教学活动与方式的差异。例如，实验室及其器材配置为实验教学及教学方式变革提供物质条件，教室内计算机、投影、电子白板、学生平板电脑等为教学方式变革提供了物质基础。

① 叶向红：《绿色教育理念下学校文化建设的思与行》，66页，北京，知识产权出版社，2019。

(二)为学生学习提供资源、材料与探究实践基地

很多小学会有意识建设一些具有双重功能的物质环境：一方面具有装饰、点缀和审美功能，另一方面具有作为一种学习资源的实用功能。比如，学校楼道拐角处的小书柜、沙发、地毯，既充实了楼道环境、富有美感，又可作为学生课间或午间读书的场所。又如，学校校园中开辟出一些用于种植粮食、蔬菜等的小块儿地方，既充满绿色，又可作为一种学生探究实践的基地、学习资源。此外，随着数字化校园建设的兴起，学校计算机及其网站上可放置很多供小学生学习的电子资源。例如，网络图书馆、微课、动画视频等都是数字网络环境下小学生学习的资源。

(三)物质环境承载着学校文化，影响学生的观念与行为

学校物质环境往往承载着学校文化。有些学校建设物质环境的过程中考虑其文化内涵，有意识将一些物质环境作为学校文化的标识与载体；有些学校则主要出于实用、装饰目的而建设物质环境，但无意识之中却渗透了学校的文化含义，而这些都会在潜移默化之中影响学生的观念与行为。例如，有些小学在楼道和教室的很多角落会布置上一些传统的数学益智玩具、地球仪、航天科技模型等，以体现学校“学知求智”的文化理念。这些是学校有意识创建的物质文化环境。又如，有些学校在操场上、校园角落等会放置很多体育运动器材，方便学生在课间、午间或下午大课间活动时使用。这些并不是有意设置的物质文化载体，但却在日常校园生活中影响了学生的体育锻炼行为，传达了学校追求“健康”的文化理念。

四、小学校园物质环境建设的原则

(一)整体性原则

小学校园物质环境建设应遵循整体性原则。不论是学校的围墙、大门、操场、小庭院，还是教学大楼的外观、门厅、楼梯间、过道、教室或者教师办公室、会议室都应视为一个整体，当然其中还包括学生的宿舍。这种校园环境的整体感应融入校园环境建设的每一处细节。整体性的环境形式可以反映出学校特有的风貌。这种风貌使校园环境洋溢着一种不同于其他环境的氛围，而这种氛围又与活动其中的师生有着密切的关系。从某种角度来看，它非常抽象，可能是一种令学校的全体师生都为之庆幸、骄傲、自豪的感觉；可能是一种充满希望与憧憬的感觉；也可能是人们愿意为之努力、为之付出情感的感觉。同时，这种氛围的表现形式又是非常具象的，可以从学校中的每一个环境设计元素中得到体现，并且是由承载着社会、地域、文化、时代等因素的

环境综合体来表现的。

(二)文化性原则

小学校园物质环境应体现出一定的文化性。小学校园物质环境是一种人为设计与建设的环境。由此，除了作为设施设备之外，小学校园物质环境应最大可能地实现其教育价值，其中之一就是文化价值。小学校园物质环境应承载一定的文化内涵，作为学校文化理念、价值追求的载体。很多小学校园里会放置一块写有学校核心价值观的山石，还有小学会布置一些反映学校文化理念的造型、雕塑、绘画、书法作品等，引导学生在潜移默化中内化学校价值理念。除了学校自身的文化理念外，还有人类普遍的知识文化、中华民族的优秀传统文化、地域文化等。这些文化都可以通过物质环境来体现，对学生进行文化陶冶教育。

为了凸显学校文化，有些小学会有意识地建设一些较为特别的、标志性的场馆、设施或基地等。例如，某小学以科技教育为办学特色，故着力建设了学校科技馆。馆内有科普知识、科学家、最新科技动态的介绍，本地区高层次科技人物、科技企业的介绍，校内小发明家及其科技作品的介绍和科技书籍等；里面还配备很多小学生进行科技实验的设施设备，作为小学生科技实践活动的工具和材料。学校科技馆的建设突出了以“爱科学”为核心的学校文化理念。

(三)实用性原则

学校作为一个实体性的空间存在，物质环境是其根本。小学校园物质环境建设应遵循实用性原则，大到校园环境的美化建设、校园文化设施的完善、校园人文景观的设置，小到食堂饭菜的搭配、教室的安全舒适、图书馆资料的更新等，校园物质环境的各个方面都应注重其本身的实用性。小学校园物质环境建设的实用性原则主要体现在以下三个方面：首先，将校园生活的不同功能需求作为环境建设的主要依据。例如，在校园装饰方面，有的区域(课堂、报告厅等)要求学生的注意力高度集中，那么该区域环境的装饰形式就要简洁、大方，将不必要的干扰源摒弃掉，将需要学生关注的中心区域进行强化；而有的区域要满足师生休息、游戏、交流的需要，那么该区域就应提供必要的环境装饰与环境构造，可以令人心情放松并能引发活动。其次，将物质环境作为重要的学习资源与材料。例如，一些艺术造型、墙壁上的文字和图片等可以促使小学生获得一定文化知识、生活常识等；一些专业教室中的设施设备、工具、材料等是小学生在相关专业学习中不可缺少的；教室、楼道角落里的书籍为小学生在闲暇时间阅读提供了资源。最后，将物质环境作为学校课程的实践基地。学校应因地制宜对其物质环境进行开发，可建设一些自然区域作为学校实践类课程的资源基地。例如，很多乡村学校所在地域拥有某些地方特色的自然资源，如某些品种的粮食、蔬菜、花、草、树木、养殖等。这些都可以作为乡村学校学生实践活动的物质资源进行开发与建设，使其成为乡村学生传承乡村文化、探究乡村自然环境、提高动手实践能力的重要载体。

案例：借助当地乡土资源建立学生实践课程基地[①]

重庆市石柱土家族自治县黄水小学是一所位于少数民族聚居区的乡村学校。近年来，学校立足土家族乡村特色，充分发挥农业文化遗产资源优势和背靠黄水国家森林公园的区位优势，坚持“中医药文化传承＋科学实践教育”的学生素养培养思路。全校师生齐努力，建成了占地20余亩的黄水小学中草药科普园，在田间课堂培育学生的科学思维与动手实践能力，走出了一条独具特色的乡村学校的科学教育之路。黄水小学中草药科普园远期规划种植400种中草药，已经种植本地中药材黄连、三七、半夏、菖蒲、麦冬、车前草、三颗针等200余种。各种中草药按照采光、地势、水分以及原始乔木位置等情况，合理分布在中草药科普园的土地上。科普园中有银杉、柳杉等高大乔木，还有小溪流水，整体采光、水源充足，适合多种中草药材混合生长，为学生提供了一个天然的植物科普乐园。图8-14为中草药科普园。

图8-14　中草药科普园

（四）信息化、智能化原则

在“互联网＋教育”的大背景下，小学应紧随科技发展的步伐，创建信息化、智能化的校园物质环境。在教室空间布局方面，配备多媒体计算机、电子书包、交互式电子白板等技术设备，丰富教学资源，促进小学生的形象化学习。同时，让虚拟学习空间与物理学习空间相结合，让学生在教室中借助平板电脑等观看视频与图文、进行图画拼接、绘制思维导图、提出与解答问题等，实现师生、生生之间的实时在线互动交

① 引自贾伟、黄浩：《借助当地乡土资源建立学生实践课程基地》。

流，在教室中全方位、形象化地展示学生的学习过程与结果。在智慧教室中，基于虚拟现实技术创造仿真情境与实体学习空间环境融合，构成一种新型的复合学习空间——虚拟现实学习空间，“包括虚拟实验室、虚拟博物馆、虚实混合学习环境等，其教学方式以情境体验、模拟训练、游戏化学习为代表，以自主学习、问题解决、协同知识构建等为主要学习方式”①。此外，还有网络虚拟学习空间的建设，如在线学习社区、微信学习群等，让学生在课余时间进行网络学习与交流互动。

资料链接：学校技术环境中的三类工具②

工具为表征、组织、操作或者建构理解提供了技术支持。有些学者描绘了在学习环境中获得典型应用的三类工具。

处理工具，即帮助认知加工、信息查询、收集、组织、整合和反思的工具。

操作工具，即响应用户输入、改变和验证参数，并且将结果可视化的工具。

交流工具，即促进社会交互和对话的工具。

可视化工具被设计成允许对一个可能并不可见的现象(如果没有这种可视化的表征形式)进行细致的观察。Web 2.0 工具已经扩展了易于设计者所用的工具类型来支持学生创建和生成人工制品。这些生产工具与现有的、可下载的软件相结合，可以被整合进一个学习环境来加强处理和反思。例如，学生可以在没有先前程序设计经验的情况下，使用现有软件工具来创建电脑游戏，创建能表征和组织他们思维的可分享的概念图，或者创建博客来组织和表现正在学习的内容。移动计算已经使以学生为中心的学习的境脉超越了桌面并进入了真实物理环境。例如，移动应用程序和手持工具已经具备 GPS、科技计量、音频和视频捕捉以及使用 GPS 标记位置增强现实等功能。

(五)适应学生年龄特征原则

小学校园物质环境建设一定要充分考虑小学生的年龄特征，包括小学生对事物色彩、形状、种类的偏好，小学生的情感、追求、价值取向，以及小学生的好奇心强、有探究欲望、爱动手、爱发现等个性特征。例如，小学生喜欢小动物、植物、山水等，所以可以考虑在校园中建一个小水池，养一些小鱼，水池上搭上小桥，周围种植一些花草树木等，满足小学生的自然天性。设计一些造型，布置墙面时要多采用一些生动形象的事物，适应小学生的心理特征。

---

① 李爽、鲍婷婷、王双：《“互联网＋教育”的学习空间观：联通与融合》，载《电化教育研究》，2020(2)。

② [美]戴维·H. 乔纳森、[美]苏珊·M. 兰德：《学习环境的理论基础》第二版，徐世猛、李洁、周小勇译，14 页，上海，华东师范大学出版社，2015。

案例：富有童趣的苏格兰小学空间设计[①]

校园内每一面墙、每一间教室以及每一块公共区域，都被充分、巧妙地利用起来，布满了丰富而协调的颜色，给学生营造了一个美丽、温馨、富有童趣的学习和生活空间。像家，像艺术馆，像博物馆，像科技馆，还像一个简朴的游乐场……校园环境充满了向童性。身处美丽的校园中，学生的童心会得到无声的呵护和滋养，从而获得一种淳朴、愉悦的审美体验。

（六）多主体参与原则

小学校园物质环境不应仅仅成为一种装饰，还要赋予其教育意义。这种教育意义的实现路径之一就是学校各主体参与物质环境的建设。校长及学校管理层对校园物质环境建设具有主导作用，尤其是在校园建筑、景观、专业教室、数字化校园网建设等方面，学校管理层要集体论证、谨慎决策。发挥教师在校园物质环境建设中的主体作用，教师对校园物质环境建设要积极献计献策，运用自身特长为学校及班级物质环境建设贡献力量。此外，学校还能发挥小学生在物质文化建设中的主体作用。在参与物质环境建设过程中，小学生会感觉到环境与自己是有关的，自己也是环境的创造者，从而激发对学校的热爱和自豪感；小学生需要动手动脑，操作体验，如绘画、书法、剪纸、习作、查阅资料等，在此过程中培养探究能力、审美能力、思维能力和创造能力等。在小学的教育中，教师应鼓励小学生积极参与学校及班级物质环境建设，让学校真正成为小学生自己的美好家园。

案例：苏格兰小学师生共同建设美丽空间[②]

学校的每一位教师和学生都是这个美丽空间的设计者和贡献者，师生每一天的工作和学习都在为这个美丽空间注入源源不断的生命力。苏格兰小学的教师是这里的艺术策划兼总设计师，在空间的设计和管理上非常用心；而学生则天生是小小艺术家和思想家，他们在课堂上的美术作品、作业单等又让这个空间充满童趣和灵气。每上一节课，每开始一个主题学习，教师都会事先和学生一起设计背景环境、学习单。每一节课结束，每一个主题学习完，每一位学生都会有学习单、小手工或小海报作品产生。学生涂鸦般的作品都是每一次课上的即兴创作。教师经常以剪、贴、画、涂、写的形

---

① 吴晓玲：《关爱有方：苏格兰小学学校文化解读》，载《教育理论与实践》，2018(2)。
② 吴晓玲：《关爱有方：苏格兰小学学校文化解读》，载《教育理论与实践》，2018(2)。

式，让学生把课堂上的学习内容表达出来。教师还会不遗余力地把每一位学生的作品都张贴在教室内外的墙壁上。

第三节
小学校园文化环境

一、小学校园文化环境的内涵

学校文化是“学校全体成员或部分成员习得且共同具有的思想观念和行为方式”①。学校文化是经过长期发展历史积淀而形成的全校师生（包括员工）的教育实践活动方式及其所创造的成果的总和。② 学校文化涵盖了物质（校园建设）、精神、制度（各种规章制度）、课程和行为（师生的行为举止）等各个层面，而其核心是精神方面的价值观念、办学思想、教育理念、群体的心理意识等。学校文化具有统率、规范、激励、融合等作用，学校文化建设的过程就是教育的过程。学校文化包括显性文化和隐性文化。显性文化是指学校规定师生必须掌握的知识、技能、思想观点、行为规范、宣传口号等有形文化；隐性文化包括校风、教风、学风、人际关系、集体舆论、心理氛围以及学校群体观点、管理理念、办学思想和价值观念等无形文化。

在《社会心理学词典》中，文化环境（cultural environment）属于社会环境，“指相对于社会中的物质环境（自然环境、次生环境、社会生态环境）而言的精神环境。它由存在于社会生活各个领域乃至人们的意识之中的各种形态的符号所构成。文化环境实质上乃是人们周围的符号世界，包括语言、文字、乐曲、图画、建筑形式、服装形式等带有一定意义与象征的事物”③。人们的行为与活动虽然离不开一定的物质环境，但制约人们行为的乃是由人们创造的文化环境。人们的心理与行为都是个人与其所处的文化环境发生作用的结果。

小学校园文化环境指的是由存在于小学校园的建筑、图画、语言、文字、制度、规约以及师生行为、交往活动、氛围中的各种意义符号所构成的世界。小学校园文化环境是在小学校园环境中体现出的文化性，反映学校及师生的思想观念、价值追求、

---

① 郑金洲：《教育文化学》，240页，北京，人民教育出版社，2000。

② 顾明远：《论学校文化建设》，载《西南师范大学学报（人文社会科学版）》，2006(5)。

③ 时蓉华：《社会心理学词典》，49～50页，成都，四川人民出版社，1988。

内在规范、行为准则、要求等。小学校园文化环境以各种人、事、物、活动为载体，由其所反映的意义符号构成。

二、小学校园文化环境的内容

小学校园文化环境主要有物质文化环境、精神文化环境、制度文化环境、课程文化环境和行为文化环境。具体内容如下。

(一)物质文化环境

1. 物质文化环境的含义

物质文化是人们物质生产活动方式和产品的总和。学校的物质文化建设不仅是学校教育教学工作的保证，而且体现着一所学校的精神，是学校文化外显的部分。学校的物质文化建设包括校舍的建设、校园的设计、环境的布置等。

小学校园物质文化环境指的是由小学校园的一些建筑、人文景观、墙面设计与布置等物质所承载的意义符号世界。有些小学校园中会放置一些文化景观性山石，上面写上学校的校训、培养目标或价值理念等；有些小学会将文化理念、标识等通过雕塑、绘画等形式展示在校园中，或者设计一些承载校园文化的艺术造型、人文景观等，或者设计与建造一些著名人物雕塑等，通过这些物质形式构成一种象征符号，传达出学校的文化意义。小学校园物质文化环境建设要以人为本，特别是要以小学生为本，符合学校特色和小学生的年龄特征，功能齐全，总体风格保持一致、协调和谐，要体现出学校的主流文化，让师生感到整洁、舒适、多样、欢快，愿意在这样的环境中学习、生活。学校要重视仪式、标志的建设，一条校训、一枚校徽、一支校歌往往反映了学校的精神面貌，也就是要让学校的一草一木都有教育意义。

2. 物质文化环境的特征

小学校园物质文化环境主要有以下几点特征。

(1)人文性

小学校园物质文化环境的人文性是指小学校园物质文化环境中蕴含着深刻的人文情怀，反映和折射出学校的核心价值理念与精神信仰。校园物质文化环境不仅仅是学校的物质载体，更凝聚和寄托了学校师生的审美情趣、精神信仰和价值追求，体现了学校师生的教学追求和生存状况，因而校园物质文化环境是学校师生情感、价值和信仰的物化和对象化的产品。

(2)结构性

小学校园物质文化环境的结构性强调小学校园物质文化整体布局和规划的结构合理性。校园物质文化环境并不是物质形态的随意堆砌和摆放，而是学校分散的实体物质文化在整体布局上形成一个结构鲜明、有机协调的校园物质文化环境。学校以“育人”为主要目的，在结构上应围绕教育主题进行建设，通过各个区域和角落的环境布置形成一个全局性教化熏陶的物质文化环境。

(3)地域性

小学校园物质文化环境的地域性强调小学校园物质文化环境是作为整个自然文化和社会文化环境系统的亚文化和子系统而存在的，因而与小学所处的自然和人文环境密切相关。小学校园物质文化环境的地域性包括自然环境的地域性和人文环境的地域性两个方面。[①]

(4)适宜性

小学校园物质文化环境应适宜小学生的喜好、心理特征。小学校园环境应色彩鲜明、形象生动，由此传达出小学教育追求智慧、幸福、快乐、友善的文化观。例如，有的小学以聪明智慧、向往自由、友善可爱的海豚为象征物。校园物质环境布置中处处可以看到海豚的样子，灵动可爱，深受孩子们的喜爱。图 8-15 为校园物质环境布置示例。

图 8-15　校园物质环境布置示例

3. 物质文化环境的功能

小学校园物质文化环境具有以下功能。

(1)应用功能

小学校园物质文化环境应具有应用的功能，需要满足学校师生对于教学、生活、管理等各方面活动的物质需求。教学楼、教室、活动室、设备、器材等各个实体构成的物质文化环境要先发挥其应用的功能。

(2)表达功能

小学校园物质文化环境的表达功能体现在其作为一种物质文化所承担的载体内容的表达。校园物质文化环境作为表层的实体文化，是深层的学校精神文化、中层的学校制度文化和浅层的学校行为文化的物质载体。

① 余清臣、卢元凯：《学校文化学》，64 页，北京，北京师范大学出版社，2010。

(3)教育功能

小学校园物质文化环境的教育作用体现在其本身所蕴含的教育功能和激励作用。历史人物的雕塑、伟人的名言警句、积极向上的标语等，都会在无形之中激励学生奋发向上。校园物质文化环境是由学校成员共同创造的，其创造过程本身充满着教育性和激励性。

(4)审美功能

除了以专门培养学生的审美能力为目的的艺术课堂外，小学校园物质文化环境本身所包含的审美元素也能促进学生感受美、体验美。充满艺术气息的校园环境、风格迥异的主体建筑、独特的人文景观、各式各样的亭台楼阁和雕塑等物质文化环境都会对学生的审美能力发展产生积极的效用。

资料链接：教室文化[①]

教室，既是一个桌椅、板凳和黑板构成的物质空间，又是一个师生同在的活动空间、生活空间、信息空间和社会空间，甚至是一个生态空间。因此，它不可能仅仅是一个物理空间，而一定是一个具有教育意义的文化空间。

教室文化一定是满足学生发展需要的文化，是满足学生生理和身体发展、认知和情感发展、道德和公民性发展、个性和社会性发展、健康和安全发展、艺术和审美发展需要的文化。因此，教室文化应该是指向学生发展目标建构的文化。第一，教室文化是指向学生生理和身体发展需要的文化。教室文化既要遵循学生生理发展的规律，又要满足学生生理发展的需要。例如，教室的物质文化应该根据学生的身体和不同的生理发展需要，设计多样性的课桌椅，它要体现多样化的人口学特征。第二，教室文化一定是指向学生的认知和情感发展需要的文化。教室文化应该体现学生的认知发展需要，应该体现学生思维过程的特征，应该是一种符合学生认知规律的丰富的物质环境。教室文化还应该是一种反映学生积极情感发展需要的文化，要有利于学生的积极情感表达。更重要的是，教室文化需要发挥学生情绪调节能力培养的功能。第三，教室文化一定是指向学生的道德和公民性发展需要的文化。空洞的教室无法培养学生的道德品质和公民的责任、义务和权利意识。教室文化要为学生的道德和公民性发展提供制度文化、物质文化。第四，教室文化一定是指向学生的个性和社会性发展需要的文化。学生的社会性发展需求，可以在教室的制度文化中得到保障。所谓“小教室，大人生”。教室是学生学会做人的文化空间，所以，教室文化应该是师生的行动系统，可以为学生的发展提供规范文化。教室文化应该为学生的个性化发展提供条件。个性化

---

① 朱旭东：《论教室文化的构建》，载《华东师范大学学报(教育科学版)》，2020(3)。有删减。

发展的重要表现之一是学生可以根据自己的兴趣开展学习。第五，教室文化一定是指向学生的健康和安全发展需要的文化。学校健康办学特色的形成、安全教室的提供等，都是以学生的健康和安全发展为目的的。第六，教室文化一定是指向学生的艺术和审美发展需要的文化。教室文化要为学生的艺术和审美发展提供丰富的物质内容。

(二)精神文化环境

1. 精神文化环境的含义

精神文化是文化整体的核心部分，它由价值观念、思维方式、道德情操、民族性格等因素构成，还包括文化信念与文化情趣等。学校精神文化是学校文化的核心，包括学校的办学思想、教育理念、价值观念等。办学思想、教育理念表现在人才观上，即培养目标上，是培养什么人的问题。教师要树立人人都能成才的观念，平等对待每一位学生，不歧视任何学生。校训、校歌、校徽是学校精神文化的具体载体。

小学校园精神文化环境指的是由小学师生价值系统、思想观念、精神面貌、情感态度等构成的意义符号世界。小学校园精神文化环境包含两个方面：一方面是学校设计与努力追求的文化理念、价值追求及其精神环境；另一方面是学校师生目前呈现与存在的思想状态、情绪情感等精神环境状况。小学应努力通过环境创设、课程教学、活动与交往等塑造师生良好的精神文化，实现学校的价值追求，拥有理想中的小学校园精神文化环境。

2. 精神文化环境的特征

小学校园精神文化环境的特征包括如下几方面。

(1)精神性

小学校园精神文化环境体现的是价值观念、精神气质、情感态度等，因而具有精神性特征。其精神性特征还包含着应然的理想性，体现为一种信念和追求。小学校园精神文化环境是全校师生共同的精神力量，激励师生在现实基础上有所超越、努力进取、奋发有为。

(2)主导性

学校精神文化应成为学校发展的核心力量，对于学校师生的思想精神、价值追求等产生主导性作用，引领学校在一个统一的核心价值观下顺利运行和获得发展。

(3)统一性

小学校园精神文化环境要实现学校内部的统一性、整体性，还要注意协调与外部社会、文化间的关系，与国家、社会核心价值观协调一致，体现全局视野和格局。

(4)适宜性

小学校园精神文化环境应适应小学生的精神气质，努力营造一种积极进取、友善和谐的文化环境氛围。小学生活泼好动、精力充沛、充满好奇心，渴望自主、主动做事，愿意亲近教师，希望获得教师的关爱和表扬，渴望友谊和善意。根据这些特点，小学和教师应通过课程教学、各种活动、日常交往等培养学生勤奋努力、友善待人、认真观察、不断发现探索的品格，建设积极向上的精神文化环境。

当前，很多小学建立和系统梳理了学校的文化理念，提出学校的核心价值观、培养目标、校训等，建立了学校标识，设计制作了校旗、校徽、校歌等，借助物质环境创设宣传学校价值理念，通过日常教学与各种活动潜移默化地陶冶学生，使其在活动与交往中理解、体验、认同与内化学校文化理念，在日积月累中建设与形成学校所追求的精神文化环境。图 8-16 为校园精神文化环境建设示例。

图 8-16　校园精神文化环境建设示例

案例：首都师范大学附属小学的童心教育理念①

童心是人们真实情感的流露，是天性，是真心实意。保持童心，就是要人们返璞归真，回归自然。童心是人类美好的真情，是一种对人生、对生活的热爱之情。童心与真心、真人联系起来，不仅是人天然的心性，也代表着人生的境界。

童心教育的核心价值：率真、关爱、求索。率真，即直率真诚，通常表现为重承诺，讲信用，坦诚相待。关爱是人类基本的情感之一，关爱自己，关爱他人，关爱社

① 宋继东：《必须保卫童年：童心教育的理念和实践》，13～23 页，北京，北京师范大学出版社，2011。

会以及关爱我们的生存环境。求索是儿童心灵的应然之物，是与生俱来的一种兴趣、性格和创造力。求索之心是儿童对外在世界的一种积极的态度，是儿童“崇尚科学，追求真理”的表现。

童心教育的目标：点燃童心人生，做一个有率真性情、有关爱德行与有求索能力的人，为有充满童心的幸福人生奠定基础。

案例：　北京市石景山区古城第二小学分校的学校文化[①]

理念：学知求智，幸福成长

校训：求真、启智、健体、尚美

校徽：海豚、蓝天、金沙、白浪。海豚是最具智慧的哺乳动物，它离开母体就可以独立游向水面，海豚过着“集体生活”。海豚对人很友善，世界各地流传着很多海豚救人的故事。海豚生活在蓝天下、大海中，有金沙、浪花陪伴，象征着在广阔的空间中自由自在、快乐幸福的孩子们。智慧的海豚在大海中遨游象征着孩子们在宽松自在、温暖友善的学校环境中学知求智，幸福成长。海豚的形象与特质深受孩子们的喜爱。图 8-17 为校徽示例。

图 8-17　校徽示例

校歌：《学知求智，幸福成长》。该校歌创作于 2013 年，作词者为时任书记王静艳，作曲者为学校音乐教师王瀚萍。歌词的第一段以“小海豚”为主人公，描述了小海豚遨游海洋的生活习性、聪明可爱的特征等；第二段以孩子们为主体，运用第一人称，描述了孩子们“志向远大、友善快乐”等特征，以及“学知求智，幸福成长”“幸福一家”的文化理念。

(三)制度文化环境

1. 制度文化环境的含义

制度文化是以制度为核心的文化，它是文化系统中具有权威性的因素，规定着文化整体的性质。制度是社会所规定的人们的行为法则，其主要功能就是规范人们的行为。学校制度文化是学校在日常管理中形成的一些要求或规范，是学校全体成员需要遵守的行为规范，体现着学校的价值观念和行为方式。学校经常会面临各种矛盾和问题，成文或不成文的学校制度，能够使全校师生知道哪些事情可以做，哪些事情不可

---

① 该案例由作者根据 2020 年 9 月对时任石景山区古城第二小学书记的访谈资料整理而成。

以做，哪些事情由谁负责等。只有制度明确，才能职责分明。

小学校园制度文化环境指的是由学校各种成文的制度、规范以及在长期实践中形成的成员间不成文的约定等构成的意义符号世界。学校制度的建设应和办学理念相一致，制度建设服从于学校的精神文化建设。“制度建设作为一种文化，是师生在教与学的活动中，经过长期的实践、总结、提炼而制定出来的，是反映了师生的意愿，为师生共同认可的，这种制度才能被全校师生所遵守。”①学校制度建设应广泛征询师生的意见，使得学校制度符合大多数师生的意愿和需求，在大家共同的遵守中逐渐形成学校的制度文化。

2. 制度文化环境的特征

小学校园制度文化环境的特征包括如下几方面。

(1)规范性

小学校园制度文化环境具有规范性特征，一方面对学校各层人员的行为进行约束，使学校正常秩序得以建设和发展；另一方面为引导学校成员提供了一套价值标准，尤其对于尚年幼的小学生发挥着行为约束、习惯养成的作用。

(2)独特性

学校制度的内容需要符合国家及各级教育行政部门的各项政策、规章制度等。在此基础上，小学还根据自身状况制定本校的各种制度和规范，带有较为浓厚的校本色彩。这使得小学校园制度文化环境具有一定的独特性。

(3)适宜性

小学校园制度文化环境应适宜小学生的年龄阶段特征。为此，小学校园制度文化环境在创设过程中往往会将一些行为规范概括成一些简洁明了、生动易懂的口号标语等进行宣传。这些口号标语符合小学生的年龄特征，易懂易记，或者让小学生运用板报、绘画、书法、照片等形式自主对一些行为规范进行设计。小学生在参与过程中融入个人体验和理解，从而有助于其对行为规范的遵守与内化。

3. 制度文化环境的功能

小学校园制度文化环境的功能包括如下几方面。

(1)教育功能

制度本身蕴含着丰富的教育意义。好的学校制度文化环境是一种重要的教育资源，可以发挥激励作用，激励学校成员努力进取，提高责任心。

(2)约束功能

学校各项制度规定为学校各层人员提供了行为规范。在学校制度文化环境的约束下，人们遵守各项规定，以制度约束自身的行为，使制度要求成为每个人的行为规范。

---

① 顾明远：《论学校文化建设》，载《西南师范大学学报(人文社会科学版)》，2006(5)。

(3)整合功能

学校制度文化环境是在整合、协调学校各种关系的基础上形成的，具有整合和凝聚功能。良好的制度文化环境能够提高学校的凝聚力，增强学校成员的归属感。

案例：苏格兰小学的制度文化①

苏格兰是一个法治化比较成熟的地区，法则化文明浸润着其社会生活的各个方面。法则化文明的一个重要特点就是把需要遵守的规则明确成文、清楚说明。学校的纪律与秩序教育透显着这种文化气质，即有规则可依、有规则必依。在苏格兰小学教室的墙壁上，笔者经常会看到一些明确成文的规则嵌于其中。这些规则或是直接以文字条目的形式，或是用文字配以图形、图像的方式，把学校所倡导的学生在课堂上、在教室里、在校园里应该表现出来的言行举止明确地呈现出来。

譬如，教室规则(classroom ground rules)包括：一是有秩序地按时进教室，为学习做好充分的准备；二是立即听从老师的指令；三是管住自己的手、脚和不友好的语言；四是认真倾听将要发言的人，尊重他人；五是照顾好班级的物资、器材和环境。

再譬如，上课准备常规(ready routine)要求：把学习用具和资料摆放好；把电子产品和零食都收起来；安静地坐好；保持注意力集中。

(四)课程文化环境

1. 课程文化环境的含义

课程文化是学校文化建设的重要组成部分。“课程文化是课程主体在某种文化环境下采用某种文化取向选择特定的文化组织、实施、评价课程，并在组织、实施和评价课程中形成的某种文化。”②文化造就了课程，课程形成着文化。“课程文化的进入，丰富和扩展了学校文化建设的内涵：它深入到课程与教学层面，实质性地促进了学生发展、教师发展和学校发展，并将三者联系起来，构成学校发展的新内涵、新要求和新目标。”③课程是文化的载体，学校应努力去探讨国家课程标准的文化内涵，同时结合学校的具体条件，创设学校的校本课程，在教学中重视教材的文化内涵，不仅传授知识，而且重视价值观、思想情感的熏陶。

---

① 吴晓玲：《关爱有方：苏格兰小学学校文化解读》，载《教育理论与实践》，2018(2)。

② 徐乐乐：《课程文化的内涵、范式及冲突》，载《教育导刊》，2019(9)。

③ 彭钢：《在学校文化建设中形成学校特色》，载《教育发展研究》，2008(2)。

小学校园课程文化环境指的是由学校日常课程与教学活动内容与方式构建形成的意义符号世界，反映着关于学校课程与教学的理解、信念与价值观。小学根据自身文化理念实施国家课程和地方课程、开发校本课程，在具体的一门门课程及其实施过程中形成学校独特的课程文化环境，在日常课程教学中对学生的知识、能力、习惯、观念等产生影响。需要指出的是，在互联网时代，学校课程、教学、资源和形态发生了根本性改变，引发了教育体系的重构和教育生态的创生，进而促进了课程文化环境的改变。互联网时代的课程文化环境呈现出更加民主、开放、自主、主动、灵活的特征，师生关系更加民主，课程内容更加开放、丰富、多元，课程学习方式更加自主、主动和灵活。

2. 课程文化环境的特征

小学校园课程文化环境的特征包括如下几方面。

(1)价值性

小学校园课程文化环境体现了学校的价值取向，具有价值性特征。学校开设哪些课程，尤其是开设哪些校本课程，学校重视哪些课程，学校鼓励教师采用怎样的教学方式等，都反映了学校课程文化的价值取向。例如，如果某小学既重视语文、数学、英语这些学科，又重视音乐、美术、体育、劳动等学科，则反映了学校试图通过课程促进小学生全面发展的价值取向。

(2)统整性

目前，我国小学课程由国家课程、地方课程和校本课程三级课程构成，三级课程是一个统一体，互相关联、互相影响，共同促进小学生的全面发展。在实际的课程实施过程中，学校应统筹规划，同样重视，不可偏废，还可考虑三级课程的整合实施。

(3)独特性

每一所小学的课程文化环境都具有其自身的独特性，主要体现在两方面：其一，校本课程开发具有独特性。很多小学根据自身文化、传统、师资、地域资源等开发具有自身特色的校本课程；其二，课程实施具有独特性。小学教师在课程实施过程中体现出学校的传统和个人风格。例如，在课堂教学中教师是否运用了一些拓展性学习资源，教师采用了怎样的拓展性学习资源，教师主要运用哪种教学方法等，这些都具有一定的个性化特征。

(4)适宜性

小学校园课程文化环境建设应充分考虑小学生的年龄特点，课程设计与实施应符合小学生的认知与学习规律。在课堂教学过程中，教师应注重运用一些情境化的教学方式，引导小学生观察、操作、体验等。在校本课程开发中，学校应努力探索一些符合小学生兴趣需要、成长特点的课程，同时注意校本课程与学校文化理念相结合。例如，某小学以“生活教育”为文化理念，在这一理念指导下开发了家务工作室课程、农垦园课程、劳动大集课程、“小先生”课程等，促进了小学生劳动与生活意识、能力与习惯的养成，同时也在塑造一种劳动与幸福生活的课程文化。

（五）行为文化环境

1. 行为文化环境的含义

行为文化是人们在日常生产、生活中表现出来的特定行为方式及其意义总和。行为文化体现着人们的价值观念，同时受制度的约束和导向。学校行为文化是长期形成并通过学校师生的活动而展示出来的文化形态的总和。它指的是师生员工在学校教学、管理、生活以及文体活动中表现出来的精神状态、行为方式等，以及由此形成的校风、班风、教风、学风。学校行为文化是观念文化的外化。

小学校园行为文化环境指的是由小学师生在日常活动和人际交往中的行为、言语、态度等构建的符号意义世界。小学校园行为文化环境的核心是校风。什么是校风？“校风是指一个学校的思维方式、治学态度。从思维方式来讲，就是学校怎么办，办成什么样子，有什么办学思路。治学态度表现在教师怎么教，学生怎么学的问题。校风表现在学校的方方面面。表现在领导班子身上就是有没有先进的办学理念，有没有人文管理的精神，有没有组织团队不断学习，不断进步的规划；表现在教师身上就是有没有敬业笃学的精神、教书育人的品质；表现在学生身上就是有没有刻苦钻研的态度、开拓进取的精神，等等。”①

2. 行为文化环境的特征

小学校园行为文化环境的特征包括如下几方面。

(1)外显性

小学校园行为文化环境是通过师生的外显行为而体现出来的，具有外显性特征。当然，行为背后反映的是价值观念、信念追求等。在学校行为文化环境建设过程中，学校应重视对于师生良好言行举止、态度的培养，并与精神文化建设相结合，达到内化于心、外化于行。

(2)规范性

小学校园行为文化环境往往是通过制度来建设的，具有一定的规范性特征。小学通过简洁明了的制度形式表达对师生精神风貌、行为举止的要求。行为文化环境的建设与学校制度、规则是结合在一起的。

(3)适宜性

小学校园行为文化环境建设应符合小学生的年龄特征。小学生大多活泼好动、真诚友善、情感外露，因而，小学往往需要建设一种生动活泼、简单率真的行为文化环境。同时，应积极建立文明、礼貌、诚实、勤奋、友善、互助、关心、融洽的行为文

① 顾明远：《论学校文化建设》，载《西南师范大学学报(人文社会科学版)》，2006(5)。

化环境。图 8-18 为校园行为文化环境建设示例。

图 8-18 校园行为文化环境建设示例

案例：小学教师、学生行为指导原则①

首都师范大学附属小学将“童心教育”办学理念转化为具体的行为规范和指导原则，以原则性规定的制度为学校文化的延伸，形成独特的数字制度：1 条愿景目标，2 条学生要求，3 条教师要求，4 条团队要求，5 条价值教育，6 条童心课堂，7 条培养目标，8 条教师评价，9 条教师承诺(表 8-1)。强调的是自动执行，将以往密密麻麻的制度变成记得住、背得出、用得上的制度；而且，简明的数字制度与学校追求的教育价值之间建立“情感链”，让童心教育理念在师生心目中产生一种潜在说服力，使组织意志变为个人自觉行为的管理，人性化的童心管理不管胜于管。

表 8-1 首都师范大学附属小学教师、学生行为指导原则

制度	内容
1 条愿景目标	建设学生喜欢、教师留恋、家长满意的学校
2 条学生要求	1. 做人有品格 2. 做事有风格
3 条教师要求	1. 用心 2. 用情 3. 用力
4 条团队要求	1. 拒绝浮躁，静心做教育 2. 勤奋不息，拥有求知欲望 3. 牢记责任，自动自发做事 4. 永远追求，在团队中实现最好的自我

① 宋继东：《必须保卫童年：童心教育的理念和实践》，52～53 页，北京，北京师范大学出版社，2011。

续表

制度	内容
5 条价值教育	1. 集体荣誉感 2. 拥有自信 3. 富有活力 4. 自我管理 5. 自我约束
6 条童心课堂	1. 教学目标清晰的课堂 2. 充满关爱、点燃兴趣的课堂 3. 和谐探索、参与互动的课堂 4. 因材施教、分层教学的课堂 5. 学生获得学习方法的课堂 6. 收获情感、知识、技能的课堂
7 条培养目标	1. 良好的习惯 2. 优秀的成绩 3. 健康的身体 4. 快乐的心情 5. 创新的意识 6. 实践的能力 7. 应有的责任
8 条教师评价	1. 做教学典范教师 2. 做为师典范教师 3. 做研究典范教师 4. 做为父典范教师 5. 做创新典范教师 6. 做形象典范教师 7. 做负责典范教师 8. 做沟通典范教师
9 条教师承诺	1. 静心教书，不浮躁懈怠 2. 依法治教，不违规违纪 3. 提高质量，不加重负担 4. 热爱学生，不挖苦放弃 5. 严谨治学，不一知半解 6. 廉洁从教，不有损形象 7. 坚持学习，不墨守成规 8. 尊重家长，不怠慢埋怨 9. 为人师表，不忘记使命

三、小学校园文化环境建设的原则

学校文化环境是全校师生经过长期努力而建立起来的，有着本校的特征和文化传统。学校文化环境对于学校发展、教师发展、学生健康成长等具有重要作用，那么建设小学校园文化环境需要遵循哪些原则呢？

（一）价值导向原则

小学要重视文化环境对小学生的重要而深刻的影响，积极建设学校文化环境。在此过程中，重要任务是明确学校文化环境的核心价值理念，使得环境建设有方向、有目标，在核心价值的引领下凝聚人心，让师生共同努力、积极进取。小学应认真研究国家教育政策、学校历史文化、小学生的年龄特征和发展需求等，研究梳理本校的核心价值理念，确立本校的培养目标、校训等，从而使得学校文化显性化，明确学校文化环境建设的目标。“学校文化建设的价值不是简单的学校规划和建设，而是以文化影响人，最终实现学校文化与人的互动生成与共生共长关系。”①学校核心价值理念一定要落实到实践中，内化为师生的价值观念。

案例：苏格兰小学教室墙壁上的理念展板②

苏格兰小学教室墙壁上的理念展板大都包含三个层次：政策精神、学校教育理念以及班级个性化表述。从这些文字中可以清晰地了解苏格兰的社会发展愿景和学校的教育观、学生观、学习和成长观，如“追求卓越的课程”（curriculum for excellence，苏格兰课程改革政策）和“对每一孩子都正确”（getting it right for every child，苏格兰未成年人权益政策）。学校制作的教育宣传海报旨在将抽象、理念化的政策转化成具体的行为，不仅为教师的课程开发和理解，也为学生的课程体验和自我评价提供一个简明的参照。譬如，要想成为一名“成功的学习者”，意味着“我对学习有热情；我努力尽自己所能；我善于倾听新观点；我能在生活中使用读写和计算技能；我具有创造性和独立性；我期待学习新事物；我非常积极学习新技能；我能够仔细检查评价自己的学习；我处处学习；我处处学以致用”。

---

① 徐文彬、张勇：《我国学校文化建设研究：成就与展望》，载《当代教育与文化》，2009(2)。
② 吴晓玲：《关爱有方：苏格兰小学学校文化解读》，载《教育理论与实践》，2018(2)。

(二)融入实践原则

小学校园文化环境建设应落实到物质环境建设、制度确立、课程与教学、日常活动与交往等各个方面，尤其要渗透于学校课程与教学、日常活动与交往之中。具体如下。

1. 课程与教学实践中渗透学校文化

小学校园文化环境建设要真正落实到课程与教学之中，使文化环境建设成为小学教师日常工作、小学生日常学习的重要目标和价值追求。在学习过程中，学生感受到课堂中传达的既定学校文化，获得文化上的发展，在发展过程中又会创造出新的学校文化。教学是学校文化建设的落脚点和基石。“学校文化建设要源于教学，融于教学，在教学中实现学生的发展和文化的生态循环。”①在小学课程与教学中，教师应有意识地引导小学生感受学校文化，建立正确的价值观念和良好的行为习惯，将学校文化渗透于日常课堂教学之中。同时，学校还应有意识地开设一些体现学校文化的校本课程，使得学校文化清晰地展现在小学生的面前，通过显性的学习活动促进小学生理解学校文化。

2. 日常活动与交往实践中渗透学校文化

根据小学生的身心发展特点，学校对于小学生的培养教育更多地应从情感、行动入手，文化理念的传播不能仅仅靠喊口号、贴标语去实现，文化环境建设也不能仅仅靠教师说教去进行，而是要在日常教学、主题活动与真实交往中一点点去渗透、浸润、启发和感染：“当青少年逐渐参与他们所属的各种群体的活动时，他们的倾向不知不觉地得到更为深刻和更为密切的教育陶冶。”②只有在日常真实活动与交往中，小学生才能切身感受到集体的某些价值观念、规范、行为意义等，内心有所触动和受到感染，真正达到理解、接纳和内化学校文化理念，进而融入学校文化环境。

案例： 北京市石景山区电厂路小学冬奥教育“文化·情境”育人模式③

小学冬奥教育“文化·情境”育人模式是指通过学校冬奥教育文化空间环境设计、课程和主题活动情境化实施、学生冬奥组织运行以及校外观赛参赛、冰雪体验、场馆参观等实践活动促进小学生获得冬奥知识与能力，感受、体验、理解与内化冬奥教育文化理念、情感精神的培养教育方式。

---

① 徐文彬、张勇：《我国学校文化建设研究：成就与展望》，载《当代教育与文化》，2009(2)。
② [美]约翰·杜威：《民主主义与教育》，王承绪译，25页，北京，人民教育出版社，1990。
③ 此部分由作者根据2020年9月对时任石景山区电厂路小学校长的访谈资料整理而成。

“文化”有两种内涵：一是在冬奥会“卓越、尊重、友谊”的价值观引领下形成学校冬奥教育的文化理念；二是在几年的冬奥教育实践积累下形成了学校独特的冬奥教育叙事文化。学校冬奥教育文化理念的核心是“卓越”。围绕这一核心理念，学校确立了“爱国、自强、拼搏、刻苦、耐力”“规则、责任、尊重、合作”“挑战、超越、创造”“幸福、快乐”的价值观念(图 8-19)。这些文化理念在实践中逐渐成为学校师生内心的信念和追求。同时，学校在丰富的冬奥教育课程、活动、环境、实践之中逐渐形成了独特的冬奥教育叙事文化，让师生在每日的冬奥叙事中生活着、成长着。

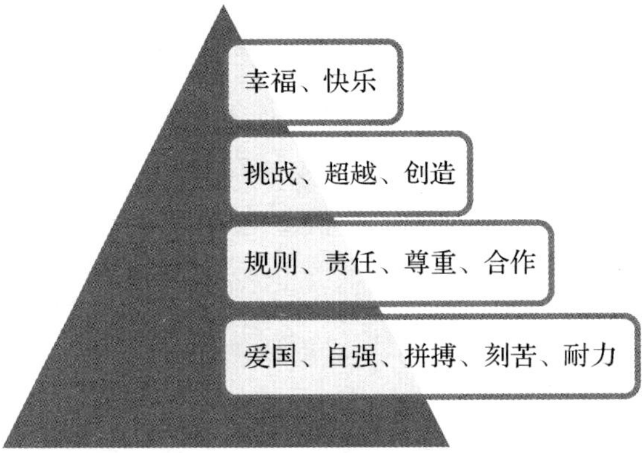

图 8-19　学校冬奥教育“卓越”文化理念

“情境”指的是学校冬奥教育主要采取情境化方式，有四种内涵：一是学校冬奥教育主题校园文化空间环境设计；二是学校冬奥教育课程、主题活动、冬奥学生组织的情境化实施；三是校外冬奥观赛、真冰真雪体验、冬奥场馆参观、学生冬奥项目比赛、冬奥标识设计征集、冬奥宣传片拍摄等情境化活动参与；四是学校由一个个冬奥教育活动、课程、实践、故事和环境组成冬奥教育叙事情境脉络(图 8-20)。

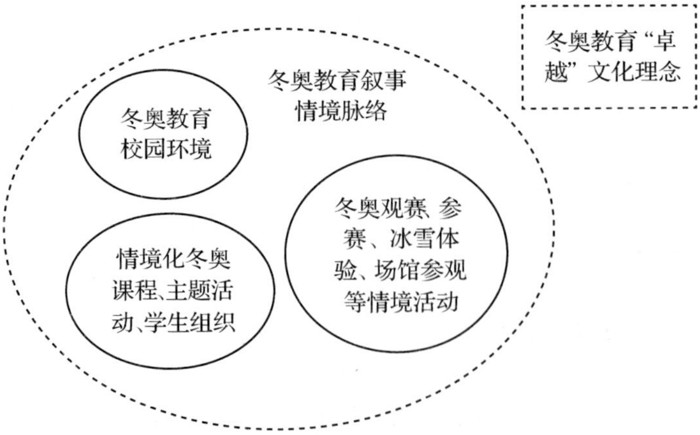

图 8-20　学校冬奥教育叙事情境脉络

（三）多主体参与原则

1. 校长引领校园文化环境建设

“一个好的校长带出一所好的学校”“一个好校长走了之后还是一所好学校”。这两个命题不仅表明了学校文化对学校发展的重要性，也道出了学校文化建设与学校领导尤其是校长有密切关系。校长的角色决定了校长在学校文化建设中的地位和作用：“校长的办学理念会影响学校的发展方向，校长的教育思想会影响教师的教学，校长的修养和人格会影响教师的态度，校长的处事方式会影响教师的工作方式，校长的职业精神会影响教师的工作状态，校长的学习态度会影响教师的学习积极性，校长的衣着打扮会影响学校的服饰文化。”①小学校长要努力做一个懂教育、有思想、善创新的人，做一个有追求、有事业心和责任感的人，做一个公正、坦诚、守信的人。这样才能起到引领校园文化环境建设的作用。校长要厘清学校文化理念，带领团队成员建设学校制度，通过各种方式与途径建立良好的校园文化环境。

2. 师生共同参与校园文化环境建设

小学师生要努力在校长的引领下参与校园文化环境建设。小学教师应成为学校文化建设的实践者、行动者，要认真领悟学校文化理念，努力通过课程与教学活动引导小学生感受学校文化，让小学生形成正确、积极的价值观念，促进学校文化的传播、发展与创新。小学生也要成为学校文化建设的参与者，认真学习与理解学校文化价值理念，运用自己的方式如绘画、书法、小报等表达对学校文化理念的理解，在日常学习与交往中自觉践行学校文化理念，真诚待人，勤奋努力，共同为建设美好的校园文化环境而努力。

此外，还需要考虑的是，校园文化环境建设不能仅仅局限于在学校范围内进行思考，还应关注到社会文化环境对校园文化环境建设的影响，建立起社会文化与学校文化之间的联系。这样学校文化建设才能具有现实意义，才能最终培养出社会所需要的人。在当前市场经济、经济全球化、信息社会、多元文化的背景下，学校课程与教学、师生关系等方面应具有怎样的文化倾向，应如何建立起社会文化与学校文化之间的联系？这些问题无疑会是我们未来校园文化环境建设的重要课题。

本章小结

本章概述了小学校园环境的含义、类型。小学校园环境指的是存在于小学之中、围绕在师生周围的各种事物和意义符号世界。小学校园环境是教育

---

① 杨骞：《学校文化建设中的相关因素分析》，载《教育研究》，2009(1)。

者有目的地设计用以对受教育者产生积极影响的环境，是教育者在一定目标的引导下主动创设、布局与塑造的环境，是学校教育的一种重要途径。小学校园环境包括物质环境和文化环境。

在小学校园物质环境方面，本章阐释了小学校园物质环境的含义和内容，其主要包括校园、楼内门厅、楼道、墙壁、普通教室和专业教室、多功能厅、图书室等环境；还阐释了小学校园物质环境的价值，以及小学校园物质环境建设的几个原则，包括整体性原则，文化性原则，实用性原则，信息化、智能化原则，适应学生年龄特征原则和多主体参与原则。在小学校园文化环境方面，本章阐释了小学校园文化环境的含义和内容，其主要包括物质文化环境、精神文化环境、制度文化环境、课程文化环境和行为文化环境五个方面。每个方面分别阐释了其含义、类型、功能等。最后阐释了小学校园文化环境建设的几个原则，包括价值导向原则、融入实践原则、多主体参与原则。

关键术语

小学校园物质环境；小学校园文化环境；物质文化环境；精神文化环境；制度文化环境；课程文化环境；行为文化环境

拓展阅读

1. 余清臣、卢元凯：《学校文化学》，北京，北京师范大学出版社，2010。

该书首先集中阐述了什么是学校文化学，学校文化的结构、类型及功能。其次分别从精神、物质、制度、行为、课程等几个方面对学校文化进行了阐述，具体为：学校核心价值观与精神文化的内涵、表现，学校精神文化的现代发展理念；学校物质文化的内涵、具体体现，学校物质文化的现代发展理念；学校制度文化的内涵、重要性，学校制度文化建设中的问题和解决之道，现代发展理念下的学校制度文化建设；学校行为文化的内涵、分类和建设以及校园文化活动的设计；学校课程文化的内涵、具体体现，课程文化的现代发展思路。最后介绍了如何诊断学校文化以及如何建设学习文化等。

2. 阮为、张朝晖：《学校信息化之路 2.0》，上海，复旦大学出版社，2020。

该书对中小学如何拓展数字化校园平台功能、运用移动信息技术为学生和教师服务、创建开放和个性化的高效泛在学习环境等进行了探索，勾勒了学校构建“信息校园”的历程；对“移动学习”与“课堂教学”之间的关系以及如何合理运用“移动校园”激发学生的学习兴趣进行了研究。该书勾勒了学校构建数字化“移动校园”，从而实现“泛在式”教学互动的实现轨迹。该书的内容涵盖理论依据、实践研究、成果经验、实践案例等，具有较强的针对性和可操作性。

3.［美］普拉卡什·奈尔：《重新设计一所好学校：简单、合理、多样化地解构和重塑现有学习空间和学校环境》，林文静译，北京，中国青年出版社，2019。

该书揭示了教师与学生、学生与学生学习空间的功能构成，提供了智慧教育时代构筑“合作学习”空间的设计方法和全新学校设计方案。该书对学校丰富、创新的校园设计实例进行了介绍，展示了教学楼为何以及是如何影响教学法、课程和学习的，促进学校管理者重新思考教学和工作方式，重新思考及重新想象学生学习和教学空间，重新设计学校空间，将其打造成激发学生大脑潜能的学习乐园。

4.［美］普拉卡什·奈尔、［美］罗尼·齐默·多克托里、［美］理查德·埃尔莫尔：《重新设计学习和教学空间：设计利于活动、游戏、学习、创造的学习环境》，林文静译，北京，中国青年出版社，2020。

该书认为，重新设计学习和教学空间需要思维方式的转变，从可预知和稳定性转变为有意的选择和适应，从已构建的模式和步骤转变成灵活和回应，从已有的“真理”转变为询问和提问。该书还认为设计合作学习空间、拓展性学习情境是激发学生学习自我驱动力的关键；在智慧教育时代，解构、重塑和提升学校的学习环境，可看见教师与学生的共享成长，看见教育的力量。

体验练习

1. 小学校园环境的含义是什么？
2. 小学校园物质环境建设有哪些基本原则？
3. 什么是物质文化环境、精神文化环境、制度文化环境、课程文化环境和行为文化环境？请用自己的话描述，并举例加以说明。
4. 小学校园文化环境建设有哪些基本原则？
5. 请实地探访一所小学，根据本章内容分析它的校园环境。

第九章

小学教育研究

结构图

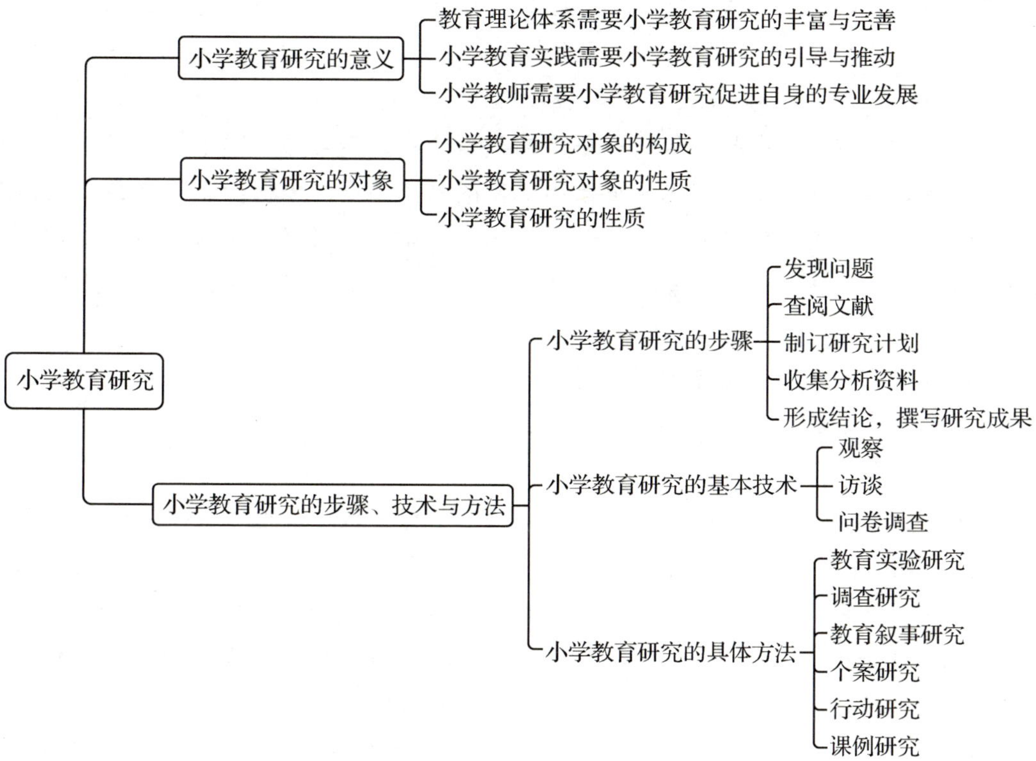

本章概述

教师工作在教育实践场域之中，教师必须具备基本的研究意识与能力，也就是说教师必须成为研究者，才能实现不断的专业成长，以及可持续性发展。本章的讨论围绕小学教育研究的意义、小学教育研究的对象以及小学教育研究的步骤、技术与方法展开。首先从小学教育研究与教育理论体系建设、小学教育实践以及小学教师的专业发展三个方面来探讨小学教育研究的意义；其次讨论小学教育研究的对象，分析了小学教育研究对象的构成、小学教育研究对象的性质，以及与之相适应的小学教育研究的性质；最后详细介绍了小学教育研究的步骤，观察、访谈和问卷调查基本技术，以及教育实验研究、调查研究、教育叙事研究、个案研究、行动研究和课例研究的具体方法。

问题情境

李老师在一所重点小学已经工作了近 20 年，2020 年 9 月是她第 5 次迎接升入一年级的小朋友。不过这次李老师遇到了困难，因为班里来了一个一直不停地哭的小朋友。开学已经快一个月了，李老师想尽各种办法都无济于事，她该怎么办呢？

这个小朋友就是在幼升小阶段不适应的典型个案。李老师可以采用观察、访谈等技术来向家长和以前的幼儿园去了解该小朋友的基本情况，分析问题的症结所在，提出相应策略，在实施策略中发现问题及时修正，不断改进策略。这体现了行动研究的要求。李老师可以通过对该个案的研究加深自己对学生的理解，使自己的专业发展步入新境界。

那么李老师到底应该如何进行研究呢？带着这样的问题我们来学习本章内容，学习结束后看看我们能否帮助李老师完成这项研究。

“研”是细磨的意思，如把药细磨成粉；“究”是仔细推求、追查；研究就是探求事物的真相、性质、规律等。研究是一种有明确的计划和意图的活动，通常以发现事物的规律、解决实际问题或改进现实状况为目的；研究有一个严密的实施过程，不是随意进行的，通常是按步骤、分阶段进行的，有一套严格而系统的操作程序；研究总是伴随着方法的选择与运用，通常是运用特定的方法调节整个活动的开展，方法的选择与运用在很大程度上决定研究的成败。① 因此，小学教育研究是针对小学教育问题进行的运用适切方法的有计划、有步骤的追根究底的探求，目的是获得关于小学教育活动的规律，解决小学教育活动的问题，以及改进小学教育活动的现状等。本章从小学教师的角度讨论如何理解小学教育研究，以及如何进行小学教育研究等问题。

第一节 小学教育研究的意义

进入 21 世纪以后，信息化所带来的各种变化令人目不暇接，促使社会结构等发生根本性的变革。小学教育活动要素之一的学习者——小学生在身心发展等各方面都发生了极为重要的变化，那么小学教育活动也应该随之发生改变。因此，当下通过对小

① 陈时见：《教育研究方法》，1 页，北京，高等教育出版社，2007。

学教育进行研究，来更新对于小学教育的认识和回答小学教育活动如何发生改变的问题等具有非常重要的意义。

一、教育理论体系需要小学教育研究的丰富与完善

教育理论源于教育研究的成果，是教育研究成果的理论形态。正是由于教育研究形成明确的对象域和系统的知识体系，教育学学科才开始形成。德国教育家赫尔巴特19世纪初出版的《普通教育学》是教育学成为独立学科和教育研究成为相对独立的研究领域的标志。19世纪末、20世纪初，随着教育研究领域越来越分化，教育研究的角度越来越多样，教育学学科群逐渐形成，教育理论体系得到了丰富与发展。

小学教育作为一个国家国民教育体系的基础，对其研究并形成深刻丰厚的理论成果不但对于一个国家教育的发展，而且对于教育理论体系的建设具有十分重要的意义。小学教育研究是对小学教育实践活动出现的问题进行思考和探究，其结果构成小学教育理论的源头，是小学教育理论建设的土壤。因此，当小学教育研究逐渐从整个教育系统或者基础教育系统中分离出来，形成一个相对独立的研究领域，就会成为教育理论体系不可或缺的一部分。

二、小学教育实践需要小学教育研究的引导与推动

小学教育研究是以小学教育实践活动为研究对象，通过各种不同研究方法，从不同角度进行深入探究，以期获得对小学教育实践活动的真相、性质与规律的认识。这种认识反过来指导小学教育实践活动，调整并引导其发展的方向。

在我国，无论是小学教育实践还是关于小学教育的研究都是由来已久，但真正引起广泛关注是1986年颁布《中华人民共和国义务教育法》之后。该法的颁布标志着我国小学教育的性质发生了根本性的变化。小学教育成为义务教育的第一个阶段，必须承担起提高全民族素质的使命。1986年之前的小学教育研究处于初步探索阶段，研究方法主要以理论思辨为主，研究内容主要集中于小学普及教育、小学课程与教学。① 1986年以后，得到法律保障的小学教育开始普及发展。同时，我国教育领域针对“应试教育”和片面追求升学率现象等做出批评，提出“素质教育”观念，特别强调小学教育应该以提高全民族素质为核心来开展。这时，我国基础教育领域涌现了“情境式教育”“愉快教育”“和谐教育”“主体性教育”等许多改革实验研究。1992年，教育部颁布的《九年义务教育全日制小学、初级中学课程方案(试行)》提出，中小学的课程由学科类和活动类

① 朱忠琴、王玉国：《改革开放四十年我国小学教育研究的回顾与展望》，载《当代教育与文化》，2018(6)。

课程组成，开始了对传统文化基础课为主的课程内容与结构的改革。小学教育研究也把研究的重心放到了课程方面。1997 年以后，我国开始尝试在高等教育体系中开办小学教育专业，培养专科与本科层次的小学教师。小学教育研究获得了更加专业化和系统化的发展。自 2001 年我国实施新课程改革以来，小学教育研究进入深化阶段，重视关于课程结构、课程内容以及评价标准和管理制度等领域的研究。2003 年，时任中央教育科学研究所所长的朱小蔓指出："随着时代的进步与需求，教育工作者，特别是小学教师，要重新认识现代小学儿童的发展特征与教育；重新认识小学教育的性质、任务和特殊的教育功能；重新认识小学教师的培养，转变传统教师的角色。"①这说明在新的时代背景下，我们需要小学教育研究提供新的认识、新的观念来指导小学教育实践活动的变革，推动其朝着符合时代要求的方向发展。

小学教育实践活动是小学教育研究的对象，同时小学教育研究提供超越具体情境的规律性认识反过来指导、引领小学教育实践活动的发展方向。二者相辅相成，缺一不可。

三、小学教师需要小学教育研究促进自身的专业发展

小学教师成为研究者是课程改革的迫切需要。伴随新课程改革的推进，每一所学校、每一位教师都会面临新的问题、困惑与矛盾。当教师以研究的态度，掌握研究的方法来面对这些问题时，这些问题就不再是教师专业发展中的障碍，而是动力与加速器。

小学教师的科研能力是提高其教育教学质量的重要保证。当一位教师总是停留在总结经验的阶段，不能进一步理性思考，提升自己的理论水平和逻辑思维能力，很多教育教学问题不能够得到创造性的解决，那么他自身的专业发展就会进入瓶颈，甚至停滞。具备一定科研能力的小学教师往往能够更快地吸收教育理论，并创造性地开展教育教学活动，从而成为一名成熟的专家型教师。

第二节 小学教育研究的对象

小学教育研究的开展要围绕其研究对象来进行，对研究对象有什么样的认识，就会有什么样的研究认识、设计与方法。本节讨论小学教育研究对象的构成、性质，以及与之密切相关的小学教育研究的性质。

---

① 朱小蔓：《认识小学儿童　认识小学教育》，载《中国教育学刊》，2003(8)。

一、小学教育研究对象的构成

小学教育是小学培养小学生的实践活动，对于该实践活动的研究就是小学教育研究。凡属于小学教育实践活动范畴的都是小学教育研究的对象。根据形态特征的不同，我们可以把小学教育研究对象分为三个层次、三大类型。① 第一个层次是小学教育活动性存在，包括一切以影响小学生的身心发展为直接目标的小学教育活动。它是教育中最生动、丰富、多变和基本的存在，是后面两个存在类型的基础。第二个层次是小学教育观念性存在，指在各种小学教育活动中形成的认识、观念、思想、理论、学科知识等。这些观念性认识呈现为物化形态，如教科书、论文、报告、文件等。第三个层次是小学教育反思性存在，是对第二个层次观念性存在的认识，是对认识的认识，是一种反思性存在。这三种类型的小学教育存在，对应三类小学教育研究：小学教育活动研究、小学教育观念研究，小学教育研究之研究即小学教育元研究。

小学教育活动性存在是小学教育研究对象结构中最基础、最有原始对象性质的存在。小学教育观念性存在在形成系统理论和学科后，就会对活动形态的教育产生引导、指导或渗透性的影响。小学教育反思性存在具有调节、检讨教育研究活动及其成果的性质。对于小学教师来说，涉及最多的是小学教育活动研究，其次是小学教育观念研究。

二、小学教育研究对象的性质

上文提出小学教育活动研究是小学教师进行研究的最主要的对象，那么如何认识作为研究对象的小学教育活动？我们可以将叶澜在《教育研究方法论初探》中对于教育研究对象性质的观点，引申到小学教育研究对象的讨论上。② 小学教育活动实现的是以教师为代表的社会主体的目标追求向以学生为代表的个体发展的转化。这一转化过程包括相对于学生来说的外在的教育目的向学生自身发展需求和价值观形成的转化，外在的教育内容（社会提供的精神营养品）向学生内在的精神世界发展（包括知识、方法、能力、行为方式、个性品质、人格力量等）的转化，外在的调控机制（奖励、批评等）向学生自我教育、自我调控的机制和需求、能力形成的转化。由于学生多方面条件和潜质的差异，由于他们在教育实践中的需求、态度、活动取向和活动质量不同，因此对每位学生来说，他们身上发生的是与自身潜在发展可能相关的各具特点的个体发展。

① 叶澜：《教育研究方法论初探》，306～307页，上海，上海教育出版社，1999。

② 叶澜：《教育研究方法论初探》，321页，上海，上海教育出版社，1999。

上述转化是教育活动对人的发展的促进和对社会延续与发展的最大贡献，也是教育过程中实现的最具本质意义的转化。

总之，作为小学教育研究对象的小学教育活动强调的是对人的转化。这种转化既符合个体的发展，也符合社会的要求，这是一种人为的特殊社会活动。小学教育研究要做的就是深入探求这种特殊社会活动的真相以及规律。这种活动本身是复杂的、综合的、动态的，那么研究需要有与之相适应的方法论认识，以及具体适切的方法的选择。

三、小学教育研究的性质

小学教育研究对象的性质决定了小学教育研究的性质，同时也与研究所指向的目的与具体任务有关。小学教育活动是小学教育者有目的的人为的特殊社会活动。据此，我们认为小学教育研究是“事理”研究，即探究小学教育者所做事情的行事依据和有效性、合理性的研究。① 它不同于一般所言的现象研究，仅要求对现象进行描述和说明；它是为成事，即办好此事而展开的研究。所以必须包含以下两大类型的研究：作为依据的研究，可以称为基本理论研究；作为有效性和合理性改进的研究，可称为应用研究。

小学教育研究以有目的、有计划、有组织的小学教育活动为研究对象，是一种事理研究。小学教育研究既研究小学教育活动的事由与事态、结构与过程、目标与结果等一系列与事情本身直接相关的方面，也研究如何提高活动的合理性、效率、质量与水平。事理研究的目的指向如何使活动更富理性，如何通过活动更好地满足人们对从事这项活动的需求。因此，它是一种既要说明是什么，又要解释为什么，还要讲出如何做的研究，包含事实、价值和行为三大方面，且三大方面呈现出三种时态(过去、现在和未来)，涉及活动主体与对象、工具与方法等多方面错综复杂的关系。② 事理研究中理论研究与实践之间具有从对象到目的的直接关联性，它的研究域的变化常与实践的需求与进展直接相关。因此事理研究的第一个特征就是综合性研究。这种研究本身的综合性要求综合运用各种适切的研究方法。

事理研究的第二个特征是关注人作用下的事物间的转化。这种转化不仅包含形态的、结构的转化，而且还包含物质与精神之间、不同主体之间、实践阶段与水平之间、人所在的外部世界与内部世界、社会与个体之间等多方面、多形态、多时态、多事态、多主体的多重多次转化。因此，这一特征可称为动态性。

正是由于事理研究的这种综合性与动态性，叶澜认为事理研究与物的研究和人的精神的研究不同。物的研究是关于人之外界物体的研究，以说明“它”是什么为直接任

① 叶澜：《教育研究方法论初探》，322 页，上海，上海教育出版社，1999。
② 叶澜：《教育研究方法论初探》，324 页，上海，上海教育出版社，1999。

务；人的精神的研究是关于人的主观世界状态的研究，以说明主体“我”之状态、变化、性质，以及为什么会如此等为直接任务。事理研究的综合性与动态性在方法层面体现在哲学、科学与艺术方法的具体综合。

从某种意义上说，教育研究方法需集人类研究方法之大成。教育研究作为事理研究一定包含价值因素，没有无价值的教育活动，因此哲学方法重点体现在价值研究上，同时还包括对研究对象的总体把握，认识人的本质和对已有教育理论的理解与批判。我们可以说，所有的研究方法背后都有其哲学基础。

科学方法是一系列有效认识事物状态的理性工具，提供包括收集、分析、判断教育事实的方法，提出假设、实验设计、检验结论等确定因素间因果关系的方法，以及从经验到概念、原理、结论等形成理论体系的逻辑方法。根据不同维度，科学方法可以分为自然科学研究方法和社会科学研究方法、定性研究方法和定量研究方法等。我们可以说，所有的研究方法都必须是科学的。

艺术方法与科学方法不同，强调通过各种艺术形式将创作者的思想、感觉、感知传达给他人。教育活动最本质的关系是人与人的关系，是根据个体的心理特征，把外在的知识、价值观念和规范等文化转化为个人的内在精神。这种不同人之间、不同群体之间互动所产生的，表现在参与者身上的变化，不是科学方法能够全部捕捉到的，因此教育研究需要对发生在具体教育情境中的这种变化有敏锐的感受和体悟，做出直觉式的理解与判断。这里的艺术方法是强调教育研究者要把对象的具体行为与态度、具体的情景状态当作艺术作品那样去感受、体验，运用自己的成长经验和在生活中形成的直觉智慧，做出即时的判断和理解。① 教育研究是一种需要投入个体相关经验的研究，唯有运用自己的生命体验与成长经验，我们才能去认识人的培养过程中呈现的各种状态、事件与规律。比如，叙事研究中的理解与解释就需要艺术方法的直觉式的理解与判断。

总之，小学教育研究是一种事理研究。这种研究以研究小学教育的综合生成和动态转化过程，揭示这一过程的一般规律为目的。其中包括小学教育活动的价值取向及规律性演变(含教育目的的形成与变化)、教育过程的本质及规律(含教育要素间动态的相互作用及转化)。因此，小学教育研究的方法一定是根据具体研究问题的需要、事理特征，选择运用不同的适切方法来进行综合研究。

在小学教育研究中，把事理研究揭示的一般规律运用于对教育实践的直接具体认识及对其合理性、有效性的研究，可称为应用研究。另外，还有对已形成的小学教育理论的反思性、批判性研究，属于基本理论研究。这是从研究成果的作用角度来看的，基本理论研究的主要目的是扩展知识，应用研究的目的是解决现实问题。前者更关心

---

① 叶澜：《教育研究方法论初探》，330页，上海，上海教育出版社，1999。

学术价值，而后者更强调实际意义。对于小学教师来说，更多的研究是应用研究，是解决小学教育活动中的实际问题。另外，从研究成果是否包含数量分析的角度来看，教育研究还可以分为定量研究和定性研究。简单来说，定性研究是用文字描述现象，定量研究则是用数字来说明问题。按照研究的具体方法来分，研究有多种类型，如实验研究、调查研究、个案研究、叙事研究、行动研究和课例研究等。

这里所提的几种研究方法都属于社会科学研究。社会科学研究如果从研究目的来看，可以分为实证性研究、解释性研究与探索性研究。实证性研究和解释性研究都是学术理论发展取向的，都建立在经验事实的基础上，都是求真的问题，即回答是什么，只不过二者回答的路径不同。实证性研究是对收集的经验事实进行量化分析，描述主要规律、特征以及因果关系等，通过数字说明问题，如实验研究、大型调查研究等。解释性研究是对经验事实进行质的分析，探寻现象背后的原因，揭示现象发生或变化的内在规律，回答各种“为什么”，更多的是通过文字表述说明问题，如个案研究、叙事研究。探索性研究是实践取向的，形成关于经验事实的初始假设，尝试可用于改善实践的更为深入的方法，是求善的问题，即如何会更好，如行动研究等。

第三节
小学教育研究的步骤、技术与方法

本节先介绍小学教育研究一般需要的步骤，以及收集经验事实的基本技术，如观察、访谈和问卷调查。最后讨论具体方法，如教育实验研究、调查研究、教育叙事研究、个案研究、行动研究和课例研究。

一、小学教育研究的步骤

小学教育研究大致包括以下四个步骤：第一，要选择研究对象，就是小学教育中发生的事情，也就是发现问题；第二，查阅文献，了解相关研究情况；第三，制订研究计划；第四，通过不同的方法收集分析资料；第五，形成结论，撰写研究成果。

(一)发现问题

对于研究者来说，特别是对于小学教师来说，小学教育研究的问题就在自己的日常教育教学的工作生活之中。那么，到底什么是“问题”呢？

“问题”是指要求回答或解释的题目；需要研究讨论的矛盾、疑难；关键、重要之点；事故或麻烦。因此，小学教育研究中发现问题，就是在小学教育实践活动中发现实际的难题，这个难题不解决就会产生麻烦。难题的基本结构包括：一是一个处境或情景；二是该情景会导致令人不悦的后果，而这样的损失是我们不想承担的。[①] 这种实际的难题或问题是客观性的，存在于客观事实中，是不以人的意志为转移的事实。如刚升入小学一年级的小学生，每天都在教室里哭，上课哭，下课哭，无时无刻不在哭，或者大声或者小声。这位小学生的状况对于班主任来说就是一个典型的实际难题，如果不解决就不能够让教育教学顺利进行，同时还会影响其他的学生。最初我们提出的问题是"他为什么会哭?"进一步追问就能看到他是因为离开了幼儿园，来到了小学，不适应新环境，这样我们就可以把主题确定为关于幼升小的不适应问题的研究。

在确定了这种实际难题或问题之后，研究者需要设计研究问题，任何研究都需要设计研究问题。研究问题常常由三个基本问题构成：本体论问题即"是什么"的问题；价值论问题即"为什么"的问题；方法论问题即"如何"的问题。第一，"是什么"的问题涉及"内涵(含义)是什么？类型(种类、范畴)有哪些？每一类型有什么特征(特点)？每一范畴具有哪些功能(价值、意义、作用)?"第二，"为什么"的问题要基于"是什么"来提问，如"为什么会有这些类型？为什么会有这些特征？为什么会有这些功能?"第三，关于"如何"的研究问题应该是基于"是什么"和"为什么"来提问。"如何形成这些类型？如何体现这些特征？如何实现这些功能?"对于这些问题的回答决定了研究的基本逻辑构建。联系上文的例子，我们可以将关于幼升小的不适应问题细化：幼升小的不适应指的是什么(本体论问题)？为什么要研究幼升小的适应问题？适应对于小学生的意义是什么(价值论问题)？如何才能让儿童顺利适应小学生活(方法论问题)？我们还可以继续往下追问："幼升小的不适应都有哪些类型?""每一种类型有哪些特点?""这种类型为什么出现?""如何解决这种不适应问题?"等。针对这些问题的思考与回答就形成了研究的基本逻辑框架。

总之，小学教师更多是做小课题研究。小课题研究一定是源于教育教学实际遇到的问题，切忌大而空，切忌笼统模糊，要具体明确、有价值、有现实性和可行性。

(二)查阅文献

查阅文献有广义和狭义两种理解。广义来说，查阅文献贯穿在研究的全部过程之中，既包括研究初期对于以往相关研究文献进行收集梳理与总结评价，也包括研究进程中根据需要不断地去查阅相关文本(用文字、图形、符号、音像等手段记录下来的有价值的典籍，包括各种手稿、书籍、报刊、文物、视频、影像等)。狭义来说，查阅文献指研究初期对于以往相关研究文献进行收集梳理与总结评价。

---

① 朱旭东：《论学位论文"问题"的内涵、类型和写作的关联性》，载《学位与研究生教育》，2014(2)。

本节从狭义的角度来讨论如何收集处理以往相关研究文献。确定研究问题以后，必须围绕选题广泛查阅文献资料，目的是要了解掌握前人对于该选题都有哪些研究，得出了哪些结论。我们的研究必须是在继承前人研究结果的基础上寻找创新的起点，确定具体的研究方向，从而展开研究，得出自己的研究结论。这样，我们的小学教育研究既可以丰富教育理论，也可以帮助解决自己面对的实际问题，切实提高教育质量。

相关研究文献来源包括图书杂志，如教科书、专著、期刊、综述性文章，以及相关电子资源等。查阅文献具体包括以下步骤：第一，明确检索的关键词或主题词，以及相关要求，确定检索的时间跨度、地域界限、载体类型等。第二，运用关键词或主题词、作者或期刊名称等，在学术数据库(如中国知网)中检索收集相关研究文献以及信息，同时也要收集与该选题有关的书籍以及其他报刊资料，关注其中的相关内容。第三，对于所收集到的以往相关研究进行文献综述。综述的基本内容包括相关研究文献来源介绍，对于相关研究文献的分类梳理，总结概括其主要观点，以及评价，在评价的基础上提出自己关于该研究问题的研究思路。

资料链接：《三十年小学语文童话教学研究述论》的摘要及关键词[①]

摘 要：童话，作为最富有幻想性、趣味性的儿童文学体裁，凭借着它与小学语文教学的天然联系，大量进入小学语文教科书，成为儿童和教师可以真实触摸的文本，也成为校园文化建设的重要资源。学术界一直以来对这类特殊文体就葆有浓厚的研究兴趣。综观三十年来的研究成果，主要集中在对以下问题的研究：从教育教学的角度审视童话本体和童话选文、从宏观上整体把脉童话教与学的现状、从实践层面探索童话教学的新方法，从而对小学语文童话教学研究做一个整体的历史回顾与评述。

关键词：童话；小学语文教学；教学研究

(三)制订研究计划

研究思路基本成形后，要开始着手制订研究计划。研究计划包括研究的目的，如何安排每一阶段的研究任务，用什么样的方法进行研究，如何收集所需要的资料，研究成果的形式以及如何对研究成果进行评价鉴定等。

具体包括以下内容。

①研究题目。

②研究课题的目的及意义说明。

---

① 姚颖、许晓芝：《三十年小学语文童话教学研究述论》，载《教育学报》，2011(5)。有改动。

课题的目的和意义，一般从两个方面进行论证。一是本课题相关研究的国内外现状和趋势，以及存在的主要问题，即文献综述。在此基础上，说明本课题研究开展的理论依据及独到之处，预计有哪些突破。二是本课题研究的实际意义和理论意义。

③课题研究的主要内容。

④课题研究的思路，研究的重点和难点以及创新之处。

⑤课题研究的方法，要讨论为什么选择这些方法，选择这些方法背后的理论依据，以及如何具体运用这些方法。

⑥制订研究工作方案和进度计划。

⑦主要研究阶段和研究成果形式。

⑧研究课题已具备的工作基础和有关条件，主要包括参与人员的研究水平，研究工作准备的资料情况和研究手段。

⑨经费预算。

(四)收集分析资料

收集分析资料的过程随研究的内容和方法而定。通过观察、访谈、问卷调查和收集实物等方法收集到信息后，我们可以对信息进行定性和定量的分析。

定性分析通常以反映事物质的规定性的描述性资料而不是量的资料为研究对象，如观察或访谈记录，教材、学生作业或档案资料等以书面文字或图片等形式来表现的。定性分析在内容上关注事物发展过程以及相互关系，将研究对象作为一个发展的整体加以分析，揭示教育过程各组成部分之间内在的关系。

定量分析是指运用测量学和统计学的原理和方法对教育现象所进行的数据分析、推断和解释。进行统计分析时，可以采用计算机处理数据。SPSS 软件(社会科学统计处理软件)是教育研究中常用的一种分析数据的工具。

小学教育研究中常用到的统计方法是描述统计。描述统计就是将问卷数据进行分类整理，将数据中呈现的一些规律找出来。比如，统计表的使用，就是用表格形式记录各种情形出现的情况，既实用，又方便。又如，平均数和标准差可用来反映数据的特征。平均数反映了数据的集中趋势，标准差则反映了数据的差异程度。在分析一组数据时，仅掌握其平均水平是不够的，还要了解这组数据之间的差异程度。①

(五)形成结论，撰写研究成果

在分析数据的基础上概括研究结果，提出教育教学的建议，撰写研究成果。对于小学教师来说，研究成果的形式可以包括研究报告、教育教学经验总结、教育教学案

---

① 黄济、劳凯声、檀传宝：《小学教育学》，295 页，北京，人民教育出版社，2008。

例，以及教育研究论文。

研究报告的主要内容包括：一是问题的提出，说明这项研究的目的、意义及为什么要研究，想解决什么问题等。二是研究内容和方法，说明对象怎么选择，内容有哪些方面，应用什么方法和手段，如何收集和处理资料等。三是结果与分析，可用文字和图表等来表达。四是结论和思考，根据调查结果，提出结论和解释，并对后续要研究的问题做进一步的说明。

二、小学教育研究的基本技术

小学教育研究基本采用的是社会科学研究领域的方法，社会科学研究强调在收集经验事实的基础上进行不同路径的分析与解释。在小学教育研究中，经常用来收集经验事实的技术包括观察、访谈和问卷调查等。

（一）观察

观察法是小学教师最为常用的收集经验事实进行分析的研究方法。“观”就是看，“察”是分析研究。① 观察强调在自然状态下了解研究对象的行为表现。

教育研究中的观察与教师日常教育教学工作中观察学生有所不同。课上，教师要观察学生的听课反应，了解教学内容、方式与进度是否合适；课下，教师要观察学生的行为表现，留意学生中存在的问题。教育研究中的观察具有特定的研究目的，观察的过程有特定的规范和要求。观察最适于了解外显行为，通过外显行为可以发现行为背后的原因。小学教师多采用参与活动的方式进行观察，即教师在自然状态下，以“局内人”的身份进行观察，从而避免对所观察的活动产生人为的干扰。②

观察者需要遵循的规则包括：首先，必须确定观察问题，设定目标和计划；其次，观察的顺序或过程必须完整；再次，必须全面详细地记录观察内容；最后，观察必须尽可能地客观。

1. 观察记录技术

为了使观察更有针对性、更有效，教师在观察时需要设计观察表。观察表有两种形式：一种记录行为是否发生以及发生的次数，如学生在课堂上举手的次数，称为行为检核表。另一种记录行为表现的强度，如课堂气氛的活跃程度，称为评定表。对于那些不容易直接观察到的行为，要设计一些具体指标。如学生的“合作行为”有如下特征：主动帮助他人学习，答应他人的请求，接纳他人的帮助，与他人共用学习材料，

---

① 裴娣娜：《教育研究方法导论》，83页，合肥，安徽教育出版社，1995。

② 黄济、劳凯声、檀传宝：《小学教育学》，285页，北京：人民教育出版社，2008。

与他人讨论学习方法和内容等。

观察活动及时记录非常重要。记录技术有以下几种。

(1)描述记录

描述记录分为三种：日记描述、逸事记录、连续记录。这种记录适用于个别的、小规模的观察。

第一，日记描述。它主要用于对儿童成长和发展所做的传记式记录。它可以较完整地记录儿童在行为、语言、思维等方面的发展进程。例如，我国儿童教育家陈鹤琴就采用这种方法记录自己孩子的成长历程。他对自己儿子的成长发育过程做了连续观察，并用文字和拍照详细记录下来。他天天亲自给儿子洗澡。他的实验室就是他的家；他的妻子和母亲是他的两位得力助手；他的儿子则是他的研究对象。他将观察、实验结果分类记载，用文字和照片积累了10余本资料。他将自己的观察、记录与研究心得编成讲义，在课堂上开设儿童心理学课程。有时，他还会将活泼可爱的儿子抱来课堂做示范，使单调的心理学课程生动有趣。他做文字、摄影记录并阐明儿童的动作、好奇心、模仿力、游戏、言语运用能力、记忆力、想象力和知识、能力、思维发展的特征及其意义。这些作为第一手资料，成为他日后对儿童心理、儿童教育、儿童游戏和玩具、道德教育、家庭教育等方面研究、论述的重要佐证。

第二，逸事记录。它着重记录有价值的行为，随时记录感兴趣、印象深刻的问题与事件。比如，可以关注特定时间内教室里到底发生了什么，或一位学生做了什么、说了什么。观察者以叙事体来做观察记录，要尽可能准确地描述一个班级事件。

第三，连续记录。它是对学生行为做更详细、更完善的记录，要求在较长时间内做持续不断的记录。对特定学生的追踪观察要征得该生的同意，同时还要征得教师、校长和家长的同意。观察者还要鼓励学生尽可能自然地活动，尽量忽视观察者的存在。观察者通常应该坐在可以看到学生，同时又不被学生看到的地方。如果可以的话，观察者还应该在一天结束时与学生交谈，与他们分享观察记录，并询问看法。一天内每个独立阶段的观察完成后都需要填写一个相应的表格(如每一节课，以及课间休息等)。

(2)取样记录

取样记录是一种以行为为样本的记录方法，比起描述记录具有更好的客观性、可控性和有效性。取样记录分为时间取样、活动取样和事件取样三种。

第一，时间取样。它以时间为选择标准，专门记录在特定时间内所发生的行为，主要记录行为出现与否、呈现频率及其持续时间。如对小学低年级学生上课时注意集中时间和程度的观察研究就属于时间取样。表9-1为取样记录示例。

表 9-1 取样记录示例：记一次 20 分钟的语文字词抄写作业①

时间	描述(记录)	比例(%)
开始至 5 分钟	全班学生踏实认真地书写作业，没有任何声音动作	100.00
5 分钟后	3 人开始看别人的作业，并指出别人的书写毛病	7.80
6 分钟后	7 人开始有动作或发愣，有的开始玩铅笔、橡皮等	18.40
10 分钟后	20 人开始有动作或发愣，有的开始发出声音	52.03
13 分钟后	6 人完成作业	15.79
20 分钟后	14 人完成作业(24 人未完成作业)	38.84
延续 5 分钟	又有 30 人完成作业(4 人未完成)	52.65

第二，活动取样。它以活动为选择标准。如在课堂教学中可以把学生的行为分为个人的活动、小组合作的活动、全班合作的活动等几类，记录每种活动出现的次数及时间。

第三，事件取样。它以独立的事件为选择的标准，既可以个人，也可以群体为单位，如对课外活动小组等其他活动的观察。

取样记录要求观察者在观察之前就要确定观察目的，确定目的后还要决定观察的范围、观察对象的人数、观察的时间等。

2. 两种观察系统的介绍

(1)弗兰德互动分析系统

弗兰德互动分析系统是美国明尼苏达大学弗兰德(Flanders)在 1970 年提出的。其目的是对教室内极为细致与繁杂的社会互动进行有效的观察。弗兰德互动分析系统是一种教室中师生教学互动行为的观察系统。它的作用在于运用一套代码系统(coding system)记录在教室中师生互动的重要事件，以分析研究教学行为，了解发生在教室互动情境中事件的影响，以帮助教师了解并改进其教学行为。

弗兰德互动分析系统强调教室内师生的教学互动行为。它采用一套系统的、兼顾直接与间接教学风格的行为分类方式对教室中的师生互动行为进行分类。同时弗兰德对每一类行为都下了操作性定义，以便教师及教学督导人员进行操作。

首先教师或教学督导人员可以按照弗兰德互动分析系统的代码对课堂中的教学互动行为进行观察，然后选择适当的类别记录下来。记录时间的间隔为每三秒钟记录一次，也就是观察者每三秒钟记录一次目前教室师生互动的状态，速度尽量保持稳定。弗兰德将教室中所有师生的语言互动情况分为 10 个类别，每一个类别用一个数字来表示。其中“1”代表接纳学生的感受：以一种不具威胁性的方式，接纳及澄清学生的感

① 赵大悌、赵小刚：《教育科研能力的培养与提高》，127 页，北京，中国和平出版社，2000。

受；“2”代表表扬或鼓励：表扬或鼓励学生的行为；“3”代表接受或采纳学生的观点：澄清、扩大或发展学生所提出的意见或想法；“4”代表提问：以教师的意见或想法为基础，询问学生有关内容或步骤的问题，并期待学生回答；“5”代表讲解、发表个人看法：就内容或步骤提供事实或见解，表达教师自己的观念，提出教师自己的解释，或者引述某位权威者(而非学生)的看法；“6”代表给予指示：指示、指令或命令；“7”代表进行批评或维护权威性：为了改变学生的行为，从不可接受的形态转变为可接受的形态；“8”代表学生被动回答：学生为了回应教师所讲的话；“9”代表学生主动发言：学生主动开启对话；“10”代表安静或混乱：暂时停顿、短时间内的安静或混乱，以致观察者无法了解师生之间的沟通。表 9-2 为弗兰德互动分析的类别示例。

表 9-2 弗兰德互动分析的类别示例①

项目		具体描述
教师言语	间接作用	1. 接纳学生的感受：以一种毫无威胁的方式接纳并理解学生的感受；感受可能是积极的，也可能是消极的；包括对学生感受的预言和回忆
		2. 表扬或鼓励：表扬或鼓励学生的行为；这包括既缓解紧张气氛，又不伤害另外一位学生的玩笑话、点头肯定；用“嗯嗯”或“继续说”表示赞同等
		3. 接受或采纳学生的观点：阐明或阐发学生的观点或建议；当教师开始更多地表达自己的观点时，转向第 5 类
		4. 提问：问一个关于内容或程序的问题，目的是让一位学生来回答
	直接作用	5. 讲解、发表个人看法：列举事实或提出对内容或程序的看法，表达自己的观点、设问等
		6. 给予指示：希望学生遵从的指示、指令和命令
		7. 进行批评或维护权威性：转变学生的行为，使其从不可接受的行为模式转变到可以接受的行为模式；说明教师为什么这样做的原因
学生言语		8. 学生被动回答：学生发言以回应教师；教师主动与其交流或者点名要学生回答问题
		9. 学生主动发言：如果点名只是为了表明下一个该谁发言的话，教师必须判定学生是否想发言；如果他想发言，就点他发言
特殊情况		10. 安静或混乱：停顿、短暂的沉默或表述不清楚，在这些时候，交流活动无法被观察者理解

① 王鉴：《课堂观察与分析技术》，214 页，兰州，甘肃教育出版社，2014。

资料链接：《“弗兰德互动分析系统”在课堂教学中的应用》的摘要及关键词①

摘要：弗兰德互动分析系统是一种探索课堂教学本质和教学规律的分析技术。本文结合案例详细介绍了弗兰德互动分析系统在实际课堂教学中的应用。它是教育领域的一项创新，为人们进行课堂语言互动分析提供了一种新的研究视角。

关键词：弗兰德互动分析系统；课堂语言行为分析

(2)提问观察分析系统②

提问观察分析系统是桑德斯(Sanders)基于布卢姆的认知分类理论提出的。布卢姆的认知分类理论假设认知能力的发展是分等级的。也就是说，对概念的理解过程是从简单的理解，即布卢姆认知任务中的知识或记忆(桑德斯称为记忆)，到对更复杂知识的理解(桑德斯称为翻译或解释)。布卢姆还区分了高水平的认知，诸如分析、综合以及评价。介于两种理解水平之间的是将知识应用于问题和新情境的能力。图 9-1 是基于布卢姆认知分类理论的六种水平认知行为图。

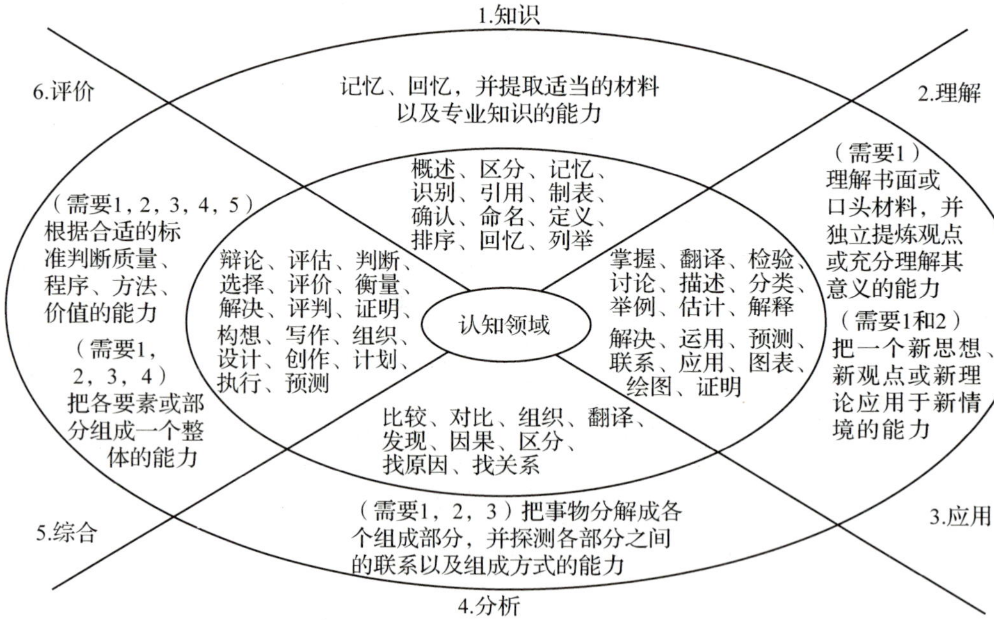

图 9-1　基于布卢姆认知分类理论的六种水平认知行为图

① 时丽莉：《“弗兰德互动分析系统”在课堂教学中的应用》，载《首都师范大学学报(社会科学版)》，2004(S2)。

② [美]阿瑟·J. S. 里德、[美]韦尔娜·E. 贝格曼：《课堂观察、参与和反思》第5版，伍新春、夏令、管琳译，37～39页，北京，教育科学出版社，2009。

运用布卢姆的分类法，桑德斯提出了问题的七种类型，从简单到复杂如下。

记忆：学生回忆或再认信息。

翻译：学生把信息转化成不同的形式或不同的语言。

解释：学生发现事实、公理、定义、价值以及技能之间的关系。

应用：学生先是识别问题，然后选择并运用合适的公理或技能来解决现实问题。

分析：学生有意识地运用相关知识以及某种思维方式来解决问题。

综合：学生通过创造性思维来解决问题。

评价：学生根据自己的标准评判好坏、对错。

桑德斯的分类与布卢姆的有一些细微差别，桑德斯把低水平的问题叫作记忆而不是布卢姆定义的回忆，而且桑德斯把理解分成了两个水平：翻译和解释。

观察者可以列出教师提出的所有问题(口头的和书面的)，并根据布卢姆的认知分类图提供的例子来进行评判，也可以根据图中提供的动词来确定一个问题的水平。这些问题的水平应该与教师为学生设定的目标相联系。例如，如果教师的目标是“学生指出《罗密欧与朱丽叶》中的世仇”，那么大部分问题应该在较低水平上。如果目标是“比较《罗密欧与朱丽叶》与其他文学作品中的世仇”，问题就从记忆水平转向了分析水平。

资料链接：　课堂观察维度与框架

表 9-3　课堂观察维度与框架①

维度一：学生学习	
视角	观察点举例
准备	课前准备了什么？有多少学生做了准备？ 怎样准备的(指导、独立、合作)？学优生、学困生的准备习惯怎样？ 任务完成得怎样(数量、深度、正确率)？
倾听	有多少学生倾听老师的讲课？倾听多少时间？ 有多少学生倾听同学的发言？能复述或用自己的话表达同学的发言吗？ 倾听时，学生有哪些辅助行为(记笔记、查阅、回应)？有多少人发生这些行为？
互动	有哪些互动、合作行为？有哪些行为直接针对目标的达成？ 参与提问、回答的人数、时间、对象、过程、结果怎样？ 参与小组讨论的人数、时间、对象、过程、结果怎样？ 参与课堂活动(小组、全班)的人数、时间、对象、过程、结果怎样？ 互动、合作习惯怎样？出现了怎样的情感行为？

① 沈毅、崔允漷：《课堂观察：走向专业的听评课》，104～106 页，上海，华东师范大学出版社，2008。

续表

维度一：学生学习	
视角	观察点举例
自主	自主学习的时间有多少？有多少人参与？学困生的参与情况怎样？ 自主学习形式(探究、记笔记、阅读、思考、练习)有哪些？各有多少人？ 自主学习有序吗？学优生、学困生的情况怎样？
达成	学生清楚这节课的学习目标吗？多少人清楚？ 课中有哪些证据(观点、作业、表情、板演、演示)证明目标的达成？ 课后抽测有多少人达成？发现了哪些问题？
维度二：教师教学	
视角	观察点举例
环节	教学环节是怎样构成(依据、逻辑关系、时间分配)的？ 教学环节是怎样围绕目标展开的？怎样促进学生学习的？ 有哪些证据(活动、衔接、步骤、创意)证明该教学设计是有特色的？
呈示	讲解的效度(清晰、结构、契合主题、简洁、语速、音量、节奏)怎样？有哪些辅助行为？ 板书呈现了什么？怎样促进学生学习的？ 多媒体呈现了什么？怎样呈现的？体现了哪些规范？ 动作(实验、制作、示范动作)呈现了什么？怎样呈现的？体现了哪些规范？
对话	提问的时机、对象、次数和问题的类型、结构、认知难度怎样？ 侯答时间多少？理答方式、内容怎样？有哪些辅助方式？ 有哪些话题？话题与学习目标的关系怎样？
指导	怎样指导学生自主学习(读图、读文、作业、活动)？结果怎样？ 怎样指导学生合作学习(分工、讨论、活动、作业)？结果怎样？ 怎样指导学生探究学习(实验、课题研究、作业)？结果怎样？
机智	教学设计有哪些调整？结果怎样？ 如何处理来自学生或情境的突发事件？结果怎样？ 呈现哪些非言语行为(表情、移动、体态语、沉默)？结果怎样？
维度三：课程性质	
视角	观察点举例
目标	预设的学习目标是怎样呈现的？目标陈述体现了哪些规范？ 目标是根据什么(课程标准、学生、教材)预设的？适合该班学生的水平吗？ 课堂有无生成新的学习目标？怎样处理新生成的目标的？
内容	怎样处理教材的？采用了哪些策略(增、删、换、合、立)？ 怎样凸显本学科的特点、思想、核心技能以及逻辑关系？ 容量适合该班学生吗？如何满足不同学生的需求？ 课堂中生成了哪些内容？怎样处理的？

续表

维度三：课程性质	
视角	观察点举例
实施	预设哪些方法(讲授、讨论、活动、探究、互动)？与学习目标的适合度？ 怎样体现本学科的特点？有没有关注学习方法的指导？ 创设什么样的情境？结果怎样？
评价	检测学习目标所采取的主要评价方式有哪些？ 如何获取教、学过程中的评价信息(回答、作业、表情)？ 如何利用所获得的评价信息(解释、反馈、改进建议)？
资源	预设哪些资源(师生、文本、实物与模型、实验、多媒体)？怎样利用？ 生成哪些资源(错误、回答、作业、作品)？怎样利用？ 向学生推荐哪些课外资源？可得到程度怎样？
维度四：课堂文化	
视角	观察点举例
思考	学习目标怎样体现高级认知技能(解释、解决、迁移、综合、评价)？ 怎样以问题驱动教学？怎样指导学生独立思考？怎样对待学生思考中的错误？ 学生思考的习惯(时间、回答、提问、作业、笔记、人数)怎样？ 课堂、班级规则中有哪些条目体现或支持学生的思考行为？
民主	课堂话语(数量、时间、对象、措辞、插话)是怎样的？怎样处理不同意见？ 学生课堂参与情况(人数、时间、结构、程度、感受)是怎样的？ 师生行为(情景设置、叫答机会、座位安排)怎样？师生、学生间的关系怎样？ 课堂、班级规则中有哪些条目体现或支持学生的民主行为？
创新	教学设计、情境创设与资源利用是怎样体现创新的？ 课堂有哪些奇思妙想？学生如何表达和对待？教师如何激发和保护？ 课堂环境布置(空间安排、座位安排、板报、功能区)是怎样体现创新的？ 课堂、班级规则中有哪些条目体现或支持学生的创新行为？
关爱	学习目标怎样面向全体学生？怎样关注不同学生的需求？ 怎样关注特殊(学习困难、残障、疾病)学生的学习需求？ 课堂话语(数量、时间、对象、措辞、插话)和行为(叫答机会、座位安排)怎样？ 课堂、班级规则中有哪些条目体现或支持学生的关爱行为？
特质	在哪些方面(环节安排、教材处理、导入、教学策略、学习指导、对话)体现特色？ 教师体现了哪些优势(语言、学识、技能、思维、敏感性、幽默、机智、情感、表演)？ 师生、学生关系(对话、话语、行为、结构)体现了哪些特征(平等、和谐、民主)？

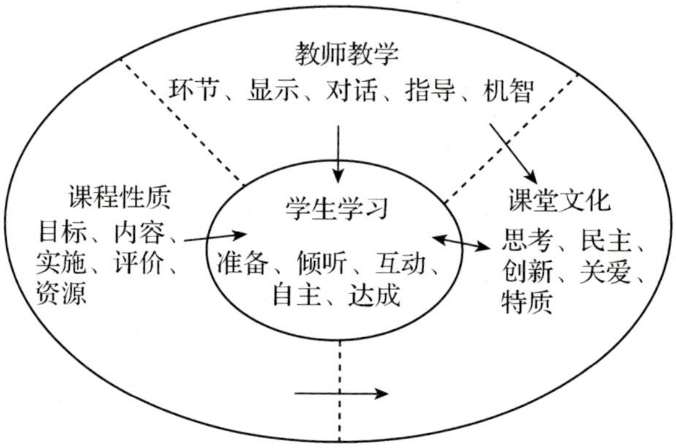

图 9-2　课堂观察框架①

资料链接：实地观察记录

表 9-4　实地观察记录②

实地笔记	个人笔记	方法笔记	理论笔记
12：00——食堂大约有300人，10个窗口前队伍平均有4米长	我感觉很拥挤	这个数字是我的估计，不一定准确	中午12点似乎是学生就餐的高峰
12：05——在卖馅饼的窗口排了一个足有两米长的队，而且排队的大部分(大约四分之三)是男生	我想是不是今天的馅饼特别好吃，是不是男生特别喜欢吃馅饼	我站在离卖馅饼的窗口有5米远的地方，看不清楚馅饼的质量，不知道这些人买馅饼是否因为馅饼好吃	也许买某一种食物的人数与食物的质量之间有正相关关系
12：10——食堂里有5对成双的男女坐在一起吃饭，2个人坐得很靠近，都是男的坐在女的左手边	也许他们是恋人	我只是根据他们坐在一起的亲密样子，判断他们是恋人，这个猜想需要进一步检验	也许在食堂里就餐时，男生习惯坐在女生的左手边

① 沈毅、崔允漷：《课堂观察：走向专业的听评课》，107页，上海，华东师范大学出版社，2008。
② 陈向明：《质的研究方法与社会科学研究》，248页，北京，教育科学出版社，2000。

(二)访谈

访谈就是研究性交谈，以口头的形式根据受访者的答复收集丰富、真实的第一手资料。访谈包括个别访谈与集体访谈，这里重点介绍个别访谈。

1. 访谈类型

个别访谈根据访谈者对访谈结构的控制程度，可以划分为封闭型、开放型和半开放型三种。①

封闭型访谈是指访谈者按照事先设计好的访谈提纲进行的访谈。访谈者是整个访谈过程的主导者，受访者的选择、访谈内容、记录表单都是严格按照访谈前的计划按部就班地进行。这种类型的访谈对实现预期信息收集的目的有保证，不足之处在于受访者没有机会自我阐述，访谈者无法收集到一些重要的却被忽略的信息，不利于客观、全面地进行研究。

开放型访谈则不限定访谈主题。访谈者引导受访者“打开话匣子”，然后顺其自然地讲自己的故事。其目的是更真实地获取受访者对某一事物的看法，避免访谈者的干预，导致受访者“言不由衷”。其不足之处在于：一是受访者在不受限制的情况下往往“跑题”，给后期的信息提炼带来困难；二是访谈者的记录强度较大，因此常需要录音设备，而受访者看到录音设备又往往产生警惕心理，不能完全放开接受访谈。②

半开放型访谈兼容前两种访谈类型的优点，既有访谈者的调控，又能使受访者积极发言。访谈者根据事先准备的访谈提纲对受访者提出问题。访谈提纲仅仅是一种“引子”，只是在离题较远时，访谈者不露声色地把话题引回到自己所需要了解的主题上来。这样受访者既在访谈者的框架内讲述故事，又不会受到严格的限制。

访谈双方的接触方式包括直接访谈和间接访谈，间接访谈包括电话访谈、网络文字或视频访谈等。

2. 访谈步骤

(1)设计访谈提纲

访谈提纲是访谈过程中提纲挈领的工具，也是访谈者控制访谈过程的一个标准。设计访谈提纲主要是围绕访谈目的列出访谈中涵盖的主要问题，这些问题大多应属于开放性问题。这是访谈前访谈者根据相关准备提出的问题，在访谈实际进行过程中，访谈者会根据谈话的具体情况进行调整。

(2)掌握受访者的基本信息

访谈前最好从多方了解受访者的基本信息，如年龄、性别、职业、生活背景、生

① 陈向明：《质的研究方法与社会科学研究》，171页，北京，教育科学出版社，2000。

② 陈时见：《教育研究方法》，164页，北京，高等教育出版社，2007。

活习惯、兴趣爱好等。这一方面有利于访谈者做好准备工作，特别是第一次会面时能够比较容易地建立起融洽的访谈气氛；另一方面有利于确定访谈的方式、语言表述的风格与难易程度，提高访谈的共通性。

(3)访谈过程

教师在工作中其实会有很多机会与不同的人进行交流，如师生间、同事间、与学生家长间的交谈。当我们为某次交谈预设了目的，围绕一个想要了解的主题设计了访谈提纲，在交谈过程中有意把控谈话的方向，记录下来，并对记录的结果进行分析，得出某种结论，这次交谈就变成了研究性访谈。访谈过程中要注意一些访谈技巧，如要认真倾听，并适时追问。访谈之后要马上记录访谈内容，条件允许的话要录音，这样访谈信息就能被完整记录下来。

(三)问卷调查

问卷是以书面提出问题的方式收集资料的工具。它可以单独使用，也可以与其他方法整合使用。

1. 问卷结构

问卷结构一般包括问卷题目、指导语、被调查者特征资料、问题及备选答案四部分。

(1)问卷题目

问卷的题目要求简明扼要、通俗易懂，使被调查者在最短的时间内就能了解我们所要调查的主题。

(2)指导语

指导语用于向被调查者介绍说明本次调查的目的、调查者或调查组织的身份以及调查内容。一般情况下，指导语由以下几部分构成：第一，称谓。称谓是对被调查者的尊称，可以是个人，也可以是组织或单位等，如尊敬的先生(女士)、亲爱的同学、××学校等。第二，调查的目的，简要说明“为什么调查”。这部分要强调研究问题的重要性，并真诚地希望被调查者能够予以帮助与合作。第三，调查者或调查组织的身份，说明“谁在调查”。第四，填答说明，告诉被调查者“怎么答”，即“问卷使用说明”。

(3)被调查者特征资料

这部分内容也称“个人基本信息”，包括被调查者的年龄、性别、职业、岗位、学历、所处区域、工作年限等，通常以表格、填空题、选择题等形式出现。

(4)问题及备选答案

这部分是问卷的主体，也是问卷编制的主要内容。根据问题的设计形式，可以将问题分为开放式、封闭式和半开放式三类。开放式问题指的是只提出问题，不提供备选答案，需要被调查者根据自己的情况自由回答的问题；封闭式问题指把问题和备选答案都提供给被调查者，被调查者只能在所提供的有限答案中进行选择的问题；半开放式问题也叫综合式问题，兼有开放式和封闭式两种问题的特点，也就是指在提出问题后既给出部分备选答案，又留出被调查者自由回答的选项。

问卷的最后还要有致谢之类的话语作为结束语。

2. 问卷编制的步骤

(1)确定问卷的主题和调查对象

确定问卷的主题和调查对象就是要明确“要问什么”，“问谁”。比如，有研究者将问卷的主题确定为西部欠发达地区的小学教师工作生活质量现状，采取整群随机抽样的方法，选择某市5所小学(重点小学2所，普通小学3所)的教师进行问卷调查。

(2)将主题细化为5～7个因子

研究者要明确一个主题从哪几方面来问，使调查的主题得到细化。比如，研究者将“小学教师工作生活质量”这个主题细化为五个维度，即生存需要、安全需要、社交需要、尊重需要和自我实现需要。

(3)将每个因子解析为5～7个问题

具体问题，即被调查者直接回答的问题。比如，有研究者选择的调查主题是小学校长的价值领导力，他们把价值领导力分为价值认知力、价值整合力、价值认同力、价值引领力和价值践行力五个维度。每个维度细分若干选题，共32题。其中，价值认知力包括7题，价值整合力包括8题，价值认同力包括12题，价值引领力包括3题，价值践行力包括2题。①

我们来看《小学教师工作生活质量问卷》的完整结构。② 问卷一共分为三大部分：第一部分主要包括性别、学历、教龄、职位、月平均收入以及婚姻状况等教师个人基本情况。第二部分为教师工作生活质量调查量表，包括五个维度，即生存需要、安全需要、社交需要、尊重需要和自我实现需要。问卷共35道题目，使用七点计分法：1为非常不正确，7为非常正确。问卷的得分越高，表明教师的工作生活质量越高，对工作就越满意。第三部分设计7道关于教师工作生活质量的影响因素和提升建议的题目。

问题的表述要求为：首先措辞要简单明了，避免歧义，避免陈述含糊不清。其次，问题不能带有倾向性。也就是说，问题本身不能让被调查者感到调查者在暗示他应该填什么，不应该填什么。最后，避免直接问及敏感问题。涉及个人隐私的问题或关于领导的问题时，人们往往由于存在自我保护的心理拒绝回答或错误回答。另外，问题数量不宜过多，问卷不宜过长，一般有30～40个问题，以回答者在20分钟内完成为宜，否则被调查者容易产生倦怠心理，直接影响填答问卷的质量和回收率。

---

① 李克勤、袁小平：《小学校长价值领导力调查研究》，载《湖南师范大学教育科学学报》，2018(5)。

② 马萍、薛培培：《西部欠发达地区小学教师工作生活质量调查研究——以新疆石河子市为例》，载《教师教育论坛》，2019(12)。

问题排序的原则为：第一，从一般到具体的问题排序；第二，把被调查者个人特征资料放在问题部分的开头；第三，把事实性问题放在前面，把态度性问题放在后面；第四，把被调查者感兴趣的、熟悉的问题放在前面，把容易引起紧张、顾虑的问题放在后面；第五，如果有开放式问题，应放在最后。

3. 问卷调查实施

问卷编制结束后，并不能马上用于正式调查，还需要对问卷进行试测，通过信度和效度的分析后，根据试测的反馈信息，对问卷进行修改，然后再运用到大规模的广泛调查之中。现在大部分问卷调查使用网络的途径，如问卷星之类的专业在线平台。

三、小学教育研究的具体方法

小学教育研究中经常运用的方法包括教育实验研究、调查研究、教育叙事研究、个案研究、行动研究和课例研究等。

(一)教育实验研究

教育实验研究是用实验的方法来研究教育问题，是研究者按照研究目的合理地控制或创设一定条件以影响改变研究对象，从而验证研究假设、探讨教育现象的因果关系、揭示教育工作规律的一种研究方法。[①] 比如，我们想推行一种新的教学方法，就应该先通过实验证明其有效可行。

教学实验就是要创设条件，对比新旧教法。通常是选取条件相仿的两组学生，在一个组采用新教法，称为实验组；在另一个组使用旧教法，称为对照组。除所采用的教法不同外，要让实验组和对照组的学生在其他各个方面尽可能保持一致。如果能证明实验组的学生比对照组的学生在成绩上有显著提高，就可以认为新教法能提高学生的成绩。也就是说，新教法这个因产生了好的教学效果。

我们以谢晶与涂艳国在《教育研究与实验》2018 年第 6 期发表的《正念教育对儿童发展的影响研究——基于 W 市 D 小学五年级的正念教育实验》为例来讨论教育实验研究的实施过程。

有了恰当的选题才能开展研究。选题既要符合教育改革与发展的需要，也要适合研究者的知识能力水平及客观条件，要充分考虑可行性。该研究案例中的选题是要揭示一种新的教育理论——正念教育的实践效果。核心概念是正念教育，它不是一个固定的课程或教学模式，而是指运用正念方法所进行的各种有教育意义的活动，如正念阅读、正念日记、正念听课、正念进食等。确定核心概念后第一步就是要提出假设。

---

① 陈时见：《教育研究方法》，65 页，北京，高等教育出版社，2007。

1. 教育实验的准备阶段

(1)提出假设

当确定了研究问题，就要对选定的课题提出假设。教育实验的假设一般是在经验总结、理论演绎或初步研究获得某些认识的基础上提出并完成的。该研究案例的假设是通过儿童正念认知疗法所改编的正念教育课程进行实验干预，能够有效地促进儿童的心理、社会性、情感和认知等方面的发展，并使这几个方面相互促进，提高儿童的整体发展水平。

(2)选择实验对象

提出假设后，选择实验对象。该研究案例中选择的是 W 市 D 小学的五年级儿童。研究者认为五年级儿童除了身体生长的变化之外，各种心理情绪、情感开始萌芽与初生；比起小学初期的儿童，高年级学生能够更细致地分析、综合外界事物，并调节控制自己的行为。经过讨论，选取五(1)班为实验组，五(2)班为对照组，两个班级的人数相等，两个班均为普通班级，班主任和任课教师亦为普通教师。实验组有男生 20 人，女生 11 人，其中有 1 名特殊儿童。实验过程中，有 4 人要么在不同时间请假，要么在测验前一周至两周之内发生对其身心有影响的事件，排除无关变量的影响后，共得到 26 个有效样本。对照组有男生 19 人，女生 12 人，删除不符合要求的被试，共得到有效样本 29 人 。

(3)完成实验设计

实验设计是研究者所制定的实际实验方案，主要包括实验自变量及其操作；控制无关变量；实验对象的选择和分组；实施的观测项和指标；实验数据、资料的收集和处理等。该研究案例采用两种设计：一是被试间的实验组和对照组的实验设计；二是被试内的实验组前后测实验设计。以正念教育课程为介入方式，以 D 小学五年级学生为研究对象，采用准实验设计研究，以班别(实验组、对照组)实施课程介入前以及介入后的前后测。因变量为实验组和对照组前后测各量表的总分。该研究案例中实验的自变量就是正念教育课程。

该研究案例主要采用教育实验和测量相结合的方式，其中教育实验采用等组前后测对照实验设计，测量工具采用《注意稳定性问卷》《小学生心理健康量表》《正负情绪量表》《幸福感量表》。

2. 教育实验的实施阶段

实验实施阶段就是实验设计的实施过程，包括操作自变量、控制无关变量和观测因变量变化的过程。

(1)实验前测

前测是研究者在实验前，为了解实验对象在因变量及有关方面的情况、水平而对实验对象进行的测验。前测还要与后测进行比较，以求出自变量作用于被试所引起的变化量，从而得到证明或拒绝假设的证据。

(2)实验控制

实验进行的各个环节、实验对象、实验时间和场所的安排等因素都会影响实验的效果。因此必须有计划地对无关变量进行控制，尽量避免各种干扰因素的影响，以保证实验结果的有效性。控制无关变量的方法通常有消除法、恒定法、平衡法、随机法、抵消法等。[①] 消除法即排除或隔离无关变量。恒定法是尽量使无关变量恒定地作用于实验，不影响实验结果的前后比较。平衡法是指在分组比较实验中，尽量使实验组和对照组学生受到同等变化的无关变量的影响。随机法是指在选择被试、安排实验处理顺序等许多实验环节上不受实验人员主观意图的影响，而由偶然机遇来决定。抵消法是指让同样的被试先后接受几种不同的实验处理，使每一种实验处理以不同的次序出现，列成机会均等的组合，并随机分配接受各个顺序组合。

该研究案例为了控制无关及额外变量的干扰，尽可能减少实验误差，采取了多种技术处理方式：第一，实验组和对照组学生的人数、性别比例、家庭背景大致平衡；第二，在实验期间，实验组和对照组各学科任课教师的教学方式和以前保持一样，与学校教学安排保持一致；第三，通过调查问卷排除不符合实验要求的被试，如因为家庭或其他因素对自身发展产生重大影响的被试或者由于请假没有完成实验的被试；第四，实验评估人员与研究人员分开。

(3)实验记录

实验记录是对实验中发生的相关事项进行如实记载。要根据实验研究需要，系统记录自变量的操作情况、无关变量的控制情况、因变量的变化情况和其他相关实验情况，积累尽量详尽的原始资料。实验记录是评价实验效果、得出实验结论的重要依据。

(4)实验后测

实验后测是研究者施加实验处理后，为了了解实验处理所造成的影响而就所研究的特质对被试进行的测量。实验后测的主要作用是使研究者了解实验处理后被试在所研究的特质上达到的水平，并以此和前测对比，得出对实验假设接受或拒绝的证据。无论何种目的的实验，后测都是不可缺少的。

3. 教育实验的研究总结阶段

(1)整理实验资料

整理实验资料时，首先要对资料的真实性进行鉴别，剔除不可靠的资料。其次要整理能反映实验目的、评价标准所规定范围内的全部资料，不能有任何方面的遗漏。

(2)对实验结果进行统计处理

统计处理一般是先用描述统计的方法把反映结果的原始资料加以列表、图示，再

① 陈时见：《教育研究方法》，69页，北京，高等教育出版社，2007。

选择适合论证实验目的的统计方法对有关资料进行统计处理。

该研究案例除采用量表之外，还选择使用质性研究工具，包括正念体验记录表、家庭作业记录表、开放式调查问卷以及访谈提纲等。同时采用 SPSS 统计软件对各种量表等的测评结果进行统计分析。

(3)对实验结果进行分析

对实验结果的分析主要是对实验探索的结果、实验中提出的问题、需要进一步研究的问题等进行分析，并提出相应的建议。

(4)撰写实验报告

实验报告一般包括以下内容。

①题目：说明研究的问题。

②署名：交代研究者的姓名及单位等。

③前言：说明本课题的产生过程、研究背景(理论方面和实践方面)、研究对象、目的、意义及场所、周期等。

④实验内容：交代实验研究涉及的主要自变量、因变量和控制的无关变量。一般可以从实验措施、实验目标等方面展开。

⑤研究的过程和方法：说明如何选取实验对象、实验模式，如何操纵自变量、控制无关变量、观测因变量。

⑥实验结果及分析：以原始资料为依据，提供分析数据和典型事例，并做系统分析；为本研究做一个结论。

⑦讨论：回答前言中提出的问题，阐明实验结果的意义，并对需要进一步研究的内容做展望。

⑧参考文献及附录：附录中列出关键性的原始资料和表格等。

对于教育实验研究来说，最重要的是要坚持教育性原则，要坚持以人为本、促进人的发展的原则，绝不进行有害学生身心的实验。

资料链接：《正念教育对儿童发展的影响研究——基于 W 市 D 小学五年级的正念教育实验》的摘要及关键词①

摘要：本研究选取 D 小学五年级学生，采用前后测对照实验设计进行了为期 12 周的正念教育实验。结果表明，正念教育对儿童的注意力发展、心理健康、情绪平衡与发展、幸福感提升等有显著作用，并且这几个方面交互影响，共同促进儿童的整体发展。因此，

① 谢晶、涂艳国：《正念教育对儿童发展的影响研究——基于 W 市 D 小学五年级的正念教育实验》，载《教育研究与实验》，2018(6)。有改动。

学校有必要适度开展正念教育活动，充分发挥正念教育在儿童发展中的积极作用。

关键词：正念教育；儿童发展；教育实验

(二)调查研究

调查研究是一种描述研究，是通过对原始材料的观察，有目的、有计划地收集研究对象的材料，从而形成科学认识的一种研究方法。[①] 调查研究着重研究的是现实情况，在一定的教育理论指导下，运用观察、访谈、问卷、测验等方式收集自然状态下反映实际情况的材料。其价值取决于问题的选择以及科学的方法和技术的应用。

1. 调查研究的类型

根据调查研究内容的性质，可以将调查研究分为事实调查和征求意见调查。事实调查要求调查对象提供现成的事实或数据。征求意见调查要求调查对象提出自己对某个问题的看法和意见。

根据调查研究的对象，可以将调查研究分为全面调查、抽样调查和个案调查。全面调查是对研究对象的全体无一例外地进行调查。抽样调查是从研究对象全体中抽取出部分个体作为样本进行调查，以便能够通过样本的情况来推测全体的情况。个案调查是专门针对某一对象或某一事件进行的调查。

根据调查研究的范围，可以将调查研究分为综合调查和专题调查。综合调查范围大，事项多。专题调查事项较少，仅就某地区教育的某个方面的问题进行调查。

根据调查研究的方式，可以将调查研究分为问卷调查、访谈调查和测验调查等。问卷调查指调查者运用事先设计好的问卷向被调查者书面了解情况或征询意见。访谈调查是调查者通过与调查对象面对面谈话直接收集材料。测验调查是通过考查的方式测定某些研究对象的实际情况。

2. 调查研究的一般步骤

以邓海英等的调查研究为例来阐述调查研究的一般步骤。[②]

(1)确定调查课题

确定调查课题首先需要考虑调查要达成的目的、调查的意义与价值。其次根据现有可以参加调查的人力、物力来确定调查课题以及范围的大小。调查者要根据调查课题的性质、目的和任务，来确定调查对象、调查地点以及相应的调查方式。

近年来，国际上研究数学核心素养培育的一个重要视角就是与情境的结合。大型

---

① 裴娣娜：《教育研究方法导论》，158页，合肥，安徽教育出版社，2000。

② 邓海英、魏亚楠、严卿：《小学四年级学生数学情境问题解决能力调查研究——以湖南省为例》，载《数学教育学报》，2020(4)。

国际教育测评项目 PISA(Program for International Student Assessment)在数学素养测评中一直关注学生在各种现实情境中表达、运用和解释数学的个人能力，特别关注数学情境和问题之间的关联。国内外的中小学教师也开始在数学教育领域展开情境教学的改革。邓海英等就是基于这样的理论与实践的背景确定调查研究的课题，即通过测验调查小学生解决情境问题的水平。

(2)选取调查对象

选取的调查对象要具有代表性和典型性，同时要考虑普遍性。不同的调查课题要用不同的方法选取调查对象。首先，要确定调查总体，即调查对象的全体。其次，要确定调查样本。有时候调查总体的数量较大，实际上不可能对总体的全部个体一一进行调查。那么在确定总体之后，需要从中抽取一部分个体作为研究的样本。常用的抽样方法有四种：第一，简单随机抽样，就是在总体中任意抽取一部分对象，如采用抽签和随机数目表的方式抽取。第二，系统随机抽样，也叫机械抽样、等距抽样，指在抽样时每隔相等的若干个体抽取一个样本。第三，分层随机抽样，也叫类型抽样、配额抽样，是将研究对象的总体按一定标准，即单位属性特征分成若干层次或类别，然后再根据事先确定好的样本大小及其各层或各类在总体中所占的比例提取一定数目的样本单位。第四，整群随机抽样，是把一个个整体，如学校或班级编号后用随机、机械或类型取样方法进行抽取。它不是从整体中逐个抽取对象，而是抽取一个或几个单位整群作为样本。描述性调查研究取样的参考值一般为总体的 10%。

研究者根据心理学研究的结论，即小学三至四年级是儿童思维独创性、深刻性发展的转折点，是初步本质的抽象概括能力发展的关键时期，所以选择四年级小学生进行调查。研究者随机选取湖南省长沙市两个城区 4 所学校，湖南省郴州地区两个县 4 所学校(视为该测试农村地区学生样本)。这些地区、学校在经济水平和办学质量上层次不同，具有一定的代表性。根据学校办学规模的不同，选取班级时有两种情况：学校四年级班级的总个数为 3 个以内的，全选；若为 10 个的则随机选取 4 个。具体情况为：随机选取湖南省长沙市 A 城区实验小学 4 个班，长沙市 B 城区两所学校 3 个班和一所学校 2 个班；随机选取湖南省郴州地区 C 县县中心完全小学 4 个班，郴州地区 D 县一所乡镇小学 2 个班和一所乡村小学 1 个班，共 7 所学校 16 个班。

(3)制订调查计划

调查计划的内容通常包括：调查研究的题目和目的；调查对象和范围；调查的手段和方法；调查的地点、步骤及时间安排；调查经费的来源、使用与分配。

(4)做好调查准备工作

调查准备工作包括各种技术、事务和组织准备，如选择和编制调查工具、培训调查人员、准备有关资料等。

研究者通过测试进行调查，因此调查准备工作最重要的一项就是编制测试卷。研究者依据知识学习理论提出一个数学核心素养评价的框架。该框架将关键能力生成分为知识理解、知识迁移和知识创新三个阶段；认为情境问题解决能力同样是一种数学能力，知识也是情境问题解决能力生成的本源，需要理解知识、创造性地运用知识。因此测试借鉴该框架，将总量表分成知识理解、知识迁移、知识创新三个维度。研究者参照PISA的情境分类，将情境分为个人情境、教育或职业情境、公共情境、科学情境。测试卷由数学教育专业教授、研究生和小学数学特级教师共同编制完成，包括9道大题，共13道小题。

(5)实施调查

在正式实施调查之前应该进行试探性调查，得到被调查对象的一般性认识，修改调查提纲、工具及调查计划。试探性调查结束后进行正式调查，运用各种调查方式了解情况。

研究者在湖南省随机选取190位四年级学生进行预测，男生108人，女生82人，试卷回收后使用SPSS 17.0进行统计分析。分析结果表明，试卷具备可以接受的信度和较好的结构效度。预测后，研究者下发814份试卷对四年级学生进行正式测验。测试卷收回后，除去白卷(无作答且无记名，视为自动放弃测试或缺考、余卷)，得到有效试卷800份，其中男生415人，女生385人；湖南省城区学生415人，农村地区学生385人。所得数据用SPSS 17.0进行处理。

(6)整理资料

调查中收集到的原始资料，必须经过归类整理后才能进行分析，最后得出结论。整理时应该先评定资料，再分类登记汇总，编制统计图表，进行统计检验。

(7)撰写调查报告

调查报告要对所研究的问题做出解释，提出解决问题的意见和建议。通常包括以下内容：研究背景和选题价值说明；调查的工具、方法、对象及过程的简要说明；调查结果说明；对调查过程及结果进行分析、讨论；得出研究结论，提出有关对策。

资料链接：《小学四年级学生数学情境问题解决能力调查研究——以湖南省为例》的摘要及关键词①

摘要：数学情境问题解决指学习者从情境中抽象出数学问题并分析、解决问题的过程。解决情境问题的水平按照由低到高分为知识理解、知识迁移和知识创新三个层次。调查表明：①湖南省小学四年级学生解决数学情境问题的水平属于偏低水平。②性别对数学情境问题解决能力的影响没有显著差异。③城市与农村学生数学情境问题解决能力存在显著差异。④学习成绩与数学情境问题解决能力密切相关，其中知识迁移的作用至关重要。

① 邓海英、魏亚楠、严卿：《小学四年级学生数学情境问题解决能力调查研究——以湖南省为例》，载《数学教育学报》，2020(4)。

关键词：小学四年级学生；数学情境；问题解决

（三）教育叙事研究

叙事就是讲故事，将特定的事件序列依时间顺序纳入一个能为人理解和把握的语言结构，从而赋予其意义。其所产生的意义实质上是要对人形成一种新的理解。叙事即意义表达，叙事者在对自己或别人的经历进行描述的同时，也在诠释并建构着生命的意义。人的叙述过程是自身建构的过程。叙事研究就是建立在叙事基础上的研究，其主要的特点是在叙事文本中寻找并解释意义。

教育叙事研究是通过描述和分析有意义的教学事件、教师生活和教育教学实践经验，来发掘和揭示内隐于日常工作、事件和行为背后的意义、思想或理念，从中发现教育问题，探索教育思想，揭示教育活动的特点。① 教育叙事研究的本质属性在于它聚焦于个体日常教育生活中的某一现象，分析现象之中个体的一系列教育生活故事所包含的基本结构性经验，对个体的行为和经验建构进行解释性理解。② 在叙事过程中，教师主动观察、反思自己的经验，对其认识事物的方式进行思考和重新解释。这样教师能更好地理解自己的行为，协调已知和未知的知识，明晰、重构对自己和教学的理解，从而使自身的专业素养与能力得到提高。叙事最主要的特征是反思、重新理解与解释，正是这一点满足了教师成为研究者的需要。教育叙事研究在其展开过程中是一种有关个体教育生活故事文本的分析研究。叙事形式多样，包括个体的自传、传记、个人叙事、叙事访谈、个人档案、生活故事、口述历史、有关的论文集等。

从研究对象来看，小学教师所进行的叙事研究可以分为两种：一种是以教师自身经历为研究对象，教师既是故事的叙述者，也是分析问题的研究者。有人也将这种方法称为教育自传研究。教师运用教育自传这种方法，在把自己的故事按照某种序列落实在笔端的过程中，就已经在反思，在重新理解与解释自己的教育活动并赋予某种意义，从而引起自我的转变。另一种是教师作为研究者访谈、记录关于其他教师和学生的事件，叙述教师或学生处于某种特定场景下的心理变化或行为表现，并加以归纳和评述，以求更深入地了解他们。

教育叙事研究主要包括如下过程。

1. 明确研究问题

教育叙事研究问题源自教育实践活动，它有如下三方面的特征。③ 一是所探究的教育现象及内隐的研究问题要有价值，如对学生发展、对学校教育质量提升有所贡献，

---

① 杨小微：《教育研究方法》，113页，北京，人民教育出版社，2005。

② 傅敏、田慧生：《教育叙事研究：本质、特征与方法》，载《教育研究》，2008(5)。

③ 傅敏、田慧生：《教育叙事研究：本质、特征与方法》，载《教育研究》，2008(5)。

对改善教师的教学生活有所帮助等。二是所探究的教育现象及内隐的研究问题要有新意。新意既包括这类教育现象或问题尚未探究，也包括对别人来说不是新问题，但相对于研究者本人来说，对这些教育现象或问题仍然存在疑问或被其困扰。三是具有可行性，即具备主观条件、客观条件和时机条件。主观条件是指研究者要考虑自己的知识储备以及能力是否能够驾驭研究工作，是否了解叙事研究方法，研究过程中能否及时补充所需要的知识等；客观条件是指具备探究这类教育现象或问题的环境；时机条件是指研究者当前及其后一段时间内可以对这类教育现象或问题进行持续探究。

2. 选择研究样本

叙事研究的特点决定了一般不需选择大样本进行研究，因此应以目的抽样方式为主，兼顾就近和方便的方式来选择研究样本，将能够为研究问题提供丰富信息的个体作为研究对象。

3. 进入研究现场

进入研究现场是为了观察并记录研究对象在真实环境中的行为表现，建构现场文本是叙事研究的基础性工作。研究者需通过观察、访谈和实物收集综合的方式来收集经验。

研究者要在自然状态下，在不同的空间和时间对研究对象的行为进行观察，并记录观察过程中研究对象的行为表现、语言表达、情绪反应等。观察前要制订观察计划，确定观察目的、内容、时间长度、使用的观察工具等。访谈是研究者针对某一具体研究问题而进行的一种研究性交谈。一般应该先制定访谈提纲，但也要根据当时条件和情境随机应变。所谓实物收集，就是将与研究相关的一些资料进行收集整理，以便更为详尽地掌握研究对象的情况，如研究对象的工作日志；自传体材料，特别是记录研究对象成长经历的日记；书信；生活照片；等等。

4. 整理分析资料，编码讲述故事

教师并不是简单地将收集来的材料罗列或记录下来，而是要进行深度描写和诠释，描写出行动的意图和动态化的情境。在深度描写的基础上，对叙事素材进行分析，提取每个故事的主题，然后再将这些不同的主题串联成一个完整的事件。教师在进行教育叙事研究时要倾听内心的声音，使个人化意义的表达更为生动与真实。

从技术的角度讲述教育故事可以分为三个阶段。① 第一，写出原始故事，完成从现场到现场文本的建构工作。比如，把用录音设备或录像设备收集的故事转录制作为现场文本等。第二，编码和转录故事，把收集到的现场文本的故事按照故事所包含的基本元素进行编码、转录。这里介绍两种比较权威的确定故事基本元素的叙事结构：一个是问题解决的叙事结构，将故事所包含的基本要素分解为背景、人物、活动、问题和解答五个方面，如表 9-5 所示。另一个是三维空间的叙事结构：相互作用、连续性和

① 傅敏、田慧生：《教育叙事研究：本质、特征与方法》，载《教育研究》，2008(5)。

情境，如表 9-6 所示。

表 9-5　问题解决的叙事结构①

背景	人物	活动	问题	解答
故事背景、环境、地点条件、时间、地点位置、年代和纪元	故事中描述的个体的原型、个性，他们的行为、风格和做事模式	贯穿在故事中的个体的动作，说明人物的思维或者行为	要回答的问题，或者要描述或解释的现象	对问题的回答，对引起人物发生变化的原因的解释

表 9-6　三维空间的叙事结构②

相互作用		连续性			情境
个人	社会	过去	现在	将来	地点
注意内部的内在条件、感觉、期望、审美反映、精神调整	注意外部的环境条件，其他人的打算、意图、设想和观点	看过去的、回忆的故事和早些时候的经验	看当前的故事和处置事件时的经验	看隐含的期望、可能的经验和情节的线索	看处在自然情境或者有个体打算、意图、不同观点的情境之中的背景、时间、地点

研究者可以参考上述两种结构分析搭建文本故事的基本结构。

第三，基本结构搭建完成后，研究者利用故事的基本元素书写故事。研究者按照事件发生的时间顺序书写出包含背景、人物、活动、问题和解答这些故事元素的文稿。

5. 确定个体故事包含的主题或类属

上述编码讲述的是一个故事，研究者还要面临如何处理多个故事之间的关系问题。不同故事所具有的共同主题或类属代表叙事研究的思想主题。这些思想主题从不同的角度来重新阐释个体教育生活的经验与意义。下面我们所举的教育自传案例包括不同的故事，但都是为同一个主题，即为尊重欣赏每一个孩子服务的。

案例：简老师的教育自传节选③

在我读小学的时候，由于父母对我的严格教育，因此学业表现一向很好。可能是我在班上表现不活跃，老师并没有给予我过多的表扬。而对于那些平常在班里表现很

① 转引自傅敏、田慧生：《教育叙事研究：本质、特征与方法》，载《教育研究》，2008(5)。

② 转引自傅敏、田慧生：《教育叙事研究：本质、特征与方法》，载《教育研究》，2008(5)。

③ 黎淑燕、卢芝兰：《教育自传：保存自己教育信念的教育经历》，载《人民教育》，2003(Z3)。有改动。

活跃的几位班干部，老师无论大事小事总是表扬他们。我不明白老师为何会这样做。我暗地里下了决心：我日后一定要做一位教师，而且要做一位关爱每一位学生的教师。结束了小学那段不愉快的日子后，我更加努力学习，而且开始不断改变自己。我努力去和同学、老师交往，并积极地在各方面表现自己。我在中学和师范大学的学习期间都受到老师的一致赞许。经过了多年的学习后，我果然成为一位教师。当我第一次走上讲台，接触到那一张张天真烂漫、活泼可爱的小面孔时，我的心融化了。他们使我产生了一种从未有过的对教育的狂热之情。其实，每一位学生都有他的可爱之处，只在于老师有没有用心去挖掘而已。在我教的第一批学生中有这样一个小男孩：在教授过他的老师心目中，他不仅学业表现不好，而且还与老师"唱反调"。上数学课时，他就拿语文书……在一次体育课上，我教学生学青蛙跳时，他不仅不学，而且还对我说了一些抱怨的话。说完他拔腿就跑，我就在后面追他。跑了几圈后，我不仅没有追上他，还被他抛开了一段距离。这时我惊奇地发现原来他跑步如此之快。我停下来不再去追他，站在原地高兴地鼓起掌来。他回过头来惊奇地看着我。我对着其他学生说："同学们，原来我们班有一个跑步健将，他是小曾。如果不相信，咱们就来个跑步比赛，好吗?"学生都一致赞同。我问小曾敢不敢跟同学比比，证明自己的实力呢。以他那不认输的性格一定会答应的。果然，他马上答应了。经过几轮的比赛后，他战胜了所有的对手，被公认为我们班的第一跑步健将。所有的同学都向他投来羡慕的目光。从那以后，我发现他变得更好了。上数学课时，他悄悄地把数学书放在桌子上了……

还记得有一次上数学课时，我提出这样一个问题："一段绳子，要让它变短，但不能剪断，你有何方法?"经过一分钟的思考后，学生居然想出了多种方法：把它对折、重叠；用纸把它遮住一部分；拿一段比它更长的绳子跟它比……我及时表扬了他们，他们居然说还要再想想是否还有其他答案，我感到很高兴。一个女孩举起手，说道："老师，我还有答案!"话音刚落，一位学生马上大声说："老师，她是我们班最聪明的!"其他学生立刻附和："语文老师天天表扬她!"我让这位学生发表她的意见，她说："把绳子打上结，它就变短了。"我肯定了她的想法，接着对其他学生说："同学们刚才说这位同学是全班最聪明的，老师不同意。我觉得每一个同学都有不同的聪明。"教室里突然静了下来，学生瞪大眼睛望着我。那目光流动着新鲜、好奇，还有微微的喜悦和羞涩。我说："有的同学字写得好，有的同学会讲故事，有的同学做事很快，这都是聪明……"我发现，许多学生不无惊喜地用眼神悄悄地交流着自豪。我于是接着说："但是要使自己更聪明，都要积极动脑筋，像这位同学一样。老师希望每一位同学都有不同的聪明，还要有很多的聪明。"学生们都使劲地点头。下课了，"老师，她是我们班最聪明的！”这句话还萦绕在我的耳边。我实在感到那些受到老师批评和被忽略的学生目光中的不安、疑虑是多么值得我们反思自身的教育行为啊！所以，教师应该掌握惩罚和赏识的度。

每个人都有权利使自己成为人类认识领域中的一个开拓者。尊重每一位学生，赏识每一位学生，以帮助者、支持者、欣赏者的身份走近学生，这才是我们做教师的真正含义。

简老师在自传后面的分析中提道：我慢慢意识到我们做教师的原来面对的是一群天真无邪的小孩。他们年龄虽小，但他们懂感情。他们中总有人学业表现一般，但他们同样有欣赏别人和被别人欣赏的权利。我们应该让所有的孩子快乐地成长。

6. 撰写研究文本

教育叙事研究文本一般包括研究的背景和意义、研究对象的选择、研究实施过程、研究的结果与分析四个部分。讲述的故事要放在研究的结果与分析的中心。

以《困顿与超越——学校场域内小学男教师幸福的叙事探究》一文为例，研究者采用叙事探究的方法对一名小学男教师的学校场域内的幸福状况进行研究。研究者通过参与式观察、访谈等方式，与合作教师进行长达一年的合作研究。从是否能够建立和谐与相互信赖的关系角度，研究者选择了北京市 H 区某小学男教师高老师作为研究对象。在进入现场，与小学、合作教师建立良好关系之后，研究者一直坚持每周到小学一至两次(通常是上午半天的时间)，采用参与式观察和半结构性访谈的方法汇集研究资料，形成现场文本。

案例：　对高老师的教育叙事研究①

我与高老师协商从每周选择一天进行研究。我早晨 7 点半到达学校，进入高老师的办公室，观察并参与办公室内的相关活动，重点记录教师交往活动的相关信息：课堂教学中的各种信息(包括教学过程中师生互动、教师和学生的状态等)；教研组内的教师活动信息；教师的教学研究的信息；学校的各种例行活动、各种文化信息；各种主观经验(包括研究者的以及合作教师的，还有其他相关教师和学生的)。随后，我跟随高老师进入课堂，采用观察和录音的方式记录课堂教学的信息。一般情况下，我每次听两节课，然后再针对研究问题展开对话。对话的地点通常是四年级数学办公室对

① 陈学金：《困顿与超越——学校场域内小学男教师幸福的叙事探究》，见丁钢：《中国教育：研究与评论》第 15 辑，167～182 页，北京，教育科学出版社，2012。有改动。

面的批改室。

……

课堂观察：2009年4月14日，星期三　地点：四(8)班

上课铃已经响完，但是有些学生显然还沉浸在课间的活动中。有几位学生虽然坐在座位上，但是眼睛还在盯着一个方向，好像在回味着什么，桌子上的学习用具还没整理好。

高老师在讲台上观察着学生的一举一动，几秒钟之后，突然开口说话了："好，小宇还在磨蹭，比较慢！小纬比较慢！"学生的注意力迅速集中到了老师的身上。

"最近的计算题，我看了有不少人有很多问题！"高老师把话的重音放在了后半段。学生中间开始传出"哇"的唏嘘声，并有人小声重复着老师的话。

后来高老师的声调越来越高，语速越来越快，对一位学生说道："小阳，你越来越松懈了！"我原以为高老师还会继续说下去，哪知他话锋一转，把音调降低，语速放缓，说道："那好，昨天我们学习了什么样的除法？"

七八位学生举起了手，正式开始上课了。

这是高老师在正式上课前组织教学的一幕。在做小学教师的时候，我也有过这样的经历。选择这样的开场白其实是调动学生积极性的一种策略。当我和高老师探讨起这个问题的时候，高老师告诉我："全班有几十个人，组织上课不是一件容易的事。有时候学生课间活动比较兴奋，让他们都集中注意力上课就比较困难！"

案例分析：研究者通过深描课堂观察到的教学故事发现，高老师的"烦恼"多于"快乐"，并推断出：高老师在课堂教学中的烦恼主要来自他对教学、对学生的期望与现实的脱离或矛盾。通过描述高老师及其教研组所进行的基于教育现场的实践性研究的故事，研究者指出：研究使高老师感到幸福。通过讲述高老师与教研组之间的故事，研究者指出：高老师经常在办公室里表现为"无知者"与"思考者"的角色。教研组是一个和谐向上、积极进取的学习—实践共同体组织。这个组织提升了高老师的幸福感，为他带来了快乐。最后研究者指出，课堂教学、做研究和与教研组的交往对高老师的生活状态有非常重要的影响，三者之间是相互联系、相互作用的，形成一种综合的力量影响着高老师的生活。另外，通过做研究和与教研组的交往，高老师能减少课堂教学中的烦恼，从而改善教学和促进学生发展。

案例：研究的结果与分析[1]

在入职最初的一至两年内，教师个体在课堂教学中经历的和体验到的事情(如有些学生不带书和作业，师生间的冲突，教师大声说话，有些学生不完成作业，有些学生出现显而易见的错误等)，以及在办公室和会议室里经历的和体验到的事情(如教研组的文化氛围、同事关系、学校管理方式、教学交流等)对其形成对小学教育和教师职业的总体观点和根本看法有非常重要的影响；它与教师个人的重大需要、欲望和目的形成张力；教师是否幸福取决于这两种因素相互作用的结果。

(四)个案研究

个案研究是对单一的研究对象(包括人或事件)的变化过程进行深入剖析的研究方法。[2] 个案研究对于小学教师来说具有特别重要的现实意义，尤其是当他们遇到比较具有某些典型特征的学生的时候。其实教师在工作中每一天都在与不同的学生接触，都在有意无意地进行个案研究，只是这种研究是不自觉且随意的。

个案研究首先要求研究者要选择真实的、能充分说明和反映问题及具有思考价值的人和事，同时分析个案时要尽可能消除自己的主观判断和偏见，避免个人化情感与情绪的影响。根据研究对象的不同，个案研究的类型包括以下三种：以某个特殊的个体为研究对象的个人个案研究，教育个案中则主要指某位教师或学生；以学术团体、群众组织等为研究对象的团体个案研究；以非一般的事件，或不同于同类事物的事件为研究对象的事件个案研究。

本部分以曹利利的《小学数学学习障碍学生的个案研究》为例，来讨论个案研究的实施环节。[3]

1. 确定研究对象

研究对象首先要具有典型性。所谓典型性就是能集中、全面反映同类事物的共同属性或事物发展趋势的特殊个体。也就是说，通过对该对象的研究，研究者可以找出一般规律，通过个别认识一般，实现从个别到一般的飞跃。

该个案研究选择学生张小琪为个案研究对象，她的典型性体现在她具有数学学习方面的问题。考虑到研究伦理，保护研究对象的隐私，采用化名“张小琪”。

---

① 陈学金：《困顿与超越——学校场域内小学男教师幸福的叙事研究》，见丁钢：《中国教育：研究与评论》第15辑，167～182页，北京，教育科学出版社，2012。

② 全国十二所重点师范大学：《教育学基础》第3版，367页，北京，教育科学出版社，2014。

③ 曹利利：《小学数学学习障碍学生的个案研究》，载《中小学教师培训》，2007(12)。

2. 收集个案资料

收集个案资料，就是收集研究对象的资料。个案资料一般包括：①研究对象的基本情况，如个人的姓名、性别、年龄、出生年月等；②与行为问题有关的资料；③个体的成长及健康资料；④个体的教育资料；⑤个体的心理发展资料；⑥个体的家庭和社会背景资料。这些资料可以通过书面调查、口头访问、观察、测验、评定、查阅个案的个人资料等方式获得。

该个案研究的第一部分就是关于张小琪的个案资料档案，具体包括性别、年级、性格、上课以及学习情况描述。特别是对她数学课上的表现有比较详尽的介绍，在数学课上基本不会影响别人。

该个案研究的第二部分是关于张小琪的典型事例回放。研究者选取的都是印象比较深刻的关键性事件进行较为客观的描述。

3. 分析个案资料

个案资料收集完备后，要对资料进行研究与分析，从中得出有意义的结论。分析主要从以下方面来进行：首先，从主观上分析理解学生的内在动力，如世界观、人生观、价值观与行为及其结果的联系；其次是从客观上分析理解学生的教育、社会环境、家庭等与学生的生理、心理以及成长、发展存在哪些相适应或不适应的地方，并找出这些不适应的矛盾所在；最后从个案行为结果的各种现象形成和发展的过程分析了解影响个案的各种因素。

该个案研究的第三部分是对张小琪个案的情况进行的分析与思考，具体包括以下方面：从个人因素来说，研究者从个案学生与其他同学的关系，以及个案学生以往学业表现来分析，认为她性格内向，比较自卑，但思想意识健全，一、二年级计算知识掌握得较好，三、四年级知识掌握得不好，结论是她的理解能力有问题。从家庭因素来说，个案学生的家庭对她的吸引力不强。从教师因素来说，教师对个案学生的关注不够，不能给予适时的鼓励和表扬，很大程度上导致个案学生从二年级到三、四年级的变化。从同伴因素来说，这个年龄段孩子的从众心理比较强，比较喜欢学业表现好的孩子。个案学生因学业表现不好受到冷落，缺少同伴，更显得孤独。

4. 实施个案指导

在分析的基础上，研究者设计了一套因材施教的指导方案。该指导方案包括以下内容：①根据个案学生的行为表现制定指导方案，确定指导方案所要达到的目标；②指导方案的具体操作要求及措施；③结果分析和追踪处理情况。在实施指导方案时，研究者从创建良好的外部发展条件和引导个案学生积极进行自我调适两方面入手，通过有针对性的教育和矫正措施，使个案学生获得更充分的发展。

研究者在分析了个案学生学习障碍形成原因的基础上，提出相应的转化策略。比如，鼓励唱歌，激励教育，唤起自信；组织同伴竞争，树立信心，激发动力；安排小老师，对症下药，体验成功。研究者还为个案学生制作了课堂及作业情况表，试图采用系统脱敏的方法改变个案学生的现状。表 9-7 为个案学生的课堂及作业情况。

表 9-7　个案学生的课堂及作业情况①

每天进步一点点，我为班级做贡献（张小琪学习计划）				
项目	★	★★	★★★	★★★★
我今天的数学课	认真	自己满意	老师满意	自己和老师都满意
我的课上练习	能在下课找引导者抄好	能够课上看着黑板抄对，抄好	能下课问懂并完成	能自己在课上完成
我的课堂作业本	能主动抄好	能在引导者的帮助下理解完成	能问老师完成	能自己独立完成
我的同步练习	能主动抄好	能在引导者的帮助下理解完成	能问老师完成	能自己独立完成
我的回家作业	能主动抄好	能在引导者的帮助下理解完成	能问老师完成	能自己独立完成
更上一层楼，老师布置的其他作业	能主动抄好	能在引导者的帮助下理解完成	能问老师完成	能自己独立完成
我今天得到（　　　　　　）				

研究者反对抄作业，但特殊情况特殊对待，对于个案学生来说，简单的主动抄好作业，是一个很大的进步。

5. 追踪指导研究

个案指导措施实施后，研究者还要继续追踪研究，以检查用于指导的那些教育措施是否有效。若指导有效，特殊行为已经改正，个案研究工作就算告一段落；若问题没有解决，特殊行为仍然存在，那就要继续进行研究，并重新检查各个研究环节是否正确，有无遗漏。

6. 撰写研究报告

个案研究报告是展示个案学生的基本情况及处理的过程。撰写个案研究报告是对典型案例的研究工作进行深度的思考、反思和再提高。一般个案研究报告应包括以下内容：①概述，主要包括研究对象的基本情况；②特殊表现的基本描述，主要包括研究对象的特殊表现；③特殊表现的原因探索；④分析与讨论，通过分析所收集的资料，对结果进行原因分析，涉及对研究对象进行的具体矫正辅导措施、方法和过程；⑤小结与建议，通过分析得出一般性的结论，然后有针对性地提出教育建议，涉及矫正、

① 曹利利：《小学数学学习障碍学生的个案研究》，载《中小学教师培训》，2007(12)。

辅导的效果。

研究者在研究的最后给出了辅导结果：不仅仅是个案学生提高了成绩，不仅仅是认知层面发生了变化，思维过程、社会交往等方面也发生了变化。

（五）行动研究

行动研究是一种由实际工作者在现实情境中自主进行的反思性探索，并以解决工作情境中特定的实际问题为主要目的，强调研究与活动的一体化，使实际工作者在工作过程中学习、思考、尝试和解决问题。[①] 行动研究始于问题的发现，终于问题的解决。研究者一边行动一边研究，在行动中研究。它以问题是否解决，工作质量有无改进，改进多少，即以实效性为其成功与否的价值判断的依据。[②] 行动研究根据研究问题的性质和研究过程的需要，借用各种教育科研技术与方法，如观察、调查、测验与实验等展开。

行动研究的过程包括以下几个步骤。

1．确定研究的问题

教师要善于在教育教学过程中发现问题，将所发现的问题确定为研究问题还需要三个条件。首先，研究问题要具有实践性，也就是说解决了这个问题就会促进教育教学质量的改变；其次，研究问题要具有可行性，要考虑多种主客观条件，要难度适中，量力而行；最后，研究问题要具有科学性，所选择的问题不能是假问题。

2．分析研究的问题

教师可以用自我追问的方式从不同方面来详细分析研究的问题。[③]

①这个问题是普遍的，还是特殊的？

②这个问题是长期的，还是临时出现的？

③这个问题产生的原因可能有哪些？

④这个问题我以前是怎样应对的？效果如何？有什么不足？

⑤这个问题打算怎样解决？根据是什么？

⑥研究这个问题可能遇到的困难和不足是什么？自己需要得到或寻求什么样的帮助？自己要做哪些方面的准备？

⑦这个问题还可以从哪个角度去研究？怎样清晰地表述？研究范围如何确定？

3．拟定解决问题的可能策略

教师在拟定解决问题的可能策略时，要制订初步的计划，确定问题的核心，确定

---

① 全国十二所重点师范大学：《教育学基础》第3版，357页，北京，教育科学出版社，2014。

② 宋虎平：《行动研究》，10页，北京，教育科学出版社，2003。

③ 全国十二所重点师范大学：《教育学基础》第3版，359页，北京，教育科学出版社，2014。

重要因素和对象以及研究的关键任务；还要收集资料，观察实际教育情境中各种事件和人的行为变化，思考教育场域中各种有利因素和制约因素；勤于与理论研究工作者分享沟通自己的感受和见解，查阅相关文献，并进行必要的理论学习；不断修正计划，不断回到确定与分析问题上，重新界定，重新分析，最后形成行动策略构想。

4. 实践尝试行动策略

在实践中执行可能策略时，教师要时刻观察各种变化情况，及时记录各种新情况、新问题和新感想。如果遇到问题，要随时具体分析哪些地方出了问题：是在执行方法上，还是在行动策略上？是在教学情境分析上，还是在资料收集上？要做到随时分析，随时调整，随时改进。

5. 反馈与评价行动结果

教师要随时对"做"得怎样进行反馈、评价和修正。要根据行动结果，对整个研究做出全面评价，并进一步澄清产生新问题的原因，作为行动研究的反思，进入下一个行动过程。

6. 对结果进行总结评议

这一阶段是把整个实际行动研究的过程和收获由感性认识提高到理性认识。行动研究的总结评议应该既有理论上的概括，又要有鲜活的、真实的、富有感情和领悟的描述。

教师的行动研究过程就是要通过教师的实践、反思、调整，使教育教学活动有新的改进。因此教师的行动研究是一个开放的循环过程，是一个从不会间断的过程。图9-3为教师行动研究过程示意图。

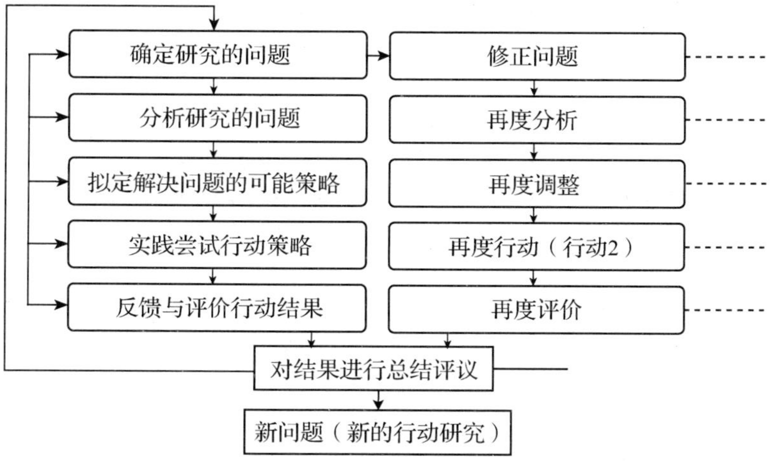

图 9-3　教师行动研究过程示意图①

① 全国十二所重点师范大学：《教育学基础》第3版，361页，北京，教育科学出版社，2014。

案例：教学行动研究在英语阅读教学中的应用①

1. 问题

(1)发现问题，明确问题的性质

教学过程中，发现大多数学生的阅读理解能力偏低、阅读速度慢……这种状况与课程标准中提出的“培养较强的阅读能力”的要求相距甚远……

(2)提出对该问题的假设性分析

针对上述问题，初步提出以下假设。

①学生在过去的英语学习过程中形成了不良的阅读习惯。

②学生缺乏相应的阅读技巧。

③教师在授课过程中过于偏重语法词汇讲解，缺乏篇章分析和技巧讲授。

④教师对学生的课外阅读指导不够。

⑤阅读材料偏难，生词量过多，与学生的水平不符。

⑥阅读课时量少。

(3)收集信息、观察分析

……

2. 对策

基于以上影响学生阅读能力提高的主要因素，采取如下措施。

①扩大词汇量……

②加强阅读技能训练，克服不良的阅读习惯……

③推荐阅读书目，指导课外阅读……

3. 行动

……研究中期，通过对学生进行访谈，根据谈话记录、学习日记、学生作业等信息对教学行动研究计划进行必要调整。研究结束时，进行第二次问卷调查，收集反馈信息……

4. 反思

学生学习效果：基于研究初期的阅读情况调查，教学行动计划侧重词汇、阅读习惯和技巧、课外阅读三个方面……

---

① 宋虎平：《行动研究》，161～166页，北京，教育科学出版社，2003。

(六)课例研究

课例研究就是对课堂教学开展的研究，目的在于实现有效的课堂教学。1999年，美国学者施蒂格勒(Stigler)和希伯特(Hiebert)在《教学的差距》(*The Teaching Gap*)中用“lesson study”一词来描述日本教师合作研究的课堂教学活动。此后，课例研究迅速在全球范围内得到广泛关注。世界课例研究协会(World Association of Lesson Studies，WALS)于2007年成立，并在我国香港召开第一届世界课例研究大会。2011年，课例研究的专门期刊出版。课例研究作为日本小学教师为改进课堂教学而进行的课程与教学的研究，已经有了近一个世纪的历史。最常见的形式是它在学校内作为校本专业发展计划来开展。中国也有相类似的课例研究，称为“教学研究”，简称“教研”。中国的教研制度于1952年建立。杨玉东将中式课例研究(Chinese Lesson Study)称为基于教研活动的磨课研究。①

1. 课例研究的内涵

课例是一堂课或围绕一节课所开展的一系列教学活动的总称，它是对教学的全景实录，呈现着完整、真实的课堂教学过程。② 课例与课堂教学案例并不完全等同。课例是教学实录，而课堂教学案例是以故事或事件的方式呈现，按照一定的结构展开，其中蕴含着对问题的解决方法和研究者所秉持的理论。这样的案例才具有典型性和代表性。我们可以说课例是课堂教学案例的来源，课堂教学案例是对课例的加工和提炼。

课例研究是教师对真实的课堂教学过程所开展的合作性研究。它通常会经历“疑问—规划—行动—观察—反思和重新规划”的循环过程。课例研究强调从教师教学实践的问题出发，通过教师群体的研究活动解决教学难题，改进教学实践。因此课例研究中的“课”是问题解决的载体，而不是致力于打磨成教学范本的课。

2. 课例研究的实施环节

课例研究在不同国家以及不同历史时期呈现不同的形态，概括而言，通常由以下环节构成。③

(1)准备与确立课例研究课题

课例研究是教师对真实的教学问题所开展的合作性研究，它专注于教学实际问题的解决。真实教学问题的发现源于教师的反思、教师的问题意识。同时课例研究的选题要具有较强的可操作性。

教师组成小组，根据目前面临的问题一起讨论，形成研究主题。课例研究主题的

---

① 杨玉东：《课例研究的国际动向与启示》，载《全球教育展望》，2007(3)。

② 安桂清：《以学为中心的课例研究》，载《教师教育研究》，2013(2)。

③ 以下内容以安桂清及其团队在《人民教育》2010年第21—24期，以及2011年第2期上连续发表的课例研究相关研究论文为基础。

类型包括与学科内容有关的研究主题、与学习者及其特点有关的研究主题、与课程知识有关的研究主题、与教学法知识有关的研究主题等。①

(2)合作设计计划与教案

课例研究是教师对课堂教学所开展的合作性研究。教案的设计应该是合作的成果。教师小组共同设计教案，共同探讨授课的最佳方式。教学设计不仅包括教师的教学行为，也包括对以学生为主体的活动设计。因此，教案设计既要吸收集体智慧，根据实际情况修正原有的教学思路，也要深入分析学情，了解学生已有的知识基础、经验、兴趣，学习新知识可能会遇到的困难以及适合学生学习的方式等。了解学情的方式多种多样，如让学生预习，测验，访谈学生，让学生提问题、点评、做小结，倾听学生讨论，巡视学生做练习的过程，在答疑中发现问题，作业批阅等。

课例研究是一个规划、行动与改进的循环过程。因此根据观察和课后研讨，要对教案进行持续改进是一个重要环节，因为教案的修改状况直接影响第二轮教学的改进质量。②

(3)授课与课堂观察

小组共同上课，通常由一位教师授课，其他人观察和记录，有时还有大学研究人员参与，有条件的学校同时进行录像或录音。

课堂观察的重点是基于课例研究的主题而确立的，观察重点一旦确立，就需要选取或开发适当的观察工具。观察的基本原则是通过观察“学生的学”来反观“教师的教”。教师教学状况的考察要通过学生的学习表现加以透视。观察工具可以包括教案观察表(见表 9-8)、观察量表和座位表等。

教案观察表是以教师合作设计教案为基础而设计的。以“小蝌蚪找妈妈”一课的教案片段为例，任课教师执教这一片段时，观课教师发现一位学生的发言超出了教师的预期，他问道：“小蝌蚪为什么先长出后腿?”教师一愣，显然没有意识到学生会问这样的问题，于是他来不及思索，回答道：“这是它的生长规律决定的。”在课后研讨时，其他教师开始反思任课教师对这一问题的应对是否恰当。经过讨论，大家认为，在回答学生提出的问题时，如果只是简单地把他们引向现代科学的自然秩序，那么很有可能会阻断他们继续探索的热情和动力。对学生所提问题的恰当回应才能使他们保持对问题持续的、鲜活的兴趣，一个机智的教育者可以做到这一点。因此，当学生问“小蝌蚪为什么先长出后腿”这一问题时，“启发他们观察蝌蚪”或许是更为恰当的回应方式。

---

① 安桂清：《课例研究主题的确立》，载《人民教育》，2010(21)。

② 安桂清、桑雪洁：《教案的合作设计》，载《人民教育》，2010(22)。

表 9-8 教案观察表①

教学活动设计	预期行为		非预期行为		提升空间
	学生的反应	教师的应对	学生的反应	教师的应对	
刚才我们用先、再、接着、最后这些词语描绘了小蝌蚪的变化过程，大家还有什么问题要问吗	我观察到它的颜色变了，由黑色变成了绿色，它身上还长出了条纹	鼓励学生积极表达自己的观点 强调先长出后腿，再长出前腿，接着尾巴变短等是小蝌蚪的明显变化或主要变化；其他变化也是存在的	小蝌蚪为什么先长出后腿	这是它的生长规律决定的	启发学生观察蝌蚪

对于学生的学习情况可以设计相应的观察表来了解。如以学生的座位表为工具，当学生回答问题时，由观察者在学生相应的座位位置上用自制符号记录两类信息。② 一是回答问题序号；二是回答问题是主动回答还是被动回答。如果是齐答，就在右侧以“正”字记录次数。通过这张表格，全班学生的课堂参与情况一目了然。学生小组学习的情况则借助两种观察工具进行。一种是结构化的工具，即小组成员话语权分配表，内容涉及学生在小组中的角色任务、发言情况、倾听别人发言情况和鼓励别人情况，要求用“正”字记录其次数。另一种是非结构化的工具，即由观察者对小组合作学习的情况进行质性描述，以获得学生认知学习以及与同伴和教师交往的完整信息。对学生个体学习情况的考察是通过对抽样生的观察实现的。在班级中选择不同学习层次的学生作为抽样生，随后从语言、行为、表情等方面对其详加描述。

(4)反思与课后研讨

课后研讨是课例研究小组基于观察结果从不同角度检视课堂教学的得失、利弊，进而揭示教学可能的改进方向的过程。③ 授课教师先对自己的教学计划和授课过程做简要说明，然后观课者对课堂活动和效果进行描述、解释、分析和评价。有的授课教师(或教师小组)还会将整节课进行逐字逐句的文字整理，在之后的评议会上与大家分享。大家一起共享观察记录和看法，并提出下一步研究的问题。

近年来，有的国家在观课时将主要关注点从教师的教转向学生的学。因此，为观课者提供的资料中除了教案和教材外，还包括每位学生的名字、座位以及合作学习时的分组安排，以便讨论时大家可以非常精确地描述学生的学习状况。④观课者不再是坐

① 安桂清、沈晓敏：《课堂观察工具的开发》，载《人民教育》，2010(23)。
② 安桂清：《以学为中心的课例研究》，载《教师教育研究》，2013(2)。
③ 安桂清、严丽：《课后研讨活动的开展》，载《人民教育》，2010(24)。
④ 陈向明：《教育改革中“课例研究”的方法论探讨》，载《基础教育》，2011(2)。

在学生的后面观察教师，而是深入小组倾听学生的表达和交流，特别关注学生之间的倾听关系是否形成，学习在何时何处产生，学生的困惑在何时何处发生。同时，对课堂话语和非言语行为等做详细的笔录、录像或录音。

课后研讨时，授课教师只需简要讲述个人上课的目的和感受，不必多谈自己的个人反思。观课者的讨论几乎全部聚焦于学生的学习内容、方式、效果等，发言的人必须在提出自己的观点时提供相应的细节为证。这样的话，授课教师就会很自然地参与到其他教师的评议中，以轻松的心态来参加讨论。观课者不必太担心任课教师的反应。这样的课例研究将重点放在课后的反思上，即课堂的成功或失败之处何在，弱化课前的集体设计，甚至不鼓励观课者给建议。这是因为教学方法对于每位教师来说都是独特的，给别人建议还不如自己在课堂上进行试验。日本有的学校规定了“研修三视点”：学生在什么场合才能形成学习？学生在什么场合可能会感到困惑，为什么？自己（观摩者）通过这节课学到了什么？[①] 安桂清等提出了研讨框架。[②] 首先是观察者向执教者汇报“基于研究主题我们观察到了什么”（学生的课堂表现、课后访谈内容、学生作品分析等）；其次是询问执教者“观察结果反映出学生的学习存在怎样的问题”；再次是双方共同讨论“我们如何帮助学生解决这样的问题”；最后是观察者向执教者分享“我从这堂课中学到了什么”。

通过关注学生学习的多样性和特殊性，并对其进行描述、分析和解释，教师会通过思考领悟收获很多，会改变自己对教学内容的认识，之后会自己去设法改进。特别是授课教师得到众多观课者的帮助，反思自己的教学方法及其背后的教育理念，进而做出必要的改进。

（5）撰写课例研究报告

课后研讨结束后，授课教师需要综合群体研讨与自我反思的结果撰写课例研究报告。对授课教师来说，撰写课例研究报告可以对自身的教学加以系统反思，有助于提升授课教师的教学研究与实践能力；对课例研究小组来说，撰写课例研究报告有助于总结这一研究共同体所秉持的共同的专业信念和专业知识。[③]

一份完整的课例研究报告通常包括如下五部分。

第一，阐述研究主题与内容。具体包括说明课例研究小组期望解决的教学课题是什么；确定选择哪节课作为课例，阐述这节课的教学主题与研究课题之间的关系，明确通过对这节课的研究希望解决的具体问题有哪些。

第二，描述教学规划和方案。具体包括三个方面的问题：一是学情分析。学情分

---

① ［日］佐藤学：《学校的挑战：创建学校共同体》，钟启泉译，90页，上海，华东师范大学出版社，2010。

② 安桂清：《以学为中心的课例研究》，载《教师教育研究》，2013(2)。

③ 安桂清、徐晶：《课例研究报告的撰写》，载《人民教育》，2011(2)。

析要避免笼统，在规划教学方案时教师要力求针对某一教学主题甚至是某一堂课进行课前测试，了解学生对所学内容的理解情况。二是方案设计。方案设计不是把教案照搬到研究报告中，而是重在阐明具体的教学流程，描述具体的教学方式，以便将课堂教学的情境与之进行比较，确定方案需要改进的环节和做法。三是课堂观察的重点与工具。强调教学规划不仅针对授课教师，同时也针对观察者进行规划。

第三，重点阐明教学中出现的问题。要阐述教学实践的展开过程，但并不是要再现课堂教学实录，而是要围绕教学的问题来展开。授课教师对自己的教学进行再分析，展现自己解决问题的心路历程。描述中要力求细致到位，切忌笼统模糊，并且要紧扣研究课题展开。

第四，检讨教学成效。课例研究的目的是教学的改进，教学改进的状况在一定程度上体现出课例研究本身的成效。检讨教学成效可以从学生和教师两个方面去考察。从学生的角度来看，一方面可以考察他们的课堂表现，根据观察记录说明他们在课堂上的参与程度和具体表现(神态、思想、观念、体验等方面)。另一方面也可以对学生实施教学后测，根据学生教学后测中的表现以及与前测情况的比较，来推断课堂是否有效地帮助学生掌握了学习内容。从教师的角度来看，检讨教学成效可以呈现教师从教学中所吸取的经验和教训。

第五，附录。根据需要，课例研究报告在最后部分可呈现附录。具体内容可以是详细的教案、课堂观察时所采用的观察表以及实地观察的记录等。

本章小结

21 世纪信息化的发展带来各种变化，小学教育活动随之发生改变。小学教育研究对于丰富与完善教育理论体系有着十分重要的意义。同时，小学教育研究反过来也引导、推动小学教育实践的发展。小学教师只有成为研究者，才能创造性地开展教育教学活动，成为专家型教师。小学教育研究的对象包括小学教育活动研究、小学教育观念研究、小学教育元研究。作为小学教育研究对象的小学教育活动强调对人的转化，是一种人为的特殊社会活动，是一种“事理”研究，即探究小学教育者所做事情的行事依据和有效性、合理性的研究。事理研究的特征是综合性和动态性，需要综合运用各种所需要的适切方法进行研究，需要哲学、科学与艺术方法的具体综合。小学教育研究大致包括以下五个步骤：发现问题；查阅文献；制订研究计划；收集分析资料；形成结论，撰写研究成果。其中，收集经验事实的基本技术包括观察、访谈和问卷调查等。小学教育研究的具体方法包括教育实验研究、调查研究、教育叙事研究、个案研究、行动研究和课例研究等。

关键术语

小学教育研究；观察；访谈；问卷调查；教育实验研究；调查研究；教育叙事研究；个案研究；行动研究；课例研究

拓展阅读

1. 陈向明：《教师如何作质的研究》，北京，教育科学出版社，2001。

该书结合教育研究领域中的有关问题介绍了质的研究的基本思路、实施方法和操作技巧，在介绍方法的同时提供了大量的研究实例，包括西方学者、中国学者、学生以及作者本人的研究实践。该书的特点是重点介绍操作方法和实践过程，将对方法论的讨论置于具体的、情境化的研究实践中。同时，该书还提供了作者本人的思考和有关学者的评论，不仅介绍了“做什么”和“如何做”，而且适当讨论了“为什么”的问题，通俗易懂，操作强。

2. 陈时见：《教育研究方法》，北京，高等教育出版社，2007。

该书在注重知识整体性的基础上，特别强调知识的专题性学习，包括教育研究概论、教育研究的范式、教育研究的主要方法、教育研究的基本技术、教育研究的实施过程、教育研究成果的运用六大模块的专题内容，旨在提升学习者对教育研究的整体认识、研究能力和专业化水平。

3. [美]阿瑟·J. S. 里德、[美]韦尔娜·E. 贝格曼：《课堂观察、参与和反思》第5版，伍新春、夏令、管琳译，北京，教育科学出版社，2009。

该书是写给师范在校生和初任教师的指导手册。该书提供了一系列基于学校的观察、教学以及反思的经验，不仅可以帮助读者搭建起学生世界通往教师世界的桥梁，而且能帮助读者把理论应用于实践。在开始成为一位合格教师的过程中，初任教师必须学习像教师那样观察学生、学校和其他教师，还必须发展、练习并反思这些有效教学的技能技巧，以便熟练地掌握它们。

4. 宋虎平：《行动研究》，北京，教育科学出版社，2003。

参与该书写作的作者是在行动研究上有较多研究成果的学者。该书力图根据广大实际教育工作者的知识基础与工作需要，围绕当前和将来社会与个人发展的实际需要，体现鲜明的时代特色，强调以问题为核心组织内容，注意理论与实践相结合，为广大中小学教师提供一些具有可操作性的意见和建议。

5. [美]瑾·克兰迪宁：《叙事探究——原理、技术与实例》，鞠玉翠等译，丁钢审校，北京，北京师范大学出版社，2012。

该书探讨两大类叙事探究的原理、技术与实例：讲述与亲历。在讲述与亲历中，研究者以叙事的方式与个人相处，用活生生的故事创造着生活，某种程度上促进着生存。其专业领域涉及叙事心理学、教学、组织研究、护理、健康治疗等。

6. 王枬等：《教师印迹：课堂生活的叙事研究》，北京，教育科学出版社，2008。

该书是对中小学教师课堂教学生活进行长期现场观察和田野工作的研究成果。该书运用叙事研究的方法，通过故事和描述对教师课堂生活进行研究，图文并茂地再现课堂生活，把看似平常甚至习焉不察的行为背后隐含的教育内涵揭示出来，使教师的课堂生活的意义世界得以呈现。

体验练习

1. 小学教育研究对于小学教师来说具有什么意义？小学教师该如何理解小学教育研究。

2. 小学教育研究的基本技术包括哪些？具体如何使用？

3. 请设计一个关于小学教育活动的调查问卷，制订调查计划，开展研究，汇报研究成果。

4. 请为一位小学教师设计一份教育叙事研究计划，题目自定，开展研究，汇报研究成果。

5. 请设计一个关于小学生的个案研究计划，题目自定，开展研究，汇报研究成果。

参考文献

著作：

1. [美]贝丝·赫斯特，[美]金尼·雷丁．教师的专业素养[M]．赵家荣，译．上海：上海教育出版社，2019.
2. [英]彼得斯．道德发展与道德教育[M]．邬冬星，译．杭州：浙江教育出版社，2000.
3. 蔡颖．优秀教师的十项修炼[M]．长春：东北师范大学出版社，2010.
4. 陈鹤琴．小学教育[M]．南京：南京师范大学出版社，2012.
5. 陈桂生．常用教育概念辨析[M]．上海：华东师范大学出版社，2009.
6. 陈侠．课程论[M]．北京：人民教育出版社，1989.
7. 陈永明．儿童学概论[M]．北京：北京大学出版社，2013.
8. 程凤春．学校管理的50个典型案例[M]．上海：华东师范大学，2018.
9. 崔运武．中国师范教育史[M]．太原：山西教育出版社，2006.
10. [美]戴维·H. 乔纳森，[美]苏珊·M. 兰德．学习环境的理论基础[M]．第二版．徐世猛，李洁，周小勇，译．上海：华东师范大学出版社，2015.
11. 丁相平．小学教师专业化发展导论[M]．北京：中国石化出版社，2019.
12. [美]杜威．民主主义与教育[M]．王承绪，译．北京：人民教育出版社，1990.
13. [美]约翰·杜威．学校与社会·明日之学校[M]．赵祥麟，任钟印，吴志宏，译．北京：人民教育出版社，1994.
14. 葛金国．学校管理学[M]．北京：中国科学技术大学出版社，1996.
15. 龚正行．给新校长的50条建议[M]．北京：人民教育出版社，2005.
16. 顾明远．教育大辞典(增订合编本)[M]．上海：上海教育出版社，1998.
17. 郭华，等．中国课程论研究四十年[M]．北京：人民教育出版社，2020.
18. 郭继东．学校组织与管理[M]．上海：华东师范大学出版社，2012.
19. 何东昌．中华人民共和国重要教育文献(1976—1990)[M]．海口：海南出版社，1998.
20. 黄济，劳凯声，檀传宝．小学教育学[M]．北京：人民教育出版社，2008.

21. 黄向阳．德育原理[M]. 上海：华东师范大学出版社，2000.
22. 季苹．学校文化自我诊断[M]. 北京：教育科学出版社，2004.
23. 教育大辞典编纂委员会．教育大辞典(第1卷)[M]. 上海：上海教育出版社，1990.
24.《教育学原理》编写组．教育学原理[M]. 北京：高等教育出版社，2019.
25. [美]理查德·D. 范斯科，[美]理查德·J. 克拉夫特，[美]约翰·D. 哈斯．美国教育基础——社会展望[M]. 北京师范大学外国教育研究所，译．北京：教育科学出版社，1984.
26. 李海芬．教师职业生涯规划与设计[M]. 重庆：重庆出版社，2014.
27. 李镇西．教育的100种可能[M]. 桂林：漓江出版社，2020.
28. [宋]黎靖德．朱子语类(第一册)[M]. 北京：中华书局，1986.
29. 联合国教科文组织国际21世纪委员会．教育——财富蕴藏其中[M]. 联合国教科文组织总部中文科，译．北京：教育科学出版社，1996.
30. [美]列维，[美]史密斯．艺术教育：批评的必要性[M]. 王柯平，译．成都：四川人民出版社，1998.
31. 林崇德．发展心理学[M]. 第二版．北京：人民教育出版社，2009.
32. 林崇德．教育的智慧：写给中小学教师[M]. 杭州：浙江教育出版社，2019.
33. 罗正华．教育学[M]. 长春：东北师范大学出版社，1986.
34. 南京师范大学教育系．教育学[M]. 北京：人民教育出版社，2005.
35. 皮连生．教育心理学[M]. 第四版．上海：上海教育出版社，2011.
36. [瑞士]让·皮亚杰．教育科学与儿童心理学[M]. 傅统先，译．北京：文化教育出版社，1981.
37. [美]黛安娜·帕帕拉，[美]萨莉·奥尔兹，[美]露丝·费尔德曼．发展心理学：从生命早期到青春期(上册)[M]. 李西营，等，译．北京：人民邮电出版社，2013.
38. 潘海燕．小学教育概论[M]. 北京：北京师范大学出版社，2013.
39. [美]乔伊丝·L. 爱普斯担，[美]马维斯·G. 桑得斯，[美]斯蒂芬·B. 谢尔顿等．学校、家庭和社区合作伙伴：行动手册[M]. 吴重涵，薛惠娟，译．南昌：江西教育出版社，2012.
40. 瞿葆奎．教育学文集·课程与教材[M]. 北京：人民教育出版社，1988.
41. 瞿葆奎．教育学文集·德育[M]. 北京：人民教育出版社，1989.
42. 璩鑫奎，唐良炎．中国近代教育史资料汇编——学制演变[M]. 上海：上海教育出版社，1991.

43. 全国十二所重点师范大学．教育学基础[M]. 第 3 版．北京：教育科学出版社，2014.

44. 阮成武．小学教育概论[M]. 上海：华东师范大学出版社，2011.

45. 桑标．儿童发展[M]. 上海：华东师范大学出版社，2014.

46. 施良方．课程理论——课程的基础、原理与问题[M]. 北京：教育科学出版社，1996.

47. 时蓉华．社会心理学词典[M]. 成都：四川人民出版社，1988.

48. 舒新城．中国近代教育史资料(上册)[M]. 北京：人民教育出版社，1981.

49. 舒新城．中国近代教育史资料(中册)[M]. 北京：人民教育出版社，1981.

50. 宋继东．必须保卫童年：童心教育的理念和实践[M]. 北京：北京师范大学出版社，2011.

51. [苏联]苏霍姆林斯基．给教师的建议(下册)[M]. 杜殿坤，编译．北京：教育科学出版社，1981.

52. [苏联]苏霍姆林斯基．育人三部曲[M]. 毕淑芝，等，译．北京：人民教育出版社，2015.

53. 苏彦捷．发展心理学[M]. 北京：高等教育出版社，2012.

54. 田友谊，等．小学教育学[M]. 北京：北京大学出版社，2016.

55. 王斌华．校本课程论[M]. 上海：上海教育出版社，2000.

56. 王道俊，王汉澜．教育学[M]. 北京：人民教育出版社，1989.

57. 王一军．儿童教育的文化视角——校园文化建设案例解读[M]. 南京：江苏教育出版社，2003.

58. 吴洪成．中国小学教育史[M]. 太原：山西教育出版社，2006.

59. 谢建伟，张新喜，等．让每个学生都幸福——最能润泽生命的学校文化建设[M]. 南京：江苏教育出版社，2014.

60. 许象国．基础教育课程管理概论[M]. 上海：上海教育出版社，2002.

61. 徐梓，王雪梅．蒙学须知[M]. 太原：山西教育出版社，1991.

62. [德]席勒．美育书简[M]. 徐恒醇，译．北京：中国文联出版公司，1984.

63. [德]雅思贝尔斯．什么是教育[M]. 邹进，译．北京：生活·读书·新知三联书店，1991.

64. 叶向红．绿色教育理念下学校文化建设的思与行[M]. 北京：知识产权出版社，2019.

65. 余清臣，卢元凯．学校文化学[M]. 北京：北京师范大学出版社，2010.
66. 袁贵仁．中小学校管理评价[M]. 北京：人民教育出版社，2014.
67. 唐思群，屠荣生．师生沟通的艺术[M]. 北京：教育科学出版社，2001.
68. 袁振国．当代教育学[M]. 第 4 版．北京：教育科学出版社，2010.
69. 张焕庭．西方资产阶级教育论著选[M]. 北京：人民教育出版社，1979.
70. 张继华，何杰．现代中小学管理新编[M]. 南京：南京大学出版社，2015.
71. 赵继红．初职教师 20 个怎么办[M]. 北京：中国人民大学出版社，2017.
72. 郑金洲．教育通论[M]. 上海：华东师范大学出版社，2000.
73. 郑金洲．教育文化学[M]. 北京：人民教育出版社，2000.
74. 郑金洲．中学教育基础[M]. 上海：华东师范大学出版社，2020.
75. 钟文芳．西方近代初等教育史[M]. 上海：上海科技教育出版社，2006.
76. 朱小蔓．中国教师新百科・小学教育卷[M]. 北京：中国大百科全书出版社，2002.
77. 朱旭东．教师专业发展理论研究[M]. 北京：北京师范大学出版社，2011.
78. 朱有瓛．中国近代学制史料(第一辑下册)[M]. 上海：华东师范大学出版社，1986.
79. 朱智贤．心理学大词典[M]. 北京：北京师范大学出版社，1989.
80. 朱作仁．小学教育学[M]. 南昌：江西教育出版社，1993.
81. 中国蔡元培研究会．蔡元培全集(第一卷)[M]. 杭州：浙江教育出版社，1997.
82. 中国大百科全书出版社编辑部．中国大百科全书・教育[M]. 北京：中国大百科全书出版社，1985.
83. 中国学生体质与健康研究组．2014 年中国学生体质与健康调研报告[M]. 北京：高等教育出版社，2016.
84. G. A. Beauchamp. Curriculum Theory(2nd)[M]. Pasadena：Peacock Press，1986.

期刊：

1. 班建武．"新"劳动教育的内涵特征与实践路径[J]. 教育研究，2019(1).
2. 蔡宝来．人工智能赋能课堂革命：实质与理念[J]. 教育发展研究，2019(2).
3. 陈佑清．课程即发展资源——对课程本质理解的一个新视角[J]. 课程・教材・教法，2003(11).
4. 崔允漷．追问"核心素养"[J]. 全球教育展望，2016(5).
5. 邓猛，景时．从随班就读到同班就读：关于全纳教育本土化理论的思考[J]. 中国特殊教育，2013(8).
6. 董奇，周勇．10—16 岁儿童自我监控学习能力的成分、发展及作用的研究[J]. 心理科学，1995(2).

7. 董琼，李虹，伍新春，等. 语素意识、语音意识和快速命名在学前儿童言语能力发展中的预测作用：来自追踪研究的证据[J]. 心理与行为研究，2014(2).

8. 董奇，方俊明，国卉男．从融合到全纳：面向2030的融合教育新视野[J]. 中国教育学刊，2017(10).

9. 顾明远．论学校文化建设[J]. 西南师范大学学报(人文社会科学版)，2006(5).

10. 郭志滨，金少良，黄琛．史家小学：基于博物馆资源的“无边界”课程[J]. 人民教育，2019(3-4).

11. 管珏琪，苏小兵、郭毅，等．电子书包环境下小学数学复习课教学模式的设计[J]. 中国电化教育，2015(3).

12. 郝德永．关于课程本质内涵的探讨[J]. 课程・教材・教法，1997(8).

13. 核心素养研究课题组．中国学生发展核心素养[J]. 中国教育学刊，2016(10).

14. 黄志成．全纳教育：21世纪全球教育研究新课题[J]. 全球教育展望，2001(1).

15. 回懿，周雪莲，李宜逊，等．小学低年级汉语儿童语言能力的发展轨迹：认知能力的预测作用[J]. 心理发展与教育，2018(1).

16. 李利平，伍新春．小学低年级儿童词汇对其阅读能力的影响[J]. 南京师大学报(社会科学版)，2020(5).

17. 李爽，鲍婷婷 ，王双．“互联网＋教育”的学习空间观：联通与融合[J]. 电化教育研究，2020(2).

18. 林长山，汤卫红．清华附小学生核心素养课程深度整合[J]. 课程・教材・教法，2016(11).

19. 蔺红春，徐继存．我国学校课程建设十五年：回顾与反思[J]. 教育学报，2017(1).

20. 柳斌．“小学教师之友”丛书序言[J]. 课程・教材・教法，1989(12).

21. 柳夕浪．从“素质”到“核心素养”——关于“培养什么人”的进一步追问[J]. 教育科学研究，2014(3).

22. 吕达，刘京萍．深化课程改革的理论思考——学习《国务院关于基础教育改革与发展的决定》札记[J]. 天津师范大学学报(基础教育版)，2002(1).

23. 彭钢．在学校文化建设中形成学校特色[J]. 教育发展研究，2008(2).

24. 皮连生．智育概论——一种新的智育理论的探索[J]. 华东师范大学学报(教育科学版)，1994(4).

25. 冉祥华．美育本质的双重规定性[J]. 郑州大学学报(哲学社会科学版)，2009(2).

26. 任长松．新中国新一轮义务教育课程教材：18 条经验(上)[J]．教育理论与实践，2000(6).
27. 阮成武．小学师资培养教育学教材建设回顾与前瞻[J]．课程·教材·教法，2001(5).
28. 桑新民．对“五育”地位作用及其相互关系的哲学思考[J]．中国社会科学，1991(6).
29. 盛群力．基础教育：赢得质量之战的胜利——《儿童一般教养建议书》述要[J]．上海教育科研，1989(3).
30. 石中英．关于中国学生发展核心素养的哲学思考[J]．课程·教材·教法，2018(9).
31. 檀传宝．劳动教育的概念理解——如何认识劳动教育概念的基本内涵与基本特征[J]．中国教育学刊，2019(2).
32. 王海英．20 世纪中国儿童观研究的反思[J]．华东师范大学学报(教育科学版)，2008(2).
33. 汪玲．我国中小学生常见病的防治及其疾病谱的变化[J]．中国学校卫生，2006(4).
34. 吴晓玲．关爱有方：苏格兰小学学校文化解读[J]．教育理论与实践，2018(2).
35. 熊梅，马玉宾．校本课程整合与合作的教师文化的生成[J]．教育研究，2005(10).
36. 徐乐乐．课程文化的内涵、范式及冲突[J]．教育导刊，2019(9).
37. 徐文彬，张勇．我国学校文化建设研究：成就与展望[J]．当代教育与文化，2009(2).
38. 杨骞．学校文化建设中的相关因素分析[J]．教育研究，2009(1).
39. 叶澜．让课堂焕发出生命活力[J]．教育研究，1997(9).
40. 叶澜．清思 反思 再思——关于“素质教育是什么”的再认识[J]．人民教育，2007(2).
41. 于建福．促进人的全面发展 提升国民综合素质——改革开放 30 年素质教育重大政策主张与理论建树[J]．教育研究，2008(12).
42. 于建福．清末中小学堂“读经讲经”课程设置与启示[J]．教育学报，2012(6).
43. 袁丽，朱旭东，宋萑．美国学校教室文化建构的解读——基于对一所美国公立学校的观察[J]．外国教育研究，2016(6).
44. 章小谦，杜成宪．中国课程概念从传统到近代的演变[J]．华东师范大学学报(教育科学版)，2005(4).
45. 朱娟．教室座位编排的烦恼[J]．江苏教育，2020(7).
46. 祝智庭，郁晓华．电子书包系统及其功能建模[J]．电化教育研究，2011(4).
47. 卓晴君．从儿童入学率 20％到实现九年义务教育目标——建国 60 年教育发展辉煌的重要标志[J]．中国教育学刊，2009(11).
48. Chall，J. S. American Reading Achievement：Should We Worry？[J]. Research in

the Teaching of English，1996(3).

49. Nagy，W. E. & Anderson，R. C. How Many Words Are There in Printed School English? [J]. Reading Research Quarterly，1984(3).

学位论文：

1. 杜昌建．我国生态文明教育研究[D]. 天津：天津师范大学，2014.

2. 杜芳芳．从行政控制到专业引领[D]. 上海：华东师范大学，2011.

3. 胡惠闵．指向教师专业发展的学校管理改革[D]. 上海：华东师范大学，2003.

附录 1 《中小学德育工作指南》

为深入贯彻落实立德树人根本任务，加强对中小学德育工作的指导，切实将党和国家关于中小学德育工作的要求落细落小落实，着力构建方向正确、内容完善、学段衔接、载体丰富、常态开展的德育工作体系，大力促进德育工作专业化、规范化、实效化，努力形成全员育人、全程育人、全方位育人的德育工作格局，特制定本指南。

一、指导思想

全面贯彻党的十八大和十八届三中、四中、五中、六中全会精神，深入贯彻习近平总书记系列重要讲话精神和治国理政新理念新思想新战略，始终坚持育人为本、德育为先，大力培育和践行社会主义核心价值观，以培养学生良好思想品德和健全人格为根本，以促进学生形成良好行为习惯为重点，以落实《中小学生守则(2015 年修订)》为抓手，坚持教育与生产劳动、社会实践相结合，坚持学校教育与家庭教育、社会教育相结合，不断完善中小学德育工作长效机制，全面提高中小学德育工作水平，为中国特色社会主义事业培养合格建设者和可靠接班人。

二、基本原则

(一)坚持正确方向

加强党对中小学校的领导，全面贯彻党的教育方针，坚持社会主义办学方向，牢牢把握中小学思想政治和德育工作主导权，保证中小学校成为坚持党的领导的坚强阵地。

(二)坚持遵循规律

符合中小学生年龄特点、认知规律和教育规律，注重学段衔接和知行统一，强化道德实践、情感培育和行为习惯养成，努力增强德育工作的吸引力、感染力和针对性、实效性。

(三)坚持协同配合

发挥学校主导作用，引导家庭、社会增强育人责任意识，提高对学生道德发展、成长成人的重视程度和参与度，形成学校、家庭、社会协调一致的育人合力。

(四)坚持常态开展

推进德育工作制度化常态化，创新途径和载体，将中小学德育工作要求贯穿融入到学校各项日常工作中，努力形成一以贯之、久久为功的德育工作长效机制。

三、德育目标

(一)总体目标

培养学生爱党爱国爱人民，增强国家意识和社会责任意识，教育学生理解、认同和拥护国家政治制度，了解中华优秀传统文化和革命文化、社会主义先进文化，增强中国特色社会主义道路自信、理论自信、制度自信、文化自信，引导学生准确理解和把握社会主义核心价值观的深刻内涵和实践要求，养成良好政治素质、道德品质、法治意识和行为习惯，形成积极健康的人格和良好心理品质，促进学生核心素养提升和全面发展，为学生一生成长奠定坚实的思想基础。

(二)学段目标

1. 小学低年级

教育和引导学生热爱中国共产党、热爱祖国、热爱人民，爱亲敬长、爱集体、爱家乡，初步了解生活中的自然、社会常识和有关祖国的知识，保护环境，爱惜资源，养成基本的文明行为习惯，形成自信向上、诚实勇敢、有责任心等良好品质。

2. 小学中高年级

教育和引导学生热爱中国共产党、热爱祖国、热爱人民，了解家乡发展变化和国家历史常识，了解中华优秀传统文化和党的光荣革命传统，理解日常生活的道德规范和文明礼貌，初步形成规则意识和民主法治观念，养成良好生活和行为习惯，具备保护生态环境的意识，形成诚实守信、友爱宽容、自尊自律、乐观向上等良好品质。

3. 初中学段

教育和引导学生热爱中国共产党、热爱祖国、热爱人民，认同中华文化，继承革命传统，弘扬民族精神，理解基本的社会规范和道德规范，树立规则意识、法治观念，培养公民意识，掌握促进身心健康发展的途径和方法，养成热爱劳动、自主自立、意志坚强的生活态度，形成尊重他人、乐于助人、善于合作、勇于创新等良好品质。

4. 高中学段

教育和引导学生热爱中国共产党、热爱祖国、热爱人民，拥护中国特色社会主义道路，弘扬民族精神，增强民族自尊心、自信心和自豪感，增强公民意识、社会责任感和民主法治观念，学习运用马克思主义基本观点和方法观察问题、分析问题和解决问题，学会正确选择人生发展道路的相关知识，具备自主、自立、自强的态度和能力，初步形成正确的世界观、人生观和价值观。

四、德育内容

(一)理想信念教育

开展马列主义、毛泽东思想学习教育，加强中国特色社会主义理论体系学习教育，引导学生深入学习习近平总书记系列重要讲话精神，领会党中央治国理政新理念新思想新战略。加强中国历史特别是近现代史教育、革命文化教育、中国特色社会主义宣传教育、中国梦主题宣传教育、时事政策教育，引导学生深入了解中国革命史、中国共产党史、改革开放史和社会主义发展史，继承革命传统，传承红色基因，深刻领会实现中华民族伟大复兴是中华民族近代以来最伟大的梦想，培养学生对党的政治认同、情感认同、价值认同，不断树立为共产主义远大理想和中国特色社会主义共同理想而奋斗的信念和信心。

（二）社会主义核心价值观教育

把社会主义核心价值观融入国民教育全过程，落实到中小学教育教学和管理服务各环节，深入开展爱国主义教育、国情教育、国家安全教育、民族团结教育、法治教育、诚信教育、文明礼仪教育等，引导学生牢牢把握富强、民主、文明、和谐作为国家层面的价值目标，深刻理解自由、平等、公正、法治作为社会层面的价值取向，自觉遵守爱国、敬业、诚信、友善作为公民层面的价值准则，将社会主义核心价值观内化于心、外化于行。

（三）中华优秀传统文化教育

开展家国情怀教育、社会关爱教育和人格修养教育，传承发展中华优秀传统文化，大力弘扬核心思想理念、中华传统美德、中华人文精神，引导学生了解中华优秀传统文化的历史渊源、发展脉络、精神内涵，增强文化自觉和文化自信。

（四）生态文明教育

加强节约教育和环境保护教育，开展大气、土地、水、粮食等资源的基本国情教育，帮助学生了解祖国的大好河山和地理地貌，开展节粮节水节电教育活动，推动实行垃圾分类，倡导绿色消费，引导学生树立尊重自然、顺应自然、保护自然的发展理念，养成勤俭节约、低碳环保、自觉劳动的生活习惯，形成健康文明的生活方式。

（五）心理健康教育

开展认识自我、尊重生命、学会学习、人际交往、情绪调适、升学择业、人生规划以及适应社会生活等方面教育，引导学生增强调控心理、自主自助、应对挫折、适应环境的能力，培养学生健全的人格、积极的心态和良好的个性心理品质。

五、实施途径和要求

（一）课程育人

充分发挥课堂教学的主渠道作用，将中小学德育内容细化落实到各学科课程的教学目标之中，融入渗透到教育教学全过程。

严格落实德育课程。按照义务教育、普通高中课程方案和标准，上好道德与法治、思想政治课，落实课时，不得减少课时或挪作它用。

要围绕课程目标联系学生生活实际，挖掘课程思想内涵，充分利用时政媒体资源，精心设计教学内容，优化教学方法，发展学生道德认知，注重学生的情感体验和道德实践。

发挥其他课程德育功能。要根据不同年级和不同课程特点，充分挖掘各门课程蕴含的德育资源，将德育内容有机融入到各门课程教学中。

语文、历史、地理等课要利用课程中语言文字、传统文化、历史地理常识等丰富的思想道德教育因素，潜移默化地对学生进行世界观、人生观和价值观的引导。

数学、科学、物理、化学、生物等课要加强对学生科学精神、科学方法、科学态度、科学探究能力和逻辑思维能力的培养，促进学生树立勇于创新、求真求实的思想品质。

音乐、体育、美术、艺术等课要加强对学生审美情趣、健康体魄、意志品质、人文素养和生活方式的培养。

外语课要加强对学生国际视野、国际理解和综合人文素养的培养。

综合实践活动课要加强对学生生活技能、劳动习惯、动手实践和合作交流能力的培养。

用好地方和学校课程。要结合地方自然地理特点、民族特色、传统文化以及重大历史事件、历史名人等，因地制宜开发地方和学校德育课程，引导学生了解家乡的历史文化、自然环境、人口状况和发展成就，培养学生爱家乡、爱祖国的感情，树立维护祖国统一、加强民族团结的意识。

统筹安排地方和学校课程，开展法治教育、廉洁教育、反邪教教育、文明礼仪教育、环境教育、心理健康教育、劳动教育、毒品预防教育、影视教育等专题教育。

（二）文化育人

要依据学校办学理念，结合文明校园创建活动，因地制宜开展校园文化建设，使校园秩序良好、环境优美，校园文化积极向上、格调高雅，提高校园文明水平，让校园处处成为育人场所。

优化校园环境。学校校园建筑、设施、布置、景色要安全健康、温馨舒适，使校园内一草一木、一砖一石都体现教育的引导和熏陶。

学校要有升国旗的旗台和旗杆。建好共青团、少先队活动室。积极建设校史陈列室、图书馆(室)、广播室、学校标志性景观。

学校、教室要在明显位置张贴社会主义核心价值观24字、《中小学生守则(2015年修订)》。教室正前上方有国旗标识。

要充分利用板报、橱窗、走廊、墙壁、地面等进行文化建设，可悬挂革命领袖、科学家、英雄模范等杰出人物的画像和格言，展示学生自己创作的作品或进行主题创作。

营造文化氛围。凝练学校办学理念，加强校风教风学风建设，形成引导全校师生共同进步的精神力量。

鼓励设计符合教育规律、体现学校特点和办学理念的校徽、校训、校规、校歌、校旗等并进行教育展示。

创建校报、校刊进行宣传教育。可设计体现学校文化特色的校服。

建设班级文化，鼓励学生自主设计班名、班训、班歌、班徽、班级口号等，增强班级凝聚力。

推进书香班级、书香校园建设，向学生推荐阅读书目，调动学生阅读积极性。提倡小学生每天课外阅读至少半小时、中学生每天课外阅读至少1小时。

建设网络文化。积极建设校园绿色网络，开发网络德育资源，搭建校园网站、论坛、信箱、博客、微信群、QQ群等网上宣传交流平台，通过网络开展主题班(队)会、冬(夏)令营、家校互动等活动，引导学生合理使用网络，避免沉溺网络游戏，远离有害信息，防止网络沉迷和伤害，提升网络素养，打造清朗的校园网络文化。

(三)活动育人

要精心设计、组织开展主题明确、内容丰富、形式多样、吸引力强的教育活动，以鲜明正确的价值导向引导学生，以积极向上的力量激励学生，促进学生形成良好的思想品德和行为习惯。

开展节日纪念日活动。利用春节、元宵、清明、端午、中秋、重阳等中华传统节日以及二十四节气，开展介绍节日历史渊源、精神内涵、文化习俗等校园文化活动，增强传统节日的体验感和文化感。

利用植树节、劳动节、青年节、儿童节、教师节、国庆节等重大节庆日集中开展爱党爱国、民族团结、热爱劳动、尊师重教、爱护环境等主题教育活动。

利用学雷锋纪念日、中国共产党建党纪念日、中国人民解放军建军纪念日、七七抗战纪念日、九三抗战胜利纪念日、九一八纪念日、烈士纪念日、国家公祭日等重要纪念日，以及地球日、环境日、健康日、国家安全教育日、禁毒日、航天日、航海日等主题日，设计开展相关主题教育活动。

开展仪式教育活动。仪式教育活动要体现庄严神圣，发挥思想政治引领和道德价值引领作用，创新方式方法，与学校特色和学生个性展示相结合。

严格中小学升挂国旗制度。除寒暑假和双休日外，应当每日升挂国旗。除假期外，每周一及重大节会活动要举行升旗仪式，奏唱国歌，开展向国旗敬礼、国旗下宣誓、国旗下讲话等活动。

入团、入队要举行仪式活动。

举办入学仪式、毕业仪式、成人仪式等有特殊意义的仪式活动。

开展校园节(会)活动。举办丰富多彩、寓教于乐的校园节(会)活动，培养学生兴趣爱好，充实学生校园生活，磨练学生意志品质，促进学生身心健康发展。

学校每学年至少举办一次科技节、艺术节、运动会、读书会。可结合学校办学特色和学生实际，自主开发校园节(会)活动，做好活动方案和应急预案。

开展团、队活动。加强学校团委对学生会组织、学生社团的指导管理。明确中学团委对初中少先队工作的领导职责，健全初中团队衔接机制。确保少先队活动时间，小学1年级至初中2年级每周安排1课时。

发挥学生会作用，完善学生社团工作管理制度，建立体育、艺术、科普、环保、志愿服务等各类学生社团。学校要创造条件为学生社团提供经费、场地、活动时间等方面保障。

要结合各学科课程教学内容及办学特色，充分利用课后时间组织学生开展丰富多彩的科技、文娱、体育等社团活动，创新学生课后服务途径。

(四)实践育人

要与综合实践活动课紧密结合，广泛开展社会实践，每学年至少安排一周时间，开展有益于学生身心发展的实践活动，不断增强学生的社会责任感、创新精神和实践能力。

开展各类主题实践。利用爱国主义教育基地、公益性文化设施、公共机构、企事业单位、各类校外活动场所、专题教育社会实践基地等资源，开展不同主题的实践活动。

利用历史博物馆、文物展览馆、物质和非物质文化遗产地等开展中华优秀传统文化教育。

利用革命纪念地、烈士陵园(墓)等开展革命传统教育。

利用法院、检察院、公安机关等开展法治教育。

利用展览馆、美术馆、音乐厅等开展文化艺术教育。

利用科技类馆室、科研机构、高新技术企业设施等开展科普教育。

利用军事博物馆、国防设施等开展国防教育。

利用环境保护和节约能源展览馆、污水处理企业等开展环境保护教育。

利用交通队、消防队、地震台等开展安全教育。

利用养老院、儿童福利机构、残疾人康复机构等社区机构等开展关爱老人、孤儿、残疾人教育。

利用体育科研院所、心理服务机构、儿童保健机构等开展健康教育。

加强劳动实践。在学校日常运行中渗透劳动教育，积极组织学生参与校园卫生保洁、绿化美化，普及校园种植。

将校外劳动纳入学校的教育教学计划，小学、初中、高中每个学段都要安排一定时间的农业生产、工业体验、商业和服务业实习等劳动实践。

教育引导学生参与洗衣服、倒垃圾、做饭、洗碗、拖地、整理房间等力所能及的家务劳动。

组织研学旅行。把研学旅行纳入学校教育教学计划，促进研学旅行与学校课程、德育体验、实践锻炼有机融合，利用好研学实践基地，有针对性地开展自然类、历史类、地理类、科技类、人文类、体验类等多种类型的研学旅行活动。

要考虑小学、初中、高中不同学段学生的身心发展特点和能力，安排适合学生年龄特征的研学旅行。

要规范研学旅行组织管理，制定研学旅行工作规程，做到“活动有方案，行前有备案，应急有预案”，明确学校、家长、学生的责任和权利。

开展学雷锋志愿服务。要广泛开展与学生年龄、智力相适应的志愿服务活动。

发挥本校团组织、少先队组织的作用，抓好学生志愿服务的具体组织、实施、考核评估等工作。

做好学生志愿服务认定记录，建立学生志愿服务记录档案，加强学生志愿服务先进典型宣传。

(五)管理育人

要积极推进学校治理现代化，提高学校管理水平，将中小学德育工作的要求贯穿于学校管理制度的每一个细节之中。

完善管理制度。制定校规校纪，健全学校管理制度，规范学校治理行为，形成全体师生广泛认同和自觉遵守的制度规范。

制定班级民主管理制度，形成学生自我教育、民主管理的班级管理模式。

制定防治学生欺凌和暴力工作制度，健全应急处置预案，建立早期预警、事中处理及事后干预等机制。

会同相关部门建立学校周边综合治理机制，对社会上损害学生身心健康的不法行为依法严肃惩处。

明确岗位责任。建立实现全员育人的具体制度，明确学校各个岗位教职员工的育人责任，规范教职工言行，提高全员育人的自觉性。

班主任要全面了解学生，加强班集体管理，强化集体教育，建设良好班风，通过多种形式加强与学生家长的沟通联系。各学科教师要主动配合班主任，共同做好班级德育工作。

加强师德师风建设。培育、宣传师德标兵、教学骨干和优秀班主任、德育工作者等先进典型，引导教师争做“四有”好教师。

实行师德“一票否决制”，把师德表现作为教师资格注册、年度考核、职务(职称)评审、岗位聘用、评优奖励的首要标准。

细化学生行为规范。落实《中小学生守则(2015年修订)》，鼓励结合实际制订小学生日常行为规范、中学生日常行为规范，教育引导学生熟知学习生活中的基本行为规范，践行每一项要求。

关爱特殊群体。要加强对经济困难家庭子女、单亲家庭子女、学习困难学生、进城务工人员随迁子女、农村留守儿童等群体的教育关爱，完善学校联系关爱机制，及时关注其心理健康状况，积极开展心理辅导，提供情感关怀，引导学生心理、人格积极健康发展。

（六）协同育人

要积极争取家庭、社会共同参与和支持学校德育工作，引导家长注重家庭、注重家教、注重家风，营造积极向上的良好社会氛围。

加强家庭教育指导。要建立健全家庭教育工作机制，统筹家长委员会、家长学校、家长会、家访、家长开放日、家长接待日等各种家校沟通渠道，丰富学校指导服务内容，及时了解、沟通和反馈学生思想状况和行为表现，认真听取家长对学校的意见和建议，促进家长了解学校办学理念、教育教学改进措施，帮助家长提高家教水平。

构建社会共育机制。要主动联系本地宣传、综治、公安、司法、民政、文化、共青团、妇联、关工委、卫计委等部门、组织，注重发挥党政机关和企事业单位领导干部、专家学者以及老干部、老战士、老专家、老教师、老模范的作用，建立多方联动机制，搭建社会育人平台，实现社会资源共享共建，净化学生成长环境，助力广大中小学生健康成长。

六、组织实施

加强组织领导。各级教育行政部门要把中小学德育工作作为教育系统党的建设的重要内容，摆上重要议事日程，加强指导和管理。学校要建立党组织主导、校长负责、群团组织参与、家庭社会联动的德育工作机制。学校党组织要充分发挥政治核心作用，切实加强对学校德育工作的领导，把握正确方向，推动解决重要问题。校长要亲自抓德育工作，规划、部署、推动学校德育工作落到实处。学校要完善党建带团建机制，加强共青团、少先队建设，在学校德育工作中发挥共青团、少先队的思想性、先进性、自主性、实践性优势。

加强条件保障。各级教育行政部门和学校要进一步改善学校办学条件，将德育工作经费纳入经费年度预算，完善优化教育手段，提供德育工作必需的场所、设施，订阅必备的参考书、报纸杂志，配齐相应的教学仪器设备等。

加强队伍建设。各级教育行政部门和学校要重视德育队伍人员培养选拔，优化德育队伍结构，建立激励和保障机制，调动工作积极性和创造性。要有计划地培训学校党组织书记、校长、德育干部、班主任、各科教师和少先队辅导员、中学团干部，组织他们学习党的教育方针、德育理论，提高德育工作专业化水平。

加强督导评价。各级教育行政部门要将学校德育工作开展情况纳入对学校督导的重要内容，建立区域、学校德育工作评价体系，适时开展专项督导评估工作。学校要认真开展学生的品德评价，纳入综合素质评价体系，建立学生综合素质档案，做好学生成长记录，反映学生成长实际状况。

加强科学研究。各级教育行政部门、教育科研机构和学校要组织力量开展中小学德育工作研究，探索新时期德育工作特点和规律，创新德育工作的途径和方法，定期总结交流研究成果，学习借鉴先进经验和做法，增强德育工作的科学性、系统性和实效性。

附录 2 《中小学教师职业道德规范》

一、爱国守法。热爱祖国，热爱人民，拥护中国共产党领导，拥护社会主义。全面贯彻国家教育方针，自觉遵守教育法律法规，依法履行教师职责权利。不得有违背党和国家方针政策的言行。

二、爱岗敬业。忠诚于人民教育事业，志存高远，勤恳敬业，甘为人梯，乐于奉献。对工作高度负责，认真备课上课，认真批改作业，认真辅导学生。不得敷衍塞责。

三、关爱学生。关心爱护全体学生，尊重学生人格，平等公正对待学生。对学生严慈相济，做学生良师益友。保护学生安全，关心学生健康，维护学生权益。不讽刺、挖苦、歧视学生，不体罚或变相体罚学生。

四、教书育人。遵循教育规律，实施素质教育。循循善诱，诲人不倦，因材施教。培养学生良好品行，激发学生创新精神，促进学生全面发展。不以分数作为评价学生的唯一标准。

五、为人师表。坚守高尚情操，知荣明耻，严于律己，以身作则。衣着得体，语言规范，举止文明。关心集体，团结协作，尊重同事，尊重家长。作风正派，廉洁奉公。自觉抵制有偿家教，不利用职务之便谋取私利。

六、终身学习。崇尚科学精神，树立终身学习理念，拓宽知识视野，更新知识结构。潜心钻研业务，勇于探索创新，不断提高专业素养和教育教学水平。

附录 3 《小学教师专业标准(试行)》

为促进小学教师专业发展，建设高素质小学教师队伍，根据《中华人民共和国教师法》和《中华人民共和国义务教育法》，特制定《小学教师专业标准(试行)》(以下简称《专业标准》)。

小学教师是履行小学教育教学工作职责的专业人员，需要经过严格的培养与培训，具有良好的职业道德，掌握系统的专业知识和专业技能。《专业标准》是国家对合格小学教师专业素质的基本要求，是小学教师实施教育教学行为的基本规范，是引领小学教师专业发展的基本准则，是小学教师培养、准入、培训、考核等工作的重要依据。

一、基本理念

(一)师德为先

热爱小学教育事业，具有职业理想，践行社会主义核心价值体系，履行教师职业道德规范，依法执教。关爱小学生，尊重小学生人格，富有爱心、责任心、耐心和细心；为人师表，教书育人，自尊自律，做小学生健康成长的指导者和引路人。

(二)学生为本

尊重小学生权益，以小学生为主体，充分调动和发挥小学生的主动性；遵循小学生身心发展特点和教育教学规律，提供适合的教育，促进小学生生动活泼学习、健康快乐成长。

(三)能力为重

把学科知识、教育理论与教育实践有机结合，突出教书育人实践能力；研究小学生，遵循小学生成长规律，提升教育教学专业化水平；坚持实践、反思、再实践、再反思，不断提高专业能力。

(四)终身学习

学习先进小学教育理论，了解国内外小学教育改革与发展的经验和做法；优化知识结构，提高文化素养；具有终身学习与持续发展的意识和能力，做终身学习的典范。

二、基本内容

<table>
<tr><th>维度</th><th>领域</th><th>基本要求</th></tr>
<tr><td rowspan="4">专业理念与师德</td><td>（一）职业理解与认识</td><td>1. 贯彻党和国家教育方针政策，遵守教育法律法规。
2. 理解小学教育工作的意义，热爱小学教育事业，具有职业理想和敬业精神。
3. 认同小学教师的专业性和独特性，注重自身专业发展。
4. 具有良好职业道德修养，为人师表。
5. 具有团队合作精神，积极开展协作与交流。</td></tr>
<tr><td>（二）对小学生的态度与行为</td><td>6. 关爱小学生，重视小学生身心健康，将保护小学生生命安全放在首位。
7. 尊重小学生独立人格，维护小学生合法权益，平等对待每一位小学生。不讽刺、挖苦、歧视小学生，不体罚或变相体罚小学生。
8. 信任小学生，尊重个体差异，主动了解和满足有益于小学生身心发展的不同需求。
9. 积极创造条件，让小学生拥有快乐的学校生活。</td></tr>
<tr><td>（三）教育教学的态度与行为</td><td>10. 树立育人为本、德育为先的理念，将小学生的知识学习、能力发展与品德养成相结合，重视小学生全面发展。
11. 尊重教育规律和小学生身心发展规律，为每一个小学生提供适合的教育。
12. 引导小学生体验学习乐趣，保护小学生的求知欲和好奇心，培养小学生的广泛兴趣、动手能力和探究精神。
13. 引导小学生学会学习，养成良好学习习惯。
14. 尊重和发挥好少先队组织的教育引导作用。</td></tr>
<tr><td>（四）个人修养与行为</td><td>15. 富有爱心、责任心、耐心和细心。
16. 乐观向上、热情开朗、有亲和力。
17. 善于自我调节情绪，保持平和心态。
18. 勤于学习，不断进取。
19. 衣着整洁得体，语言规范健康，举止文明礼貌。</td></tr>
<tr><td>专业知识</td><td>（五）小学生发展知识</td><td>20. 了解关于小学生生存、发展和保护的有关法律法规及政策规定。
21. 了解不同年龄及有特殊需要的小学生身心发展特点和规律，掌握保护和促进小学生身心健康发展的策略与方法。
22. 了解不同年龄小学生学习的特点，掌握小学生良好行为习惯养成的知识。
23. 了解幼小和小初衔接阶段小学生的心理特点，掌握帮助小学生顺利过渡的方法。
24. 了解对小学生进行青春期和性健康教育的知识和方法。
25. 了解小学生安全防护的知识，掌握针对小学生可能出现的各种侵犯与伤害行为的预防与应对方法。</td></tr>
</table>

续表

维度	领域	基本要求
专业知识	(六) 学科知识	26. 适应小学综合性教学的要求，了解多学科知识。 27. 掌握所教学科知识体系、基本思想与方法。 28. 了解所教学科与社会实践、少先队活动的联系，了解与其他学科的联系。
	(七) 教育教学知识	29. 掌握小学教育教学基本理论。 30. 掌握小学生品行养成的特点和规律。 31. 掌握不同年龄小学生的认知规律和教育心理学的基本原理和方法。 32. 掌握所教学科的课程标准和教学知识。
	(八) 通识性知识	33. 具有相应的自然科学和人文社会科学知识。 34. 了解中国教育基本情况。 35. 具有相应的艺术欣赏与表现知识。 36. 具有适应教育内容、教学手段和方法现代化的信息技术知识。
专业能力	(九) 教育教学设计	37. 合理制定小学生个体与集体的教育教学计划。 38. 合理利用教学资源，科学编写教学方案。 39. 合理设计主题鲜明、丰富多彩的班级和少先队活动。
	(十) 组织与实施	40. 建立良好的师生关系，帮助小学生建立良好的同伴关系。 41. 创设适宜的教学情境，根据小学生的反应及时调整教学活动。 42. 调动小学生学习积极性，结合小学生已有的知识和经验激发学习兴趣。 43. 发挥小学生主体性，灵活运用启发式、探究式、讨论式、参与式等教学方式。 44. 发挥好少先队组织生活、集体活动、信息传播等教育功能。 45. 将现代教育技术手段整合应用到教学中。 46. 较好使用口头语言、肢体语言与书面语言，使用普通话教学，规范书写钢笔字、粉笔字、毛笔字。 47. 妥善应对突发事件。 48. 鉴别小学生行为和思想动向，用科学的方法防止和有效矫正不良行为。
	(十一) 激励与评价	49. 对小学生日常表现进行观察与判断，发现和赏识每一位小学生的点滴进步。 50. 灵活使用多元评价方式，给予小学生恰当的评价和指导。 51. 引导小学生进行积极的自我评价。 52. 利用评价结果不断改进教育教学工作。
	(十二) 沟通与合作	53. 使用符合小学生特点的语言进行教育教学工作。 54. 善于倾听，和蔼可亲，与小学生进行有效沟通。 55. 与同事合作交流，分享经验和资源，共同发展。 56. 与家长进行有效沟通合作，共同促进小学生发展。 57. 协助小学与社区建立合作互助的良好关系。

续表

维度	领域	基本要求
专业能力	（十三）反思与发展	58. 主动收集分析相关信息，不断进行反思，改进教育教学工作。 59. 针对教育教学工作中的现实需要与问题，进行探索和研究。 60. 制定专业发展规划，积极参加专业培训，不断提高自身专业素质。

三、实施建议

（一）各级教育行政部门要将《专业标准》作为小学教师队伍建设的基本依据

根据小学教育改革发展的需要，充分发挥《专业标准》引领和导向作用，深化教师教育改革，建立教师教育质量保障体系，不断提高小学教师培养培训质量。制定小学教师准入标准，严把小学教师入口关；制定小学教师聘任（聘用）、考核、退出等管理制度，保障教师合法权益，形成科学有效的小学教师队伍管理和督导机制。

（二）开展小学教师教育的院校要将《专业标准》作为小学教师培养培训的主要依据

重视小学教师职业特点，加强小学教育学科和专业建设。完善小学教师培养培训方案，科学设置教师教育课程，改革教育教学方式；重视小学教师职业道德教育，重视社会实践和教育实习；加强从事小学教师教育的师资队伍建设，建立科学的质量评价制度。

（三）小学要将《专业标准》作为教师管理的重要依据

制定小学教师专业发展规划，注重教师职业理想与职业道德教育，增强教师育人的责任感与使命感；开展校本研修，促进教师专业发展；完善教师岗位职责和考核评价制度，健全小学教师绩效管理机制。

（四）小学教师要将《专业标准》作为自身专业发展的基本依据

制定自我专业发展规划，爱岗敬业，增强专业发展自觉性；大胆开展教育教学实践，不断创新；积极进行自我评价，主动参加教师培训和自主研修，逐步提升专业发展水平。